DIGITAL
GOVERNANCE

U0742536

彭飞 —— 主编

李军 胡东兰 —— 副主编

# 数字治理

## 微课版

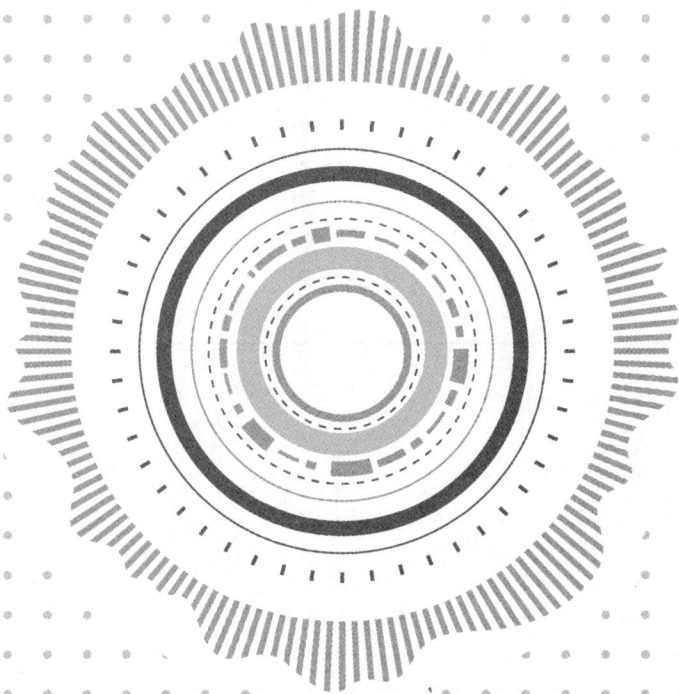

人民邮电出版社

北京

**图书在版编目（CIP）数据**

数字治理 ：微课版 / 彭飞主编. -- 北京 ：人民邮
电出版社，2025. --（高等院校经济管理类新形态系列教
材）. -- ISBN 978-7-115-66169-2

Ⅰ. D035-0

中国国家版本馆 CIP 数据核字第 202597GJ04 号

## 内 容 提 要

本书从数字治理的理论、方法及实践 3 个方面展开论述，梳理了与数字治理相关的重要理论，探讨并分析了我国数字治理的现状与趋势，本书涵盖多地典型案例，为未来数字治理的发展提供对策建议。本书共 12 章，主要内容包括数字治理导论、数字治理理论、数字治理机制、数字治理伦理、数字治理体系、数字治理技术、数字治理评价、数字政府治理、数字企业治理、数字经济治理、数字社会治理、数字环境治理。

本书可作为高等院校经济类、管理类等专业数字治理相关课程的教材，也可供政府机关工作人员、企事业单位的管理者和其他从业人员学习和参考。

◆ 主　编 彭　飞
　副 主 编 李　军　胡东兰
　责任编辑 刘向荣
　责任印制 陈　犇

◆ 人民邮电出版社出版发行　　北京市丰台区成寿寺路 11 号
　邮编　100164　电子邮件　315@ptpress.com.cn
　网址　https://www.ptpress.com.cn
　三河市君旺印务有限公司印刷

◆ 开本：787×1092　1/16
　印张：15　　　　　　　　　　2025 年 7 月第 1 版
　字数：362 千字　　　　　　　2025 年 7 月河北第 1 次印刷

定价：59.80 元

读者服务热线：(010)81055256　印装质量热线：(010)81055316
反盗版热线：(010)81055315

# 前言

在国家治理体系和治理能力现代化深入推进的背景下，产业加速向数字化、网络化、智能化发展，数字治理专门人才的市场需求缺口日趋扩大。数字治理作为一门新兴交叉学科，涵盖经济学、政治学、公共管理、计算机科学等多学科领域，为数字时代的政府、企业和社会治理实践提供了新理念、新思路、新命题。本书深入探讨了数字技术在现代社会治理中的应用与影响，旨在推动读者对数字治理理论、方法和实践的深入理解，帮助读者掌握数字治理的基本理论、方法和实践应用技巧，培养读者运用数字治理理论和方法分析和解决社会经济问题的能力，以及提高他们在数字化环境下的信息处理和数据分析能力，从而为数字经济领域的跨学科人才培养提供专业智慧和理论支撑。

本书内容按照逻辑顺序编排，从数字治理的产生背景和发展历程，到具体的治理机制和技术应用，再到不同领域的实际案例，层层递进，帮助读者系统地理解和掌握数字治理的相关知识。本书内容涵盖数字治理的各个方面，包括理论基础、技术手段、应用场景和伦理问题等。无论是数字政府、数字企业、数字经济、数字社会还是数字环境治理，在本书中均有详细介绍，视角全面。每章内容既有理论阐述，又有实践案例分析，理论部分注重学术性和前沿性，实践部分注重操作性和实用性，可帮助读者将理论知识应用于实际工作中。

本书分为三篇，共十二章。理论篇（第一章至第四章）主要探讨了数字治理的基础知识和理论框架，包括数字治理的产生背景、发展历程、内涵和基本要素等，阐释了数字治理的基本理论，详细介绍了数字治理的机制，并探讨了数字治理的伦理问题，旨在建立全面的理论认知体系。方法篇（第五章至第七章）重点阐述了数字治理的具体方法和技术手段，包括数字治理体系的构建和运行机制，介绍了数据治理技术和驱动技术，分析了数字治理技术发展存在的问题，详细探讨了数字治理的评价体系及其实施步骤，提供了实现数字治理的方法论和技术路径。实践篇（第八章至第十二章）通过具体案例展示了数字治理在不同领域的应用，涵盖了数字政府治理、数字企业治理、数字经济治理、数字社会治理和数字环境治理，分析了各领域的实现路径、现实挑战和优化对策，通过实际案例提供了操作参考和借鉴。本书力求为读者提供一个全面、系统、深入的数字治理知识体系，结合理论与实践，促进读者对数字治理的理解和应用。

本书建议安排 32 学时，具体学时安排如下表所示，教师可以根据实际情况进行调整。

| 篇 | 章 | 建议学时 |
| --- | --- | --- |
| 理论篇 | 第一章 数字治理导论 | 3 |
| | 第二章 数字治理理论 | 3 |
| | 第三章 数字治理机制 | 3 |
| | 第四章 数字治理伦理 | 2 |
| 方法篇 | 第五章 数字治理体系 | 3 |
| | 第六章 数字治理技术 | 4 |
| | 第七章 数字治理评价 | 4 |
| 实践篇 | 第八章 数字政府治理 | 2 |
| | 第九章 数字企业治理 | 2 |
| | 第十章 数字经济治理 | 2 |
| | 第十一章 数字社会治理 | 2 |
| | 第十二章 数字环境治理 | 2 |

本书由彭飞任主编，李军、胡东兰任副主编，彭飞负责全书统稿、结构编排与审核工作。具体编写分工如下：韩龙艳负责编写第一章和第四章，胡晟明负责编写第二章和第三章，刘晨跃负责编写第五章，李军负责编写第六章和第七章，白秀叶负责编写第八章和第十二章，胡东兰负责编写第九章和第十章，魏方庆负责编写第十一章。在书稿修改过程中，人民邮电出版社的编辑提供了宝贵的修改建议，编者团队对此表示衷心感谢。由于编者水平有限，书中难免存在不足之处。因此，编者恳请广大读者朋友和业内专家不吝赐教，提出宝贵意见，以不断完善此书。

编者

# 目录

# 第一篇 理论篇

# 第一章
# 数字治理导论

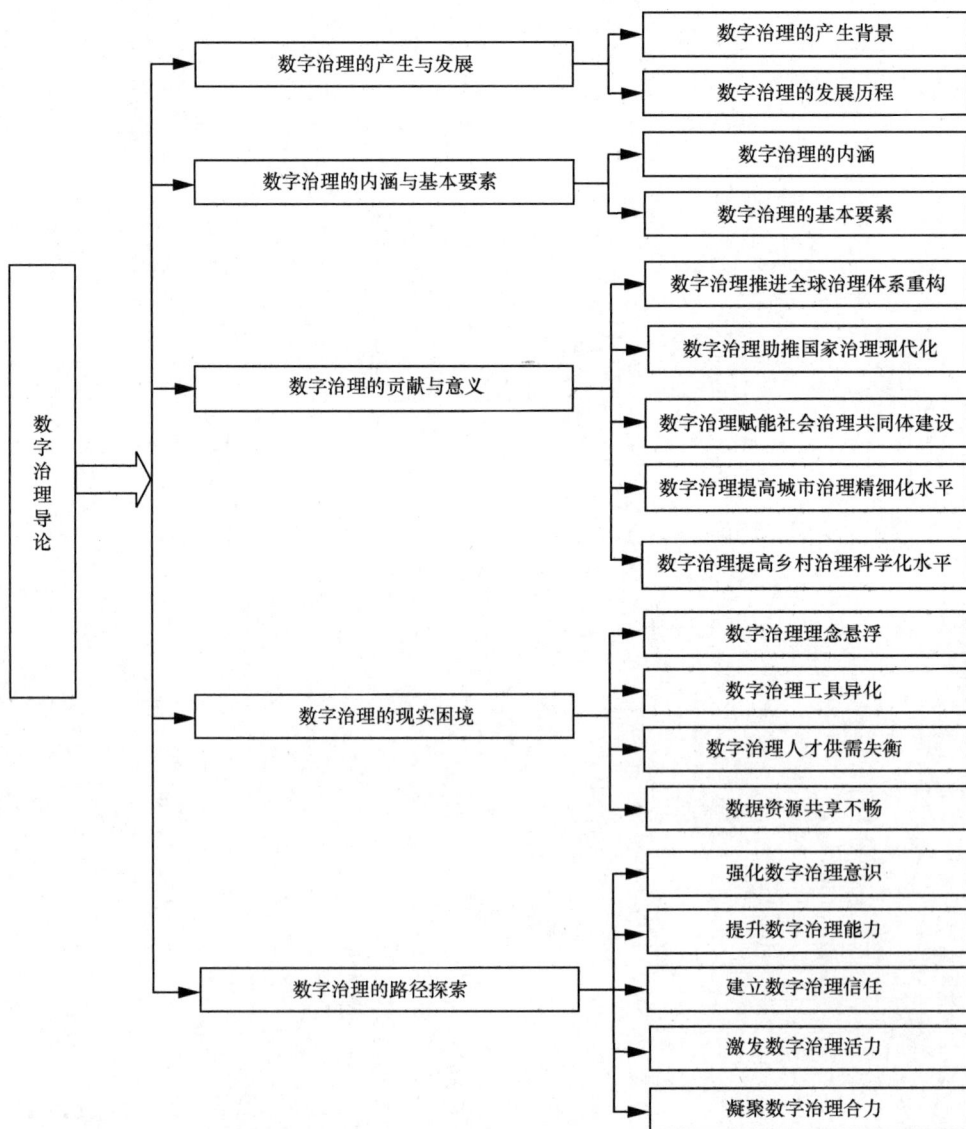

【知识框架图】

数字治理导论
- 数字治理的产生与发展
  - 数字治理的产生背景
  - 数字治理的发展历程
- 数字治理的内涵与基本要素
  - 数字治理的内涵
  - 数字治理的基本要素
- 数字治理的贡献与意义
  - 数字治理推进全球治理体系重构
  - 数字治理助推国家治理现代化
  - 数字治理赋能社会治理共同体建设
  - 数字治理提高城市治理精细化水平
  - 数字治理提高乡村治理科学化水平
- 数字治理的现实困境
  - 数字治理理念悬浮
  - 数字治理工具异化
  - 数字治理人才供需失衡
  - 数据资源共享不畅
- 数字治理的路径探索
  - 强化数字治理意识
  - 提升数字治理能力
  - 建立数字治理信任
  - 激发数字治理活力
  - 凝聚数字治理合力

【学习目标】

1. 了解数字治理的产生背景与发展历程。
2. 掌握数字治理的内涵。
3. 了解数字治理对完善各领域治理体系的意义。
4. 理解数字治理面临的现实之困与未来之路。

## 引例

### 杭州聚力打造"数字治理第一城"

2020年8月，中国经济信息社、中国信息协会和中国城市规划设计研究院联合发布《中国城市数字治理报告（2020）》，这是国内研究机构首次从数字治理指数角度对城市发展水平进行考察。报告显示，杭州超越"北上广深"，数字治理指数位居全国第一；同时，其数字行政服务、数字公共服务和数字生活服务等三个单项指标也全面领先。此外，在针对45个城市的居民开展的数字生活满意度问卷调查中，杭州市民的数字生活满意度最高。

2016年G20（二十国集团）峰会在杭州召开，会上首次将"数字经济"列为世界经济增长的重要议题。同年，杭州在全国率先提出建设城市大脑，以交通治理为突破口，以数字化手段驱动城市治理，奋力打造"全国数字治理第一城"。

那么，数字治理是什么？为什么要加强数字治理？数字治理面临哪些现实困境？又该如何突破这些现实困境？

# 第一节　数字治理的产生与发展

数字治理是随着数字技术在经济、社会、政治生活中日益广泛的应用而产生的新型治理方式，是一个不断演进的知识体系。它不仅有助于企业等各类组织的数字化转型，还能够提升数据价值和社会治理水平，增强国家或地区的全球竞争力。因此，加强数字治理的研究和实践，对推动数字经济的发展和社会进步具有重要的意义。

## 一、数字治理的产生背景

### （一）数字经济成为引领未来经济发展的新引擎

数字经济是指以数字技术为基础的经济活动，它通过信息化、智能化、网络化等手段，使经济活动更加高效、便捷、智能。随着数字技术的不断发展和应用，数字经济已成为引领经济发展的新动力。未来，数字经济发展前景广阔，将对社会经济发展产生深远影响。

（1）网络市场正成为各类资源配置的主要阵地。在一个网络交易平台上，可以把广大客户的海量需求与供应方的海量供给集中起来，并通过智能化、数字化的方式快速完成供需之间的合理匹配，快速地撮合交易的形成。与传统市场相比，网络市场的资源配置效率大大提高，同时还会自动产生大量新供给和新需求。

（2）数字经济能够通过"连接—数据—融合"的逻辑链条实现全要素生产率提升。宏观层面上，经济数字化转型能够提升资本生产率和劳动生产率，降低交易成本，促进国家融入全球市场体系；微观层面上，数字技术的深度应用能够提升企业竞争力，提高企业绩效。

（3）数字技术加速新数字物种的出现。在数字技术支撑的数字经济大环境下，新职业、新岗位、新技术、新业态及新产品、新模式、新应用等出现，不仅丰富了人们的生活和工作，也为经济发展和社会进步提供了新的动力和机遇。

基于此，数字经济成为各国经济发展的重要动能。一方面，全球各国加快推动数字经济重点领域发展，积极抢抓发展机遇。中国信息通信研究院发布的《全球数字经济白皮书（2024 年）》显示，2023 年美国、中国、德国、日本、韩国等 5 个国家数字经济总量超过 33 万亿美元，同比增长超 8%；数字经济占 GDP 比重为 60%，较 2019 年提升约 8 个百分点。另一方面，我国数字经济进入加速发展周期，成为高质量发展的重要引擎。《中国数字经济发展研究报告（2024 年）》显示，2023 年，我国数字经济规模达到 53.9 万亿元（见图 1-1），同比名义增长 7.39%，已连续 12 年显著高于同期 GDP 名义增速，数字经济占 GDP 比重达 42.8%，对 GDP 增长的贡献率达 66.45%。

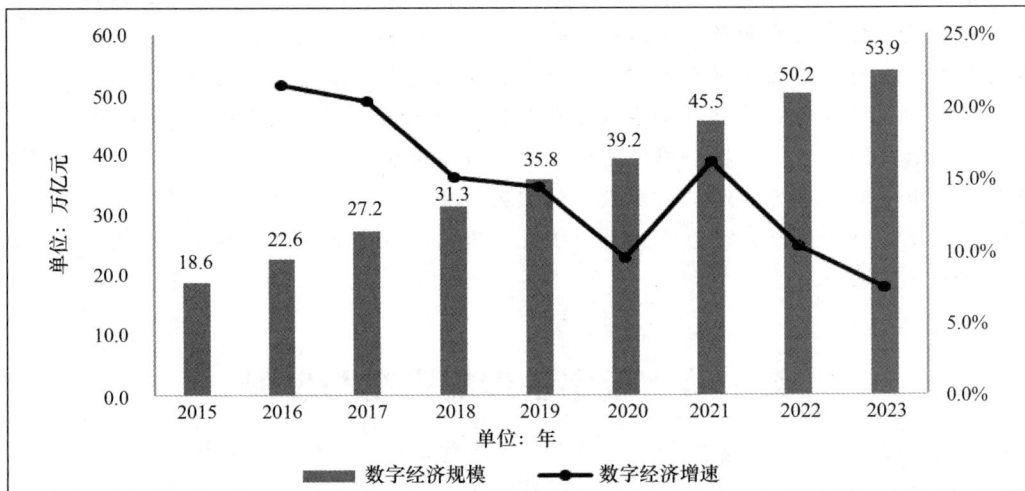

图 1-1　2015—2023 年中国数字经济规模及增速

资料来源：中华人民共和国国家统计局，中华人民共和国国家互联网信息办公室，中国信息通信研究院。

### （二）传统的治理模式难以满足数字社会的需求

随着大数据、云计算、人工智能等新技术的快速发展与深度应用，人类社会已经进入数字化时代，正从"人人互联"向"万物互联"演进，现实与虚拟相互交织，线上线下深度融合，传统国家和社会治理体系受到巨大冲击，传统手段已难以满足日益复杂的治理需求，治理赤字日益加剧。

（1）数据成为数字经济时代的基础性资源、重要生产力和关键生产要素。2020 年 4 月 9 日，中共中央、国务院印发《关于构建更加完善的要素市场化配置体制机制的意见》，首次将数据定义为继土地、劳动力、资本、技术之后的第五大生产要素。但数据由于自身具有无形性、负外部性、难以追溯等特点，在采集、传输、存储、使用、删除、销毁等全生命周期中都存在需要关注的潜在风险，传统治理模式和手段难以跟上数据流通应用的实际需要，条块分割的行业和属地治理模式难以适应数据要素跨地区、跨行业、跨层级流通交易的治理需求，线下治理难以满足数据要素市场线上线下一体化发展趋势。

（2）大量新产业、新业态、新模式涌现，对既有的监管方式、治理机制等产生重大影响，亟需聚焦新经济发展面临的突出问题，创新监管理念和方式，健全规范有序的数字治理体系，着力营造公平竞争的市场环境。例如，适应平台经济、产业数字化、共享经济等新经济特点的新型监管机制不健全，网约车、共享单车等交通运输新业态监管规则和标准仍需完善等，诸多传统问题在互联网上被放大，蔓延传导速度更快、范围更广、影响更大，治理挑战日益突出。

（3）传统的治理模式面临产业变革带来的失业、社会阶层两极分化、社会资源配置不均衡不公平、数据安全、隐私保护、技术滥用、数字鸿沟、信息孤岛、科技伦理、网络主权、数字平权、数字适应性等问题，进一步增加了社会治理难度。中国互联网络信息中心（China Internet Network Information Center，CNNIC）发布的第 51 次《中国互联网络发展状况统计报告》显示，截至 2022 年 12 月，65.9%的网民表示过去半年在上网过程中未遭遇过网络安全问题，这意味着仍有超过 1/3 的网民遭遇过个人信息泄露、网络诈骗、设备中病毒或木马、账号密码被盗等网络安全问题（见图 1-2）。

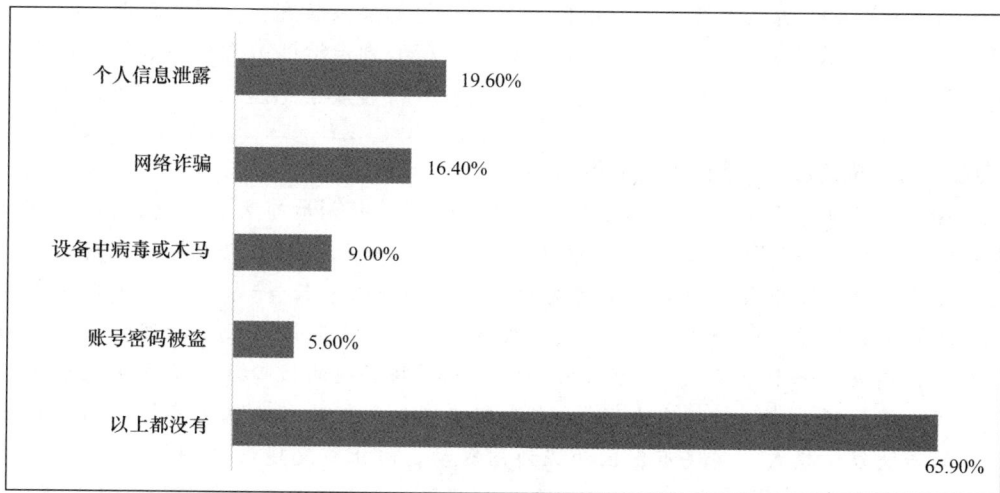

图 1-2　网民遭遇各类网络安全问题的比例

资料来源：中国互联网络信息中心。

显然，传统的管理模式无法适应数字时代多样化的社会治理需求，利益多样化的社会群体、愈加复杂化的社会问题、线上线下矛盾交织带来的风险不确定性、数字技术带来的新的伦理困境等，加大了社会治理的难度。新时代迫切需要社会治理模式的转变。数字治理作为一种新型的治理模式和机制，旨在应对数字化转型带来的挑战和机遇，提升社会治理的效能和透明度，已成为推进国家治理体系和治理能力现代化的必然选择。

### （三）数字时代呼唤与之相适应的数字治理新形态

数字化在推动经济发展中发挥了重要作用，同时引发企业竞争格局及产业竞争格局，甚至地区竞争格局和个人竞争力之间的重新布局。随着信息技术的迅猛发展和广泛应用，数字化已渗透到政治、经济、社会、文化等各个领域，政府治理必须适应数字化时代的新要求，转变治理理念和方式，运用数字化技术提升治理效能。

（1）新技术变革为国家治理带来新思路和新机遇。一方面，新一轮科技革命和产业变革的推进，为社会治理从国家一元管理向多元社会主体共建共治共享的转变创造了有利条件，为由单一行政手段向多种手段综合治理的转变提供了技术支持。另一方面，新技术变革正在重构全球政治经济格局。各国在数字经济治理实践中已形成数据治理、算法治理、数字市场治理和网络生态治理等四大领域的经验共识，全球数字经济治理规则和治理话语权博弈日趋激烈。我国作为世界第二大数字经济体，必须积极应对数字经济挑战，探索数字治理新规则，力图在全球数字治理规则中贡献中国方案。

（2）大数据技术助力数字治理精准高效。进入新时代，政府能借助大数据技术准确把握公众对公共产品和服务的需求，并相应地制定政策和提供服务，实现由"被动供给"向"主动供给"转变，有助于降低公共产品和服务的供给成本、提高供给效率，满足社会公众的普遍需求和个性需求。

（3）数字能力成为政府治理的核心竞争力。数字能力涵盖了数据收集、分析和管理能力，以及利用人工智能、大数据、云计算和物联网等技术提供创新解决方案的能力。随着全球信息化和数字化的快速发展，以人机互动为桥梁，数字技术打通了"智""治"无缝对接通道，"数据跑路"能够提供更全面的决策参考信息及更充足的决策时间；"数据监控"动态呈现治理过程，便于及时发现政策执行偏差；"数据定位"精准划定治理范围，高效解决治理难题；"数字监督"为公众参与提供数字化渠道，让腐败及各种违规违纪违法行为无处遁形。

> **📖 专栏1-1：杭州城市大脑 让城市更聪明**
>
> 2016年，杭州在国内率先规划启动城市大脑建设。杭州城市大脑建设提出了"531"的逻辑体系架构。"5"即"五个一"：打通"一张网"，一张确保数据无障碍流动的网，通过统一标准，支撑城市大脑的数据资源需求；构建"一朵云"，一朵将各类云资源连接在一起的逻辑云；汇聚"一个库"，形成城市级数据仓库，同时做好数据治理，确保数据鲜活、在线；建设"一个中枢"，作为数据、各系统互联互通的核心层，实施系统接入、数据融合、反馈执行；建强"一个大脑"，在全市实施统一架构、一体化实施，彻底打破各自为政的传统建设模式，实现市、区两级协同联动，防止重复建设。"3"即"三个通"：市、区、部门间互联互通；中枢、系统、平台、场景互联互通；政府与市场互联互通。"1"即"一个新的城市基础设施"。
>
> 资料来源：杭州日报，浙江数字经济网。

## 二、数字治理的发展历程

### （一）信息化治理阶段

20世纪60年代以来，信息技术革命在全球范围内迅速展开，美国等少数发达国家开始把计算机应用于重复性强的规范数据处理业务；20世纪70年代，西方发达国家普遍将计算机应用于事务处理领域，部分发展中国家也开始在政府部门运用计算机；20世纪80年代，局域网和管理信息系统成为政府信息技术应用的主流，对决策分析的支持也取得了一定进展，大多数发展中国家开始应用信息技术；20世纪90年代，政府广泛采用先进的信息网络技术，应用的领域渗透到政府职能的各个方面。政府信息化成为国家信息基础设施（National Information Infrastructure，NII）建设的重要内容之一，但此阶段政府使用技术的主要目标是提高公共行政人员的管理效率和政府生产力。

从 20 世纪 80 年代开始，以个人计算机为主的信息工具开始普及，政府的一些重要部门开始引进并使用信息工具，我国开启了政府信息技术应用的新时期。"六五"时期明确提出要在政府管理中投入与使用计算机。1986 年，国务院批准建设国家经济信息系统并组建国家经济信息中心。"七五"时期，我国已建成 10 余个信息系统，如国家经济信息系统等。20 世纪 90 年代，随着万维网的引入，我国政府信息化建设正式起步。1993 年，在全球性"信息高速公路"浪潮的推动下，我国启动由"金桥""金关""金卡"组成的"三金工程"。1997 年 4 月，在深圳召开首次全国信息化工作会议，并编制《国家信息化"九五"规划和 2010 年远景目标（纲要）》，这是我国信息化发展的里程碑事件。在此阶段，政府信息化的主要表现形式是以办公自动化为目标，通过计算机技术提高政府内部相应的工作效率，提升政府机构的信息分析能力，也为政府电子化管理打下良好基础。

### （二）电子政务建设阶段

美国电子政务起源于 20 世纪 80 年代末。1992 年，美国政府提出电子政府（E-government）的概念，要把美国联邦政府改造成一个无纸化的政府，一个利用信息技术提高政府政务有效性的政府；2000 年 9 月，美国政府开通第一政府网站，旨在加快政府对公民需要的反馈，减少中间作业环节。英国电子政务走在欧洲前列，开始于 20 世纪 90 年代末，英国先后发布了《政府现代化白皮书》《21 世纪政府电子服务》《电子政务协同框架》等政策规划，提出到 2008 年要全面实现"电子政府"，目标是建立"以公众为中心"的政府，提高管理效率，推动经济发展。

我国电子政务的建设起步于 20 世纪 90 年代。1994 年，我国正式接入国际互联网，为电子政务发展创造了良好的客观条件。1999 年实施"政府上网工程"；2000 年国务院办公厅下发《关于进一步推进全国政府系统办公自动化建设和应用工作的通知》，提出建成以"三网一库"为基本结构的全国政府系统办公自动化网络，标志着我国正式进入电子政务建设阶段。其中，"三网"指机关内部办公网、办公业务资源网络、公共管理与服务网络，"一库"指电子政务信息资源库。2001 年国务院信息化工作办公室成立，全国政府网站建设范围也已经延伸到乡镇级政府，并开始向社会发布政府部门信息，有的还尝试提供在线服务，数字福州等具有典型创新性的电子政务发展模式开始涌现，政府专网、业务系统建设开始铺开。2002 年 8 月，中共中央办公厅、国务院办公厅联合下发《国家信息化领导小组关于我国电子政务建设指导意见》，这是首次以中共中央办公厅、国务院办公厅名义印发的电子政务全局性指导文件。2006 年 3 月，国家信息化领导小组出台《国家电子政务总体框架》，标志着我国电子政务建设进入全面推进、深化应用的新阶段，开始探索推进"一站式""一窗式""政民互动"服务。"十二五"以来，我国在电子政务信息共享和业务协同方面取得重大突破，业务信息共享率和电子政务服务覆盖率增长明显。2013 年被称为大数据元年，中华人民共和国工业和信息化部发布的《基于云计算的电子政务公共平台顶层设计指南》标志着我国电子政务服务领域开始借助云计算技术进一步提升发展质量。2015 年 8 月，国务院印发《促进大数据发展行动纲要》，正式提出国家大数据战略。2016 年，中共中央办公厅、国务院办公厅印发了《国家信息化发展战略纲要》，明确提出建设数字中国战略，要求提高社会治理能力。这一阶段的政府事务信息化建设，以政府管理现代化为行政理念，以提高行政效率为目标，政府事务信息化和网络化对政府工作人员提出了更高的专业技能要求，即要求将知识信息与智能化设备结合起来，高效处理非程序化事务、复杂程度高的工作。

### （三）数字治理阶段

自 2017 年以来，"数字经济"已经连续多年被写入我国政府工作报告。党的十九大报告提出建设"数字中国"，从国家顶层设计层面提出了"数字化"概念，为我国数字治理建设提供了方向和指南。2018 年 6 月，国务院办公厅印发《进一步深化"互联网+政务服务"推进政务服务"一网、一门、一次"改革实施方案》；2018 年底，23 个省、200 多个地市成立大数据管理部门。2019 年 10 月，我国首次在国家层面的文件中明确了数字政府的建设要求，迈出了电子政务向数字政府的跨越性一步，也是我国加快数字政府建设的一个战略信号。2021 年，作为数据安全元年，一系列与数据及其安全保护相关的政策法规和标准规范陆续发布。国家层面，《中华人民共和国数据安全法》《中华人民共和国个人信息保护法》等共同构筑了数据安全保护的基础性法律堡垒；地方层面，浙江、上海、江苏、山东等多个省市纷纷出台数据相关条例，对数据赋能产业、数据安全保护、数据共享等内容进行规制，以促进当地数字经济高质量发展。同时，《"十四五"国家信息化规划》《国务院关于加强数字政府建设的指导意见》《数字中国建设整体布局规划》等文件相继出台，绘就了数字政府建设的中国方案，提出了新时代新征程数字中国建设的整体战略。在此阶段，数字治理主要以"数字政府""数字民生""数字社会""数字经济"模式为典型，数据驱动的社会治理已经成为国家实现社会高效治理的重要举措。但伴随着数字技术的快速发展与应用，数字技术引发的问题以及数字社会背景下的社会治理挑战，已经成为数字治理能力与治理现代化的考验。

## 第二节　数字治理的内涵与基本要素

数字治理是一个复杂、动态、多维、多变的体系与过程，跨越公共管理学、政治学、法学、经济学、社会学、传播学、计算机科学、网络空间安全等多个学科，单一的技术逻辑、市场逻辑、监管逻辑无法有效应对数字治理变革下的新模式、新问题、新挑战。明确数字治理的内涵与外延，全方位提升数字治理能力，是时代赋予我们的一张紧迫而重要的数字问卷。

### 一、数字治理的内涵

数字治理并不是一个新的概念。早在 20 世纪后期，美国、英国和德国等发达国家就已经开始对数字治理在理论层面和实践层面进行讨论和探索；相比于欧美等发达国家，我国关于数字治理的讨论和探索起步比较晚。几十年来，数字治理这一概念的内涵与外延发生了深刻的变化，但尚未形成统一定义，本书主要从以下视角来探析数字治理的内涵。

数字治理的概念

### （一）工具论视角

数字治理的工具论起源于电子政务的工具论，人们从技术工具的视角出发，认为数字治理等同于电子政务。电子政务是指国家机关在政务活动中，全面应用现代信息技术、网络技术以及办公自动化技术等进行办公、管理和为社会提供公共服务的一种全新的管理模式。虽然数字治理与电子政务有许多共同点，但侧重点不同：电子政务强调以政府为主体的治理，而数字治理强调多元主体共治的理念；电子政务是政府过程的信息化，数字治理是政府过程的重构；电子政务的关注点在于政府，数字治理则以人民为中心。

### （二）数据论视角

数字治理的数据论涉及两个方面。一是用数据的治理，将数据作为治理工具。在公共治理过程中，政府充分利用物联网、移动互联网、云计算、区块链等信息技术，收集、存储与统计分析和民生相关的海量数据，搭建政府数据资源开放与共享平台，为政府决策的精准化提供重要的技术支撑与丰富的数据资源，实现政府治理的智能化。二是对数据的治理，把数据作为治理对象。随着数据逐渐成为一种新的生产要素，数据总量正在以指数级速度增长，数据总量与数据质量、硬件同样重要，都是数字技术和数字经济的重要组成部分，因而科学规范地治理数据是重要且必要的。

### （三）治理论视角

数字治理的治理论是将治理理论引入数字世界，其更加重视对治理目的和治理价值的实现。具体来说，治理论视角下的数字治理强调多元化的治理主体；强调治理手段和方式是在平等协商基础之上达成的共识，即法律和制度；强调治理环境的平等协商、互动一致以及自主自愿；强调治理主体之间的关系是平等基础之上的联合治理关系；强调以公共领域作为治理边界。

### （四）系统论视角

数字治理的系统论强调数字治理应将技术论和治理论相融合，即将治理体系所特有的稳定性与数字技术的灵活性和变革性相结合，强调数字技术不仅是工具性的，也是结构性的。有学者认为，数字治理是指在政府与社会公众、政府与以企业为代表的经济社会互动和政府内部运行中运用信息技术，易化政府行政及公共事务的处理程序，是提高民主化程度的治理模式，进而形成政府与社会公众（G2C）、政府与政府（G2G）、政府与企业（G2B）和政府内部效率效能（IEE）几个层次。

总而言之，数字治理是现代数字化技术与治理理论的融合，以数字化赋能治理体系和治理能力、构建新型治理体系为目标，在政府主导下，平台与企业、社会组织、网络社群、公民个人等多元主体共同参与相关事务的制度安排和持续过程。数字治理包括数字和治理两个维度，数字更多强调它的技术属性，治理更多彰显它的价值属性。一般认为，数字治理涵盖数字政府治理、数字经济治理、数字社会治理、数字技术治理等，既包括"基于数字化的治理"，即数字化被作为工具或手段应用于现有治理体系，提升治理效能；也包括"对数字化的治理"，即针对数字世界各类复杂问题的创新治理。

## 二、数字治理的基本要素

数字治理包括 4 个基本要素，如图 1-3 所示。

| 治理主体 | 治理手段 | 治理过程 | 治理评价 |
|---|---|---|---|
| ·政府公共部门<br>·科技企业<br>·社会公众 | ·行政与司法手段<br>·市场化手段<br>·数字化手段<br>·价值手段 | ·治理谁<br>·谁来治理<br>·治理什么<br>·怎么治理 | ·经济效益<br>·社会效益<br>·生态效益 |

图 1-3 数字治理的基本要素

## （一）治理主体

政府公共部门、以互联网平台为代表的科技企业以及社会公众，是数字治理的治理主体。其中，政府公共部门是数字治理的主要实践者和推动者；以互联网平台为代表的科技企业是数字治理的重要市场力量；社会公众的高效参与能够有效提升数字治理效能。建立政府公共部门、社会公众、行业协会、科技企业以及互联网平台多元参与的协同治理格局，能够有效推动数字治理的现代化进程。

## （二）治理手段

数字治理需要多样化的治理手段，包括政策、法律、法规等行政与司法手段，价格机制、竞争机制、激励机制等市场化手段，大数据、人工智能、区块链、平台等数字化手段，以及文化、伦理等价值手段。

## （三）治理过程

数字治理包治理谁、谁来治理、治理什么、怎么治理等一系列重要问题，是个复杂的体系和过程。数字治理过程涵盖两个方面的关键活动，即垂直治理和水平治理。自上而下的垂直治理主要指在数字化条件下，一个国家的治理战略和政策，或者行业组织的标准、规范，或者平台、企业管理战略等如何自上而下地实施和执行；自下而上的垂直治理强调的是用户群体及第一线工作群体的需求表达与治理参与。水平治理是指政府、企业、社会组织、公民等多个治理主体，在数字化技术的支持下，进行协调互动、共同参与决策和行动，以实现社会的高效、和谐与可持续发展的治理方式。

## （四）治理评价

治理评价强调以下内容。一是要看数字治理是否推动实体经济的数字化转型和高质量发展、促进资源的优化配置和高效利用，以及催生诸多新的行业领域和新兴业态模式。二是要关注数字治理是否推动公共服务水平和社会治理能力提升、促进信息交流和知识共享，以及提升全社会的文化素养和创新能力。三是要看数字治理是否促进绿色发展和可持续发展、减少能源消耗和排放，以及促进生态保护和修复。未来，随着数字技术的不断发展和应用，数字治理将在更多领域发挥更大的作用，实现经济效益、社会效益与生态效益共赢。

# 第三节　数字治理的贡献与意义

当前，以互联网、大数据、人工智能为代表的新一代信息技术日新月异，给各国经济社会发展、国家管理、社会治理、人民生活带来重大而深远的影响，数字技术正在成为全面推进政府治理体系和治理能力现代化的重要支撑。数字治理的发展有利于推进全球治理体系重构、助推国家治理现代化、赋能社会治理共同体建设、提高城市治理精细化水平、提高乡村治理科学化水平，进一步解决社会管理中的难题，提高治理水平，推动社会的稳定和发展。

## 一、数字治理推进全球治理体系重构

伴随着数字经济的蓬勃发展，全球数字领域发展不平衡、规则不健全、秩序不合理等问题日益凸显，国家间和地区间的数字鸿沟不断扩大，在数据保存、平台管理、网络安全等数字治理问题上的分歧日益尖锐。

（1）数字治理可以促进国际社会在跨国问题上的合作与协调。在数字治理框架下，通过数字平台和协作工具，各国政府、国际组织可以共同制定和执行全球治理规则和标准，共同应对全球挑战。同时，数字治理还能促进跨国公司、非政府组织、社会媒体等非国家主体的参与和合作，共同解决数字全球化发展不均衡、技术负效应不断扩大等全球问题。

（2）数字化技术为全球治理提供了创新的治理模式。这些新模式可以弥补传统治理体系的不足，以边缘改革贡献建设性方案，共同推动数字治理由"逐利争霸"向"利益协调"转变，塑造网络空间命运共同体，提高全球协作和治理效能。例如，2023 年 1 月，联合国面向全球公开征集《全球数字契约》提案，世界互联网大会联合 15 家单位围绕连接所有人、数据保护、歧视与误导性内容治理、人工智能监管、数字公共产品 5 项议题，向联合国技术特使办公室提交了提案，力图为全球数字未来发展提供基本原则。

（3）数字治理在加强全球数据安全保护方面扮演着至关重要的角色。随着数字化时代的深入发展，数据已成为全球经济的核心驱动力，同时也带来了前所未有的安全挑战。数字治理作为一种综合性的管理框架，可以推动全球范围内的数据隐私和安全标准的协商和制定，应对数据泄露、网络攻击等威胁。2020 年 9 月 8 日，我国发起《全球数据安全倡议》，就维护全球数据安全提出科学合理、公平公正的解决方案。

## 二、数字治理助推国家治理现代化

政府数字治理能力提升为国家治理现代化提供了新的支撑，不仅有助于我国在全球范围内数字治理升级的关键时间窗口赢得先发优势和产生引领效应，而且对推进我国公共服务的智能化、普惠化、均等化，提升公众便利感与获得感，满足人民对美好生活的期望具有积极意义。

（1）数字治理有助于提高国家治理的精准度和效率。政府可以对海量数据进行实时采集、分析和研判，更准确地把握社会动态和公众需求，提高决策的精准性、科学性和预见性。政府可依据掌握的大样本数据信息，通过关联性分析预测社会治理危机和公共安全事故发生的概率，有针对性地建立突发事件预警机制，全面提升政府公共危机管理能力。

（2）数字治理有助于提升国家治理的透明度和参与度。政府可以通过官方网站、社交媒体等渠道及时发布政策信息，与公众进行互动和交流，增强政府的公信力。同时，互联网平台具有成本低、速度快、不受时空限制等特点，使国家治理的参与更加便捷，有利于激发社会主体参与治理的意愿。

（3）数字治理有助于加强国家治理的协同性和整体性。大数据、云计算、人工智能等新一代信息技术可以打破部门壁垒和信息孤岛，通过跨层级、跨地域、跨系统、跨部门、跨业务的协同治理，政府可以更好地应对复杂的社会问题和挑战，提升国家治理的整体效能。

## 三、数字治理赋能社会治理共同体建设

数字化时代，数字治理正在成为推进社会治理现代化的重要引擎，而数字社会治理是数字治理中最能体现共建共治共享价值理念的治理。"构建共建共治共享的数字社会治理体系""打造协同高效的数字政府体系"等成为数字时代社会治理的重要任务。

（1）数字治理有助于促进多方力量参与社会治理创新，完善共建共治新格局。数字赋能下的社会治理结构将公众、企业、社会组织纳入社会治理的协同框架，建立政社协作、政企

联动、政民互动的社会治理联动机制，激励各方力量多样化、多渠道、多层次参与社会治理，推动单向管理向协同治理转变，形成多元共治、多方协作、多层互动的社会治理新格局。例如，基层议事群、互联网党群服务站、智慧治理平台等的建立，便于进行在线民主协商，使公众在参与基层事务过程中充分产生尊重感与获得感。

（2）数字治理有助于推动社会公平正义、和谐稳定，赋能社会治理成果共享。数字社会治理坚持以人为本的发展理念，以数字技术为支撑，针对幼有所育、学有所教、劳有所得、病有所医、老有所养、住有所居、弱有所扶等重要民生问题，提供普惠共享的数字公共服务。例如，数字化手段有助于加强教育医疗等领域的资源均衡配置，缩小城乡差距和贫富差距。

---

### 🔍 视野拓展

#### 数字化赋能让"枫桥经验"历久弥新

20世纪60年代，浙江省暨枫桥干部群众创造了"将矛盾纠纷化解在基层"的"枫桥经验"，为基层治理工作指明了方向。今天，依靠数字化改革的力量，新时代的"枫桥经验"贯穿于平安浙江建设的始终。2020年和2021年，《浙江省政府工作报告》连续提及"坚持和发展新时代'枫桥经验'"。

枫桥经验的前世今生

"枫桥经验"是浙江基层治理的金名片。2021年3月，新时代"枫桥经验"指数项目启动，这是浙江省新时代枫桥经验研究院、浙江大学新时代枫桥经验研究院成立以后启动的首个重大项目，被称为"一号工程"。据悉，该课题充分运用大数据、人工智能等新技术构建新时代"枫桥经验"指数全流程闭环平台，实时评估县域治理动态，实时监测全县、部门、街镇、村社治理状况，及时梳理、汇总、分析公众问题诉求、治理短板，及时生成风险预警，及时解决问题、化解矛盾、补齐短板。

资料来源：人民网。

---

## 四、数字治理提高城市治理精细化水平

中国经济信息社、中国信息协会和中国城市规划设计研究院联合发布的《中国城市数字治理报告（2020）》，标志着我国城市治理进入以数字治理为标志的2.0时代。城市进入数字时代后，由于数字赋能生产力，促使城市的功能场景由原有的城市物理空间，转向数字空间并实现线上线下互动融合；数字化的生产方式与运行逻辑也改变了政府的治理行为、市场的商业模式以及居民的生活方式。

（1）数字治理有助于优化城市管理。对城市各个领域的数据进行实时采集、分析和处理，并依托数字化资源共享平台，实现不同治理主体之间广泛的互联互通、协作共享、业务协同，进而为城市管理提供更加精准的信息支持。例如，智能化监控系统可以实现对城市交通的实时监测和优化调控，缓解交通拥堵问题。

（2）数字治理有助于提高公共服务水平。"最多跑一次"改革、一网通办、城市大脑等技术变革提升了办事效率与管理效果，契合了人民对美好生活的需要与城市高效能治理的需求。《中国城市数字治理报告（2020）》显示，数字治理指数位居全国第一的杭州，是全国最早实现扫码乘车、电子社保卡全流程就医的城市，全国首家跨境电子商务综合试验区、首个互联网法院也诞生于此。同时，数字化技术还可以加强对城市公共设施的监测和维护，提高设施的使用寿命和安全性。

（3）数字治理有助于推动城市可持续发展。数字治理能够为城市的绿色发展、智慧交通、智能建筑等领域提供技术支持和创新驱动，实现城市的资源节约、环境保护和能源高效利用等方面的目标。例如，对空气、土壤、水体、企业排污等进行跟踪监测、适时监测，可以及时发现生态文明建设中存在的问题，并及时对症下药。

> 📖 **专栏1-2："穗智管"助力广州市精细化管理**
>
> 　　广州市按照"一图统揽，一网共治"总体构想，围绕"看全面、管到位、防在前"核心目标，运用大数据、云计算、区块链、人工智能、物联网等新一代信息技术，建设集"运行监测、预测预警、协同联动、决策支持、指挥调度"五大功能于一体的"穗智管"城市运行管理中枢，充分调动各级人民政府、基层组织、人民群众积极参与社会治理，共同促进城市高质量和品质化发展，探索出一条符合超大型城市特点和规律的治理新路径。
>
> 　　资料来源：广州市住房和城乡建设局。

## 五、数字治理提高乡村治理科学化水平

作为国家政治生命体的神经末梢，乡村治理是国家治理的基石，是国家治理体系和治理能力现代化的重要组成部分。将数字化融入乡村治理体系，有助于乡村治理从经验式治理转向精准化治理，从少数人参与的治理向多数人参与的治理转变，使乡村内外治理更加高效和智能。

（1）提高乡村治理效率。通过大数据、云计算等技术，政府可以精确掌握乡村资源环境状况、农业生产情况、农民收入情况等信息，为乡村治理提供科学依据。同时，通过数字化平台的建设和应用，政府可以实现乡村资源整合、信息互通、工作协调，推动乡村治理的整体性发展；完善的治理数据库则有利于村民的差异化和个性化需求发展，优化治理资源配置，进而提高乡村治理效率。

（2）提升乡村应急管理能力。数字化手段的运用有助于加强对乡村自然灾害等突发事件的监测和预警，提高应急响应的速度和效果。同时，数字化技术还有助于提升乡村治安管理能力，加大乡村安全防范和打击犯罪的力度。

> 📖 **专栏1-3：桐君街道推出"亲清地图"，让智治有方**
>
> 　　浙江省桐庐县桐君街道推出的"亲清地图"，通过一图集成、一码通行、三色预警，实现数字赋能，切实加强了清廉乡村建设。街道各村（社）分别建立专属二维码，一村一码，村（居）民直接扫码即可查询本村项目、资产、资源、农房审批等相关信息，第一时间知晓项目进度、资金流向等情况。同时，"亲清地图"系统根据各村的风险情况设置了"廉政风险指数"模块，便于街道对各村廉政风险情况进行精准判断，以智治推动清廉村居建设，实现乡村综合治理新效能。
>
> 　　资料来源：人民资讯。

# 第四节　数字治理的现实困境

随着5G、物联网、云计算、大数据、人工智能、区块链等新技术、新应用的普及，"数字化生存"已然成为常态，数字治理也正在成为全球浪潮。数字治理作为数字技术与现代治理的有机融合，其目标在于赋能治理理念、治理主体、治理内容、治理工具和治理成果，但数字技术引发的问题以及数字社会背景下的社会治理挑战，已经成为数字治理能力与治理现代化的考验。

## 一、数字治理理念悬浮

数字技术为社会治理革新创造契机并提供媒介，但受制于传统治理理念的根深蒂固，数字治理理念难以内化于数字治理实践之中，从而使数字治理理念处于悬浮状态。

（1）数字治理主体缺乏系统的数字化思维。数字治理是一种新兴治理模式，借助数字化手段及时发现并解决问题，助推治理现代化。但一些治理主体的治理理念亟待转变，可能因为对数字治理的认识不足，对数字技术的认知和接受程度也相对较低，从而更愿意相信自己多年来所积累的经验。如何打通数字治理的"最后一公里"，让更多人民群众主动参与到数字治理中来是亟待解决的难题。

（2）数字治理理念更新落后于设施建设，软硬件不适配。部分地区虽然已在不断健全数字基础设施，但行政执法者的治理观念更新落后于硬件建设，"管控意识强、治理意识弱""管理意识强、服务意识弱"的问题依然存在。特别是乡村数字基础设施存在先天不足的问题，叠加后天劣势，造成数字治理理念生存土壤的贫瘠。

## 二、数字治理工具异化

数字治理是经济社会数字化转型背景下以实践为先导的治理革命，但在技术治理的视角下，社会和人的向度被过度简化，信息量被逐步压缩至一个数字，成为定量标尺上的一点，数字技术被严重异化。

（1）"形式主义""数字工程"等为了数字化而数字化的现象屡见不鲜。出于业务数字化转型的需要，各部门纷纷开发和搭建数字化平台，引入政务网站、App、小程序、公众号、微信群等数字化治理工具，但一些区域却存在过度追求数量而忽视质量的问题，最终因操作性和互动性弱而加大了工作人员的工作量，降低了用户使用率和体验感，增加了公众负担。

（2）技术理性对价值理性的消解。数字技术是一种以工具理性为基础的治理工具，在技术理性思维模式下，行为体可能会受追求功利、效率最大化驱使，导致人的主体地位被淡化，道德、责任、情感等价值理性因素被漠视，不利于提升人民的幸福感、效能感。此外，老年人、残疾人、偏远地区人群等特殊群体还可能因为数字技能缺失而被边缘化。

## 三、数字治理人才供需失衡

人才是第一资源，数字治理离不开专业的数字技术人才。随着我国数字经济的快速发展，数字治理已经延伸到各行各业，数字治理人才的需求持续攀升，但数字治理相关岗位就业缺口大的问题也越发突出。根据《中国数字经济人才发展报告（2024）》（以下简称《报告》），截至2023年底，我国数字经济人才总量为3 144万人，数字经济人才缺口2 500万人。同时，

《报告》估算，到 2025 年，我国数字经济人才总量约为 4 500 万人，人才需求总数将超过 7 500 万人，人才缺口将接近 3 000 万人。

（1）数字治理人才培养机制有待健全。高等院校相关专业学科设置、教育教学方式有待更新，亟须培养既熟悉政府运行机制又懂数字技术的复合型人才。同时，政府部门需要健全专业学习机制，拓展人才培训方式，提升政府工作人员的互联网思维能力、信息化应用能力与数字化发展能力，从而增强数字治理工作开展的高效性。

（2）数字治理人才引进、使用和激励机制有待完善。现阶段，我国在数字治理领域尚未形成完善的选人用人制度和考核评价机制，这些因素导致在吸引、留存数字治理专业人才特别是交叉领域复合型数字治理人才方面存在不足。

### 四、数据资源共享不畅

大数据、云计算与物联网等信息技术催生的网络平台，实现了数字治理的虚拟在场，但在实践过程中却存在数据共享的"三难"问题。

（1）治理机制统一难。我国现阶段还没有形成统一的数字治理机制，发达地区的城市与发展落后地区的城市、城市与乡村之间的发展水平差异较大，导致其治理模式存在较大差异，难以实现跨层级、跨部门、跨区域的数据资源整合共享、业务协同互联互通。

（2）数据资源整合难。数字治理是一项系统性工程，涵盖的内容广，涉及的部门多，但由于缺乏明确的数据获取和数据处理规范，数据缺失、数据重复搜集、搜集标准不统一、数据处理低效等问题仍然存在，不仅会增加基层工作人员的行政负担，还会使平台治理的效用弱化。

（3）平台数据共享难。信息技术的穿透性打破了传统治理中的部门壁垒，但由于数据资源具有价值性、敏感性和隐私性等特点，如果缺乏明确的平台共享机制，不同部门、不同机构之间可能因为利益冲突、数据安全以及个人隐私等原因不愿共享数据或对数据的真实性存疑。此外，由于数据的复杂性和多样性，数据的采集、存储、处理和传输等技术手段的制约也可能导致数据共享难以实现。

## 第五节　数字治理的路径探索

近年来，随着数字技术创新和迭代速度的加快，其在提高社会生产力、优化资源配置的同时，也带来一些新问题、新挑战，迫切需要相关人员对数字化发展进行治理，营造良好的数字生态。数字治理是面向国家与社会、政府与市场、政府与公民之间交互界面持续变化、交互机制持续更新态势下的新治理和新实践，是推进国家治理体系和治理能力现代化的重要内容，也是中国式现代化的题中应有之义。

### 一、强化数字治理意识

数字治理意识是指在数字时代中，人们对数字技术的管理、应用和发展所持有的认识和态度。随着数字技术的迅猛发展，数字治理意识对推动数字经济发展、提高社会治理水平、保障数据安全等具有重要意义。而人民群众的数字素养与技能是强化数字治理意识的基础，日益成为衡量国家综合竞争力和软实力的重要指标。

### （一）提升公职人员数字素养与技能

提升公职人员数字素养与技能是贯彻落实网络强国、数字中国发展战略，强化政府数字治理意识和服务意识的重要举措。

（1）树立数字治理思维。广大公职人员特别是党员干部应树立数字治理思维，准确把握数字中国建设和数字治理的时代意义及科学内涵。公职人员应加强主动学习数字化知识的意识，努力提高自身数字化知识的广度和深度，提升主动运用数字化工具、方法应对处理相关业务问题的能力，善于用数据说话、用数据决策、用数据管理、用数据创新。

（2）加强数字治理培训。构建科学合理的数字知识课程培训体系，开展数字治理实践教学，提供丰富的数字政府、数字经济、数字社会等领域的线上培训资源，鼓励在岗人员到省外乃至国外学习先进的数字技术和数字治理经验，不断提升公职人员的专业能力与职业素养，以更好地服务于人民群众。

### （二）提升全民数字素养与技能

提升全民数字素养与技能，是提升国民素质、促进人的全面发展、落实数字治理目标的战略任务，也是深刻认识数字经济、弥合数字鸿沟、促进共同富裕的关键举措。

（1）满足不同群体差异化需求。面对不同家庭背景、不同学历层次、不同工作岗位的群体，将数字素养培养融入家庭教育、学校教育、职业教育和社会教育，打造全方位的数字素养培育模式。特别是要为农村、偏远地区群众，以及老年人、残疾人等群体提供数字生活、学习、就业等帮助，不断提升他们的幸福感、获得感和安全感。

（2）多渠道开展数字技能培训。构建"线上+线下"培训体系，社区定时开展数字信息技能培训，推进"数字下乡"活动；充分利用网络培训渠道，开发培训 App 及网络直播授课模式，实现全时段覆盖。

（3）加强对数字治理的宣传和教育。创新宣传教育方式，坚持以外源促内生的宣传理念，设计接地气的数字内容；加快数字基础设施建设，为优质数字资源传输和利用提供硬支撑；引导数字资源供给主体发挥自身优势，贴近用户需求，积极拓展网站、移动应用程序、公众号等渠道，为优质数字资源直达用户端提供软支撑。

## 二、提升数字治理能力

数字治理能力是指在数字时代背景下，多元治理主体创新运用数字技术，创新数字治理制度，通过技术与制度的双向赋能，共同治理数字事务，从而实现数字善治的能力。这一概念体现了在政府主导下，平台与企业、社会组织、网络社群、公民个人等多元主体共同参与相关事务的制度安排和持续过程。

### （一）提升政府数字治理能力

政府在数字治理中有着不可或缺的地位，既是数字治理规则的制定者和监管者，也是数字治理的参与者、使用者和统筹者，因而要着力提升政府数字治理能力。

（1）决策上，要最大限度发挥数据库、数据挖掘、集群技术和深度学习的作用，实现决策信息跨系统、跨层级、跨部门、跨业务的"聚通用"，使传统人机分离式交互的决策模式跃升为人机深度融合的决策模式，不断提高政府决策的精确化、科学化水平。

（2）服务上，要依托"互联网+"推动变革，加快建设新型智慧城市，为群众提供数字惠民服务。2023年12月20日，"杭州市民码1.0"上线，多项惠民政策、公共服务、权益优待实现一"码"直享，破解困扰市民的多码并行难题。

（3）办公上，要深入推进政务云、商业云、民用云建设，实现政府内部各部门之间的数据信息共享，有效解决数据孤岛问题和数据壁垒问题，形成高效运转的现代政府治理结构。

（4）监督上，要通过"数字赋能监督，监督促进治理"，鼓励基层政府数字平台不仅开通信息传达、规章制度等内容，还要推动民主选举、民主决策等活动在线上开放，让网络问政在实现政务公开的同时，提高公众参与的积极性。

### （二）提升数字治理多元主体协同能力

数字社会治理需要多方力量的共同参与，实现部门协同、区域协同以及政府与企事业单位、社区居民的协同。

强化政府的主导地位，通过市场化的方式将多元主体纳入工作机制，发挥企业、社会组织的专业化力量，从社会领域采集多领域的信息，促进数据的融汇与流通。作为数字技术的使用者和推动者，企业应该规范数据的采集、存储、处理和应用，保障数据的完整性、保密性和可用性。公众要通过各种渠道和方式对数字治理进行监督和评价，鼓励社会组织为数字治理的发展提供专业化的支持和帮助，从而提升数字治理质量。此外，还要加强国际合作与交流，各国政府、企业和组织应该共同探讨数字治理的发展方向和解决方案，分享经验和做法，推动全球数字治理水平的提高。

### 三、建立数字治理信任

数字治理中的数字性和价值性是一对相互依存、相互作用的概念，过分强调数字性可能导致技术理性对价值理性的消解，过分主张价值性则会导致价值理性对技术理性的挤压。因此，推动数字治理中的数字性和价值性兼容并蓄，更有助于提升数字治理效能。

### （一）明确数字治理的限度

数字治理不是将原有的政府信息和业务电子化、网络化，而是从简单的技术形式和政务服务方式，到复杂的组织关系和制度建设的变革过程。因此要从制度层面破除数字治理形式主义，避免一味追求数字化、自动化、智能化的建设目标，应进一步探索信息技术推动下的治理变革与既有制度融合创新的多重可能性。同时，要强化数字技术的边界感，避免数字治理过程中的数据过度搜集与挖掘、过度解读与主观偏差、过度信仰与依赖，以及过度弥散与渗透等问题。

### （二）提升数字治理的效度

数字治理不能仅仅停留在技术赋能阶段，要加快推进数字治理的整体性规划，整合碎片化的数字平台和数字资源，有针对性地提高数字平台的建设质量，打通数据壁垒，推进政务数据有序共享；还要利用数字化手段改进和完善督查、检查、考核的方式方法，推动结果的互认互用，让数据多"跑腿"，让干部和群众少"跑路"。

### （三）释放数字治理的温度

数字治理必须平衡好技术理性与价值理性的关系，坚持"以人为本、用户导向"，尊重用户自由选择数字服务的权利。同时要充分考虑数字包容的问题，关注数字弱势群体，防止数字技术加剧数字鸿沟、数字不平等、信息茧房、算法偏见等负面效应，让更多的人享受数字红利。此外，要树立数字治理的道德伦理观，多措并举筑牢个人数据信息安全保护屏障，不能让数字技术遭到滥用、侵害或吞噬人的权利。

## 四、激发数字治理活力

人才是推动经济社会高质量发展的战略资源，数字治理人才是推进数字治理工作的关键。必须多措并举加强数字治理人才队伍建设，有效激发数字治理活力。

### （一）构建系统化数字人才培养体系

政府、高等院校、科研机构等要创新人才培养模式，共同制订复合型数据人才的培养方案，鼓励高校开设数字技术相关专业，并打破学科之间的体系分割，鼓励计算机、信息专业和经济管理、人文、社会学进行交叉融合，着力培养一批数字治理专业人才。同时，要加强产教融合，构建基于企业实际需求的数字化人才培育方案，打造"高校—科研机构—企业"联动的人才培养机制；还要通过举办数字技能普及和培训活动、建设干部培训基地等推动政府工作人员的数字化升级，进而培养出具备大数据思维、熟知大数据处理技术和具备综合政务能力的复合型人才。

### （二）加大数字治理人才的引进力度

准确把握全球人才竞争的新态势，健全人才集聚流动机制，打破国籍、户籍、身份、档案、人事关系、年龄等人才流动中的刚性制约，探索开辟高端专业人才引进绿色通道，吸引更多懂业务、懂技术、懂管理的复合型数字人才。

### （三）完善数字治理人才的考核机制

对数字治理人才在招录、聘用、职称评定、福利待遇等方面给予适度倾斜。要重视数字治理人才的考核评估，探索建立我国领导干部和公职人员数字素养与技能发展评价指标体系，以促进领导干部数字治理能力的提升和发展，使其更好地服务于人民群众。

## 五、凝聚数字治理合力

数字治理是一个立体多维的网络结构，涉及数据拥有者、数据提供者、数据使用者和数据监管者等多个利益相关方，需要推动多元化治理主体优势互补，实现跨层级、跨地域、跨系统、跨部门、跨业务的数据共享与协同。

### （一）构建规范有序的数字治理体系

政府应该做好数字治理的顶层设计和总体规划，结合我国当前的数字化水平、各主体参与程度、各地区治理现代化进程等，对数字治理进行统筹规划，建立健全数字治理的框架体系和规则秩序，理顺并设置数字管理的体制机制、数据开放共享的策略机制，执行落实数据安全及隐私保护的法律法规，建设和完善数字治理的基础设施和平台，平衡数字治理的安全和发展问题等。

### （二）建立健全跨部门、跨区域协作机制

数字化发展涉及领域众多，数字治理需要各部门、各区域协同配合。既要制定明确的政策、规定和流程，明晰各部门的职责范围和工作重点，避免出现职能交叉和空白；又要

依托大数据和区块链等信息技术，实现跨部门、跨区域的数据共享、组织重构、流程再造、业务联动、窗口建设等，破解传统社会治理中政府部门间的"数据烟囱""信息孤岛"等难题。2023 年 1 月 29 日，长三角生态绿色一体化发展示范区上线全国首个跨省域智慧大脑，依托长三角区域数据共享交换平台，打通了两省一市三级八方 18 条数据链路，汇聚了 242 项数据资源，形成了涵盖基础库、主题库、专题库的示范区数据资源池，将使政府跨区域协同治理更有效。

### （三）完善公共数据管理机制

数据是数字时代的核心和纽带，数据治理有助于构建一个高效、安全、合规、创新的数据生态系统，进而助推数字治理提质增效。因而，要出台专门的公共数据管理法、数据共享促进法等法律法规，明确规定数据共享法定职权；构建公共数据采集、处理规范，对所有公共数据实行集中统一管理。建立各个行政区域内部统一的公共数据资源平台和开放共享平台，真正实现横向到边、纵向到底、一网通办的"互联网+"系统。

# 知识巩固

**一、名词解释**

数字治理　数字治理能力　数字治理意识

**二、单项选择题**

1. 以下不属于数据特点的是（　　　）。
   A. 无形性　　　B. 有形性　　　C. 负外部性　　　D. 难以追溯
2. 以下关于数字治理的说法，正确的是（　　　）。
   A. 数字治理强调以政府为主体的治理
   B. 数字治理的关注点在于政府
   C. 数字治理是政府过程的信息化
   D. 数字治理注重以人民为中心
3. 以下不属于数字治理数字化手段的是（　　　）。
   A. 区块链　　　B. 人工智能　　　C. 伦理　　　D. 平台
4. 电子政务最早起源于（　　　）。
   A. 美国　　　B. 中国　　　C. 英国　　　D. 日本
5. 企业作为数字技术的使用者和推动者，应该保障数据的完整性、（　　　）和可用性。
   A. 可行性　　　B. 通用性　　　C. 保密性　　　D. 公开性
6. 第五大生产要素是指（　　　）。
   A. 劳动力　　　B. 资本　　　C. 技术　　　D. 数据
7. 数字治理是一种新型治理模式，不包括（　　　）层次。
   A. 政府与社会公众　　　　　　B. 社会公众与企业
   C. 政府与政府　　　　　　　　D. 政府内部运作
8. 强化数字治理意识要（　　　）。
   A. 提升全民数字素养与技能　　B. 强化数字治理多元主体协同
   C. 加强跨部门、跨区域协同合作　　D. 加快引进数字治理人才

9. 建立数字治理信任不包括（　　　）
　　A. 明确数字治理的限度　　　　　B. 提升数字治理的效度
　　C. 释放数字治理的温度　　　　　D. 加大数字治理人才的引进力度

10.（　　　）不是数字治理的主体。
　　A. 政府　　　　B. 企业　　　　C. 社区　　　　D. 公众

三、多项选择题

1. 全球数字经济治理实践已在（　　　）等领域形成经验共识。
　　A. 数据治理　　B. 算法治理　　C. 数字市场治理　　D. 网络生态治理

2. 数据论视角下，数字治理的核心内容包括（　　　）。
　　A. 对数据的治理　　　　　　　B. 用数据的治理
　　C. 政府过程的重构　　　　　　D. 多元化的治理主体

3. 数字治理的现实困境包括（　　　）等。
　　A. 数字治理人才缺乏　　　　　B. 数字化转型思维匮乏
　　C. 各部门数据共享困难　　　　D. 基层数字化形式主义

4. 我国信息产业的"三金工程"是指（　　　）。
　　A. 金税工程　　B. 金桥工程　　C. 金关工程　　D. 金卡工程

5. 数据共享的"三难"问题体现在（　　　）。
　　A. 治理机制统一难　　　　　　B. 数据资源整合难
　　C. 数据人才引进难　　　　　　D. 平台数据共享难

四、复习思考题

1. 简要分析数字治理与传统治理的区别。
2. 简述数字治理的必要性与重要性。
3. 如何在数字化转型背景下填补数字治理人才缺口？
4. 举例说明数字治理如何助推国家治理现代化。
5. 简述数字治理的现实挑战与应对策略。

# 第二章
# 数字治理理论

## 【知识框架图】

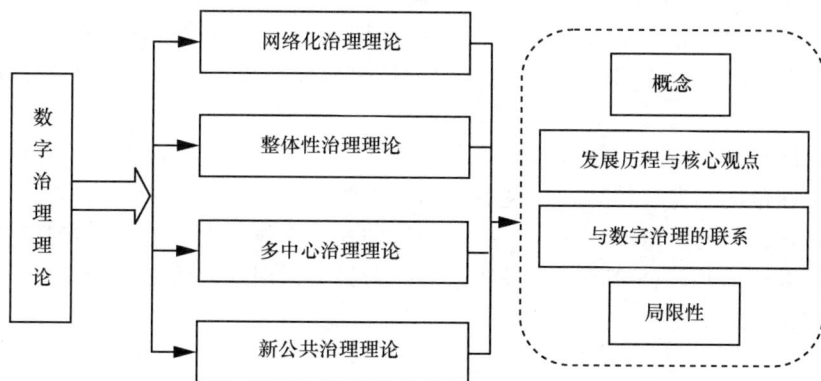

## 【学习目标】

1. 掌握网络化治理、整体性治理、多中心治理与新公共治理的概念。

2. 了解网络化治理理论、整体性治理理论、多中心治理理论与新公共治理理论的发展历程与核心观点。

3. 明晰网络化治理、整体性治理、多中心治理、新公共治理与数字治理之间的联系。

4. 理解网络化治理理论、整体性治理理论、多中心治理理论与新公共治理理论的局限性。

## 引例

### 新加坡智慧国计划

新加坡，这个被誉为"花园城市"的国家，近年来在全球智慧城市的排名中始终占据领先地位。作为一个典型的数字治理成功案例，新加坡的智慧国（Smart Nation）计划展示了如何通过整合创新的数字技术来提升城市管理效率和居民生活质量。

在 2014 年推出的智慧国计划中，新加坡通过部署广泛的传感器和摄像头网络、增强城市数据分析能力，推广公民参与的数字平台，实现了城市运作的高度数字化。这不仅包括交通流量的智能调控，也涉及公共安全、健康服务和环境监测的实时数据处理。

例如，在公共交通领域，通过实时数据分析，新加坡能够优化公交路线和调度，减少拥堵，提高公共交通的吸引力。同时，居民通过使用政府提供的移动应用，能够获取实时交通信息和个性化的出行建议，极大地提升了出行效率和体验。此外，智慧国计划还包括健康领域的创新，如远程医疗服务和在线健康顾问，使居民可以更便捷地获得医疗服务，同时帮助政府更有效地分配医疗资源。

新加坡在建设智慧国家的过程中，运用了哪些数字治理理论？

# 第一节　网络化治理理论

伴随大数据、云计算、人工智能等数字技术逐渐运用于公共治理领域，许多经典的治理理论在数字化时代下被赋予新的内涵，数字技术正在推动着公共治理体系与模式发生变革。数字治理的概念起源于 20 世纪 90 年代末，是信息与通信技术蓬勃发展背景下的产物。随着数字治理的概念不断明晰与应用越发广泛，数字治理理论也开始萌芽并且正处于逐步发展与成熟的过程中。从狭义上来说，数字治理理论是研究数字技术支持下政府与经济社会互动的理论；从广义上来说，数字治理理论是研究数字技术支持下整个社会运行与组织的理论。

治理理论的初衷是应对市场或政府协调的失败，但随着研究的深入和不同地区治理实践的开展，治理理论的不完整性开始显现。例如，强调多方参与却无法明确给出多方参与的具体框架；试图整合政府、市场和社会等多种力量却缺乏操作章程；不同学者尝试用各学科理论解释，却难以达成共识；等等。正是在这样的背景下，网络化治理理论应运而生，推动了治理理念与实践的革新。

## 一、网络化治理的概念

网络化治理是指在民主协商的基础上，通过政府、社会公众、企业和非营利组织等多个参与者的合作，共享资源和信息，以实现公共目标和共同价值的一种治理模式，是公共管理现代化发展的新趋势。网络化治理是针对现代复杂社会需求的治理模式，它克服了传统等级制和市场化治理模式的局限性，强调了在一个制度化框架中多方参与者的相互依存和合作。在网络化治理系统中，各种行为体不仅在地理上的跨度大，而且在功能和角色上具有多样性。这种治理形式超越了传统的组织边界，通过网络连接不同参与者的知识、资源和能力，从而增强整体的响应能力和创新能力。

网络化治理具有如下基本特征。①基于关系的治理模式。网络化治理强调的是建立在信任、互惠和信息共享基础上的关系网络，旨在促进资源的有效流动和增强各参与者之间的协同效应。②追求公共价值。网络化治理目标明确，关注长期公共利益而非短期私利，致力于通过集体行动实现社会、经济和环境的可持续发展。③多元化参与者。参与者包括政府机构、商业企业、非营利组织、社区团体及个人，以确保融入不同视角和专业知识，使决策过程更全面和富有创造性。④协商与合作。协商机制是网络化治理中处理利益冲突和促进共同目标达成的主要手段。通过对话和谈判，参与者能够找到互利的解决方案。⑤自我管理。网络内的参与者能够在网络的指导和支持下自主进行决策和执行决策。⑥共享权力和责任。权力、风险和回报的共享增强了各参与方的责任感和归属感，也促进了更高效和更公平的资源分配。⑦自下而上与外部推动的双重动力。网络化治理可以是自下而上的过程，由社区和社会公众主导；也可以由政府推动，通过制度和政策框架来促进网络的形成和运作。

网络化治理的成功实施依赖于强大的技术支持和高效的信息流通机制。信息技术为网络化治理提供了实时的数据分析和决策支持，使治理过程更加透明和精确。网络化治理代表了一种现代治理的演变，它适应了全球化和信息化时代的需求，能够动员社会的各种资源和能力，以应对日益复杂的全球性挑战。通过强化网络内的合作和协调，网络化治理为实现全面而持久的公共价值创造了新的可能性。

## 二、网络化治理理论的发展历程与核心观点

### （一）初期探索与概念定义阶段

针对 20 世纪 80 年代新公共管理理论关于政府改革分权化、市场化、民营化带来的市场失灵和政策失效的社会现实，美国学者斯蒂芬·戈德史密斯（Stephen Goldsmith）和威廉·D. 埃格斯（William D. Eggers）在《网络化治理：公共部门的新形态》一书中提出网络化治理理论，认为网络化治理是指一种全新的通过公私部门合作，非营利组织、营利组织等多主体广泛参与提供公共服务的治理模式。美国学者詹姆斯·N.罗西瑙（James N. Rosenau）在《没有政府的治理》一书中进一步将网络化治理明确定义为一系列活动领域里的管理机制，认为这种机制由共同目标支持，并且活动主体未必是政府，也无须完全依靠国家的强制力来实现。

### （二）理论深化与结构分析阶段

美国学者 B.盖伊·彼得斯（B. Guy Peters）在《政府未来的治理模式》中详细研究了传统行政模式，提出网络治理是并存于科层体制、市场及社群中的一种治理结构。他进一步分析了市场式政府、参与式政府、弹性化政府、解制型政府四种未来治理模式。

### （三）实践应用与国际化阶段

我国学者王浦劬和美国学者莱斯特·M.萨拉蒙（Lester M. Salamon）等合著的《政府向社会组织购买公共服务研究》深入分析了各国政府购买公共服务的实践，在分析政府、社会和市场机制有机结合的同时，强调了社会组织在承接力方面的不足和政府内部的阻碍，对世界范围内构建新型公共服务供给体系具有重要实践意义。近年来，网络化治理理论在美国、英国、加拿大和澳大利亚等国家以及欧盟、世界贸易组织等跨国组织中得到了广泛应用。

### （四）国内研究与理论推广阶段

俞可平的《治理与善治》为国内公共管理学者提供了治理理论的研究基础，特别是网络化治理理论的介绍和分析。张康之和程倩的《网络治理理论及其实践》对网络化治理的必要性进行了深入分析，并引入了英国和欧盟的实践案例，同时提出了批判性观点。朱立言和刘兰华的《网络化治理及其政府治理工具创新》进一步探讨了网络化治理的理论基础和政府治理工具创新，强调了合作观念与信任机制的建立。

代表性学者们提出的观点为网络化治理理论的发展奠定了基础，同时也揭示了网络化治理在公共政策制定、组织协同、全球问题解决等方面的重要价值。在实践中，网络化治理理论已经得到越来越多的运用，为解决复杂的公共问题提供了新的思路和方法。

### 三、网络化治理与数字治理的联系

网络化治理和数字治理之间存在密切的联系。网络化治理关注政府、社会公众、企业和非营利组织等多个参与者之间的协同合作，以实现公共目标和共同价值，而数字治理则关注信息技术在公共治理中的应用以及如何运用数字技术推动治理创新与变革。这两个概念在实践中常常相互交织，共同推动公共治理的发展。图 2-1 呈现了网络化治理与数字治理之间的联系，主要体现在信息技术支持、参与度提高、数据共享与协同决策、治理效率提高等方面。

图 2-1　网络化治理与数字治理之间的联系

首先，两种治理模式都深度依赖信息技术。数字治理依赖信息技术，如互联网、大数据和人工智能等，来提高信息的采集、处理、传播和分析能力。网络化治理也借助信息技术手段实现不同利益相关者之间的沟通与协同。其次，两者都注重提高公众参与度。数字治理通过在线问卷、社交媒体和移动应用等手段，为公众参与政策制定和公共治理开辟了更多渠道，从而实现了网络化治理理论中强调的多元参与和广泛协作。再次，数据共享与协同决策是两种治理模式的共同重点。数字治理推动了数据和信息的共享，使政府、企业和民间组织能够更有效地进行协同决策，这与网络化治理的协同性原则相吻合。最后，提高治理效率是这两种治理模式的共同目标。数字治理有助于提高公共服务的质量和效率，降低治理成本，这也是网络化治理所追求的目标。

总而言之，网络化治理与数字治理在理论和实践上具有较强的互补性，二者共同关注政府与社会各界之间的合作与协同，以解决复杂的公共问题。数字治理为网络化治理提供了技术支持和实践手段，而网络化治理为数字治理提供了理论框架和价值导向。在现代社会中，网络化治理与数字治理相互促进，共同推动公共治理的发展与创新。

～～～案例 2.1～～～～～～～～～～～～～～～～～～～～～～～～～～～～～～～

#### 网络化治理：阿姆斯特丹智慧城市

如今，越来越多的城市采用网络化治理的方法，通过整合政府、企业、民间团体和社会公众之间的资源与知识，共同参与城市规划、交通管理、环境保护等方面的决策。荷兰阿姆斯特丹智慧城市（Amsterdam Smart City）项目就是一个典型案例，该项目通过搭建合作平台，集合各方力量共同探讨和实施智慧城市解决方案。2009 年，阿姆斯特丹创新引擎（AIM，政府机构）、荷兰能源运营商利安德（Liander）、市政环境和可持续规划部门以及荷兰应用科学研究组织等共同发起智慧城市建设。2013 年，AIM 和肯尼斯克林基金会并入阿姆斯特丹经济委员会，并且政府和利安德各出资 50% 成立了阿姆斯特丹智慧城市基金会。同年，阿姆斯特丹经济委员会启动由政府、企业、社会公众和研究机构多主体组成的阿姆斯特丹智慧城市平台（ASCP）。

ASCP 集结了致力于智慧城市建设的多方利益相关者，基于大学、政府、产业和公民社会的"四重螺旋"合作模式，旨在提升大都市区生活质量和可持续性。该平台利用阿姆斯特丹先进的互联网基础设施，包括全球最大的互联网交换中心之一——阿姆斯特丹互联网交换中心（Amsterdam Internet Exchange，AMS-IX），推进智慧城市项目。阿姆斯特丹利用其庞大的开源数据库，涵盖超过 12 万个数据集，加速数字城市的发展。同时，城市数据（City Data）项目通过实时公开关键城市运行数据，提高城市管理的透明度和效率，有效应对城市挑战，如交通安全问题。

ASCP 内部分工明确：战略合作伙伴负责组成董事会，审议智慧城市项目的规划与挑战，并为 ASCP 工作人员支付酬金；项目合作伙伴则专注于执行具体项目，开发城市提质方案。此外，ASCP 利用社区网站作为技术专家与城市相关方交流的平台，全面推动项目实施。

**启发思考：**

1. 阿姆斯特丹是如何运用网络化治理理论建设智慧城市的？
2. 根据阿姆斯特丹智慧城市案例，能得出网络化治理有哪些优势？又有哪些局限性？

## 四、网络化治理理论的局限性

尽管网络化治理理论在解决公共问题和提高治理效率方面取得了显著成效，但其仍具有局限性。

第一，协调与整合存在困难。网络化治理涉及众多利益相关者，如政府、企业和民间组织，它们在目标、资源和权力方面可能存在明显差异。因此，在实际操作中，整合这些参与者的利益和行动往往充满挑战。第二，责任分散与追责问题显现。多元参与的网络化治理可能导致责任的分散，使追究责任变得复杂，进而可能影响问责机制的有效性，降低治理的透明度和效率。第三，决策效率受限。虽然网络化治理强调多方参与和协商决策，但在需要快速决策的紧急情况下，这种模式可能导致决策过程烦琐且效率低下。第四，资源分配不均。网络化治理旨在整合资源，但在实践中，资源和权力往往仍集中在某些强势参与者手中，这可能引发资源分配不均以及不同群体利益诉求的失衡。第五，技术依赖与数字鸿沟问题。网络化治理高度依赖信息技术，如互联网、大数据和人工智能。然而，技术条件、知识水平和经济条件的限制可能使某些地区和群体无法充分利用这些技术，从而加大数字鸿沟。第六，法律法规可能滞后。网络化治理的实践涉及跨部门、跨行业和跨国界的合作，这为现有的法律法规带来挑战。有时现行法律法规可能未能及时适应新兴的治理模式，限制了网络化治理的实施和发展。

尽管存在上述局限性，网络化治理理论仍为解决现代社会复杂问题提供了有益的思路和方法。为消除这些限制，我们需要在加强政策创新、调整法律法规、优化资源分配及提高技术普及率等方面努力。

# 第二节　整体性治理理论

新公共管理的碎片化引发了项目与目标冲突、缺乏沟通、服务质量差等多重矛盾，与此同时，数字技术成为现代公共治理的重要工具。在这一背景下，整体性治理理论应运而生。整体性治理理论作为治理模式的变革，回应了经济全球化、信息网络化、公民需求多样化等现实需求，其理论体系区别于传统行政学、新公共管理学以及一般化治理理论，在不少国家获得了运用与推广。

## 一、整体性治理的概念

整体性治理是一种以全面、协同和跨界的方式进行公共治理的理念，其强调在制定和实施政策时要从宏观、全局的视角出发，综合考虑各种相互关联的因素和利益，以实现社会的和谐、可持续和公平发展。整体性治理理论产生于 20 世纪 90 年代，最早由英国约克大学的安德鲁·邓西尔（Andrew Dunsire）提出，英国伦敦国王学院的佩里·希克斯（Perri Six）先后撰写了《整体性政府》《圆桌中的治理：整体性政府的策略》《迈向整体性治理》等著作，分别提出了整体性政府和整体性治理的思想，构筑起整体性治理理论的体系。

整体性治理的主要特点彰显了其全面和协调的治理策略。第一，系统性视角是其核心。整体性治理着眼于问题背后的整个系统，通过识别各部分之间的联系和相互作用，寻求更有效的解决方案，避免局部优化可能导致的整体效果降低。第二，跨领域协同是其关键策略。整体性治理强调跨部门、跨领域、跨行业和跨界别的协作，整合各方资源和优势，共同应对复杂的公共问题。第三，重视多元参与。整体性治理鼓励政府、企业、民间组织和社会公众等多方参与，实现共同治理、共享责任和共创价值。第四，采用以预防为主的策略。整体性治理侧重于预防性政策和干预措施，通过提前识别和应对潜在风险，努力避免问题的恶化和扩散。第五，关注适应性与创新性。整体性治理关注政策的适应性和创新性，为应对不断变化的社会环境和发展需求，其可能涉及调整传统政策或尝试新的治理模式和手段。第六，结果导向是其基本原则。整体性治理注重政策的实际效果，通过评估和监测来持续改进政策实施效果和提高治理效能。

### 视野拓展

在全球治理和国际合作领域，整体性治理强调各国共同应对全球性挑战，实现可持续发展。联合国可持续发展目标（Sustainable Development Goals，SDGs）的设计和内容充分体现了整体性治理的理念。SDGs 是在 2015 年 9 月 25 日的联合国可持续发展峰会上被通过的。图 2-2 为联合国 SDGs 宣传标识，列出了 17 个可持续发展目标，在此基础上又可以进一步划分为 169 个具体目标，旨在解决全球紧迫的经济、社会和环境问题。SDGs 覆盖了多个领域，从消除贫困、促进健康和教育，到保护环境和促进和平与公正。这意味着各个目标之间相互关联，需要跨领域合作和协同作战。SDGs 强调全球合作的重要性，其鼓励政府、私营部门、民间组织和公众等各方利益相关者共同参与决策，并且认为需要从宏观和整体角度看待问题，考虑各种因素之间的相互关系和互动。

图 2-2 联合国 SDGs 宣传标识

资料来源：联合国官方网站。

## 二、整体性治理理论的发展历程与核心观点

随着数字化时代的到来，信息技术显著增强了政府与公民间的互动，网络平台为公民提供了更便捷的方式来表达诉求，而传统的单一主体行政环境已无法满足社会发展的多元需求。与此同时，过度细化的分工、效率低下以及由此产生的利益分割和碎片化等问题逐渐显现，这些问题与公共行政追求的公民权利、公共利益和社会责任等多元价值理念相悖。因此，学者们开始寻找有效的解决方案，整体性治理理论应运而生，以期解决这些问题。

### （一）理论起源与初步形成阶段

整体性治理理论的雏形最早见于安德鲁·邓西尔 1990 年发表的文章《整体性治理》，该文章主要关注控制理论的影响，并指出控制在实现善治和减少官僚机构中的重要性。之后佩里·希克斯将整体性治理从一个初步概念提升至理论层面，通过批判传统官僚制和新公共管理理论，强调政治、经济、社会进一步发展是整体性治理环境形成的前提，其中制度化是其关键因素。佩里·希克斯还指出，公共管理活动需要在政府层级、功能和公私部门三个维度进行整合，从而构建一种新型的服务理念与责任机制，以解决公共治理碎片化问题。

### （二）理论发展与国际应用阶段

荷兰学者简·库伊曼（Jan Kooiman）提出三种现代治理模式，即自我治理、合作式治理以及层级节制治理。其中，合作式治理是一种建立在共同参与和共同付出等互动基础上的伙伴关系式的治理形式，不只重视由上而下的政府作用和专家指导，更希望公民、民间组织等基层人员共同参与政策制定，借此形成与政府间的对话，从而达到凝聚共识的目的。简·库伊曼的研究为整体性治理理论提供了关键的思想支持，特别是在应对复杂公共问题方面。伦敦政治经济学院教授帕特里克·登力维（Patrick Dunleavy）对新公共管理所面临的危机进行了批评，他指出数字化时代不仅增强了整体性治理的必要性和可行性，还强调该理论在英国、美国、澳大利亚等多个国家的广泛应用。此外，我国著名行政管理学家竺乾威详细介绍了整体性治理理论的主要思想、要素和发展阶段，特别强调信息通信技术快速发展带来的新挑战及政府内部机构和部门整体性运作的必要性。

### 三、整体性治理与数字治理的联系

整体性治理和数字治理在多方面相辅相成，共同推动公共治理的发展。整体性治理关注全面、协同和跨界的治理方式，强调系统性视角、跨领域协同、多元参与等重要因素。相比之下，数字治理则侧重于利用数字技术如大数据、人工智能、物联网等，以提升治理的效率、透明度和参与度。

首先，两者都依赖于数据驱动的决策过程。数字治理通过收集、分析和应用数据支持政策的制定和执行，为整体性治理提供系统性分析，并推动前瞻性策略的实施。其次，跨领域协同是两种治理模式的共同重点。数字技术促进了跨部门、跨领域和跨界别的信息共享和协作，这与整体性治理的跨领域协同理念高度契合。再次，多元参与在两种治理模式中同样被重视。数字治理通过提供多样的在线平台和工具，鼓励包括政府、企业、民间组织和社会公众在内的各方广泛参与公共事务的讨论、决策和执行过程。此外，适应性与创新性在整体性和数字治理中都是关键要素。数字技术的应用不断优化政策实施和服务提供，体现了整体性治理的适应性和创新性。最后，结果导向是两种治理方式的共同目标。通过数据分析、评估和监测，数字治理助力持续改进政策实施，符合整体性治理的结果导向原则。总体而言，有效整合整体性治理和数字治理的互补优势，将极大提升公共治理的效率、公平性和可持续性。

### 案例 2.2

#### 整体性治理：婚姻登记跨省通办试点

**背景与问题**

社会流动性的增加要求公共服务资源配置的调整，这构成了政务服务跨省通办改革的宏观背景。传统的政务服务通过跨省通办进行创新，是"放管服"改革的重要组成部分。然而，跨省通办改革在实际操作中面临多种挑战，如政策偏离、实施困难等，这些都需要通过实际案例来探究和总结有效的治理方法。

基于整体性治理的跨省通办政务服务模式

**政策演变**

婚姻登记制度传统上以户籍为基础确定管辖权，但人户分离现象的增加导致社会对异地婚姻登记的需求与日俱增。为响应这一需求，民政部联合国家发展改革委于 2016 年提出探索异地婚姻登记，推动相关法规修订。2020 年，国务院进一步推动这一议题，提出全国婚姻登记的通办政策，规划了从省内通办到全国通办的分步实施计划。

**实施挑战**

①制度瓶颈。婚姻登记跨省通办需要解决法规调整、违法惩戒机制缺失等制度瓶颈。例如，《婚姻登记条例》需调整以适应跨省通办的要求，而法规的修改过程涉及广泛的法律调整和政策审查。②技术壁垒。数据整合和信息技术支持是实施跨省通办的技术挑战。信息技术的发展虽提供了跨部门、跨地区整合的可能，但数据的不完整性、信息孤岛问题依旧存在，需通过系统升级和数据标准化来解决。③结构困局。跨省通办的实施还面临政策预期差异和

区域壁垒等结构问题。不同地区对政策的理解和执行能力差异可能导致执行效果的不一致，需通过加强政策指导和地区间协调来克服。

**实践路径**

政府应基于整体性治理理论，提出以业务协同、资源共享、目标一致性为特征的跨省通办实践路径。①制度维度。通过顶层设计明确政策目标，结合试点先行策略逐步推广。②技术维度。加强数据资源的整合和系统功能的迭代升级，确保技术支持到位。③结构维度。通过央地联动和部门间协同，强化不同政府机构间的有效合作。

婚姻登记跨省通办试点是整体性治理理论在政务服务领域的具体应用，显示了政府对人口流动性变化的积极响应和服务模式的创新。未来，需要继续探索制度供给、技术赋能、组织结构优化等方面的改进，以实现更高效、更公平的政务服务供给，从而提升政务服务的整体质量和公众满意度。

**启发思考：**

1. 讨论整体性治理理论如何解决传统政府部门之间的信息孤岛问题。

2. 探讨信息技术如何推动公共服务创新，并在提高政府服务效率和透明度方面发挥关键作用。

### 四、整体性治理理论的局限性

整体性治理理论虽然在许多方面表现出较高的价值，但在实际应用中也面临一些挑战。一方面，实施整体性治理的难度较大，因为它要求在制定和执行政策时考虑各种相互关联的因素，整个实施过程复杂，难以确保各方的有效协同和配合。另一方面，跨部门协作面临挑战。尽管整体性治理强调部门之间的协作，但实际操作中常见的部门利益、行政壁垒以及信息不对称等问题，可能会削弱协同合作的效果。

此外，资源和能力的限制也是影响整体性治理有效性的重要因素。整体性治理理论要求政府、企业、民间组织及社会公众等多方参与，但各方的资源和能力有限，可能难以满足治理的高要求。同时，整体性治理常常需要在复杂的社会问题和多样的利益相关方中进行权衡和选择，这可能使决策过程变得更为复杂和漫长。同时，由于涉及多个领域、层次和利益方，评估政策效果和治理成果的难度增大，这可能影响治理效果的持续改进。

尽管存在这些局限性，整体性治理理论仍为数字治理提供了有益的启示和方法。在实际应用中，可以根据具体情况调整和优化整体性治理策略，以提高其适应性和有效性。近年来，随着数字技术的创新和推广，整体性治理获得了强大的支持工具，有助于突破传统方法的限制，实现信息共享、跨领域协同和多元参与等目标。

## 第三节　多中心治理理论

伴随全球化发展，各种全球性问题日益凸显，如气候变化、跨国犯罪、全球卫生危机等，这些问题的解决超越了单一国家的治理能力，传统的单中心治理体系往往无法有效应对这些全球性挑战。与此同时，信息技术的发展使信息的传递变得迅速、便捷，人们可以跨越时空的限制，实现全球范围内的沟通、协作，使多中心治理成为可能。在此背景下，多中心治理理论应运而生。该理论强调多个治理实体的共同参与和合作，不局限于国家或政府，还包括国际组织、非政府组织、民间团体、企业等多种实体。这样的治理模式能够更加有效且灵活地应对全球化时代的多样化和复杂化的问题。

### 一、多中心治理的概念

多中心治理是一种以自主治理为基础的模式，允许多个权力中心或服务中心并存，通过竞争与协作，为公民提供更多选择和更优质的服务，减少"搭便车"行为，并提升决策的科学性。多中心治理是公共管理和治理研究中的一个核心概念，与传统的中心化治理方式形成鲜明对比，其核心在于认识和强调多个治理中心的存在和作用。这种治理体系包括多个决策中心并行操作，而不是依赖单一、中心化的决策结构。这些治理中心可能属于公共部门、私人部门或公私混合体，并在操作上可以是独立的、互动的或竞争的。多中心治理的基础是自主治理，通过竞争和协作机制，为公民提供更多选择和更优服务，同时减少依赖行为，提升决策的科学性和效率。

在数字治理的背景下，多中心治理提供了一种全新的视角来理解和处理复杂、跨领域及跨界限的公共问题。例如，在互联网治理、数字货币管理以及数字隐私保护等领域，多中心治理为众多利益相关方提供了一个共同协作的框架，助力实现治理目标。不同于单一、中心化的治理模式，多中心治理涉及多个相对独立的决策中心，这些中心分布在地方、国家乃至国际各个层面。在这种体系中，权力是分散的，没有任何一个中心完全垄断决策权，各个治理中心在自己的职权范围内拥有决策自主权。

尽管各中心具有自主性，但是它们之间却展现出协作、互补及竞争的复杂关系，而非简单的命令与服从关系。这种多中心结构的存在使得治理体系更加灵活，能根据实际情况、地区特性和问题本身的特点，灵活调整治理结构、方式和机制，更好地适应复杂和动态变化的环境与挑战。此外，多中心治理体系是开放的，它鼓励各治理实体的参与，允许新的参与者加入，并促进治理方式和机制的创新。在这种体系中，决策是一个共享的过程，各个治理实体通过协商、协调和谈判共同参与决策，这不仅增强了决策的合理性，也提高了决策的有效性。综上所述，多中心治理是一种强调多个权力中心、组织体系和互动过程的社会治理结构，它通过能动地创立治理规则和形态来应对社会治理的需求。

多中心治理理论在自然资源管理领域发挥着重要指导作用。多中心治理特别关注如何管理公共资源，如水、森林、渔业等，避免"公地悲剧"出现，这通常涉及多个使用者和利益相关者的参与及协作，以及自我治理原则。许多自然资源如河流、湖泊等，跨越多个行政和政治边界，多中心治理为处理这些跨界资源提供了指导框架。例如，美国科罗拉多河流域是一个典型的多中心治理案例，涉及水资源的分配和管理。

### 视野拓展

科罗拉多河是美国西部的主要河流，为美国七个州（科罗拉多、怀俄明、犹他、新墨西哥、内华达、亚利桑那和加利福尼亚）和墨西哥的两个州（下加利福尼亚和索诺拉）提供水资源。科罗拉多河流域的水资源管理不仅包含多个治理实体，而且涉及多个跨界和跨层次的挑战，如跨州和跨国的水权分配、生态系统保护和水资源开发。由于水资源的可用性受到气候变化和其他因素的影响，所以科罗拉多河流域的管理还需要具有高度的适应性。为了共同管理和分配水资源，各方达成了一系列协议和条约，通过监测、评估和调整来适应变化，并且共享和交流知识、数据和技术，以确保水资源的可持续利用。

## 二、多中心治理理论的发展历程与核心观点

### （一）理论起源与早期探索阶段

英国学者迈克尔·博兰尼（Michael Polanyi）在其著作《自由的逻辑》中最早提出了"多中心（Polycentric）"这一概念，其在对自发秩序的探讨中注意到多中心选择的存在。在处理自发秩序活动的管理问题时，人们无法通过统一团体的集中指挥来完成，源于自发秩序活动的工作任务具有多中心特征，而多中心任务只有依靠相互调整的体系才能被社会管理。迈克尔·博兰尼开创了多中心理论分析事物的先河，但多中心任务是否适合人类社会的公共管理还需要经过实证检验，对此做出实证贡献的当属美国公共选择学派的两位创始人——文森特·奥斯特罗姆（Vincent Ostrom）和埃莉诺·奥斯特罗姆（Elinor Ostrom）夫妇。

### （二）实证研究与理论验证阶段

诺贝尔经济学奖获得者埃莉诺·奥斯特罗姆对公共池塘资源（Common Pool Resources，CPRs）的治理研究是多中心学派最成功的实证研究之一。个体在使用此类资源时可能会过度消耗，导致资源枯竭，引发公地悲剧问题。为了有效地治理公共资源，埃莉诺·奥斯特罗姆提出了公共资源治理体系构建的八大原则：第一，明确用户群体的边界，即需要界定哪些用户有权利使用资源以及资源的实际边界；第二，使用资源的规则应与当地的社会和生态条件相一致，同时确保资源的使用不超过其再生能力；第三，资源的大多数用户应该能够参与制定和修改使用资源的规则；第四，监督资源的人或机构应该是用户或与用户有紧密联系的，而且监督行为应该受到当地社区的信任；第五，当用户违反社区规则时，应该有一个明确和渐进的惩罚系统，确保惩罚与违规的严重性相称；第六，应该存在低成本的和易于访问的机制，以便用户解决与资源的使用和管理相关的冲突；第七，外部政府机构或其他权威机构应该承认和支持用户群体的权利，以管理和使用其资源；第八，当资源较大或涉及广泛的地域时，应该组织多个治理层次的嵌套结构，从小规模的本地组织到更大的区域组织。这些原则提供了一个框架，指导社区如何更好地管理和保护公共资源，以避免过度使用和资源枯竭，同时强调了治理的适应性、参与性和多层次性。埃莉诺·奥斯特罗姆的研究为公共资源治理提供了深刻的洞见，不仅展示了在特定条件下公共资源可以被成功管理的可能性，而且为公共政策制定者提供了有关如何更好地管理这些资源的建议。

### （三）多中心治理模式的再解释

多样化的地区政治单位可能导致地方公共组织出现职能重复和交叠管辖等问题，这可能降低行政效率，增加管理成本，并导致公共物品和服务的供给不足。然而，文森特·奥斯特罗姆及其合作者在《大都市地区的政府组织：理论探究》（*The organization of government in metropolitan areas: a theoretical inquiry*）一文中重新诠释了上述问题，提出地方政府应采取多中心治理模式。在这种模式中，各治理中心虽然在形式上相互独立，但能够通过开展各种契约性和合作性事务，有效解决更加复杂的竞争问题。随后，文森特·奥斯特罗姆在《多中心：自治体系的结构基础》（*Polycentricity: the structural basis of self-governing systems*）一文中又进一步强调，民主社会的一个重要特质是决策权广泛分散，个人享有充分的裁量权或自由，政府官员的行为受到有效且常规的约束，而民主社会的活力依赖社会治理中真实存在的多中心因素。

### （四）多中心治理理论的深化

多中心治理理论的核心在于采用分级别、分层次、分阶段的多样性制度设计，旨在加强政府、市场、社会之间的协同共治。埃莉诺·奥斯特罗姆及其合作者在《制度激励与可持续发展：基础设施政策透视》（*Institutional incentives and sustainable development: infrastructure policies in perspective*）中指出，通过社群组织自发形成的秩序，构建基于多中心自主治理的结构，这种多层级政府安排（具有权力分散和交叠管辖的特征）以及多中心公共论坛和多样化的制度与公共政策安排，可以有效规避集体行动中的机会主义，实现公共利益的可持续发展。

### （五）多中心治理理论的现代挑战与全球应用

在全球化、气候变化、可持续性问题以及数字技术迅猛发展的当代背景下，多中心治理理论为理解和应对这些复杂问题提供了新的视角和工具。在全球化治理领域，传统的国家中心治理结构面临挑战。美国政治学家玛格丽特·E.凯克（Margaret E. Keck）和凯思琳·西金克（Kathryn Sikkink）研究了全球治理中各种行动者（如国家、国际组织、跨国公司、非政府组织等）如何形成网络，并通过这些网络进行治理。德国学者弗兰克·比尔曼（Frank Biermann）等探讨了在多中心治理框架下如何实现 2030 年可持续发展目标。近年来，学者们也将多中心治理理论应用于数字治理领域，普林斯顿大学的阿尔温德·纳拉亚南（Arvind Narayanan）等研究了数字货币和金融科技的治理结构和挑战，展示了这一理论的广泛适用性和前瞻性。

## 三、多中心治理与数字治理的联系

多中心治理与数字治理之间存在着千丝万缕的联系，二者相互影响、相互补充，共同应对现代社会的治理挑战。多中心治理和数字治理均强调多个治理实体（如政府、企业、技术社区、民间团体、个人等）在多个层次（如地方、国家、国际等）上的互动，这种多元化的参与有助于获取各方的声音和利益信息。在治理实体中，除了传统的国家行动者，非国家行动者（如跨国公司、社交媒体平台等）在两种治理模式中都起到了关键作用。多中心治理和数字治理均重视治理实体的自我治理能力，如开源社区和数字平台通常基于自治原则进行治理。此外，二者认为治理实体之间的协作也至关重要，有助于形成共同的规则、标准和政策。此外，由于技术、市场和社会环境的快速变化，两种治理模式都强调治理实体的动态性和适应性，需要快速适应环境变化，以有效应对新的挑战。综上，多中心治理和数字治理的共同点在于多元化的行动者、多层次的治理、治理实体的自治与适应能力，以及实体之间的有效协作，为应对现代社会的复杂问题和动态的治理挑战提供了有价值的指导。

多中心治理理论在众多数字治理的应用中已有所体现，旨在应对由数字化带来的挑战。多中心治理特别适用于互联网治理，因为互联网是一个全球性网络。例如，互联网名称与数字地址分配机构（The Internet Corporation for Assigned Names and Numbers，ICANN）就是一个多方利益相关者模型，其中包括政府、私营部门、技术社区、民间社会等。多中心治理鼓励各方在平等的基础上参与决策过程，而不是由单一实体控制。在数据治理中，多中心治理强调多个实体（如企业、政府、用户等）在数据收集、存储、使用和共享中的作用，允许多方共同管理和使用数据。多中心治理理论还被应用于治理数字平台（如社交媒体、电子商务平台等），以确保竞争、隐私和内容管理等方面的平衡，其中涉及多个实体，如平台运营商、用户、内容提供者和监管机构。多中心治理理论为数字治理提供了一个更开放、更多元参与、更需要适应和协作的框架，有助于平衡各方利益。

---

### 视野拓展

　　ICANN 成立于 1998 年 10 月，是一个集合了全球网络界各领域专家的公私结合的非营利性国际组织，负责全球域名系统的管理与协调，包括互联网协议（IP）地址的空间分配、协议标识符的指派、通用顶级域名（gTLD）、国家和地区顶级域名（ccTLD）系统的管理以及根服务器系统的管理。ICANN 整合了政府、企业、技术社区和民间组织等多方力量，通过自下而上和基于一致意见的程序制定符合其使命的政策，旨在共同维护互联网的稳定和安全。根据 ICANN 的章程规定，ICANN 理事会设立了三个支持组织（见图 2-3），包括地址支持组织（ASO）、域名支持组织（DNSO）和协议支持组织（PSO），从三个不同方面对 Internet（互联网）政策和构造进行协助、检查以及提出建议。这些支持组织有效推动了 Internet 政策的发展，并且在 Internet 技术管理上鼓励多样化和国际参与。

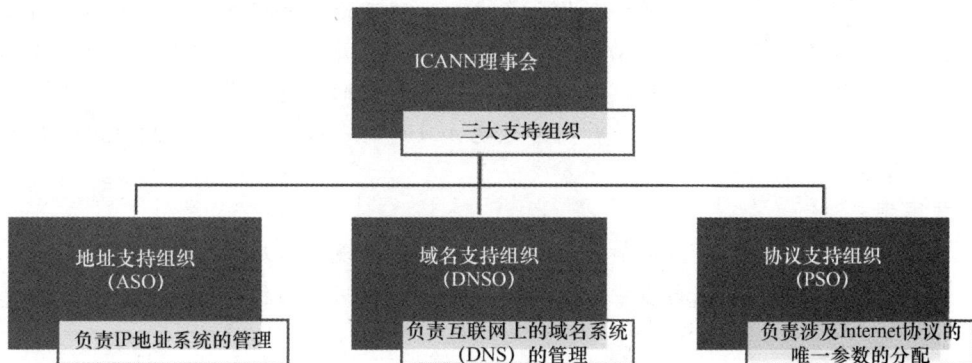

图 2-3　ICANN 的组织架构

---

### 案例 2.3

#### 多中心治理：西部气候倡议

　　气候变化的挑战促使全球各地加强气候治理措施，特别是跨界的集体行动。西部气候倡议（Western Climate Initiative，WCI）作为一个跨国、跨区域的合作框架，应用多中心治理理论，通过自愿减排计划共同应对气候变化。WCI 不仅展示了多层级治理的实用性，还强调了地方政府间合作的重要性，这有助于克服集体行动理论中传统的依赖于外部权威的局限。

基于多中心治理的全球气候问题应对

　　WCI 始于 2007 年，是由美国部分州和加拿大部分省发起的一个气候行动网络，旨在通过设置碳排放交易系统来控制和减少温室气体排放。WCI 经历了从初步酝酿到正式实施，再到持续发展的多个阶段，最终形成了一个涵盖电力、工业和交通运输部门的跨界联合碳市场。加利福尼亚和魁北克省在这一过程中起了关键作用，表明地方层面的主动参与对气候政策实施的重要性。

　　基于多中心治理理论，WCI 案例分析集中在如何通过地方政府间的合作来推动碳排放的减少。这一理论不仅支持了地方行动的独立性和创新性，而且强调了多层级协作的必要性。在 WCI 的实施过程中，集体行动的三要素——新制度的供给、可信承诺与相互监督是推动有效合作和维持碳市场稳定的关键因素。

**案例剖析**

①外部变量的影响。自然物质条件、经济社会属性、通用制度规则、政治属性和话语权等外部变量在 WCI 的形成和发展中发挥了重要作用。例如，自然灾害增强了地方政府对气候行动的紧迫感，而经济结构影响了 WCI 成员的行动决策。②行动者的互动与结果。制度供给的初步设立提供了操作碳交易的基本框架。随后的实施阶段中，美国加利福尼亚州和加拿大魁北克省通过确立可信承诺和强化相互监督机制，增强了行动计划的执行力。这些互动有助于建立一个更为稳定和成熟的碳市场。③实施结果与评价。WCI 已成为北美最大的碳市场之一，其成功实施展示了多中心治理在解决跨界气候问题中的效能。该倡议不仅促进了碳排放的有效控制，也为成员地区带来了经济上的收益，如通过碳信用交易和技术创新降低了减排成本。

**总结与讨论**

WCI 的案例表明，地方政府间的合作和多中心治理理论在全球气候治理中的适用性和有效性。这一治理模式强调了地方行动的自主性和创新性，并通过多层级合作加强了政策的实施和效果。这种跨界合作为其他地区提供了实施气候行动的新途径和灵感，展示了在全球气候治理中，多中心、多层级的合作是如何通过地方政府的积极参与和地方政府间的合作来实现集体环境目标的。

**启发思考：**

1. 分析 WCI 中各地方政府如何通过自愿减排计划实现集体环境目标。
2. 结合 WCI 的经验，探讨多中心治理理论在实际应用中的挑战与机遇。

## 四、多中心治理理论的局限性

多中心治理理论在促进治理多元化、分散权力结构、增强决策过程的共享性、促进交流与协作以及提升灵活性与开放性方面表现出色。不过，尽管具有这些优点，多中心治理也面临一系列的挑战和局限性。

首先，多中心治理的协调复杂性较高，容易导致治理成本增加。在这种治理模式下，由于参与的治理实体众多，其各自拥有独立的利益和目标，因此协调这些多样化利益并制定统一的治理规则需要投入大量的时间和资源，这不仅提高了组织的运作复杂度，还可能导致决策效率的降低。其次，多中心治理结构中的责任归属问题较为突出。由于权力高度分散，当出现问题时，难以追究具体责任，这可能影响治理的透明度和公众的信任。此外，权力的分散也可能导致规范和标准的碎片化，各个中心根据自身需求制定规则，这可能导致整体治理体系的不一致和效率低下。再次，信息不对称和资源分配不均是多中心治理中的常见问题。信息在不同治理中心之间可能会不均匀流动，导致决策可能是基于不完整或不准确的信息做出的，从而影响治理的质量和效果。同样，资源的不均匀分配可能导致某些地区或群体获得较多支持，而其他地区或群体则资源不足，这种不平衡可能加剧社会不公和治理困难。最后，多中心治理可能缺乏长期的稳定性和连续性。由于涉及多个治理实体和层次，以及它们之间的动态关系，多中心治理结构可能在面对快速变化的外部环境时，难以维持稳定和连续的政策方向和治理策略。而且，尽管多中心治理强调多方参与和合作，但实际操作中可能会出现权力集中的现象，强大的治理实体可能主导治理过程，导致治理中的权力失衡。

综上所述，多中心治理虽然提供了对现代复杂社会治理问题的创新解决方案，但其实施与维护需克服的挑战同样不小，需要在实践中不断调整和优化治理策略，以提高其适应性、效率和公正性。

# 第四节　新公共治理理论

在 20 世纪 80 年代和 90 年代，新公共管理（New Public Management，NPM）理论在全球范围内受到广泛关注并被大量应用。这一理论主要强调市场化、竞争化、结果导向和客户导向的原则，提倡政府采取更企业化的管理模式。然而，随着时间的推移，人们逐渐发现新公共管理理论存在一些明显局限性，如它可能忽视了公共价值的重要性，单一强调效率而忽视了公正性，以及过分突出竞争而忽略了合作的必要性。在这样的背景下，新公共治理（New Public Governance，NPG）理论应运而生。新公共治理理论更加强调政府、市场与社会多元主体共同参与公共事务的治理，重视合作、协商、共享和参与等原则，倡导构建一个更开放、透明和共享的治理体系。这一理论提出，通过增强各方的协作与互动，可以更有效地应对复杂的社会问题和公共政策挑战，从而促进治理效果的提升和公共利益的实现。

## 一、新公共治理的概念

新公共治理兴起于 21 世纪初，是一种以多元主体共同参与为基础、以创造公共价值为核心，通过合作契约和信任关系实现的治理范式，其主张公共事务的治理不应仅由政府单一主导，而应基于多方利益相关者之间的合作和协商。这一理论强调公共政策的制定、执行和评估应当是一个开放、协同和多方参与的过程。新公共治理的形成深受新自由主义思想和后现代文化的影响，它重视多元主体的参与、网络化的治理结构和服务主导的逻辑，与传统公共行政及新公共管理有着明显的区别。

新公共治理倡导政府、企业、非政府组织、社区及公民等不同的治理主体共同参与公共事务的治理，认为解决公共问题需要跨部门、跨界别和跨组织的合作。这种治理方式倾向于形成复杂的治理网络，强调公共服务的提供和公共政策的制定不再是单一政府机构的职责，而是需要多个组织和机构在一个网络中共同努力。新公共治理不仅关注服务提供或效率实现，更重要的是创造和实现公共价值，确保政府和其他公共机构的行动以满足公众的需求和期望为中心。为确保公共价值的实现，新公共治理主张决策过程应当是透明和开放的，使公众及其他利益相关者能清楚了解政策和服务的细节，并始终遵循与各方利益相关者建立和维护良好关系的理念，这有助于协调各方资源，确保公共服务和政策真正满足公众需求。此外，新公共治理还看重建立一个系统的机制来收集和分析公众及其他利益相关者的反馈，通过公共咨询、调查、公众听证会等方式，鼓励公众参与政策和服务的评估过程，以提高公共服务和政策的质量。

随着数字技术的发展，新公共治理在数字治理领域得到了广泛应用。数字技术如社交媒体、开放数据和人工智能等为多方的参与和合作提供了新的工具和平台，有助于实现新公共治理的原则和目标，如公共价值的创造、公众的参与和网络的形成。虽然新公共治理提供了一种有效的治理范式，但它也面临一些挑战，包括协调和沟通困难、权力和影响力不平衡以及技术和数据使用及管理的问题。尽管如此，新公共治理仍然为公共服务的创新和改进提供了有价值的启示，对推动数字治理发展具有重要的理论和实践意义。

## 二、新公共治理理论的发展历程与核心观点

### （一）传统公共行政理论

公共行政学的研究最早可追溯至美国学者伍德罗·威尔逊（Woodrow Wilson）于 1887年发表的《行政学研究》（*The Study of Administration*），该文呼吁公共行政应当成为一个独立的学术领域，并强调了行政与政治的分离原则。19 世纪末，随着工业化、城市化和社会复杂化进程的深入，政府的职能和规模逐渐扩大，使得公共管理和行政变得越发重要。在此背景下，传统公共行政（Traditional Public Administration，TPA）理论开始兴起。在 20 世纪初，许多国家开始进行行政管理改革，以提高政府效率和响应性。这一时期，公共管理专家弗雷德里克·泰勒（Frederick Taylor）提出了科学管理理论，强调工作流程的标准化和优化。20世纪 40 年代，公共行政学者开始对行政组织和过程进行系统的研究，如美国学者赫伯特·西蒙（Herbert Simon）提出了行为决策理论，探讨了组织内部决策的过程和机制。

### （二）新公共管理理论

20 世纪 70 年代，美国经济危机的爆发导致公共开支被削减，加之新自由主义经济思潮的兴起，公众对传统公共行政的低效率和僵化愈发不满，自由放任的市场经济主张逐渐受到重视。新公共管理理论开始登上历史舞台，为公共行政提供了新的视角，主张政府应作为公共服务的购买者，市场作为公共服务的提供者，政府应积极将公共服务外包给其他社会机构。这一时期公共服务的提供聚焦于私人部门，以顾客为导向开展竞争式管理。新公共管理在 20 世纪 80 年代和 90 年代在许多国家得到了广泛采纳，特别是在英国、美国、澳大利亚和新西兰，这些国家进行了公共部门的改革，如削减公共开支、引入市场机制和提高公共服务的质量。虽然新公共管理为公共部门的改革带来了许多积极的影响，但也受到了一些批评。批评者认为，过分强调市场和竞争可能导致公共价值的丧失，而且新公共管理可能忽视了公共部门的特殊性。

### （三）新公共治理理论

21 世纪以来，全球化、技术进步和社会变革导致公共问题变得更加复杂，需要跨部门、跨领域和跨组织合作，同时公民和非政府组织在公共政策和服务中的角色日益突出。传统公共行政和新公共管理理论已经难以应对如今的多元化社会，新公共治理理论在此背景下应运而生，国内外有关新公共治理理论的文献陆续涌现。英国教授 R. A. W. 罗兹（R. A. W. Rhodes）强调了治理中自组织网络的角色，认为这些网络在资源分配、控制和协调中与市场和等级结构并行，并指出这些网络是英国服务提供的普遍特征。然而，这些以信任为基础的网络挑战了基于竞争的管理模式，并对中央治理提出了挑战。英国管理学学者格里·斯托克（Gerry Stoker）探讨了治理的含义，提出了关于治理的五个命题：①治理涉及一系列复杂的制度规则，这些规则不完全由政府控制，但政府在其中发挥着领导作用和提供激励；②治理标志着政府权力边界的转变，政府并不是唯一的决策者，其权力被其他社会和政治行为者分享；③治理不是一次性的决策，而是一个持续不断的过程，政府需要不断调整自身，以适应关系网中各种力量的变化；④治理依赖于社会的自我组织能力，政府不能简单依靠命令和控制来施政；⑤治理意味着政府手段和策略的变化，政府角色从直接提供服务转变为促进各相关方开展合作。格里·斯托克通过这五个命题概括阐释了治理的含义，强调政府需要调整自身角色，转

变管理策略，与其他社会主体开展广泛合作，这为分析当代公共管理变革提供了一个重要的理论框架。美国公共行政领域著名学者珍妮特·V.登哈特（Janet V. Denhardt）和罗伯特·B.登哈特（Robert B. Denhardt）回顾和发展了新公共服务（New Public Service，NPS）理论，讨论了它与新公共管理的差异，并描述了新公共服务在当今公共部门改革中的应用，提出新公共服务强调服务而不是掌控，强调以公民参与为导向，注重责任和公共利益。

近年来，人工智能、大数据技术的发展给新公共治理带来了新的机遇与挑战。2015年，中国人民大学公共管理学院教授马亮以新加坡的智慧国计划为例，介绍了新加坡在信息技术应用和电子政务建设方面的突出表现，分析了大数据技术在公共管理各领域的应用实例。2016年，著名行政管理学家竺乾威阐述和推广了新公共治理理论，认为新公共治理试图结合政治与技术、价值理性与工具理性，建构了服务主导的理论和方法，将公共政策执行和公共服务提供置于核心。2018年，兰州大学包国宪和赵晓军从理论基础、资源分配机制、价值基础、系统结构和政府角色等方面，分析了新公共治理与传统公共行政和新公共管理的差异，重点探讨了新公共治理理论下，公共服务绩效评估在分析单位、评价维度和公共价值方面的变化，指出系统绩效、关系绩效和公共价值还远未成为我国地方政府绩效评估的关注焦点。2021年，清华大学公共管理学院教授蓝志勇探索在新技术时代构建治理理论和实践的思路与原则，提出新技术时代的治理应更好地解决理想与现实、变化与稳定等长期困扰人类的矛盾。

### （四）三种理论的区别与联系

通过对新公共治理理论发展脉络的梳理和核心观点的提炼，表2-1总结与比较了传统公共行政、新公共管理和新公共治理三种理论之间的区别与联系。

表 2-1 传统公共行政、新公共管理与新公共治理的区别与联系

| 方面 | 传统公共行政 | 新公共管理 | 新公共治理 |
|---|---|---|---|
| 理论基础 | 基于政治与行政二分原则和韦伯的官僚制理论；强调规则和技术理性 | 基于私营企业管理理论和公共选择理论；公私部门管理技术与方法的融合 | 制度理论和网络理论；关注组织与环境的互动影响 |
| 资源分配机制 | 等级制；集中的行政体系通过权力和命令机制分配资源 | 竞争机制、价格机制和契约关系；通过市场机制优化资源配置，减少政府垄断的低效率和浪费 | 网络和关系契约；基于信任的关系契约而非风险分析的传统契约；网络作为一种资源分配机制 |
| 价值基础 | 公共部门精神，包括政治中立、忠诚、正直、廉洁等 | 市场化特征；推行民营化、外包、内部市场等，提高政府效率和公民满意度 | 多元、分散和相互竞争的价值共存；通过各主体间的协商促进合作和达成共识 |
| 系统结构 | 单一主体、等级控制的封闭结构 | 多元主体构成的、管制式的开放结构 | 多元主体构成的、网络式的开放结构；更强调多元主体间的合作 |
| 政府角色 | 政府是唯一的公共服务提供者 | 政府、企业、非政府组织等均可提供公共服务，政府角色从提供者转为掌舵者 | 政府被视为协调者，引导利益相关方建立联系、协调冲突、共同治理 |

## 三、新公共治理与数字治理的联系

新公共治理与数字治理之间存在许多内在联系，新公共治理为数字治理提供了重要的理论支持，而数字治理则为实施新公共治理理论提供了切实可行的技术工具和解决方案。这种相互作用为治理开辟了新的机遇。

新公共治理理论强调不同治理主体应通过合作和协商解决公共问题，数字治理则提供了一个在线、实时、互动的平台，使各治理主体能更便捷地进行合作和协商。新公共治理倡导的开放、透明、共享的治理模式与数字治理提供的开放、透明、共享的信息系统高度契合，使不同的治理主体可以共享信息和资源。此外，新公共治理的一个核心理念是促进公民参与，数字治理平台则极大地便利了公民参与公共事务的决策、实施和监督。例如，政府可以通过建立在线咨询和反馈平台、使用电子投票系统和民意调查工具，直接收集公众意见和需求，从而鼓励公众参与政策的制定和决策过程。

在数字治理领域的应用中，新公共治理理论已经显示其广泛的适用性。政府部门之间通过共享数据、技术平台和应用程序，能够简化工作流程并更高效地向公众提供综合服务。政府与非政府组织、企业和公众建立数字化合作网络，不仅增强了这些主体在决策过程中的影响力，而且通过提供开放数据平台以及数据分析和可视化工具，也大大提高了政府决策的透明度。公众利用社交媒体和在线反馈系统可以更容易地监督政府行为，同时，数据分析和仪表盘工具可以用于量化评估政府的工作绩效，促进政府服务质量的持续提高。

## 案例 2.4

### 新公共治理：徐霞客镇的基层行政审批改革

徐霞客镇是江苏省一个在基层行政审批管理体制改革上取得显著成就的样本。该镇自2012年起启动改革，通过组建"两办六局一中心"的9个职能机构，成功接管了上级部门的行政审批事项与公共服务事项，并扩展了行政执法权限。该镇的改革重点在于推动"一窗通办"服务模式、实现综合执法"一支队伍"，以及构建"镇村治理一张网"的管理架构。

**关键实践点**

①一窗通办服务。整合多个服务窗口于一处，实现了行政审批的集约化和高效化。这种模式简化了群众和企业的办事流程，降低了办事成本，提升了办事速度。②综合行政执法。该镇将不同的执法队伍整合为一支统一的执法队伍，提高了执法效率和公正性，确保了法律法规的统一执行。③镇村治理网络化。构建覆盖镇村的网络化管理系统，强化基层治理的信息化支撑，提升政府决策的科学性和精准性。

**新公共治理理论的体现**

①多元主体合作。徐霞客镇的改革强调了政府、市场与社会三者的协同合作，倡导通过多方参与和资源共享来解决社会问题。②共同生产公共服务。公民不仅是服务的接受者，还是服务的共同生产者。改革中，政府鼓励和依靠公民参与，将他们的意见和需求纳入公共服务的设计和实施。③网络治理。该镇通过建立更为复杂的治理网络，使各种资源能在网络中流动和优化，提升了治理的适应性和效率。

**实际成效**

徐霞客镇的行政审批改革提高了政府服务的透明度和效率，提高了公众对政府服务的满意度，并通过减少行政壁垒促进了当地经济发展。此外，该镇的改革方案也被收录入《中国法治发展报告》蓝皮书，成为全国基层治理先进样本之一。

**启发思考：**

1. 请分析多元主体合作模式对提高公共服务效率和满意度的影响，并探讨这种模式在其他地区推广的可能性和潜在挑战。

2．探讨徐霞客镇通过"一窗通办"和"镇村治理一张网"等措施如何实现公共服务的网络治理和共同生产。

### 四、新公共治理理论的局限性

相较于传统公共行政和新公共管理，新公共治理涉及的利益相关者更多。这种多元化的参与虽然丰富了决策的视角，但也可能导致出现一系列挑战，如协调困难、决策迟缓，这些问题与追求高效决策的目标可能产生矛盾，同时也增加了问责机制的复杂性。一方面，各参与方的责任与义务可能变得不够明确，当问题或失败发生时，公众可能难以确定应追究谁的责任。另一方面，尽管新公共治理模式为广大利益相关者提供了更广泛的参与机会，但某些利益团体由于在资源、技术知识或信息上的优势，以及在治理网络中的固有合作关系，可能在决策过程中占据过于主导的地位，这可能引发权力失衡的问题。深入理解新公共治理的这些局限性对政策制定者和管理者至关重要，有助于他们更加恰当地运用新公共治理模式，并在实施过程中有效地平衡该模式与其他治理模式间的关系。这种平衡能够提高治理效果，确保决策过程既公开透明又高效执行，同时也强化了公平性。

# 知识巩固

#### 一、名词解释
网络化治理　整体性治理　多中心治理　新公共治理

#### 二、单项选择题
1. 数字治理理论的广义定义中，主要研究的对象是（　　　）。
    A．数字技术支持下的政府内部管理　　　B．数字技术支持下的社会运行与组织
    C．数字技术的技术研发与创新　　　　　D．数字技术支持下的公共服务体系
2. 以下哪项不是网络化治理的特征？（　　　）
    A．基于关系的治理模式　　　　　　　　B．追求公共价值
    C．强调自上而下的权威控制　　　　　　D．多元化参与者的协同合作
3. 以下哪一项最能体现整体性治理的核心特点？（　　　）
    A．各部门独立优化决策流程　　　　　　B．强调跨领域协同
    C．仅关注问题的短期解决方案　　　　　D．主要依靠政府部门单方面的决策
4. 以下哪一项最能体现多中心治理的核心特点？（　　　）
    A．所有权力由单一的中央机构集中行使
    B．多个中心通过竞争与协作为公民提供服务
    C．治理体系完全依赖地方政府独立决策
    D．治理参与者之间的关系以命令与服从为主
5. 以下哪一项最能体现传统公共行政、新公共管理和新公共治理在资源分配机制上的主要区别？（　　　）
    A．传统公共行政通过等级制和权力命令分配资源
    B．新公共治理强调竞争机制优化资源配置
    C．新公共管理依赖网络和信任关系进行资源分配
    D．传统公共行政采用市场化特征分配资源

6. 多中心治理面临的主要挑战是（　　　）。

    A. 权力高度集中　　　　　　　　　　　B. 决策过程单一

    C. 责任归属不清晰　　　　　　　　　　D. 治理实体数量较少

7. 网络化治理成功实施的关键在于（　　　）。

    A. 信息高效流通　　B. 集中决策　　　C. 短期利益优先　　D. 独立运作

8. 整体性治理理论与传统治理模式的主要区别在于它强调（　　　）。

    A. 各部门的独立决策　　　　　　　　　B. 依靠单一组织来实现目标

    C. 跨部门和跨领域的协作　　　　　　　D. 政策的延续性

9. 新公共治理理论倡导的治理模式强调（　　　）。

    A. 高度集中的决策　　　　　　　　　　B. 全面的市场化

    C. 广泛的利益相关者参与　　　　　　　D. 完全的自由竞争

10. 在新公共治理模式中，政府的主要角色是（　　　）。

    A. 唯一的公共服务提供者　　　　　　　B. 公共服务的掌舵者

    C. 利益相关方的协调者　　　　　　　　D. 市场竞争的监管者

## 三、多项选择题

1. 网络化治理的基本特征包括（　　　）。

    A. 基于关系的治理模式　　　　　　　　B. 多元化参与者的协同合作

    C. 追求经济效益　　　　　　　　　　　D. 共享权力和责任

2. 整体性治理的策略包括（　　　）。

    A. 跨领域协同　　　B. 单一部门独立　　　C. 预防为主　　　　D. 多元参与

3. 多中心治理适用于处理（　　　）。

    A. 局部管理问题　　B. 全球性问题　　　C. 跨国协作问题　　D. 单一部门问题

4. 以下哪些选项反映了新公共治理与数字治理之间的联系？（　　　）

    A. 数字治理为新公共治理的多主体协作提供了在线平台

    B. 新公共治理完全依赖传统线下模式解决公共问题

    C. 数字治理的开放数据平台促进了政府决策的透明性

    D. 数字治理强调去中心化管理，无需多方协作

5. 数字治理在公共管理中的应用可以包括（　　　）。

    A. 提高服务质量　　B. 增加决策透明度　　C. 减少公众参与　　D. 优化资源配置

## 四、复习思考题

1. 讨论数字技术如何影响政府与公众的互动。

2. 分析网络化治理在解决跨界问题中的优势和挑战。

3. 如何通过整体性治理理论来优化跨部门合作？

4. 探讨多中心治理理论在全球气候变化问题上的应用。

5. 分析新公共治理如何通过增强公众参与来提高政策的有效性。

# 第三章
# 数字治理机制

## 【知识框架图】

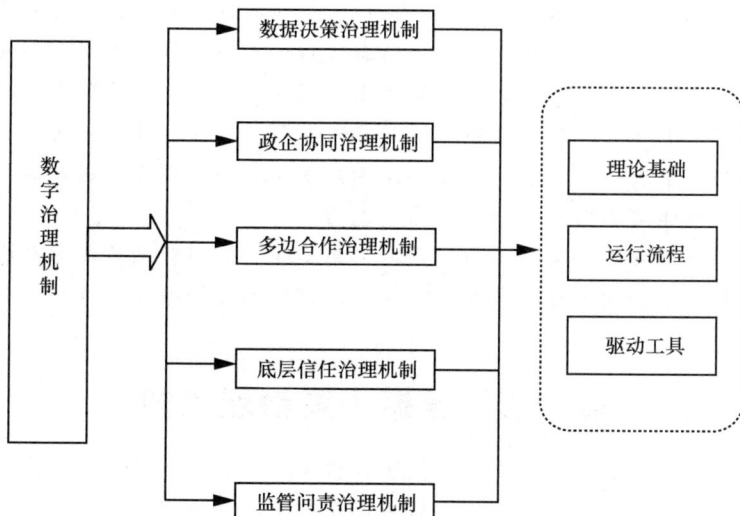

## 【学习目标】

1. 掌握数字治理机制的理论基础。
2. 明晰数字治理机制的运行流程。
3. 了解数字治理机制的驱动工具。

## 引例

### 数字治理与现代城市管理

想象一下，你是一名城市规划者，面对一个日益拥挤的大都市，交通拥堵、环境污染和公共安全成了你亟需解决的三大问题。随着城市人口的持续增长，传统的管理方式已难以应对这些复杂问题。此时，数字治理机制显得尤为重要。你计划引入一套新的数字治理系统，用以提高城市管理水平和公共服务质量。这个系统利用了大数据技术，通过分析从数百个传感器和成千上万的公共服务记录中收集到的数据，实时监控城市状况。

在交通管理方面，该系统实时整合交通流量、车速、路况等多维数据，精准预测潜在的拥堵点和高峰时段。系统可自动协调智能交通信号控制系统，根据实时流量动态优化信号灯切换周期，优先疏导重点路段交通，确保主干道高效通行。同时，系统能够向司机提供实时导航建议，避开交通拥堵区域，有效提升出行效率。此外，系统还支持公共交通智能调度，通过分析乘客流量和线路需求，优化公交车、地铁等公共交通工具的运力配置，实现更加高效和便捷的城市出行体验。

在环境管理方面，系统通过遍布城市的传感器网络实时监测空气质量、温湿度、噪声和其他环境指标，形成覆盖全市的环境监控网络。系统可以精确定位污染源，识别污染物的类型和浓度，当某一区域的空气质量接近警戒线时，自动触发预警机制，通知相关部门迅速采取干预措施。通过智能分析系统的支持，管理部门可以动态调整工厂排放、优化建筑工地的施工时间或引导高排放车辆绕行，最大限度减少对居民区的污染影响。此外，系统还通过大数据分析建立长期的环境质量预测模型，帮助制定更加科学的环保政策和应对方案，从而实现对污染的前瞻性控制，保障城市的可持续发展和居民的健康生活质量。

在公共安全方面，该系统融合智能视频监控、物联网设备和人工智能算法，全天候监控城市中的关键区域，实时分析人流、车流等动态信息。系统能够自动识别异常行为，如聚集性冲突、可疑活动或紧急事件，并第一时间发出警报通知相关部门采取干预措施。同时，系统通过数据分析建立城市安全风险地图，帮助管理部门提前布控高风险区域。此外，系统还能在自然灾害或突发公共事件发生时提供快速响应支持，如预测人群疏散路径，优化应急救援调度，显著提升城市安全管理的效率和应变能力。

案例展示了城市管理多个领域的数字治理应用，这些应用背后涉及到哪些治理机制？这些治理机制的运行流程如何？驱动工具有哪些？治理机制之间如何协同发挥作用？

# 第一节　数据决策治理机制

为了打造数字经济发展新优势，加快推进社会生产生活方式的数字化转型，国家迫切需要构建适应数字化时代的治理机制，以更好地满足数字治理的新需求。数字治理是数字化时代的治理新范式，通过构建万物互联的网络体系，实现不同部门和不同领域之间数据的实时共享，从而形成基于现实数据开展决策活动的新型治理机制。数字治理机制的实施不仅能够优化政府内部的管理流程并提升决策效率，还能通过数字化手段将部分治理权延伸至社会公众，鼓励公众更广泛地参与公共事务的治理和决策过程。

如今，数据科学的发展赋予了人类预测未来的能力，大数据的广泛应用对公共治理的运行逻辑、技术工具、决策手段、组织与业务流程、评估方式等产生深刻影响，也为公共治理领域提供了海量信息，可以帮助管理部门做出更准确且有效的治理决策。

## 视野拓展

IBM 提出大数据具有 5V 特征：Volume（大量）、Velocity（高速）、Variety（多样）、Value（低价值密度）、Veracity（真实性）。

Volume：当前，由社交媒体、物联网设备、交易记录等生成的海量数据带来了显著挑战。传统的数据存储和处理解决方案往往无法高效应对如此规模庞大的数据。而大数据技术和基于云的存储解决方案能够以经济高效的方式存储和管理这些庞大的数据集，避免因存储限制而丢弃宝贵数据。

Velocity：数据正在以前所未有的速度生成，例如实时的社交媒体更新和高频率的股票交易记录。数据流入组织的速度要求强大的处理能力，以便快速捕获、处理并提供接近实时的准确分析。流式处理框架和内存数据处理技术正是为了应对这些快速的数据流而提出，确保数据处理的供需平衡。

Variety：如今的数据形式多种多样，从传统数据库中的结构化数值数据到社交媒体和视频监控等来源的非结构化文本、视频和图像。如此多样的数据要求灵活的数据管理系统，能够处理并整合不同类型的数据以进行全面分析。NoSQL 数据库、数据湖和"读时定义模式"（Schema-on-Read）技术提供了必要的灵活性来适应大数据的多样性。

Veracity：数据的可靠性和准确性至关重要，因为基于不准确或不完整数据的决策可能导致负面结果。数据的真实性指数据的可信度，包括数据质量、噪声以及异常检测等问题。数据清洗、验证和校验的技术和工具是确保大数据完整性的关键，为组织基于可靠信息做出更好的决策提供保障。

Value：大数据分析的目标是提取具有实际意义的见解，从而创造可见的价值。这需要将庞大的数据集转化为有意义的信息，以支持战略决策、发现新机遇并推动创新。高级分析、机器学习和人工智能是挖掘大数据潜在价值的关键，将原始数据转化为战略资产。

## 一、数据决策治理机制的理论基础

数据决策治理机制是指通过运用数据科学技术来辅助决策制定、优化决策过程和提高决策效率的一种治理模式。数据决策治理机制强调要充分利用大数据资源推进公共治理模式的转变，加快构建"数据说话"和"心中有数"的公共治理部门。有效的数据决策治理机制确保组织能够最大化利用这些数据，同时管理与数据相关的风险。随着大数据、人工智能和机器学习等技术的发展，数据已经成为许多组织的核心资产，与其他资产（如人力、物力和财力）具有同等价值。并且，数据的价值不仅在于其本身，还在于如何使用数据来支持公共决策。

数据驱动的策略可以显著增强政策的实施效果，为预期的成果铺平道路，并确保资源得到合理的配置。在深入探索数据之前，决策者首先需要对决策的核心目标和期望成果有明确的认知。为了获取所需的数据，决策者可以采用公共调查、传感技术、行政档案等多种方法。但在此过程中，决策者必须充分认识到数据的多元性，包括从定量和定性两个方面对数据的理解。获取数据后，关键的一步是对多源数据进行整合，并进行细致的清理，确保去除重复、错误及无关的信息，从而提升数据的质量和准确性。为了从数据中挖掘深层次的见解，可以采用统计学、数据挖掘和机器学习等先进的技术手段，以辨识关键变量之间的模式、趋势和关系。此外，建立模型并模拟不同的决策情境，有助于预测不同选择的可能后果。在进行数据分析并预测可能的结果后，决策者应罗列所有潜在的策略，平衡其优劣，并提出明确而切实的建议来执行决策。实施决策后，不断地监控、评估并根据实际效果调整策略是必不可少的。值得强调的是，在整个数据驱动的决策流程中，透明性是至关重要的，这不仅意味着公开数据和分析方法，还包括确保决策过程对公众和所有利益相关者开放，以赢得他们的信任和参与。

在审视整个数据决策治理流程时，首先要明确：数据的准确性、完整性和实时性是确保做出恰当决策的基石，这就意味着持续提升数据质量是至关重要的。同时，与数据相关的分析和决策流程必须保持透明，这样各方利益相关者才能充分理解并对此抱有信心。建立明确的数据治理框架和问责机制可以保障数据的恰当应用，并为潜在失误提供纠正路径。进入数字化时代，如何保障数据的安全性和隐私尤为关键。利用先进的技术和策略，可以确保数据在存储、传输和处理的每一环节都得到充分保护，同时也能维护个人的隐私权益。鉴于数据技术和工具正经历飞速的发展，组织必须展现创新的活力并适应这些新的变革。这需要通过持续学习与优化流程，确保数据决策治理机制始终紧跟技术和行业发展的最新趋势。这些关键理念和原则共同构建了数字治理中数据决策治理机制的核心框架，它们凸显了数据在当代组织中的核心位置，并强调了建立一个全面、系统的治理机制的重要性，以确保数据能够被高效且正确地利用。数据决策治理机制的目的在于充分发挥数据的潜在价值，增强决策效果，同时保障数据的高质量、安全性和透明度。

## 二、数据决策治理机制的运行流程

在数字治理的背景下，数据决策治理机制遵循一系列精细化的步骤（见图 3-1），确保每一个决策都是基于高质量的数据和科学的分析做出的。

### （一）需求识别

为了制定决策，需要明确目标和核心需求。这通常涉及与多方利益相关者的积极沟通，进一步确定数据分析旨在解决的核心问题和实现的目标。

### （二）数据获取

决策的精确性取决于高质量的数据。为此，需要从多种渠道，如公共调查、社交媒体、传感设备和行政档案中采集数据。在这个阶段，数据的种类、来源和获取方法都需要明确，并且要确保数据的隐私与安全。

图 3-1　数据决策治理机制的运行流程

### （三）数据整合与深度分析

采集后的数据需要经过处理，确保其纯净并适合进一步分析。随后，运用如统计分析、预测建模和机器学习等先进工具，从数据中提取出关键信息，深入理解其背后的现实情境。

### （四）数据驱动的决策制定

基于从数据中获得的见解，为公共政策制定提供科学的建议。例如，预测模型可以揭示未来趋势，而分类模型则可以帮助决策者识别与目标关联的关键因素。在此阶段，目的是将分析结果转化为切实可行的政策建议。

### （五）效果评估与反馈

执行决策后，必须评估其实际效果，确保其与预期目标一致。这一过程会为前面的阶段提供有价值的反馈，进一步完善数据处理和决策策略。

### （六）持续循环与优化

数据决策治理是一个不断迭代的过程。过去的决策结果和数据会为未来的决策提供新的视角和素材。这种循环式的进步机制使得决策过程更加完善，确保决策与时俱进。

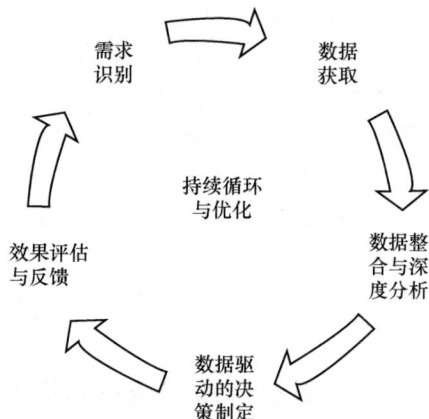

### 三、数据决策治理机制的驱动工具

在数字治理中，数据决策治理机制依赖一系列先进的工具。这些工具从数据的采集、存储、清洗、分析到决策支持和反馈评估都发挥了至关重要的作用。例如，可以使用调查软件和传感设备来收集数据，使用数据库和数据仓库来存储数据，使用数据清洗软件和 ETL（Extract——抽取，Transform——转换，Load——加载）工具来处理数据，再借助统计分析软件、数据可视化工具和机器学习模型来深入分析数据。为了辅助决策，决策树软件和模拟软件变得尤为重要。此外，为确保数据的安全性和隐私性，还需要利用加密和数据脱敏工具。而数据治理平台和数据目录工具则帮助决策者更好地管理和理解其数据资产。总而言之，这些工具共同确保了数据从采集到决策的每一步都是准确、高效和安全的。

### 案例 3.1

#### 数据决策治理机制：国泰君安数据标准治理实践

国泰君安在数据治理与应用建设的过程中，各部门之间存在数据壁垒，前中后台对数据的认识不统一，各部门之间难以实现信息共享和数据交换。数据标准治理有利于提高组织数据管理水平，确保数据的一致性和准确性。数据标准是一套完整的数据规范，是数据治理工作中业务和技术的基本保障。国泰君安通过数据标准治理，解决各部门数据口径不一致的问题，推动公司形成一体化运作机制。图 3-2 展示了国泰君安数据标准规划和实施过程。

图 3-2　数据标准规划和实施过程

资料来源：沙丘社区。

## 第二节　政企协同治理机制

当今世界百年未有之大变局加速演进，全球治理体系正在发生深刻变革，公共治理机制创新的必要性越发凸显。为了更加有效地实施公共治理决策，政府部门要发挥领导带头作用，其他社会组织也要积极参与，其中企业作为市场经济的主体，负有不可推卸的责任。因此，推行政企协同治理机制，对整合政府部门与企业的优势资源、增强政府对市场的理解与把握、提高企业的社会责任感具有重要意义。政企协同治理机制强调要加强政企数据的对接融合，落实网络平台治理企业主体责任，促进政企系统互联、数据共享、业务协同，提高政府数据决策、企业网络平台治理、政企协同联动能力。

## 一、政企协同治理机制的理论基础

数字治理下的政企协同治理机制是指政府与企业通过数字化工具和平台进行的紧密合作，共同参与治理过程以实现更高效、透明的治理目标的一种机制。这种机制强调多方的互补优势，其中政府提供权威性、规范性的支持和政策支持，而企业则提供技术、资金和创新能力。通过信息技术、大数据和人工智能等手段，双方实现了更高的治理效率和响应速度，共同追求更好的公共服务、社会稳定和经济发展。此外，这种机制注重共享责任、开放透明和持续互动，确保资源的高效利用、风险的有效管理，同时增强了公众的信任和参与度。总体来说，政企协同治理机制在数字化背景下为公共治理带来了新的动力和方向。

在数字治理的政企协同框架中，政府与企业之间形成了一种复杂的动态关系，既相互依赖和互补，又有合作与竞争。政府拥有公共资源和法律权威，而企业则注重技术、资本和创新。这种互补性使双方在多个领域紧密合作，共同追求公共目标。然而，政府作为监管角色也意味着需要确保企业的合规性和维护公共利益。尽管在某些领域可能出现竞争，但更多的是双方共担风险，共享机会、信息和资源，并建立基于信任的深度合作关系，共同推进公共治理目标的实现。

在数字治理背景下，政企协同治理机制的形成和深化得益于多学科理论的交织，这一机制综合了公共管理、组织学、社会网络理论以及信息系统等领域的精髓，涵盖公共选择理论、交易成本理论、资源依赖理论、社会资本和网络理论、多层次治理理论，如图 3-3 所示。从公共选择理论角度看，政府和企业作为独立的利益相关者，其协同行动和决策旨在实现更优质、更高效的公共结果。交易成本理论进一步阐明了协同合作在经济上的益处，尤其是数字化环境为信息的流通和合作协调带来的成本降低。资源依赖理论揭示了政府和企业在资源和能力上的互补性和互依性。这种相互依赖关系在社会资本和网络理论中得到进一步强调，其中，基于信任的深度合作和资源共享构成了政企关系的核心网络链条。此外，多层次治理理论展现了政企协同的跨层级动态，从单一实体到整体系统，从地方到全国。支撑这一切的是数字化工具和平台，它们为跨界协同创造了条件，使治理更为高效、透明且更具创新性。

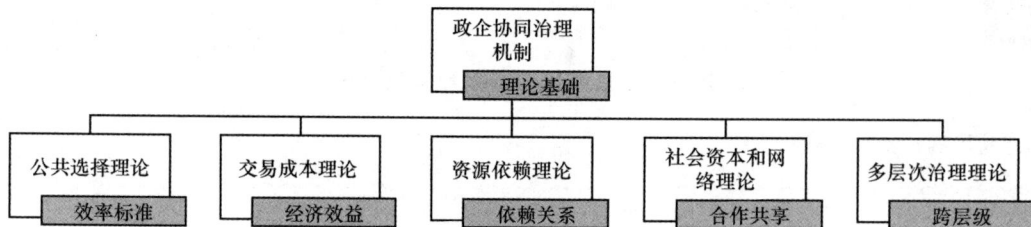

图 3-3 政企协同治理机制的理论基础

## 二、政企协同治理机制的运行流程

政企协同治理机制的运行流程包括共同识别问题、资源整合、制定策略和方案、协同执行、评估和反馈以及持续调整和改进等环节，目标是通过政府和企业之间的合作和协同，实现有效、可持续的公共治理。

### （一）共同识别问题

政府和企业共同关注公共问题，识别需要解决的关键问题。这个阶段需要双方充分沟通，了解彼此的需求和期望，明确治理的目标和方向。

### （二）资源整合

政府和企业各自拥有独特的资源和能力，协同治理需要双方整合这些资源，共同应对公共问题。资源整合涉及资金、技术、人才、管理经验等方面。

### （三）制订策略和方案

政府和企业共同制订治理策略和方案，确保治理的有效性和可行性。这个阶段需要充分考虑各种制度、政策、市场等因素，确保治理方案能够实际落地。

### （四）协同执行

政府和企业共同参与治理方案的执行，确保各方的责任和义务得到落实。这可能涉及政府的监管、企业的运营、公众的参与等方面的协同。

### （五）评估和反馈

政府和企业共同评估治理方案的执行情况和效果，及时调整和改进。这个阶段需要建立结果监测、评估和反馈机制，以便不断优化治理过程和结果。

### （六）持续调整和改进

政企协同治理是一个持续过程，需要根据实际情况和变化不断调整和改进。这可能涉及政策调整、资源重新分配、合作关系调整等方面的工作。

## 三、政企协同治理机制的驱动工具

在数字治理的政企协同框架下，各种实践工具在多个领域起到关键作用，助力沟通协作、数据共享与分析、项目管理、公众参与、决策支持、合规与审计以及技术创新等环节，从而提高治理效率和效果。具体来说，沟通协作工具如电子邮件、视频会议软件和在线协作平台确保了双方的有效沟通；数据管理系统和分析工具助力数据共享与决策；项目管理软件监控项目进度；而社交媒体和在线调查工具加强公众参与。此外，决策支持、合规与审计工具确保了决策的精确性和活动的合规性；同时，为了应对复杂的挑战，技术创新工具如人工智能和大数据也在不断被引入。在整个协同过程中，数据安全和隐私保护始终是治理考虑的核心，要确保所有工具和策略的选择与使用都满足相关的需求、资源和能力考量。

**案例 3.2**

### 政企协同治理机制：智慧社区建设

D市的G新区面临的挑战主要是智慧社区综合服务平台的建设与维护滞后，尤其是系统存在兼容性和安全性问题。此外，社区公共服务的社区化运作机制尚未完善，缺乏有效的居民参与和政府介入。

为解决这些问题，D 市政府与数家科技企业合作，共同推动智慧社区项目。政府主要负责制定政策、提供监管支持，并投入必要的公共资源。参与的企业则负责技术解决方案的开发与实施，特别是在智慧社区服务平台的建设和维护方面。

**具体措施**

1．平台建设与维护。政府与企业合作开发了一个高度集成的智慧社区服务平台，该平台能够支持各种数据采集和设备接入的标准，提高系统兼容性。同时，该平台加强了数据安全措施，以保护居民的隐私和财产安全。

2．社区服务机制。实施"一事一议"的社区治理机制，提高居民的参与度，通过建立社区公共服务委员会来管理和统筹社区服务资金和项目。

3．信息安全。强化了智慧社区的信息安全体系，包括增强网络安全防护措施和提高信息安全管理水平。

**实施成果**

G 新区的智慧社区项目有效提高了公共服务效率，加强了社区居民的安全感，提升了居民对政府和企业服务的满意度。此外，社区化公共服务的运作机制获得了居民的广泛参与，实现了资源的优化配置。

**启发思考：**

1．讨论政企协同机制如何影响治理效率和社区服务的质量。

2．谈谈面对智慧社区在实际操作中可能遇到的信息安全和系统兼容性问题，政府和企业应如何协同作战。

# 第三节　多边合作治理机制

在全球化的浪潮下，各国间的经济、文化、政治和社会纽带变得越发紧密。这意味着，一个国家的内部问题能够对其他国家造成深远的影响，同样地，其他国家的问题也能反向影响该国。于是，当面临全球范围的挑战时，仅依靠单一国家的努力远远不够，多国间的协同合作成了关键。事实上，国际社会普遍认为多边主义能推动全球治理。而多边合作治理机制正是为了应对全球性问题，在国际关系中诞生的一种合作模式，它旨在通过众多国家的联合努力来解决跨国乃至全球的难题。因此，持续优化多边合作治理机制，以更高效地应对全球性的挑战，促进国际的和平与合作，并推进全球的可持续发展，显得尤为关键。

## 一、多边合作治理机制的理论基础

多边合作治理机制是指三个或更多的国家、组织或其他主体，基于共同的利益和目标，通过协商和合作来解决跨国或全球性问题的治理机制。它涵盖了从国家到非国家行为者的广泛参与者，并包括各种治理形式，如国际条约、协议和公约。这种合作的核心是共同性和包容性，通常涉及协商、谈判和决策过程，并基于某种规范或原则，如国际法。尽管多边合作面临诸多挑战，如利益冲突和决策复杂性，但其目的是有效地应对那些超出单一国家解决能力的全球性问题。

在国际关系和政治学的探索中，多边合作治理机制形成了一套丰富而凝练的理论架构，如图 3-4 所示。国际合作理论明确表达了当面对全球性的挑战时，各国基于共同利益或共同威胁，选择合作不仅能够优化资源配置，还可以避免如环境退化等不利后果。国际制度主义指出，国际制度为合作提供了稳固的基石，有助于降低不确定性并建立互信。构建主义深刻洞察了社会和认知结构是如何影响国家的利益定位和行为模式的，从而塑造合作意向。跨国网络理论突出了非国家行为者在国际政策制定中的关键角色，其信息、资源和知识能够深刻影响国家策略。全球治理理论呈现了一个多维、多方的合作视角，旨在应对超出单一国家解决能力的问题。集体行动理论则探讨了国家在特定情境下选择合作或独立行动的动因。另外，国际法和规范为国家间合作赋予法律和道德支柱，为国家行为指明方向并加强互信。这些理论综合勾画了多边合作治理机制的深刻逻辑和不可或缺的价值。

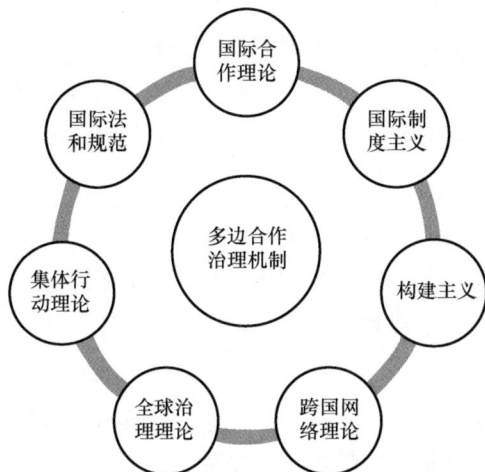

**图 3-4　多边合作治理机制的理论架构**

在数字治理的大背景下，多边合作治理机制的核心逻辑源于数字技术产生的跨国性挑战与潜在机遇。随着数字化的深入发展，数据流动、技术标准设定、网络安全和数字权利等问题已不再受限于国家边界，各国突破传统主权思维，共同探索协作路径。这样的协作旨在共同应对安全和技术难题，同时分享数字经济的成果、激发技术革新，并维护公民的数字权益。为了达到这些目标，建立国际制度、制定统一规范和构建合作框架显得尤为关键。这些机制为各国间的合作提供了坚实的基础，确保了数字治理的公平、高效和持久。

## 二、多边合作治理机制的运行流程

多边合作治理机制的运行流程是一个迭代和动态的过程，涉及从问题识别到实施、监督和调整的一系列步骤，确保各方在面对全球性挑战时能够有效、高效且和谐地合作。以下是多边合作治理机制的主要运行流程。

### （一）问题识别与定义

问题识别与定义主要涉及对当前和潜在挑战的深入研究和分析，通常需要收集相关数据、明确各方关切的重点和利益，同时评估其对全球或区域的影响，确保所识别的问题具有准确性和相关性，并通过广泛的咨询和交流，使各利益相关方达成共识。

### （二）利益方识别

研究各方在特定问题或挑战上的立场、利益和影响，同时考虑各国、国际组织、非政府组织、私营部门及其他相关实体的参与和贡献，确保所有关键的参与者和受影响的群体都被纳入考虑之中。

### （三）协商与谈判

利益相关方通过建立对话平台、召开多方会议或工作组会谈，结合正式与非正式的沟通渠道，针对共同关切的议题进行意见交换和立场阐述，其间可能引入技术专家、调解人或第三方机构以促进共识达成。通过持续地交流和协商，各方努力寻找共同点、协调分歧并达成合作意向或协议。

### （四）决策制定

基于协商和谈判的结果，利益相关方汇集共同的意向，通过投票、共识决策或其他集体决策机制，制订明确的行动计划或政策方向，并将其形式化为书面协议或声明，确保各方的责任、权益和义务都得到明确的规定与承诺，为后续的实施与执行提供清晰的指引。

### （五）实施与执行

利益相关方根据已达成的协议，制订具体的实施计划和时间表，分配必要的资源和职责，确保有专门的执行团队或机构来负责监督和协调。同时，利益相关方通过持续的沟通和反馈机制，确保各方的行动或政策得到有效、及时且协同的执行，以实现共同的目标和期望。

### （六）监督与评估

利益相关方通过建立监督与评估系统，定期收集与分析数据，以评估实施的进展与结果。这可能涉及对指标的追踪、定期报告的提交、第三方的独立审查或反馈征集，从而确保实施的行动或政策与初衷相符，并根据评估结果进行必要的调整或优化，以更好地达成既定目标。

在数字治理的领域中，多边合作治理机制的运行流程首先涉及识别随数字化快速发展而出现的问题和挑战，如数据隐私、网络安全和技术标准化。为明确这些问题的性质和影响，利益相关方进行深入的数据收集、研究和分析。此外，除了国家和国际组织，数字治理还需要考虑科技公司、开发者、消费者等多种利益相关方，确保了解其角色和利益。其次，这些利益相关方通过线上线下渠道，如国际会议、网络论坛，进行协商和谈判，并可能邀请技术专家参与，以达成深度共识。基于这些交流，利益相关方制定具体的数字政策、技术标准或相关协议。再次，各方部署相关技术解决方案，建立数据交换机制，并采取必要的安全措施。在策略实施过程中，需要持续监督和评估实施效果，如技术的互操作性或数据流动的效率，并通过数据分析或第三方审核等方式确保评估的全面性和准确性。根据这些反馈，各方可能会进行策略调整或技术优化，以确保策略的适应性和有效性。最后，鉴于数字化的持续变化，各利益相关方保持活跃地参与和分享经验，并定期重新评估现有的数字治理策略，确保策略的长期有效性和灵活性。

## 三、多边合作治理机制的驱动工具

在数字治理领域，多边合作治理机制的高效运行，得益于一系列精心设计的驱动工具。国际协议和公约为此奠定了坚实的基础，如针对跨境数据流动的相关协议。为保障数字技术能够在不同平台、系统和设备之间实现兼容，权威的国际组织，如万维网联盟（World Wide Web Consortium，W3C）和国际互联网工程任务组（The Internet Engineering Task Force，IETF）出台了一系列技术标准和规范。此外，通过先进的监测和报告系统，各参与方能够实时收集和分析关于网络安全的数据，从而对策略实施情况进行准确评估。为了增强各利益相关方的执行能力，应进行定期的培训和能力建设活动。在线论坛等信息共享平台为各方创造了交流和资源分享的空间。面对潜在争议，各方可借助调解及冲突解决机制，例如第三方调解，以寻求共识。技术合作和联合研发，特别是在人工智能领域，推动了技术的不断创新。此外，得益于国际组织的资金支持，数字治理项目得到了充足的投入和资源。在法律层面，尤其是数据保护法规，为数字治理提供了必要的法律遵循。综上，通过广泛征询公众意见并反馈，多边合作治理机制确保了数字治理策略的透明度和公众的广泛参与，进而赢得了公众信任和提高了策略有效性。

## 案例 3.3

### 多边合作治理机制：金砖国家的全球治理

在全球化的今天，金砖国家作为新兴经济体的代表，通过多边合作平台展示了其在全球治理中的活跃参与和领导作用。金砖国家利用其共同的经济和政治利益，强化了在国际舞台上的合作，推动了全球经济治理体系的转型，特别是在经济和政治领域的改革。

金砖国家机制的创建反映了全球力量对比的变化和多极化世界的兴起。自2009年领导人首次会晤以来，金砖国家不断深化合作，特别是在全球治理体系的改革和经济政策的协调方面。这些国家通过多边合作机制如G20、联合国等，积极推动国际经济和政治秩序向更加公正合理的方向发展。金砖国家通过以下几个方面加强多边合作。

1. 全球经济治理：金砖国家推动对国际金融机构（如国际货币基金组织和世界银行）的改革，以增强和加大发展中国家在这些机构中的代表性和发言权。

2. 政治与外交：金砖国家在联合国和其他国际论坛中支持对国际安全和政治事务的协商解决，提倡公平和平等的国际关系。

3. 新兴市场和发展中国家的代表性：通过金砖国家新开发银行和亚洲基础设施投资银行等新机构，金砖国家旨在为广大发展中经济体提供新发展资金来源，增强发展中国家在全球治理中的影响力。

**案例启示**

金砖国家的多边合作治理机制体现了新兴市场通过合作加强自身影响力、推动全球治理体系变革的战略意图。这种合作不仅促进了成员的相互理解和信任，也为全球经济和政治问题提供了新的解决方案和平台。

**启发思考：**

1. 探讨金砖国家在维护国家利益与全球共同利益之间的平衡策略，以及这些策略如何影响国际关系和全球治理的效率。

2. 分析多边合作治理机制的设计和实施中的创新点，以及这些创新如何提高全球治理的透明度、包容性和反应速度。

# 第四节 底层信任治理机制

随着社会的发展，公众对传统权威机构的信任出现了下降，尤其在一些关键领域，如金融和媒体。信息时代的到来使得信息扩散速度加快，但也带来了假新闻和误导性信息的问题，这进一步加剧了公众对传统权威机构的不信任感。同时，全球化导致的文化、经济和政治的交融使得决策过程更为复杂。在这种背景下，底层信任治理机制应运而生，其目标是通过技术、社交网络和社区参与等方式，确保信息的真实性、透明性和公众参与，从而为公共治理提供坚实的信任基础。

## 一、底层信任治理机制的理论基础

底层信任治理机制是公共治理中的一个核心概念，它强调在多元、透明且广泛参与的环境中建立和维护信任。与传统的中央权威或层级结构的治理方式不同，底层信任治理机制通过公众、社区、技术和开放的交流来形成信任。其核心思想是，信任不仅基于某个中心机构或权威机构，还建立在多方之间的互动、协作和验证上。这种机制鼓励更广泛的公众参与，以及信息和决策过程的透明性，从而增强公众的信任感。特别是像区块链等新兴技术，可以为这种机制提供支持，确保信息的真实性和不可篡改性。总体而言，底层信任治理机制提供了一个创新的公共治理模型，它旨在应对现代社会中的复杂挑战，通过提升透明度、参与度和验证性来建立和维护公众信任。

在公共治理中，底层信任治理机制的重要性不容忽视。信任是社会合作和协作的基石，尤其在一个复杂、多变且信息不对称的现代社会中。随着社会结构和利益相关方变得日益复杂，确保公众对治理结构和过程的信任变得至关重要。底层信任治理机制提供了一个透明和包容的框架，可以更有效地应对假新闻、误导性信息和其他可能破坏公众信任的挑战。通过提升透明度、鼓励公众参与和使用技术来验证信息的真实性，底层信任治理机制确保了公共治理的公正性、效率和效果。简而言之，底层信任治理机制为公共治理提供了一个稳定、可靠和公正的基础，是现代社会应对复杂治理挑战的关键工具。

底层信任治理机制综合了多个理论基石以构建和维护社会合作。社会资本理论，强调社会网络中的互助关系对增进相互信任的作用；交易成本理论，揭示了透明性和技术（如区块链）在降低验证信息成本方面，进而增进信任中的价值；博弈论考察了在多方互动中如何做出合作选择以实现集体利益；而社会构建主义则突出了开放沟通和多方参与在共同构建信任中的角色。此外，网络治理理论为这一机制提供了不依赖于单一管理机构的治理框架，信息对称理论确保了信息的公平交流，而制度经济学理论强调了制度和规范在信任构建中的关键作用。这些理论共同为公共治理打造了一个稳固、灵活且能应对现代社会挑战的底层信任治理机制。

在数字治理中，底层信任治理机制的理论逻辑源于数字技术与社会交互的复杂性及其对信任的挑战。随着数字技术的发展，信息的生成、传播和验证变得迅速且广泛，但这也带来了信息不对称、误导性信息和假新闻的问题。底层信任治理机制强调，信任不再仅仅基于中央权威或传统的验证机构，而是需要在一个多中心的环境中构建。这要求公众、技术和开放的沟通方式共同参与构建，确保信息的真实性、透明性和公正性。例如，区块链技术可以提供不可篡改的信息记录，提升信息的可靠性和可信度。同时，开放的沟通和公众参与确保了决策过程的透明性，使得数字治理更加公正和公开。综合来看，底层信任治理机制的理论逻辑在数字治理中是为了应对数字时代带来的信任危机，通过多方参与、技术验证和开放沟通来重新建立和维护公众的信任。

## 二、底层信任治理机制的运行流程

底层信任治理机制的实施过程是一个系统化、多层次的工作流程,旨在通过透明、开放和多方参与的方式建立和维护公众的信任。这一机制依赖技术手段和社交互动来促进信息的真实性与透明性,从而增强社会成员间的信任感。在这一流程中,底层信任问题与需求识别、底层信任基础设施建设、数据采集与验证、多方协作与共识形成、底层信任驱动决策执行、动态监测与反馈、循环改进与持续优化等环节相互衔接,共同推动社会治理的高效、公正和可信赖。

### (一)底层信任问题与需求识别

深入分析现有治理结构中可能引发公众信任危机的关键因素,如假新闻、误导性信息、治理透明度不足等。收集并分析多方利益相关者的反馈和需求,确定亟需通过信任治理机制解决的核心议题与领域,将公众对透明度、公正性和参与度的需求纳入问题分析。

### (二)底层信任基础设施建设

搭建一个透明、开放、包容的多方参与平台,支持公众、社区和机构的互动。平台可以基于社交网络、在线论坛或公众咨询会等形式,引入区块链技术确保数据不可篡改,利用大数据和人工智能分析信息流向,增强信息透明性和决策可靠性。制定清晰的行为准则和信任机制规则,确保各方在平台上的平等地位和行动的合规性。

### (三)数据采集与验证

从多种渠道如传感器、公共反馈、媒体报道采集治理相关数据,确保数据来源多样性。对数据进行验证,确保其真实性和完整性,同时通过分布式记录方式实现数据的可追溯性。剔除可能误导公众或加剧信任危机的错误信息,为后续协作提供可靠依据。

### (四)多方协作与共识形成

通过公众咨询、在线讨论或利益相关方的结构化工作组,分享多方观点并进行综合评估。通过持续的对话和透明信息交换,缩小各方分歧并增强互动信任。通过协商机制明确行动目标和合作框架,找到解决问题的共同路径。

### (五)底层信任驱动决策执行

将协商结果转化为具体的行动计划或治理方案,确保决策基于真实、透明且多方认可的信息。通过技术支持(如区块链存证)为执行提供验证工具,增强公众对决策过程和结果的信任感。在执行过程中保持信息公开,确保公众持续了解进展。

### (六)动态监测与反馈

跟踪治理效果,评估其是否符合预期目标,并识别可能的不足之处。通过平台收集公众反馈,利用监测数据优化执行策略,确保治理行动能够动态调整以应对新的挑战。

### (七)循环改进与持续优化

将执行阶段的反馈信息融入治理机制,推动平台功能、技术工具和协作模式的持续优化。不断调整机制以适应社会和技术环境的变化,保持信任治理的灵活性和创新性。通过多次迭代增强公众信任,最终实现底层信任治理机制的稳健运行。

---

**视野拓展**

区块链技术是一种分布式数据库技术，通过分布式网络中的多个节点共同维护数据的一致性和完整性，并且具有不可篡改性和透明性。

在区块链中，每一次交易都会被记录在一个区块中，并且每个区块通过加密手段安全链接到前一个区块，形成一条连续的链条，这就是"区块链"这一名词的由来。每个区块通常包含一组交易记录、一个时间戳、一个随机数（也称为"Nonce"），以及前一个区块的哈希值（一个通过加密算法生成的固定长度的数字序列，能代表数据的唯一性）。

区块链的几个关键特性如下。①分布式管理：区块链不依赖于单一的管理机构，网络中的每个节点（用户或计算机）都保存有整个数据库的副本，使得数据几乎无法被篡改或丢失。②不可篡改性：每个区块一旦被链上的多数节点确认并添加到链中，它包含的信息就几乎无法更改，因为修改任何一个区块的信息都需要重新计算该区块以及所有后续区块的哈希值。③透明性：因为几乎所有交易数据都对网络中的所有参与者开放（尽管参与者的具体身份可以保持匿名），所以任何人都可以回溯和验证信息。④共识机制：区块链使用一种称为共识机制的算法来协调节点间的数据一致性，确保所有参与者都同意数据状态的真实性。

区块链技术现在已经扩展了多种用途，如供应链管理、智能合约（自动执行合同条款的程序）、健康记录管理、数字身份认证等领域。

## 三、底层信任治理机制的驱动工具

底层信任治理机制在数字治理领域中发挥着至关重要的作用，为应对数字领域的错综复杂的情况和充满变数的挑战打下坚实的基础。利用如区块链之类的技术确保信息真实、公开和稳定，这种治理机制增进了公众及其他利益相关方对数字平台及其交易的信赖。此外，开放式沟通和广泛参与的模式进一步保障了决策过程的透明度、民主性和包容性，使数字治理变得更为清晰、公正和有效，从而更好地回应了现代社会对数字技术和服务的殷切期待。

在数字治理中，底层信任治理机制的驱动工具具有多样性和综合性。核心技术工具如区块链技术、加密技术和智能合约确保了信息的真实性、不可篡改性和协议的自动执行。同时，开放数据集、应用程序接口、在线论坛及社交媒体平台提高了信息的透明度，促进了公众的广泛参与。为了确保数据的真实性，实时数据监控工具和第三方审计机构都起到了关键作用。教育和培训，如在线课程、研讨会和培训讲座，增强了公众和其他利益相关方的数字素养。明确的数字治理法规和数据保护政策为数字空间提供了法律框架，而公众咨询、反馈系统以及在线调解平台提高了决策的民主性并提供了和解机会。此外，多方合作框架和公私伙伴关系进一步推动了各方的共同合作，共同解决问题。这些工具共同构建了一个支持性的环境，确保了数字治理的有效性、公正性和透明性。

### 案例 3.4

**底层信任治理机制：杭州市涝湖村的"鹰眼盯"数字治理模式**

随着社会的快速发展，乡村面临着从传统治理向现代治理的转型。涝湖村作为杭州市一个典型的城乡接合部，面临着人口流动性大、社会管理复杂等问题。为应对这些挑战，涝湖村采用了基于钉钉 App 的"鹰眼盯"数字治理平台，通过该平台，村民可以实时上报社区问题，从车辆违停到环境卫生问题，都可以通过手机应用快速得到响应和处理。

**实践机制**

①互动性增强。通过"鹰眼盯"平台，村民与村干部之间的互动从线下转移到线上，形成了更为频繁和直接的沟通。这种技术化的互动方式不仅加强了村民的参与感，也提高了问题处理的透明度和效率。②信任重建。数字化治理增强了透明性和回应性，有助于重建和加强村民对村级治理结构的信任。村务公开和事务处理的可视化，使村民能够直观了解每一个问题的处理进程和结果，从而增强了村民对村干部和治理结构的信任。③整合功能。数字治理实现了空间的虚拟化和结构的优化。通过数据的整合使用，村庄治理结构得到了优化，治理资源得到了更有效的配置和使用，提高了治理的协同性和精准性。

**挑战与反思**

虽然数字化治理提升了治理效率，但也带来了新的挑战，如数字化技能不均等问题，可能加剧社区内的数字鸿沟。此外，对于一些老年人和其他对技术不熟练的村民，过度依赖数字技术可能会降低他们的参与度。因此，在推广数字治理的同时，需要考虑到全体群体的接受能力和参与方式，确保治理的包容性和持续性。

**启发思考：**

1. 讨论在提高治理透明度的同时，可能出现的信任挑战，并提出可能的解决方案。

2. 探讨如何通过政策设计和干预，提高所有社区成员的技术接受度，以增强数字治理的包容性和有效性。

# 第五节　监管问责治理机制

随着社会日益复杂、公众对透明度和公正性的期望不断升高，公共部门的内部效率和执行问题也变得更为明显，这些因素共同推动了对更为有力和有效的监管需求。与此同时，政府与公众的交往变得越来越紧密，使得政府在决策和行动上面临更为严格的责任和问责。尽管我国在建立市场经济中也逐渐构建了完善的监管体系，但仍然面临从行政干预转向依法监管，并应对日益复杂的经济社会事务的挑战。为确保公共资源得到合理的利用、维护权力的平衡，并保障公众的利益，完善监管问责治理机制成为必然，其核心目标是加大对公共部门及其政策执行者的监管和问责力度。

## 一、监管问责治理机制的理论基础

公共治理中的监管问责治理机制是指一套制度化的方法和措施，旨在对公共部门的决策和行为进行持续监督，确保其符合法律、道德和公众的期望。这种机制强调透明度、责任和效率，要求政府部门和公务人员对其决策和执行的结果承担责任。通过这种机制，公众和其他利益相关方可以为优化政府决策提供建议，从而加强公共部门的问责，提高其执行效果和公信力。

监管问责治理机制深受多种理论的支持和启发。代理理论认为公民将其权力委托给政府或公共机构来执行任务，但由于信息的不对称性，需要一个监管问责治理机制来监督代理人的行为。公共选择理论强调政府官员可能因为特定的激励而追求非公共利益，而监管问责可以纠正这种偏差。从制度理论的角度来看，规范可以塑造行为者的行为，而有效的监管问责治理机制则可以确保公共机构的合规性。透明度和公开性原则认为公开信息和决策过程有助于提高政府的问责性。社会责任理论和道德问责理论也指出，公共部门不仅对法律，还对社会和道德准则负有责任。从权力的角度来看，权力制衡理论提倡通过政府内部的权力制衡来防止权力的滥用，而监管问责治理机制则是实现这一目标的关键。这些理论共同构成了监管问责治理机制的理论框架，揭示了其在公共治理中的核心地位和作用。

在数字治理领域，监管问责治理机制的理论逻辑深受数字空间固有特质的影响，如数据的即时传输、不断迭代的技术手段以及信息的高度透明与开放。随着数字技术的广泛应用，公众日益关注信息的真实性、安全性以及隐私权的保护。然而，数字环境下可能出现的信息不对称、误导性信息或技术瑕疵可能削弱公众的信任感。为了在数字平台上建立公正、透明和安全的环境，监管问责治理机制应运而生，重点在于对数字服务提供者的行为进行细致监控，确保他们恪守法律和伦理规范，从而满足公众的高期望并维护其基本权利。

## 二、监管问责治理机制的运行流程

监管问责治理机制是确保公共部门决策和行为符合法律、道德和公众期望的核心机制。它通过系统化的监督、透明的流程及责任追究机制，增强政府与公众之间的信任，提升公共部门的执行效果与公信力。在数字治理背景下，随着技术进步，监管问责机制的实施不仅依赖传统的手段，还必须适应数字环境中的快速变化与挑战。因此，该机制的运作主要涉及以下几个环节。

### （一）监管框架设计

监管部门需要根据现有的公共治理问题与挑战设计并完善监管框架。通过收集各利益相关方的反馈，结合法律、技术和实践经验，明确监管目标及具体策略。此阶段重在识别治理中的关键问题，如信息不对称、利益冲突等，并将这些问题转化为可操作的监管目标，确保框架具有公正性和可操作性。

### （二）监控系统部署

为实现高效监管，必须通过多元化渠道全面收集与治理相关的数据。这些渠道包括自动化监控系统、现场检查、定期审计和公众反馈等。此外，利用数字技术手段对数据流动和异常行为进行实时监控，能够迅速识别潜在风险，并在问题发生之前发出预警，从而确保监管部门及时掌握治理对象的动态，并采取必要的应对措施。

### （三）违规行为分析

一旦收集到数据，监管部门将对信息进行深入分析，识别潜在的违规行为。根据监控结果，决策者将制定具体的应对策略，如警告、罚款、撤销许可等。此时，透明、公正和可追溯性是至关重要的，确保所有应对措施都符合法律规定和公众利益。

### （四）公开问责与纠正

监管部门在发现不当行为后，立即采取问责措施，包括公开谴责、罚款或移送司法机关处理。与此同时采取纠正措施，如修复漏洞、赔偿损失或重新执行程序。

### （五）公众知情与参与

监管问责治理机制的核心在于确保公众知情权和参与权。监管部门需定期发布监管活动报告、决策过程和结果，利用数字平台和传统媒体传播相关信息，鼓励公众反馈和参与。

### （六）评估与反馈

对监管措施的执行效果进行持续评估，确保其达到预定目标。收集公众与利益相关方的反馈，识别执行中的不足，并通过数据分析与反馈机制优化后续的监管策略。这一阶段帮助监管部门及时调整监管方向，避免长期偏离公共利益。

### （七）数字化适应与持续创新

随着数字技术发展，监管问责治理机制需要不断适应新的技术环境和挑战。在数字治理框架下，强化数字审计、加密技术等工具的运用，确保数据的安全性和不可篡改性。同时，利用人工智能优化监控系统和自动化决策支持，推动监管机制持续创新和适应性提升。

## 三、监管问责治理机制的驱动工具

在数字治理中，监管问责治理机制的实施高度依赖一系列精确的驱动工具。数字审计工具确保数据的完整性和准确性，而加密技术为信息提供了安全防护。区块链技术，作为一个分布式账本，为数据的不可篡改性和透明性注入信心。同时，人工智能与机器学习技术自动识别异常行为并提供优化方案。实时监控与警报系统对数据流和用户行为保持警觉，确保及时响应。公众参与平台，如在线调查和社交媒体工具，鼓励公众的广泛参与并收集其宝贵的反馈。数据分析与可视化工具使数据更容易被理解和分析，而培训和教育平台则培育了公众和其他利益相关方的数字治理知识。明确的法律和法规为整个数字治理过程提供了坚实的法律框架和指导。这些工具共同确保了数字治理中的监管问责治理机制的适应性、有效性和完整性。

**案例 3.5**

### 监管问责治理机制：数字化监管

随着数字经济的迅猛发展，传统的监管模式已难以应对新兴业态的快速变化，如网约车、共享单车、民宿等。这些新业态的特点是高度数字化和跨地域运营，传统的以地域和部门为标准划分的监管方式已无法有效应对。此外，政府信息化与社会信息化的深度融合，提供了实施数字化监管的基础设施和技术支撑。

数字技术对监管问责治理机制的影响

上海市 L 区市场监管部门在市场监管综合执法体制改革的背景下，推出了数字化监管改革。重点实施的是"互联网+监管"模式，通过建立市场监管服务网格化指挥平台，将履职工作法治化、监管责任网格化、监管流程标准化、监管手段信息化相结合，从而提升监管效率和效能。

**改革的主要内容**

①网格化管理。通过划分监管网格，将监管责任落实到人，每个网格配备专门的监管人员，确保监管的全覆盖和无死角。②采用信息化手段。运用大数据和云计算技术，对监管数据进行实时收集和分析，提高监管的预见性和主动性。例如，分析企业的经营数据、社会舆情等信息，对潜在风险进行预警。③提升效能。数字化监管大大提高了监管的透明度和公众的满意度。实时公开监管数据和结果，提升了政府工作的透明度，也提升了公众对监管工作的信任度和满意度。④建立问责机制。建立完善的监管问责治理机制，任何监管失职或违规

行为都能通过数据追踪和分析被及时发现和处理，保证监管工作的严肃性和权威性。

启发思考：

1. 请基于监管责任网格化、信息化手段的应用，分析数字化监管如何更有效地实现监管问责和提升公共信任。

2. 讨论在推进数字化监管的过程中，政府如何建立合适的政策和法律框架，以确保技术利用不侵犯个人隐私，同时保持监管的公正性和有效性。

# 知识巩固

## 一、名词解释

数据决策治理机制　政企协同治理机制　多边合作治理机制　底层信任治理机制　监管问责治理机制

## 二、单项选择题

1. 数据决策治理机制的核心目标是通过（　　）实现高效公共治理。

    A. 减少数据的多样性以简化分析

    B. 运用数据科学技术辅助和优化决策过程

    C. 强调中央权威在数据管理中的主导作用

    D. 通过完全依赖定量数据来推动决策

2. 以下哪一项工具主要用于确保数据的安全性和隐私性？（　　）

    A. 决策树软件　　　B. 数据可视化工具　C. 数据脱敏工具　　D. 数据仓库

3. 政企协同治理机制强调的是（　　）。

    A. 政府单方面的决策　　　　　　　　B. 企业独立运作

    C. 政府与企业之间的合作　　　　　　D. 国际组织的介入

4. 底层信任治理机制的核心思想是（　　）。

    A. 通过中央权威机构确保公众信任

    B. 基于多方互动、协作和验证来建立和维护信任

    C. 依赖传统的层级结构治理方式

    D. 仅依靠区块链技术解决信任问题

5. 数据决策治理机制中，整合数据的目的是（　　）。

    A. 增加数据量　　　　　　　　　　　B. 提高决策的科学性

    C. 减少数据类型　　　　　　　　　　D. 降低成本

6. 监管问责治理机制的主要作用是（　　）。

    A. 提高公共部门的决策效率，避免公众参与

    B. 通过制度化的方法监督公共部门，确保其符合法律、道德和公众期望

    C. 依赖政府内部的传统权威，减少透明度的要求

    D. 仅关注数字技术的应用，忽略传统监管手段

7. 多边合作治理机制通常涉及（　　）。

    A. 单个国家的内部决策　　　　　　　B. 两国之间的双边关系

    C. 三个或更多国家的协作　　　　　　D. 一个国际组织的独立行动

8. 以下哪一项是多边合作治理机制高效运行的重要驱动工具？（　　）

    A. 借助国际协议和公约规范跨境数据流动

    B. 通过单方面强制执行技术标准保障技术兼容性

    C. 避免利益相关方参与以减少分歧

    D. 依赖个别国家的资金支持推动项目实施

9. 在政企协同治理中，企业的主要贡献是（　　）。

    A. 政策制定　　　　B. 技术和资金　　　　C. 法律支持　　　　D. 监管职能

10. 以下哪一项是监管问责治理机制运行流程中的重要环节之一？（　　）

    A. 完全依赖传统手段进行监督

    B. 通过多元化渠道收集数据以实现高效监控

    C. 避免公众参与以减少监管复杂性

    D. 忽视数字技术在监控和问责中的应用

### 三、多项选择题

1. 数据决策治理机制运行流程中的关键环节是（　　）。

    A. 通过多方沟通确定决策目标

    B. 使用机器学习工具提取数据中的关键信息

    C. 直接使用原始数据进行分析

    D. 避免随时间调整决策机制

2. 体现了政企协同治理机制特征的是（　　）。

    A. 政府与企业共享资源和信息

    B. 政府通过技术创新独立解决所有公共治理问题

    C. 社会资本和网络理论关注基于信任的深度合作关系

    D. 企业完全主导治理过程，政府仅提供象征性支持

3. 多边合作治理机制运行流程中的关键环节有（　　）。

    A. 深入研究当前和潜在挑战　　　　B. 通过协商与谈判达成合作共识

    C. 独立制订行动计划　　　　D. 利用监测系统追踪实施效果

4. 底层信任治理机制运行流程中的关键步骤是（　　）。

    A. 识别引发信任危机的关键因素　　　　B. 完全依靠技术平台解决信任问题

    C. 构建透明、开放的多方参与平台　　　　D. 收集并验证多种来源的数据

5. 在数字治理机制中，监管问责治理机制的重要驱动工具有（　　）。

    A. 数字审计工具　　　　B. 区块链技术

    C. 实时监控与警报系统　　　　D. 传统书面报告

### 四、复习思考题

1. 讨论数据决策治理机制在现代社会中的重要性及其对公共政策制定的影响。

2. 分析政企协同治理机制对增强企业社会责任感的潜在影响。

3. 探讨多边合作治理机制在全球化背景下解决国际问题的有效性。

4. 评价底层信任治理机制在防止假新闻传播中的作用。

5. 讨论数字化快速发展给监管问责治理机制带来的机遇和挑战。

# 第四章
# 数字治理伦理

【知识框架图】

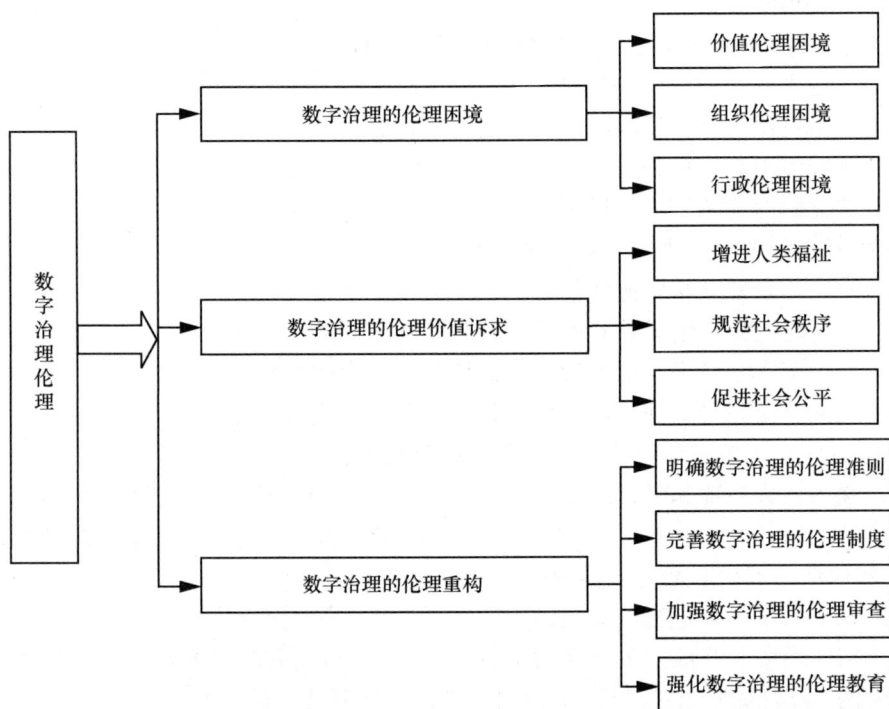

【学习目标】

1. 了解数字治理的伦理困境。
2. 了解数字治理的伦理价值诉求。
3. 理解数字治理伦理重构的一般框架。

引例

**破解银发族的数字鸿沟难题**

中国互联网络信息中心（CNNIC）发布的第 55 次《中国互联网络发展状况统计报告》

显示,截至 2024 年 12 月,我国网民规模达 11.08 亿人,较 2023 年 12 月增长 1 608 万人,互联网普及率达 78.6%。其中,60 岁及以上老年网民占网民整体比例的 14.1%、占 60 岁及以上老年人口的 52.5%。老年人口的互联网普及率进一步提升。

虽然我国老年人口的互联网普及率不断提升,但数字鸿沟、信息鸿沟、数字安全等数字伦理问题依然是数字老龄化社会的重要挑战。例如,拿着现金的老人面对到处都是手机支付的商店手足无措;不会线上预约、拖着病体前往医院的老人被告知早已没号;高龄老人受困于刷脸、扫码、线上支付的新闻屡见不鲜。必须加快实现数字化和老龄化的同频共振,推进老年群体融入数字时代,享受数字红利。

那么,数字治理有哪些伦理困境?"数字向善""治理向善"的数字治理理念包含哪些价值诉求?如何突破数字治理的伦理困境?

# 第一节　数字治理的伦理困境

新一轮科技革命和产业变革正深刻改变世界发展的面貌和格局,科学新发现、技术新突破在造福人类的同时,受数字科技的固有特征、社会结构的内在缺陷以及虚拟空间的秩序紊乱等因素影响,伦理风险和挑战也相伴而生。数字伦理是指立足以人为本,在数字技术的开发、利用和管理等方面应该遵循的要求和准则,涉及数字化时代人与人之间、个人和社会之间的行为规范。数字伦理限度不只是对人与数字之间关系的反思,也是对治理的公正性、人在数字世界中的地位以及数字治理合理性的深刻反省。数字治理不仅具有实质效益,也具有深刻的伦理内涵,且其伦理取向直接影响政府治理的效率。

数字治理的伦理困境

## 一、价值伦理困境

数字治理伦理价值的期望和目标是追求社会公平和维护公共利益。但数字鸿沟、数字极化、数据泄露、网络攻击事件频发,各种安全问题接踵而至,严重侵犯公共利益,使得数字治理陷入价值伦理困境。当数字治理伦理价值的公平性未能完全实现时,就可能会引发数字鸿沟问题,产生数字弱势群体风险。数字弱势群体是指在智慧社会,由于数字科技的固有特征、不均衡传导以及社会既有结构等客观因素,导致权利缺失、能力不足,进而展现出地位边缘、资源匮乏、易受挫伤等特征的特定群体。他们只有很少的机会参与以数字技术为基础的工作、生活、学习,以及参与教育、培训、娱乐、购物和交流等;而掌握数字技术的主体,则能够通过数字创新、数字重组甚至数字垄断获取先行优势,从而占据数字社会的制高点。与此同时,数字治理伦理价值的公共利益导向未能完全体现,还会引发数据信息安全问题,产生数字利维坦风险。所谓数字利维坦是指数字技术引发的数字独裁、数字权力专制、数据垄断、数据隐私侵犯、信息茧房、拟态社会等网络现代化困境。数字治理所掌握的数据和信息代表的是公民的个人隐私,一旦发生信息泄露、窃取等安全问题,则会引发严重的信息安全风险与政府公信力危机。

## 二、组织伦理困境

数字经济的参与主体具有海量化、分散化特征,个体、组织、社会纷纷启动数字化转型,存在形式及日常活动趋向线上化、数字化，治理区域、治理对象急剧扩大，使数字治理陷入组织伦理困境。一是组织间的伦理困境。如果纵向的层级机构之间和横向的职能部门之间缺乏有效的沟通协作机制，就会出现各自为政、自行其是的局面，无法真正实现信息公开和数据共享。二是组织与组织内成员间的伦理困境。单元组织与组织内成员的关系是一种基于集体与个体视角下的伦理关系，可能会面临公共利益与个人利益的冲突。在推行数字治理的过程中，若单元组织及其内部成员缺乏伦理自主性和相关监督机制，数字治理就难以取得理想的效果。三是组织与公众间的伦理困境。在推进数字治理过程中，部分地方政府站在建设者的角度，仅仅聚焦"怎么建设"，更多地强调资金投入而忽略公众的用户体验，抑或重视内部硬件投入而忽略与用户连接的应用开发，以及重视前期建设而忽略与用户互动的运行体系构建，最终导致数字项目"难落地、不好用"，公众"不会用、不愿用"，难以真正发挥数字治理的实际效果。

### 三、行政伦理困境

行政伦理旨在分析行政人员在政策执行过程中，所应有的价值、行为规范、义务及其实现的方法。当行政人员面临多重价值与公共责任冲突选择时，往往陷入价值选择和责任伦理的困境。一方面，随着公共行政的完善发展，数字治理的价值诉求也由最初的追求效率转变为倡导公平效益，强调政府服务的公平性，这不仅是数字治理的价值标准，也是行政人员行为的伦理指南。但在现实生活中，在"公共人"的价值判断标准下，有些行政人员受"经济人"特性驱使，追逐部门或个人利益的最大化，缺乏公益至上的伦理价值理念，这可能违背行政人员的公平正义要求。另一方面，行政人员责任伦理要求行政人员对自身采取的某一行政行为负责，但由于行政人员往往肩负多重责任——对上级与对人民负责，同时又扮演双重角色——行政人员和社会公民，这就使他们面对利益、角色冲突时可能陷入责任选择的困境。此外，人工智能等数字技术在某种程度上会以主体身份参与治理行为，继而替代人的部分治理行为，导致行政人员制订或执行的方案出现机器意志，从而引发责任界定及合理性问题。

## 第二节 数字治理的伦理价值诉求

科技作为人类认识自然和改造自然的主要手段，归根结底是为人类服务的，数字技术的最终价值诉求是更好地造福人类。因此，数字治理的伦理内核就是"让数字技术应用造福人类"。为此，必须树立"数字向善""治理向善"理念，引导数字治理领域的政府、企业、人才正确运用数字技术为人类社会可持续发展创造福祉。

### 一、增进人类福祉

面对数字治理所带来或蕴含的种种伦理问题，必须对现有的伦理观念和规则进行优化，以应对人类社会在数字转型过程中所面临的伦理挑战，使其在时代的道德框架内实现"数字向善"，引领人类文明的进步和发展。

#### （一）适应数字全球化发展趋势

全球数字治理以构建数字命运共同体为基本目标，以完善数字治理规则为基础，有利于将数字技术和由此产生的数据联动起来，使数字技术和数据的价值最大化，整合为有助于人类社会发展的全新方式，以应对全球共同的挑战和发展诉求，改变当前各国数字治理水平明显滞后于数字技术发展速度的现状，让数字文明造福各国人民，推动构建人类命运共同体。

### （二）促进人类社会可持续发展

一方面，推动建构公正合理的全球数字治理新秩序，有利于促进数字技术的普及和推广，加强数字基础设施建设，弥合不同收入人群、不同地区间的数字鸿沟，实现数字包容，使其服务于全人类的共同利益。另一方面，数字治理应是规范治理模式的科技伦理。科技伦理是对科技观念和道德的规范，在数字治理中则是指从观念和道德层面规范应用数字技术的行为准则，保障人类的切身利益，促进人类社会的可持续发展。科技伦理对数字治理的全程监控、对数字治理风险点的准确把握、对数字治理冲动的伦理预警、对数字治理危害的积极防范、对数字治理后果的及时处理，以及对数字治理共同体的道德约束，能够确保数字治理成为一种崭新的现代治理模式。

### （三）满足人民对美好生活的向往

数字化本身并不是最终目标，人民群众的获得感、幸福感和安全感才是一切政府工作的依归，因而数字治理要能够让人民共同享有社会治理成果。一是要提供高效的公共服务，使数字政府治理更高效、更可靠。例如，"最多跑一次""接诉即办""一网通办""一网通管"等服务创新模式不断涌现，极大便利了人民群众的工作和生活，以社会治理和公共服务数字化创造美好生活。二是要为创新和创业提供支持和便利，鼓励科技发展和产业创新，促进经济持续增长，为人们提供更多的就业机会和更好的经济福利。三是要将数字技术广泛应用于环境保护和可持续发展领域，通过数据分析和智能监测等手段，提高资源利用率，减少能源消耗和环境污染，推动绿色发展和可持续发展。

## 二、规范社会秩序

随着数字技术嵌入社会治理，技术赋能使信息流动由单向传接的"金字塔"型向多向交互的"网络"型转变，减少了传统社会治理信息失灵、力量不足、效果欠佳等问题，政府与社会多元主体对公共生活的合作管理将更有利于规范社会秩序。

### （一）维护社会稳定性

数字技术可以整合信息资源，提高政府决策的科学性和高效性。由于数字治理的开放性，人们可以通过多元化的网络平台和渠道参与公共事务，如在线投票、电子表决等。而网络社会的匿名性，又可以让每个人对设定的角色或表达的话语有更多的自由性和自主性，每个人既是信息的发出者，也是信息的接收者，从而增强公众表达意愿，促进政府和公民之间的互动和沟通，加强民主治理和社会稳定。这就使原有的社会结构及秩序渐渐被打破，公民、企业和各类政府机构之间的关系被重塑，进而推动了以人民为中心的服务导向，使得社会治理更加公正、合法和透明，保障了社会的稳定性。

### （二）维持社会规范运转

数字技术能够精准识别不规范行为，促进和谐社会建设。对个体而言，数字技术能够将个人行为信息转化为社会治理数据，从而规范人们在网络上的社会行为，进而引导和规范人们的现实社会行为；对政府而言，数字技术可以约束行政权力、强化纵向治理。例如，大数据可以对行政权力的运行实施全过程、全环节的"留痕式"记录，防止权力滥用；又如，通过建立法律和监管机制来惩罚发布虚假信息和网络诈骗的行为，并提供技术手段识别和过滤虚假信息。

### （三）预判未来发展态势

数字技术可以进行深度分析和挖掘，帮助人们发现隐藏在数据中的规律和趋势，进而制定更精准的决策和预测未来的趋势，提高社会治理的前瞻性。例如，通过数据分析来识别异常交易和不当行为，健全现有的监管机制，确保金融市场的公平和透明。

## 三、促进社会公平

公平正义是人类社会永恒追求的埋想和目标。数字治理的成效最终要落到人民群众的感受上，要看它有没有公平地给人民带来获得感、幸福感、安全感。

### （一）要成为超越治理技术的人文伦理

人文伦理的基石是共同的道德原则，强调数字治理对人类社会的责任和义务。数字治理不应只追求数字技术的进步，而是应平等地对待所有人，包括在应用数字技术时处于劣势的人，如农民群体、老年群体等数字时代弱势群体的利益和需要。因此，数字治理虽然一直呼唤数字技术的升级提高，以摆脱那些老旧的治理技术，但同样也在捍卫着道德人文情怀，守护着社会公平正义。

### （二）要在一定程度上保障权力公平

在数字时代，人人都可以发布信息、表达意见，公共管理权力被分解到更多的人和群体中，提高了公众参与政策制定和决策的积极性，增强了政策的民主性和代表性，传统"以政府为中心"的管理模式开始转变为"以人民为中心"的新型治理模式。

### （三）要最大限度优化公共资源配置

数字治理通过提供全面、实时的数据收集和分析，帮助政府和组织更准确地分析社会问题和需求，为社会公众提供精细化、个性化和有温度的公共服务，逐步实现社会治理的扁平化、数据化、精细化管理，也更好地回应了人民群众的关切，增强了人民群众对政府的信任感，提高了公众满意度。同时，建立数字平台和信息系统，可以实现不同资源之间的精细匹配和协同利用。例如，数字治理可以加强教育资源的分配和管理，通过在线教育平台等形式优化教育和培训的方式和质量，从而提高教育公共服务的可及性和便捷性。

# 第三节　数字治理的伦理重构

在数字时代，推进数字治理不能只靠技术的单维度赋能，更要从准则、体制、制度、审查、监管、教育、宣传等多个维度给予协同支持与规范制约，突破数字治理的伦理困境，实现从"数智"到"数治"的数字化转型、从"共赢"到"共生"的数字化繁荣。数字治理是数字文明建设走向成熟的必然产物，要从"善治"视角推动数字治理的人性化建设，把握好数字治理的效度、温度和尺度，提升数字时代人民群众的获得感、幸福感和安全感。

## 一、明确数字治理的伦理准则

在推动数字治理的过程中不能一味追求数字化、自动化、智能化，还应该体现公共性、开放性、多元性、回应性、程序正义性等一系列规范价值。一是要坚持以人为本，将人民群众在数字社会中的获得感、幸福感和安全感作为数字治理的出发点和落脚点，在数字平台建设过程中，要立足于群众需求，帮助群众解难题、办实事，全面优化业务流程，提高服务质量。二是要坚守公平正义，确保数字治理决策和服务的公平性和公正性，不歧视任何个体或团体，避免信息不对称和不公平的竞争环境。要防止技术依赖，不能"一刀切"地将所有问题都交由数字技术解决，而是应该具体问题具体分析，确保数字治理系统和技术的发展符合社会利益，促进人类福祉的最大化。三是坚持数据隐私保护。数字治理伦理是关于数据处理、数据使用、数据保护的道德哲学，而隐私保护则关注如何在数据开放的同时保障个人和组织的隐私权利。因此要通过透明的数据使用方式、匿名化的数据共享方法、强化的数据所有权和控制权以及合规的监管机制，在数据开放与隐私保护之间找到合理的平衡点。

## 二、完善数字治理的伦理制度

现代社会一切公共活动都要建立在一定的制度权威基础之上，这是社会人克服自身道德局限性的必然选择，所以政府必须要完善相关的规章制度，从根本上解决数字治理的公共伦理问题。一要构建有效的数字伦理治理框架，将伦理要求贯穿数字技术研究、人工智能开发等科技活动全过程，在保持自身特色和独立性的基础上，促进数字活动与伦理治理协调发展、良性互动。二要健全有关数据信息的法律法规，明确数据开放的程度、使用的权限及相关技术标准，厘清个人信息和数据应用的权利边界，切实保护数据安全和公民隐私权。政府应该出台隐私保护、数据安全等相关法律，以确保公民的个人数据得到保护，防止滥用和不当使用。三要加强国际合作与交流，推动全球共同制定数字治理的伦理标准和规范。我国既要吸纳国际数字治理伦理先进理念和成功经验，也要积极推广我国的数字伦理理念和制度，贡献中国智慧和中国方案，推动各国在数字伦理上达成国际共识。

## 三、加强数字治理的伦理审查

数字技术创新和迭代速度的明显加快，在提高社会生产力、优化资源配置的同时，也对传统监管体系提出了一定的挑战。一要细化完善各地方、各系统数字治理的伦理监管框架和制度规范，建立健全数字治理活动全流程伦理监管机制、审查质量控制机制和监督评价机制，探索建立高风险数字治理伦理审查结果专家复核机制，组织开展对重大公共伦理案件的调查处理，并利用典型案例加强警示教育。二要创新突破数字领域的监管技术，系统梳理各领域数字技术的影响深度，查找传统监管手段难以解决的难点与盲点，形成问题清单，针对性地推动监管技术突破。三要建立风险防范制度，邀请第三方对信息安全进行风险评估，对相关数据分类分级进行安全审查，并要加大对数据采集、使用的监管力度。

## 四、强化数字治理的伦理教育

数字时代，人人都是信息的生产者，同时也是信息的使用者。信息活动主体应该承担一定的道德责任，因而要加大对数字治理的伦理教育，增强全社会对数字伦理的认识，使企业和个人形成遵守数字伦理的意识。一要多渠道开展全民科学素质教育。既要将数字素养培养融入家庭教育、学校教育、职业教育和社会教育，打造全方位的数字素养培育模式；又要构建"线上+线下"培训体系，通过网络课堂、媒体宣传、办事大厅一对一等方式，全面提升公民数字化、智能化能力，逐渐消除数字鸿沟。二要推动数字伦理培训机制化。将数字伦理培训纳入数字人才的入职培训、科研活动、治理活动等，引导他们自觉遵守公共伦理要求，开展负责任的研究与管理。三要加强数字伦理宣传，不断净化数字服务环境。鼓励各类学会、协会、研究会等搭建数字伦理宣传交流平台，普及数字伦理知识，引导群众树立公共意识，自觉遵守社会公共道德规范，营造良好的道德文明氛围。

# 知识巩固

**一、名词解释**

数字弱势群体　数字利维坦

**二、单项选择题**

1. 以下不属于数字利维坦的是（　　　）。

   A. 数字独裁　　　　　　　　　　　　B. 数据垄断

   C. 数字弱势群体　　　　　　　　　　D. 数据隐私侵犯

2. （　　　）不属于组织与公众间的伦理困境。

   A. 强调资金投入而忽略公众的用户体验

   B. 政府组织及其内部成员缺乏伦理自主性和相关监督机制

   C. 重视内部硬件投入而忽略与用户连接的应用开发

   D. 重视前期建设而忽略与用户互动的运行体系的构建

3. 行政伦理困境产生的原因之一是行政人员扮演双重角色，即（　　　），易陷入责任选择的困境。

   A. 行政人员和市场专员　　　　　　　B. 领导者和员工

   C. 行政人员和社会公民　　　　　　　D. 领导者和管理者

4. 以下不属于"数字向善"治理理念的是（　　　）。

   A. 让偏远地区的孩子通过网络享受到与城里孩子同样的教育资源

   B. 让深山里的患者通过在线医疗享受便捷优质的公共医疗服务

   C. 让人们通过各类数字治理平台及时了解政府信息并表达自身诉求

   D. 让操纵人们情绪的假新闻与不良文化泛滥成灾

5. 数字治理在规范社会秩序方面的价值诉求不包括（　　　）。

   A. 维护社会稳定性　　　　　　　　　B. 维持社会规范运转

   C. 促进人类社会可持续发展　　　　　D. 预判未来发展态势

6. 以下不属于数字治理伦理问题的是（　　　）。

   A. 数据安全问题　　　　　　　　　　B. 隐私泄露问题

   C. 数字鸿沟问题　　　　　　　　　　D. 数据冗余问题

7. 数据信息伦理问题不包括（　　　）。

   A. 数据滥用　　　B. 信息泄露　　　C. 数据诈骗　　　　D. 数据融合

8. 以下不属于数字治理伦理审查内容的是（　　　）。

   A. 数据信息安全　　　　　　　　　　B. 科学研究

   C. 新技术新项目　　　　　　　　　　D. 伦理委员会章程

9. 数字弱势群体不包括（　　）。

    A. 老年人                               B. 贫困人口

    C. 大学生                               D. 网络发展落后的边远地区人群

10. 以下不属于数字治理创新公共服务模式的是（　　）。

    A. 最多跑一次     B. 一网通办     C. 接诉即办     D. 一事跑多窗

## 三、多项选择题

1. 数字治理的价值伦理困境主要体现在（　　）。

    A. 数字利维坦                         B. 数字鸿沟

    C. 数字弱势群体                   D. 行政人员追求个人利益最大化

2. 数字化治理为人们参与公共事务提供了多元化网络渠道，相较于传统方式，电子表决的优点有（　　）。

    A. 保密性强     B. 效率高     C. 参与范围广     D. 公开透明

3. （　　）是科技伦理违规行为的主要责任主体。

    A. 高等学校     B. 科研机构     C. 医疗卫生机构     D. 科技企业

4. 有助于突破数字治理的伦理困境的措施有（　　）。

    A. 加大数据隐私保护                   B. 加强数字伦理宣传

    C. 健全数据信息的法律法规          D. 强化数字伦理监管

5. 个人信息泄露风险包括（　　）。

    A. 未经信息主体书面授权查询个人信息

    B. 查得的个人信息保管不善

    C. 违法提供或出售用户名、密码，或用户名、密码保管不善

    D. 网络系统或服务器被攻击

## 四、复习思考题

1. 引入数字治理伦理，对推进数字经济高质量发展和人类社会可持续发展有何重要意义？

2. 数字治理面临哪些组织伦理困境？该如何应对？

3. 数字治理如何防范数字利维坦风险？

4. 举例说明数字弱势群体及其面临的困境。

5. 如何在数字时代背景下构建具有中国特色的数字治理伦理体系？

# 第二篇　方法篇

# 第五章
# 数字治理体系

【知识框架图】

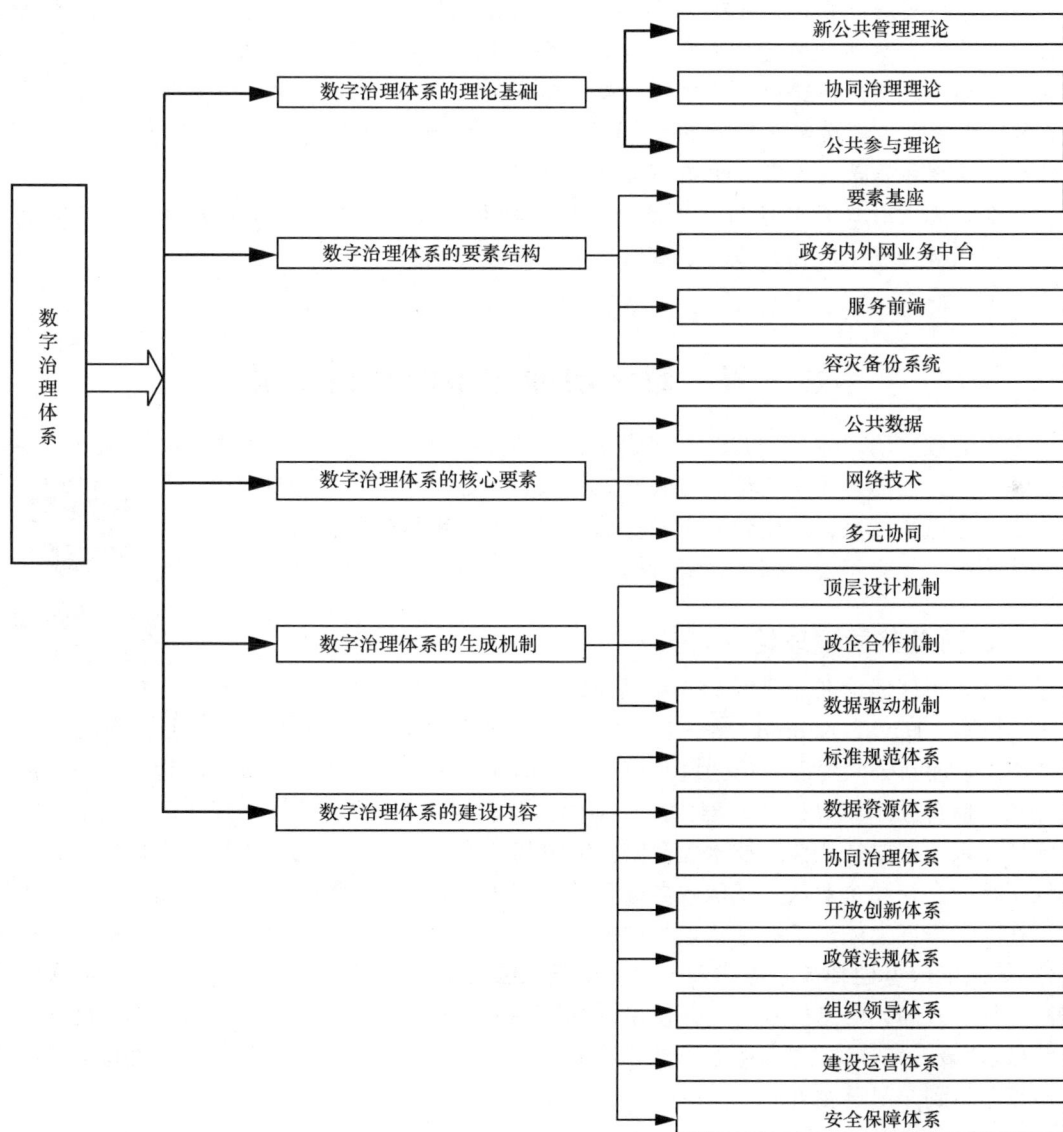

数字治理体系
- 数字治理体系的理论基础
  - 新公共管理理论
  - 协同治理理论
  - 公共参与理论
- 数字治理体系的要素结构
  - 要素基座
  - 政务内外网业务中台
  - 服务前端
  - 容灾备份系统
- 数字治理体系的核心要素
  - 公共数据
  - 网络技术
  - 多元协同
- 数字治理体系的生成机制
  - 顶层设计机制
  - 政企合作机制
  - 数据驱动机制
- 数字治理体系的建设内容
  - 标准规范体系
  - 数据资源体系
  - 协同治理体系
  - 开放创新体系
  - 政策法规体系
  - 组织领导体系
  - 建设运营体系
  - 安全保障体系

**【学习目标】**

1. 理解数字治理体系的理论基础。
2. 掌握数字治理体系的要素结构。
3. 了解数字治理体系的核心要素。
4. 明确数字治理体系的生成机制。
5. 了解数字治理体系的建设内容。

**引例**

### 数字治理体系实现了治理体系的平台化、高端化和系统化

数字经济的良性发展是多主体共同参与、协同共治的结果。对公共数据、网络技术和主体协同三个维度进行分析，发现实现数字经济、数字政府和数字社会三位一体的协调发展格局，需要政府公共部门构建数字治理体系，促进治理体系的平台化、高端化和系统化。建设数字治理体系是实现治理能力现代化的关键环节，这需要依托全面的信息数据库作为基础支撑，同时要着力构建政务服务业务联通枢纽，并不断提升数字政府客户端的服务能力。因此，构建数字治理体系是建设数字中国的重要组成部分。

那么，究竟什么是数字治理体系的理论基础和要素结构？其核心要素、生成机制是什么？如何理解具有中国特色的数字治理体系的建设内容？

# 第一节　数字治理体系的理论基础

完善的数字治理体系具有低时间成本、高内部绩效、高透明度和高参与度等特征，需要首先从理论高度去明确其来龙去脉，厘清传统治理体系的盲点、痛点和堵点，在比较分析中提炼数字治理体系构建的核心要素，最终从政府、社会和公众维度来解析构建数字治理体系的理论基础。

数字治理体系的
理论基础

## 一、新公共管理理论

新公共管理理论在 20 世纪 80 年代开始流行，其主要代表人物包括戴维·奥斯本（David Osborne）等人。传统公共管理往往被认为是官僚主义、过度规则化和缺乏效率的，而新公共管理理论强调政府公共部门应该借鉴和采用私人部门的管理形态，提倡充分利用信息技术工具提高管理效能，强调以公众为"顾客"。新公共管理理论视角下的数字治理体系，主要是从信息技术提升服务绩效的角度展开的。一方面，数字化政务服务有效降低了社会公众和企业法人获取政务服务的时间成本。例如，移动政务服务 App 的推广和运营，在一定程度上体现了数字治理当中的"顾客"理念。公民在手机应用程序上进行"指尖操作"，就能够办理相关政务事项，有效降低了公民的办事成本，提升了广大人民群众的获得感。另一方面，信息技术的充分使用有效提高了政府部门之间的信息沟通效率，提升了内部绩效。"最多跑一次""不见面审批"等治理实践，也充分说明了在数字技术支持下，政府管理绩效得到了显著提升。

## 二、协同治理理论

协同治理理论自 20 世纪 70 年代起，基于多学科交叉研究的范式，逐渐发展成一门新兴学科。1976 年，著名物理学家赫尔曼·哈肯（Hermann Haken）对该理论进行了全面阐述。简单来说，协同治理就是探索开放系统中有效治理结构的过程。现代政府组织是以科层制为基础逐步发展起来的，部门之间的分工逐渐细化，上下级之间的层级非常分明。尽管科层制的公共部门在履行政府职能方面起到了积极作用，但随着这些机构的扩张，它们也遭遇了组织膨胀和行政效率下降的问题。根据协同治理理论，数字治理可以有效地解决科层制带来的问题。一方面，数字治理有助于减少管理层级并扩展管理范围，提高管理效率。另一方面，数字治理能够促进不同部门之间的合作，从而在一定程度上打破层级障碍。所谓数字化协同治理，就是利用数字信息技术，使治理主体之间实现更高效的沟通和协作，从而提高协同治理的效果。

## 三、公共参与理论

约翰·克莱顿·托马斯（John Clayton Thomas）在公共参与理论中指出，政府在做决策时应充分关注公众意见，否则这些决策将缺乏实际意义。当公众和政府以真正合作互动的方式共同定义和重新建构治理过程时，公共参与能够带来实质上的物质利益，即更有效的公共决策使公众与行政者之间的关系呈现一种理想的互动。公共参与理论视角下的数字治理体系构建，重点应聚焦在公民与政府互动的过程。作为治理主体的重要组成部分，公民参与对提升治理绩效具有重要意义。与传统的参与方式相比，数字时代的公共参与呈现个性化、精准化特征。一方面，数字信息技术有效提升了治理参与的便捷度，降低了公众参与成本。网上政务服务平台、12345 政务服务热线、政务微博、公众留言板、政务应用程序和网上信访等数字化参与手段，拓宽了公民公共事务的参与渠道，激发了公共参与的活力。另一方面，数字化公共参与还能倒逼政府部门提升透明度和管理效能。

# 第二节 数字治理体系的要素结构

要构建完整、有效的数字治理体系，必须明确数字治理系统中的要素架构，梳理要素间的关联，提炼包含要素基座、业务中台、服务前端在内的众多要素，共同组成数字治理体系，为数字治理体系的生成机制和路径构建提供方向引导和支撑。数字治理体系的要素结构如图 5-1 所示。

## 一、要素基座

底层数据信息库作为数字治理体系的要素基座，是公共数据的核心载体，其完整性和协同性具有全局性影响。因此，构建以公共数据为基础的信息数据库至关重要。一个完整的基础信息数据库包括人口基础信息库、法人基础信息库、自然资源和空间地理基础信息库以及经济治理基础信息库。人口基础信息库不仅为公民政务服务的实名认证和政府公共服务提供基准性数据，而且在互联网和大数据技术的推动下，通过整合指纹、面部识别等生物信息，为数字治理的应用场景拓展提供了可能性。法人基础信息库则涵盖了市场主体的注册信息、统一社会信用代码、生产经营场所等关键内容，其数据的丰富性和完整性对数字治理和营商环境的优化具有显著意义。自然资源和空间地理基础信息库包含了遥感卫星数据、行政区划信息等，为国土空间规划提供了基础性资源。经济治理基础信息库作为国家宏观调控的重要信息源，涵盖了宏观经济运行的各个方面，对建设宏观经济预测预警体系、提高宏观调控水平具有重要作用。这四大基础信息库的数据整合和应用，共同构成了数字治理的坚实基础，对提高治理效率和质量具有深远影响。

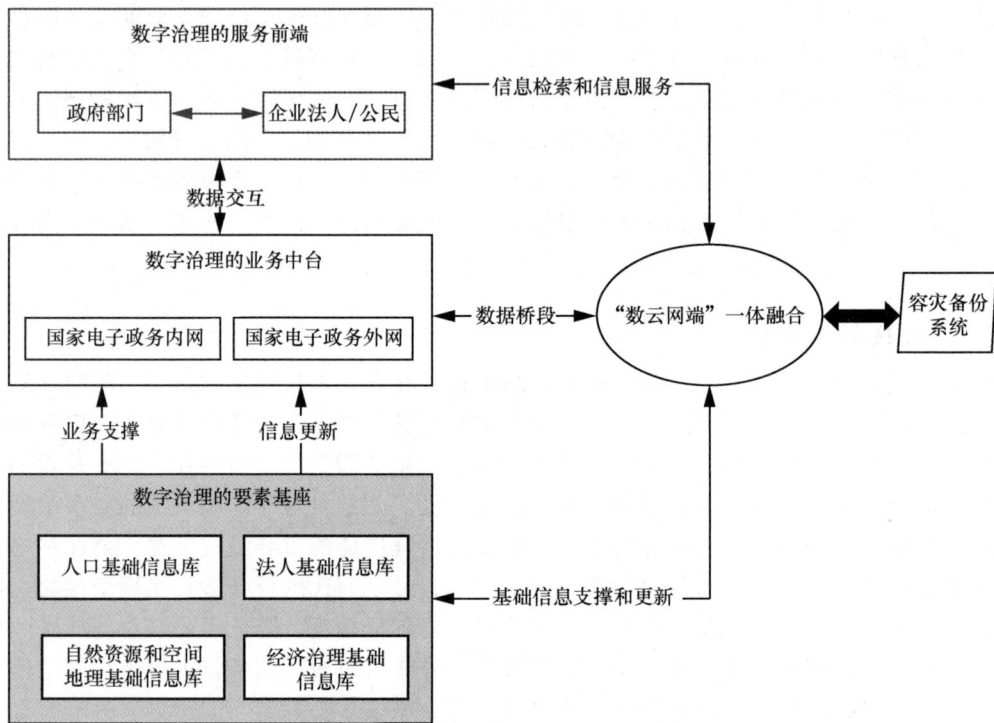

图 5-1　数字治理体系的要素结构

## 二、政务内外网业务中台

政务内网是政府机构日常电子化办公的关键平台，集成了公文处理、会议管理、人员管理、项目管理以及财务管理等多种电子办公功能，可显著提升政府机构的管理效率和管理能力。该网络系统是政府机关事务管理和部门间协同工作的基础，通过推广和应用政务内网，政务事项能够实现跨层级办理和更高程度的集成化。政务内网的有效运营和维护是确保政府机关事务管理顺畅的重要部分，随着宏观治理体系的持续完善，政府事务的数字化治理效能也在不断提高。政务外网则构成了数字治理建设的另一重要支柱，它是公民访问政务信息和办理事务的主要渠道，对促进数据共享、推进业务协同具有关键作用。扩大政务外网的覆盖范围，并提升运维保障与系统接入能力，对数字治理的实施具有极其重要的意义。

从数字治理系统的交互角度来看，政府的内外网作为业务中台，实现了服务前端与要素基座之间的有效连接，成为政府部门履行职能不可或缺的重要一环。

## 三、服务前端

政民互动场景作为数字治理的服务前端，具体体现为智能手机应用程序、微信公众号、政务服务小程序、政府官方网站以及实体政务大厅等多样化交流形式。这些平台不仅为政策决策提供了意见征集渠道，还通过开设专题专栏和留言板块，鼓励公众参与，形成了政府引导与公众主动参与相结合的互动模式，有助于政府更好地拓展网上群众路线，使互动平台成为了解、贴近和服务群众的新途径，同时也是实现全过程人民民主和接受人民监督的新渠道。随着大量政务服务事项实现全程网上办理，公民和企业可以随时随地通过网络完成办理事务，极大地提升了服务体验，满足了社会各界对高效便捷服务的需求，同时充分体现了数字治理以服务人民为核心的原则，有效提升了公民幸福感。

### 四、容灾备份系统

在应对外部环境对系统可能造成的影响时，容灾备份系统通过在不同地理位置部署多个功能一致的 IT 系统，实现相互监控健康状况和执行功能切换。这种系统设计能够使容灾备份系统在面临灾难性事件（如自然灾害、数据泄露、网络攻击等）时，提供关键的节点级系统恢复能力。鉴于现代信息工具潜在的技术风险，一旦公共数据遭受泄露或丢失，可能会对政府、企业和公民带来重大影响，因此，建立一个健全的容灾备份系统是提升数字治理能力的关键。为了推进数字治理体系的建设与完善，必须特别关注容灾备份系统的规划与实施。容灾备份系统需制订详尽预案，以应对重大自然灾害导致的通信和电力中断、突发事件引发的数据流量异常、恶意的网络攻击以及其他不可预见的紧急情况，确保关键数据的安全性和基础功能的持续性。容灾备份系统及其相关的灾害应对机制，是数字治理体系中的重要组成部分，对保障整个系统的稳定运行和数据的完整性起着不可或缺的作用。

## 第三节　数字治理体系的核心要素

### 一、公共数据

公共数据，包括企业注册信息、卫生服务、公共交通等方面，是依法收集并服务于公共利益的基础信息，继而成为数字治理体系的核心要素之一。随着数字经济的发展，公共数据成为关键市场要素。2020 年 3 月 30 日，中共中央、国务院联合发布了《关于构建更加完善的要素市场化配置体制机制的意见》，该文件提出要加快培育数据要素市场，推进政府数据开放共享，提升社会数据资源价值。公共数据的有序开放对数字治理赋能至关重要。系统分类整合并脱敏处理后的数据，可有效向市场主体和公民开放，成为赋能治理的关键。政府在数据收集使用上通常更高效，而企业在数据深度开发应用上又展现更大热情和更强创新能力，促进数据资源高效利用，公共数据的开放能够释放其潜在价值，带来数据红利，进而推动经济和社会进步。在数字经济时代，这对实现治理数字化和提升公共服务效率至关重要。

### 二、网络技术

互联网信息工具的创新和普及，显著扩展了政府社会治理的手段和范围。互联网技术的应用，尤其是大数据、人工智能、区块链和 5G 网络，正引领治理方式的数字化、智能化。数字治理体系的完善和能力的提升，得益于信息技术等多因素，其中信息技术是核心工具。我国政府在信息技术应用上进行了有效尝试，如电子政务等，有效提高了治理效能。《中国数字经济白皮书（2023 年）》显示，我国电子政务发展指数已经达到了全球领先水平。公众对于政务服务的满意度持续提高，反映出数字技术在提升服务方式、效率，推动治理现代化和智能化方面的重要作用。通过这些技术，政府能更有效地收集分析数据，提高决策质量、响应速度，为公民提供便捷高效的服务。

### 三、多元协同

政府公共部门、科技企业（互联网为主）以及社会公民，构成了数字治理体系的三大参与主体。不同主体之间的协同合作，共同推进了数字治理能力的现代化进程。首先，政府公共部门是数字治理的主要实践者和推动者，以政府大数据管理部门为主要牵头单位，各个职能部门深度融入数字治理体系，在一定程度上能够避免科层制组织机构的一些问题，提高行政效率和治理效能。其次，以互联网平台为代表的科技企业是数字治理的重要市场力量。互联网平台公司具有强大的技术能力，政府公共部门的政务云等数字化基础设施的运营和维护需要市场力量的支持。通过政府与社会资本合作、购买服务和合同外包等方式，借助专业化的技术力量，将数字治理体系建设向纵深推进。最后，社会公民的高效参与能够有效提升数字治理效能。构建数字治理体系的根本目标是更高效地向公民提供政务服务。社会公众是政务服务的服务对象，是各类数字化服务终端的使用者和评价者。人民群众的有效反馈能够倒逼数字化政务服务提质增效，使得多元协同成为数字治理体系顺利实现的核心要素。

## 第四节　数字治理体系的生成机制

面对社会流动性的增强、社会结构的日益复杂、线上线下的深度融合、多样化的群众诉求以及一些突发的社会问题，提高社会治理水平和能力变得尤为迫切。但现有的信息化建设能力尚未能有效支撑社会治理的需求，主要体现在三个方面。一是信息技术在及时准确感知群众需求和社会发展态势方面的能力不足，与治安防控的深度融合应用水平较低；二是信息技术在及时预测预警预防和快速处置突发事件方面的能力不足，尚未能充分支撑公共安全风险防控体系的前置化；三是信息技术在支持跨区域、跨部门、跨主体的沟通协同共治方面的能力不足，数据壁垒和信息孤岛等固有问题依然存在。因此，政府迫切需要深刻认识当前我国社会治理发展的形势与特点，从数字治理的基本格局、主要方面和关键任务等给出全面顶层设计，着力提升社会治理能力数字化。因此，本书从顶层设计、政企合作和数据驱动来描述数字治理体系的生成机制（见图5-2），以构建一个智能、高效、透明的数字治理体系。

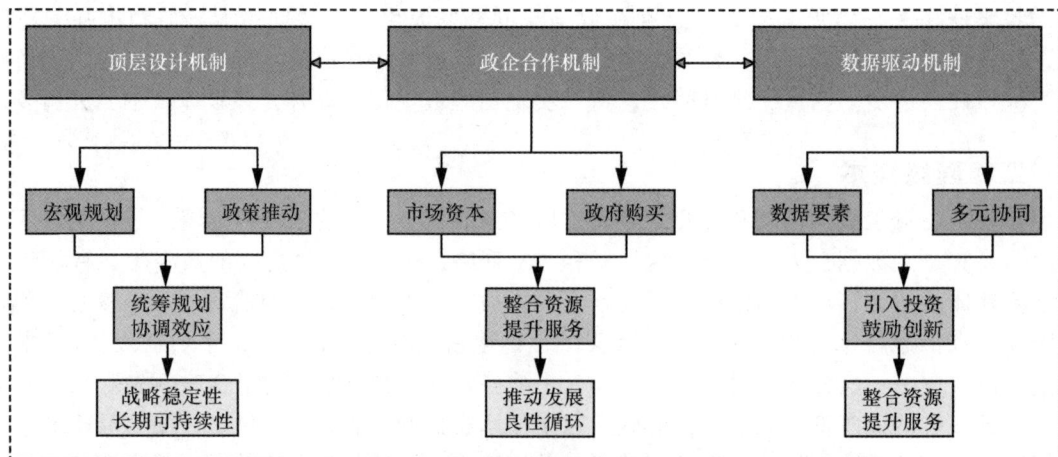

图 5-2　数字治理体系的生成机制

## 一、顶层设计机制

数字治理体系的顶层设计机制涉及政府、企业和社会各界，要求各方从全局角度统筹规划，集中社会分散资源，高效实现目标。政府部门在其中扮演引领者的角色，其宏观规划至关重要，包括战略规划、资源分配和目标设定等。

从宏观规划角度看，制定和发布数字政府建设规划，可为数字治理能力提升设定时间表和路线图，明确数字治理能力提升的目标和方向。同时，建设政务数据核心枢纽和分中心，可有效提升数字政府各个系统之间的协调性，助力顶层政府决策的科学化和精准化。此外，在一体化政务数据体系建设方面，重点加强数据共享库建设，进一步推动实现大规模数据共享项目，实现公共数据互联互动。

从中观业务产业布局角度看，可通过国有资本设立数字产业集团，充分发挥企业的技术优势，协调推进数字经济发展和数字政府建设，这对构建数字化治理体系也可发挥积极作用。

从组织机构保障角度看，可尝试成立能够服务于数字建设的领导小组或者委员会，统筹规划数字政府建设工作。总之，顶层设计机制需遵循解决实际问题、抓重大问题、具有全局视野等原则，具备决定性、关联性、可操作性特征，这涉及资源分配、技术标准统一、数据标准制定、数据共享机制建立、打通数据壁垒、解决互操作性等问题。在地区数据治理体系衔接与协调方面，需全面规划，确保体系有机衔接，形成协同效应。

## 二、政企合作机制

随着数字经济的发展，政企合作成为数字治理体系建设的重要推动力。政企合作机制基于市场资本成立技术服务企业，采用政府购买服务的方式推进数字政府建设，旨在形成以高效服务数字经济发展为目标的数字治理体系生成机制。数字治理体系的政企合作机制要求以政企功能归位为前提，以国际竞争力大幅提高为目标，强化政府职能，有效发挥政府的主导作用，加快市场经济体制建设，充分发挥市场调节作用。政企合作机制要求政府部门在其中要扮演好管理者、协同者、推动者等多重角色。政府和企业紧密合作，要符合数字经济发展的规律和态势，充分发挥好双方的优势，整合资源，提升治理能力，以实现决策的高效执行、资源的灵活配置以及提供优质的公共服务。例如，在数字经济发展较为充分的地区，政府公共部门和互联网平台公司之间的协同合作成为推动数字治理能力提升的关键因素，通过紧密合作，两个主体共同致力于数字治理体系的构建和系统集成，提高治理的透明度和效率，推动数字治理体系的形成与完善，实现数字治理体系的良性发展。

在政企合作机制层面进行了积极实践。广东省专门成立了数字广东网络建设有限公司，在数字治理的技术储备方面起到了积极的作用，并明确提出要充分发挥数字广东网络建设有限公司的支撑作用。海南省采用市场资本和国有资本合作的方式，为数字海南建设提供技术支撑和服务。浙江省数字产业发展走在全国前列，成立了数字浙江技术运营有限公司，该公司主要负责提供大型数据基础设施建设、软件开发和信息系统集成服务以及技术咨询服务等数字化产品。

## 三、数据驱动机制

数据驱动机制旨在通过数据要素和市场力量实现数字治理与数字经济的协调发展，并推动数字化转型。该机制以数据为核心，通过多方协同发力促进城市智能化和高效发展。首先，政府部门需建立数据收集、分析及应用机制，利用大数据分析和数据挖掘技术对城市数据进行深度分析，发现数据之间的关联性和规律，并基于数据分析结果，构建智能决策支持系统，为城市决策提供实时、精准的支持。其次，需加强政府、企业和社会组织之间的数据共享与合作，建立开放数据平台，形成数据共享网络，使城市数据资源得到充分利用。数据共享可以促进城市创新发展，推动城市数字化转型进程。再次，还应建立数据开放标准和机制，确保数据安全和隐私保护，构建高效数字治理网络，实现城市治理的数字化。最后，需要发挥市场机制作用，加大社会资本参与力度，激发市场主体积极性，利用数据优化资源配置，提高治理科学性和智能化水平，促使数字治理体系更加灵活、创新。

在数据驱动机制实践层面，上海市通过公共数据有序开放和数据要素市场化改革，协调推进公共数据开放利用和城市治理一网通办，出台了《上海市公共数据开放暂行办法》（沪府令 21 号），并以规章出台为契机，推动上海市公共数据开放平台正式上线，有效提升了政府治理数字化转型水平。上海市公共数据开放平台显示，截至 2025 年 4 月，上海市公共数据开放平台已开放 51 个数据部门，涵盖 141 个数据开放机构，开放数据集超过 6 274 个，市人民政府及其各职能部门，以及各个区人民政府，均已接入数据开放平台。公共数据开放包括经济建设、民生服务、公共安全和资源环境等领域。公共数据开放与业务开发应用密切协同，有效地推进了上海市数字治理能力的提升。

总之，推动数字治理体系建设需要从数据要素利用和多元协同等方向发力，充分利用社会资本和市场力量，推进公共数据有序开放，以构建高效的数字治理体系。

## 第五节 数字治理体系的建设内容

为实现数字治理现代化的宏伟蓝图，还必须有效建立一个集多功能整合、全面网络协同、多元要素互通于一体的治理体系。该体系涵盖标准规范、数据资源、协同治理、开放创新、政策法规、组织领导、建设运营和安全保障等维度，以标准规范体系为核心，加强不同维度之间的相互联系。数字治理体系的建设内容如图 5-3 所示。

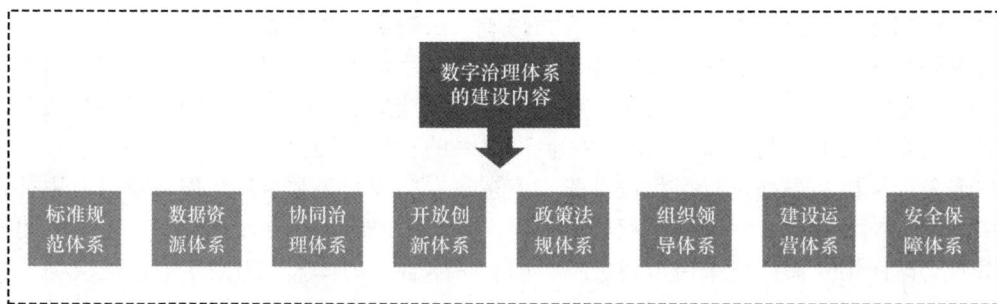

**图 5-3 数字治理体系的建设内容**

### 一、标准规范体系

数字治理体系本质上就是要建立一套系统完整并能够高效运转的标准规范体系，通过制定国家标准、行业标准、企业标准等，对数字经济参与者行为、产品与服务等进行规范和约束。

标准规范是指一定范围内的标准按其内在联系形成科学的有机整体。数字治理的标准规范体系是指在数字化时代，为确保政府和社会高效、有序、安全地运用数字技术进行治理，所建立的一系列标准、规则和流程，具有规则性、动态性、协同性、高效性等基础特征。建设数字治理的标准规范体系，需要数字技术与农业、制造业、服务业等传统业态的深度融合，实现传统产业的系统性升级和渗透性改造，催生越来越多的新业态。此外，建设数字时代的标准规范体系，既要对传统物理基础设施和传统行业的标准规范体系进行有效升级，也要加快建设面向新技术、新业态和新模式的全新标准规范体系，以适应业态创新的需要。

从实践发展看，要健全完善数字经济治理规则体系还有很长的路要走。"良法善治"应该成为数字治理标准规范体系的一个基本标尺，其衡量的标准是是否有益于实现"规范健康持续发展"的总目标。

## 二、数据资源体系

数据资源是数字治理体系的核心，它具有非线性、可重复使用和动态增长的特点。一个完善的数据资源体系应包括数据的采集、整合、存储、管理、质量控制、安全保护、隐私保护以及服务和应用等方面，具备全面性、统一性、安全性和高效性等关键属性。

在传统治理中，政府依赖经验和行政命令，但面对日益复杂的世界，这种方法已难以实现精准治理。数据资源体系的建立已经在城市交通管理中得到成功应用。以杭州城市大脑项目为例，在 2019 年杭州城市大脑发布会上，王坚院士指出杭州交警治理的年度序列数据可以精准展示杭州在途车辆的数量及其特征。通过精确的数据管理，杭州城市大脑能够实时、准确地反映在途车辆信息，为城市交通治理提供了坚实的数据支撑。

总之，为有效实施数字治理，必须建立一个完善的数据资源体系，掌握数据资源的特点，并设计出不同类型数据资源的交换共享机制，确保数据流动畅通，构建基于数据的协同治理和开放创新体系。

## 三、协同治理体系

协同治理体系强调多元主体之间的协作配合，通过跨部门、跨领域合作，共同推动公共事务管理和发展。建设数字治理中的协同治理体系，其核心是重新思考数字时代多元主体应有的组织形态，政府与企业、公众的关系如何，政府与企业、社会如何良性互动、共促发展等问题。越来越多的实践表明，在数字时代，综合采用数据分析、主题分析和情感分析等各种大数据技术，对政务微信、政务 App、政务微博及政务热线等各类平台上的民情数据，进行数据的穿透处理和可视化分析，来感知民情、回应民意、疏解民怨，必将大有可为。在此过程中，政府可以促进广大公众充分表达诉求、主动参与数字治理，借助民情大数据来辅助政府决策，推动政府与各主体高效互动，实现即时、高效、精准、智能的民意回应，这些愿景的实现皆需要协同治理体系的系统性建设予以支撑。

## 四、开放创新体系

开放创新是数字治理的重要手段，也是数字治理的本质要求。开放是实现创新发展的基础和前提，开放创新体系是一种以开放式创新为主导的创新模式，旨在充分利用内外部资源，加速技术研发和应用，提升企业和国家的竞争力。只有依托开放治理，才能发挥众治、共治的作用，实现智治。在数字治理的开放创新体系中，开放创新是数字技术的基因，数字技术通过对公众赋能，降低社会创新门槛，激活了全社会创新活力。开放创新体系既强调政府的信息公开、数据开放、能力开放及政策和场景开放，也强调企业、科研社群等具有海量多源异构数据的多元社会主体开放数据，让多元社会主体通过产业创新开放平台等渠道，与政府进行数据互通共享。

数字治理中的开放创新体系旨在通过数字聚合，汇聚各类创新生态要素，使基于数据的创新资源能够在不同主体间自由流动，为社会中的每个人赋权，通过开放平台激发社会广泛、深入参与政府数字治理。

## 五、政策法规体系

政策法规体系是维护社会秩序、保障公民权利、推动经济发展的重要基石，健全的政策法规休系能够为国家的数字治理和发展提供有力支撑，为各类经济和社会活动提供明确的指导和规范。在数字时代，新技术、新模式、新应用、新产业不断涌现，传统的政策法规体系虽然为创新提供了遵循依据，但同时也表现出不适应创新实践需要的特征，成为创新的主要障碍，急需与时俱进，不断改善。数字治理中的政策法规体系以基础法律、信息安全法规、互联网管理规定、数字税收政策、电子交易法规、数据开放与共享法规、数字公共服务政策为主要内容，展现了一些显著的新特征，如发展性与包容性、迭代性与创新性、开放性与服务性、精准性与前瞻性等，这些新特征要求建立新的数字治理政策法规体系。为适应数字治理的特征与发展趋势，政策法规体系需要从政策理念、政策体系、流程机制、政策服务四个方面进行全面升级，建立起新的数字治理政策法规体系。

为提升数字治理效能，政策法规体系理想的状态应该是实现立法全覆盖，所有的活动都应纳入法律框架体系。在法律保障的前提下，各部门各地区为鼓励创新发展、激发和释放内在潜能与活力，会出台一系列相关政策措施，最终构建一套完备的政府部门间、政府与企业间、企业与各类参与主体间的跨界政策法规体系。

## 六、组织领导体系

组织领导是一种行为和影响力，这种行为和影响力可以引导激励人们实现组织目标，是在特定条件下实现组织目标的行动过程。组织领导体系作为数字治理的重要组成部分，具有权威性、系统性、稳定性、适应性和高效性等特征，对推动数字治理的发展和有效实施至关重要。在数字化时代，人、组织、物都被互联网广泛连接起来，组织变得更加扁平化、柔性化，每个人都有望成为数字治理的主体。以职能为边界的组织领导体系很难适应社会大协同的数字治理需要，构建数字治理中的组织领导体系，需要提升政府的信息领导力，打造面向未来的柔性组织，调动一切可以调动的社会资源，明确各层级职责，优化管理流程，提高组织效能，实现政府、社会和公众的全面协同。

## 七、建设运营体系

建设运营要求保证不同阶段建设与运营的目标能够相互衔接，总体目标前后一致，从而在经济环境与市场竞争的双重影响下所能实现的预期建设模式。数字治理中的建设运营体系主要包括基础设施搭建、数据整合与处理、平台功能策划、应用软件开发、运营维护管理、持续优化改进等内容。政府推动数字治理，既要保持政府的主导性，确保数字治理在正确的方向上前进，又要注重发挥市场配置资源的决定性作用。数字治理高度依赖数字技术的创新应用，其建设和运营都与传统数字化项目有本质区别，既要强调技术的领先性，同时也需要高度重视市场化的运营，二者缺一不可，技术的领先性为治理提供了新的思路和方法，而市场化的运营则确保了这些技术能够高效、灵活地应对复杂的社会需求和环境变化。

数字治理可谓"三分建设、七分运营"，唯有建设科学高效的数字治理运营体系，通过持续运营和优化而实现良政善治，建立一个完整的数字治理链路，才能在关键时刻保证数字治理不失灵，有效支持国家治理现代化进程。

## 八、安全保障体系

随着数字治理的广泛应用，安全保障体系的构建成为一个重要的议题。数字治理中的安全保障体系旨在确保数字治理过程中的数据安全、系统稳定和各类安全风险防范，其主要内容包括物理安全、网络安全、应用安全、数据安全、制度安全和安全培训。在数字时代，随着数字技术不断向社会各领域拓展，传统的安全问题可以借助数字科技解决，但新型安全问题也层出不穷、日益凸显。数字治理中最重要的安全内容是数据的安全，数据不仅关乎个人隐私，也关乎国家安全。当今人们已经习惯于用个人信息作为数字时代的通行证，愿意通过让渡个人信息来获取一些互联网应用，推动了我国互联网应用的创新发展。但也正因为大量个人信息的让渡，导致数据泄露安全事件产生。建设数字治理的安全保障体系，我们既需要先进的技术保障能力，确保在网络安全事件发生时，有能力及时应对和处理。同时，也要使安全理念与时俱进。数字时代的安全，绝不仅是技术人员或技术部门的事，而是每个人的责任和义务。我们要高度重视制度和行为的规范、安全意识的培养以及软性的安全保障建设。

---

🔍 **视野拓展**

**以系统化思维构建政府数字治理体系——基于深圳龙华区的实践**

2020年以来，深圳市龙华区提出数字经济、数字城区和数字治理三位一体的"数字龙华"发展战略，在推进城市治理体系和治理能力现代化方面取得了较为显著的成果。

**一、龙华区人民政府数字治理体系的整体架构**

龙华区依托全区数字底座，打造治理大脑，聚焦"以网格化为基础的社会管理、以多元主体共同治理的多元共治、以人民群众获得感为衡量的为民服务"三大治理领域，夯实五大软实力配套建设，推进$N$个数字治理应用场景，构建"1+3+5+$N$"的政府数字治理体系。

**二、龙华区数字政府建设**

龙华区在数字政府发展中，充分发挥大数据智能化在服务创新、治理创新中的重要作用。以"一网化"联动管理体系为数字政府建设的重点和突破口，从政务服务供给侧改革出发，持续优化政府治理"一网统管"、政务服务"一网通办"、政府运行"一网协同"，构建起以三个"一网化"为内容的数字政府联动管理体系格局。

**三、龙华区数字治理场域**

**（一）城市治理领域**

2021年8月，龙华区正式启用"区—街道—社区"三级数字治理指挥中心，通过制度治理规范制度体系，数据治理夯实数字底座，平台治理打造智能中枢，技术治理突破技术研发，聚焦城市空间建设、城市产业创新、城市民生幸福、城市社会治理、城市生态环境五大领域，努力打造管理科学、全区一体的"一网统管"体系，提高城市治理体系和治理能力现代化水平。

**（二）社区治理领域**

在城市社区建设中，龙华区创造性地将党建主体嵌入数字治理框架，将科技赋能于党建引领社区治理的逻辑中，探索构建了"党建+科技+治理"模式。

**1. 党建引领**

在龙华社区治理过程中，龙华区建立了全方位、全渠道的党建引领格局，在党组织体系依托上，已实现"街道—社区—居委会"管理体制改革，构建了基层党组织、社区工作站、社区志愿者、物业服务企业等多方联动格局。

**2. 科技（数字技术）赋能**

龙华区以数据为驱动，以网络为载体，以新一代信息技术和智能技术为依托，推动业务创新和流程优化，将原有的逐级上升事件分拨模式变为横向到边、纵向到底的跨部门、跨层级流转的一级分拨模式。

**3. 以网格化为基础的社会治理**

龙华区推动网格化治理精细化、信息化、联通化。龙华区专门将网格员分为基础网格员、综合网格员和数治网格员，数治网格员基于数字治理平台，负责跟踪、评价社区矛盾风险等事件的采集、处置以及社区数字治理风险的初步分析。

**四、龙华区实践对政府数字治理体系建设的启示**

**（一）完善顶层设计与系统规划**

在政府数字治理体系建设过程中，要注重建立统一的多元共治团队、工作机制、建设标准，以标准化引领规范化、以制度化确保常态化、以数字化加速现代化。

**（二）注重数字技术底座建设**

整合数字治理系统，共建共享业务中台，统筹调配人事物资，统一对接协同上级，统管本级治理业务，实现"一体治理、一个平台、开放共享"。

**（三）加强数字治理场景驱动**

在建设过程中，建议优先围绕公共安全、公共服务领域，聚焦城市安全、市容环境、便民惠民等领域迫切需求，积极试点探索数字治理应用场景，为群众办实事，为基层减负增效。

资料来源：曾志敏，薛永业. 以系统化思维构建政府数字治理体系——基于深圳龙华区的实践. 科技智囊，2022（7）：34-42。

# 知识巩固

**一、名词解释**

协同治理理论  公共参与理论  公共数据  容灾备份系统

**二、单项选择题**

1. 以下是数字治理的核心基础的是（　　　）。

    A. 公共数据　　　　B. 网络技术　　　　C. 多元协同　　　　D. 单一治理

2. 以下不属于底层数据信息库的组成部分的是（　　　）。

    A. 人口基础信息库　　　　　　　　　　B. 法人基础信息库

    C. 社会媒体信息库　　　　　　　　　　D. 自然资源和空间地理基础信息库

3. 新公共管理理论强调政府公共部门应该（　　　　）。
    A. 增加规则化　　　　　　　　　　　B. 减少信息技术的使用
    C. 借鉴私人部门的管理形态　　　　　D. 避免公众参与

4. 协同治理理论的提出者是（　　　　）。
    A. 胡德　　　　　　　　　　　　　　B. 戴维·奥斯本
    C. 赫尔曼·哈肯　　　　　　　　　　D. 约翰·克莱顿·托马斯

5. 数字治理体系的生成机制中，以数据为核心的是（　　　　）。
    A. 顶层设计机制　　B. 政企合作机制　　C. 随机应变机制　　D. 数据驱动机制

6. 在数字治理体系中，（　　　　）是数字治理的本质要求。
    A. 标准规范　　　　B. 开放创新　　　　C. 随机应变　　　　D. 安全保障

7. 公共数据在数字治理体系中被视为（　　　　）。
    A. 障碍　　　　　　B. 市场要素　　　　C. 非必需品　　　　D. 负担

8. 安全保障体系的主要内容不包括（　　　　）。
    A. 物理安全　　　　B. 网络安全　　　　C. 制度安全　　　　D. 文化安全

9. 数字治理体系的三大主要参与主体中，（　　　　）是数字治理的主要实践者和推动者。
    A. 政府公共部门　　B. 社会公民　　　　C. 科技企业　　　　D. 行业协会

10. 在数字治理体系中，容灾备份系统的主要作用是（　　　　）。
    A. 提高政府透明度　　　　　　　　　B. 促进政民互动
    C. 确保数据安全和系统稳定　　　　　D. 增强信息技术工具的使用

三、多项选择题

1. 数字治理体系的理论基础包括（　　　　）。
    A. 新公共管理理论　B. 协同治理理论　　C. 随机治理理论　　D. 公共参与理论

2. 下列属于数字治理体系要素结构的组成部分的有（　　　　）。
    A. 底层数据信息库　　　　　　　　　B. 政务内外网业务中台
    C. 单一治理理念　　　　　　　　　　D. 服务前端

3. 在数字治理体系中，（　　　　）构成了核心要素。
    A. 公共数据　　　　B. 网络技术　　　　C. 多元协同　　　　D. 单一治理

4. 数字治理体系的生成机制涉及（　　　　）。
    A. 顶层设计机制　　B. 政企合作机制　　C. 随机应变机制　　D. 数据驱动机制

5. 数字治理体系的建设内容包括（　　　　）。
    A. 标准规范体系　　B. 数据资源体系　　C. 随机应变体系　　D. 安全保障体系

四、复习思考题

1. 如何理解新公共管理理论在数字治理体系中的应用？
2. 协同治理理论如何解决科层制组织潜在的弊端？
3. 在数字治理体系中，公共参与对提升治理绩效有何作用？
4. 数据驱动机制如何促进数字治理体系的生成和发展？
5. 容灾备份系统在数字治理体系中扮演着怎样的角色，其重要性体现在哪些方面？

# 第六章
# 数字治理技术

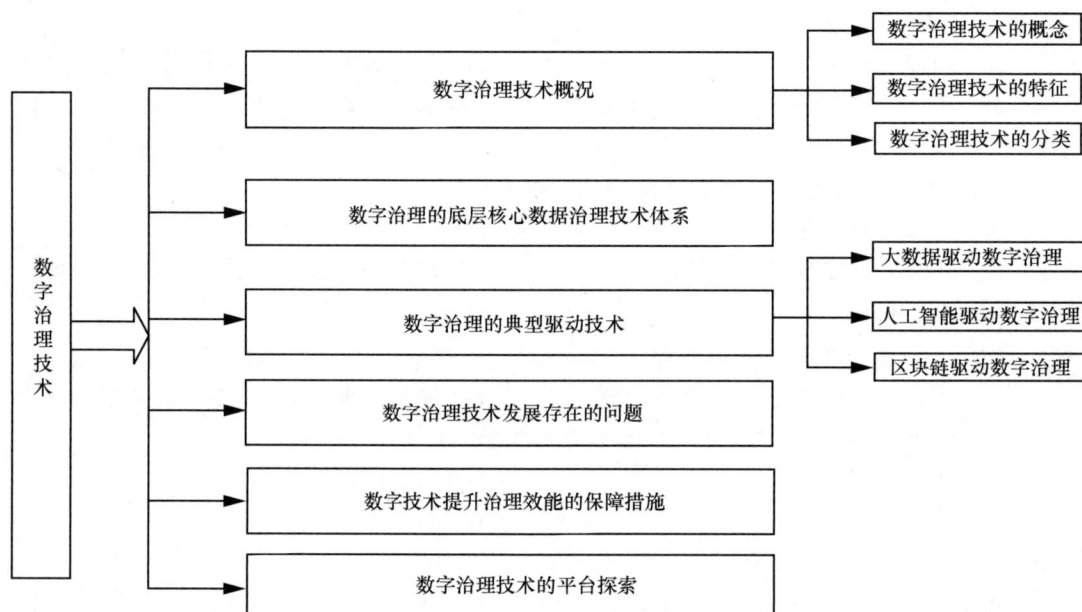

## 【知识框架图】

数字治理技术
- 数字治理技术概况
  - 数字治理技术的概念
  - 数字治理技术的特征
  - 数字治理技术的分类
- 数字治理的底层核心数据治理技术体系
- 数字治理的典型驱动技术
  - 大数据驱动数字治理
  - 人工智能驱动数字治理
  - 区块链驱动数字治理
- 数字治理技术发展存在的问题
- 数字技术提升治理效能的保障措施
- 数字治理技术的平台探索

## 【学习目标】

1. 掌握数字治理技术概况。
2. 理解数字治理的底层核心数字治理技术体系。
3. 了解数字治理的典型驱动技术。
4. 了解数字治理技术发展存在的问题。

## 引例

### 社会治理在元宇宙实现智慧化

数字治理技术在社会治理中的核心地位日益凸显。随着数字技术的迅猛发展及在日常生活中的广泛应用，数字治理技术在社会治理中的价值不可估量。在建设"全球创新中心"的道路上,"让数据跑腿""协同共治"成为粤港澳大湾区数字政府建设的年度关键词。广州行政审批改革领跑全国,广州市规划和自然资源局在自然资源全链条的智能化审批、管理、服务应用等方面给出了创新经验,黄埔区、广州开发区推出行政审批全流程阳光查系统。横琴粤澳深度合作区税务局以"数据+规则"实施精准税务征管服务,以非接触办税业务为港澳人士缴纳税费提供便利。国家税务总局佛山市顺德区税务局以指数监测结果为依据,精准服务产业智能化升级和营商环境优化。这展现了数字治理技术在现代城市管理中的巨大潜力。它不仅是技术的革新,也是治理模式的转型。

那么,数字治理技术有哪些分类和特征呢?底层核心数字治理技术体系是什么?其中支撑数字治理的典型驱动技术包括哪些?针对数字治理技术发展存在的问题,如何充分利用数字技术提升治理效能?

# 第一节　数字治理技术概况

数字化浪潮之下,数字治理技术已跃升为现代社会治理的核心动力,它正在重塑治理格局,激发创新和效率的双引擎。信息技术的高速进步赋予数字治理技术智能化、数据驱动的特质,革新了政府和组织的运作模式。大数据、人工智能、区块链等技术的融合,不仅为决策提供了精准支持,也推动了公共服务的升级换代。数字治理技术不仅推动了政务管理的革新,也引领社会治理全面升级,为构建智能、协同、可持续的社会奠定坚实基础。

## 一、数字治理技术的概念

数字治理技术是指利用一系列数字技术手段来创新和优化治理模式的技术集合。数字技术正以前所未有的态势赋能社会治理,实现更加精细化和精准化的管理。技术的中立性与治理的公共性高度契合,其解决问题的能力与提升治理绩效的作用,为政府部门和社会公众带来较高的治理效能。对政府部门而言,数字技术提升治理效率和效力;对社会公众等治理主体而言,数字技术提供有效参与途径,共同增强整体治理效能。因此,数字治理是对传统治理的优化。数字技术的形式日益多元化,从互联网、信息通信技术,到大数据、云计算、智能化、3D打印技术、区块链、物联网、5G通信和量子通信等,这些技术正逐步渗透到社会生活的各个角落,成为推动经济社会发展的重要力量。这些多样化技术为治理手段提供了丰富的技术支持,突破了时空限制,降低了治理成本,对社会治理效能的提升起着关键作用。数字治理正是在数字技术的广泛应用与不断发展中诞生的,它基于数字技术提升治理活动的效果,是新时代社会治理的新模式。

## 二、数字治理技术的特征

### (一)可追溯性

可追溯性是指运用数字治理技术进行治理时,能够将治理过程中的各种信息进行复原,记录治理的主客体、时间、地点和结果等内容,追溯被感知和记忆下来的数据。例如,人工智能系统能通过推导产品的历史使用场景来确保现有数据的真实性。

### (二)可关联性

可关联性是指数字治理技术可以为治理主体和客体之间搭建起交流与感知的桥梁,将治理过程中的各种信息进行整理并关联，从而为相关的数字治理提供指导。例如，相关 App 可以利用用户浏览记录创建用户标签，从而实现个性化的推送。

### （三）可扩展性

可扩展性是指数字治理技术既可以单独使用产生治理效能，也可以与其他技术连接，发挥更大的价值和更多的功能，为相关主体提供产生新能力、开发新机会或重塑新模式的可能性。可扩展性进一步展示了数字治理技术的发展潜力。

### （四）安全性

安全性是指在利用数字治理技术的过程中，可以运用相关技术对目标数据进行加密处理，对相关信息进行保护，既有利于防止一些珍贵有效的信息资源向外泄露，也可以防止数据丢失，为信息的长久有效存储提供便利。

图 6-1 进一步刻画数字治理技术的特征，其中可追溯性、可关联性、可扩展性和安全性特征环环相扣，紧密联系，充分体现数字治理技术的优势。

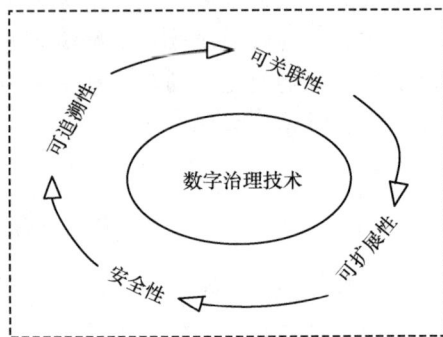

图 6-1　数字治理技术的特征

## 三、数字治理技术的分类

数字治理技术主要包括数据质量治理技术、数据交换与服务技术、数据安全管理技术等。

### （一）数据质量治理技术

在数字经济繁荣发展的当下，数字治理中的质量问题已成为制约效能的瓶颈。尽管数字技术日新月异，但数据质量衡量、检验、监控与提升等关键技术仍有待完善。随着数字治理的普及，数据质量治理技术备受关注。数据质量治理技术主要包括四个方面，即建立数据质量评估体系、落实数据质量优化流程、部署监控方案、建立具有持续改进机制的管理系统等。通过对这四个方面进行多方位的改进和优化，最终形成一套高度灵活的数据质量治理方案，从而为治理主体提供高质量的数据支持。

对数据进行评估，明确治理过程中的问题，是解决数据质量治理问题的关键举措。数据质量治理技术可以对各个系统中存在的问题进行稽核，及时发现问题并通过发布数据质量报告，提高数据质量，主要包括获取数据、定义质量规则、创建质量稽核实例、质量稽核任务调度、返回质量稽核结果、获取数据质量报告等流程。

### （二）数据交换与服务技术

数据交换与服务技术是多种技术的组合，是服务于数据治理平台和各类信息应用系统的一种数字治理技术，被广泛应用于源系统的信息采集、系统之间的信息交换、信息的聚集与加工、将信息发送到目标系统以及信息共享应用等方面。对治理主体而言，它是保障信息系统有序运营、促进信息融合、推进信息充分共享，从而有效实现数字治理的重要技术。

数据交换与服务工具作为一体化数据治理与共享平台的核心组件，通过服务式插座架构，依托统一规则、元数据和工具，灵活配置数据采集、交换、加工、共享等服务方案，满足多样化项目需求。数据交换与服务技术确保端对端数据交换与整合的可靠性，避免传输中的丢包和堵塞等问题。该技术有效整合多系统信息，实现信息的抽取、集中、加载和高效交换，促进系统间的互联互通与信息共享，并能全程监控信息交换，提供直观的运行状态观察，帮助治理主体优化平台功能。

### （三）数据安全管理技术

数据安全管理技术包括安全采集、安全传输、数据存储、安全处理、安全交换、安全销毁等管理技术，这些技术有的是单独作业，有的是相互组合在一起，从而形成包括多种功能的平台。数据加密技术作为基本、有效的数据安全管理技术，得到广泛的应用。根据应用场景和加密方式的不同，数据加密技术分为可逆加密和不可逆加密两种。一是可逆加密，将数据通过特定算法加密成密文，只有通过相应密钥才能将密文解密成明文。网络支付中的数字证书、日常文件加密等均采用可逆加密技术。二是不可逆加密，经过不可逆加密算法处理的数据无法恢复成明文，我们只能利用同一算法对相同数据再次加密，比对密文进行验证。例如，防止数据被恶意篡改的数字指纹、Unix 系统的登录认证等均采用不可逆加密技术。

针对在不可信或低安全网络传输中的数据，必须建立强有力的安全防护措施，确保数据在传输中免受窃取、伪造和篡改等风险。数据安全管理技术通过加密等措施，维护数据的机密性、完整性和可信任性。该技术不仅确保治理信息的真实有效，还规范信息来源、共享流程和方式，保证信息的合规性、正当性和执行一致性，进而优化数字治理效果。

# 第二节　数字治理的底层核心数据治理技术体系

底层核心数字治理技术体系是数字治理实施的技术支撑框架，涵盖了数据的收集、存储、处理、管理、安全保障、智能化应用等全链条流程。它以技术为核心，将数据、流程、规则与工具有机结合，为数字治理提供高效、透明、安全的技术保障。深入理解并优化此技术体系，对建设智能化、可持续发展的社会至关重要。在数字治理中，需遵循规范，确保治理流程规范合理。数字治理规范框架如图 6-2 所示。

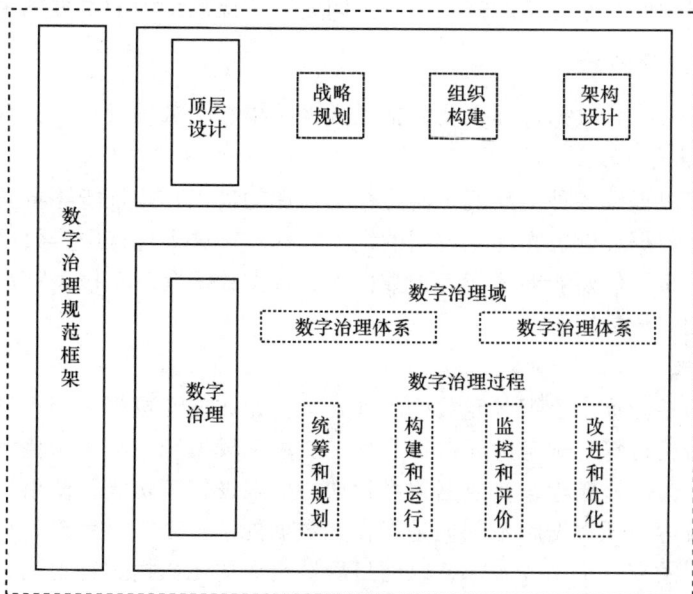

图 6-2　数字治理规范框架

# 一、以元数据为核心的数据治理

## （一）元数据的概念

元数据，即描述数据的组织、数据域及其关系的信息，是赋予数据意义的关键。它为治理主体提供了丰富的上下文环境，使数据变得可理解、管理和应用。元数据不仅涵盖数据类型、名称、值等基本信息，还深入描述了数据的业务背景、取值范围、关系、来源及规则等。元数据治理确保元数据的正确创建、存储与控制，为数据活动提供统一标准，支持数据的开发、维护、追溯与审计。在合规使用数据中，元数据治理至关重要，能助力定位问题根源，分析元数据变更，为数字治理提供坚实基础。

数据治理的基石：
元数据解析与应用

## （二）元数据治理的目标

元数据治理可以使相关人员知悉相关数据存储位置，并且了解如何进行数据清理与维护，从而达到以下目标。

### 1. 建立指标解释体系

有些相关主体对治理信息中的数据缺乏了解，元数据治理可以加深相关主体对数据的理解，在相关系统中建立知识传承的信息承载平台，建立相关的知识库，实现知识的共享，帮助相关主体清楚系统中有哪些数据以及对相关问题的治理过程与治理效果。

### 2. 提高数据追溯能力

在问题治理完成后，我们还需要对治理过程进行复盘，元数据治理可以使相关主体了解系统中数据流动的来龙去脉和相关的问题处理规则，对治理过程进行留痕处理，满足数据系统的成长需求，提高数据的追溯能力。

### 3. 建立数据治理稽核体系

治理过程繁杂，元数据治理可以对系统中的数据进行分门别类的整理，建立报警与监控机制，在治理中出现问题时能及时察觉并解决问题，监控系统中的数据质量。

## （三）元数据治理技术

从技术角度来看，元数据治理主要包括元数据采集、元数据管理、元数据应用等。

### 1. 元数据采集

元数据采集可以提供各种适配器来满足数据治理的需求，并且能够将元数据整合处理后统一存储于中央元数据仓库，实现元数据的统一管理。在这个过程中，数据采集的适配器十分重要，元数据采集不仅要能够适配各种数据库、各类数据仓库和报表产品，还需要适配各类结构化或半结构化的数据源。

### 2. 元数据管理

元数据管理包括元模型管理、元数据版本管理、元数据变更管理等功能。元模型管理是指基于元数据平台构建符合规范的元数据仓库，实现元模型统一与集中化的管理，提供元模型的查询、增加、修改、删除，元数据关系管理、权限设置等功能，使用户直观了解元模型的分类与使用情况等。元数据版本管理是指在元数据处于一个相对完整、稳定的时期，可以对元数据定版，以发布一个基线版本，以便日后对错误的元数据进行追溯、检查和更正。元数据变更管理是指用户可以自行订阅元数据，当订阅的元数据发生变更时，系统会自动通知用户，用户可根据指引在系统中查询到变更的具体内容以及相关的影响分析。

### 3. 元数据应用

元数据应用包括元数据血缘分析、元数据影响分析、元数据关联度分析。元数据血缘分析可以告诉用户数据来自哪里、经过哪些加工，当发现数据问题时可以通过数据的血缘关系追根溯源，快速定位问题数据的来源和加工过程，减少数据发生问题时排查分析的时间和降低难度。元数据影响分析可以告诉用户数据去了哪里、经过哪些加工，当发现数据问题时可以通过数据的关联关系进行追踪，快速找到有哪些应用或数据库使用了这个数据，从而最大限度地减小数据问题带来的影响。元数据关联度分析可以告诉用户数据与其他数据的关系以及这种关系是怎样建立的，关联度分析是从某一实体关联的其他实体及其参与的处理过程两个角度，来查看具体数据的使用情况，形成一张实体和所参与处理过程的网络。图 6-3 所示为以元数据为核心的数据治理平台架构图，架构分为访问层、功能层和存储层等。访问层一般涉及用户群的 Web 服务，功能层实现元数据管理和应用，数据源层则包括数据库源、Excel源、手工录入源，存储层一般涉及元数据采集。

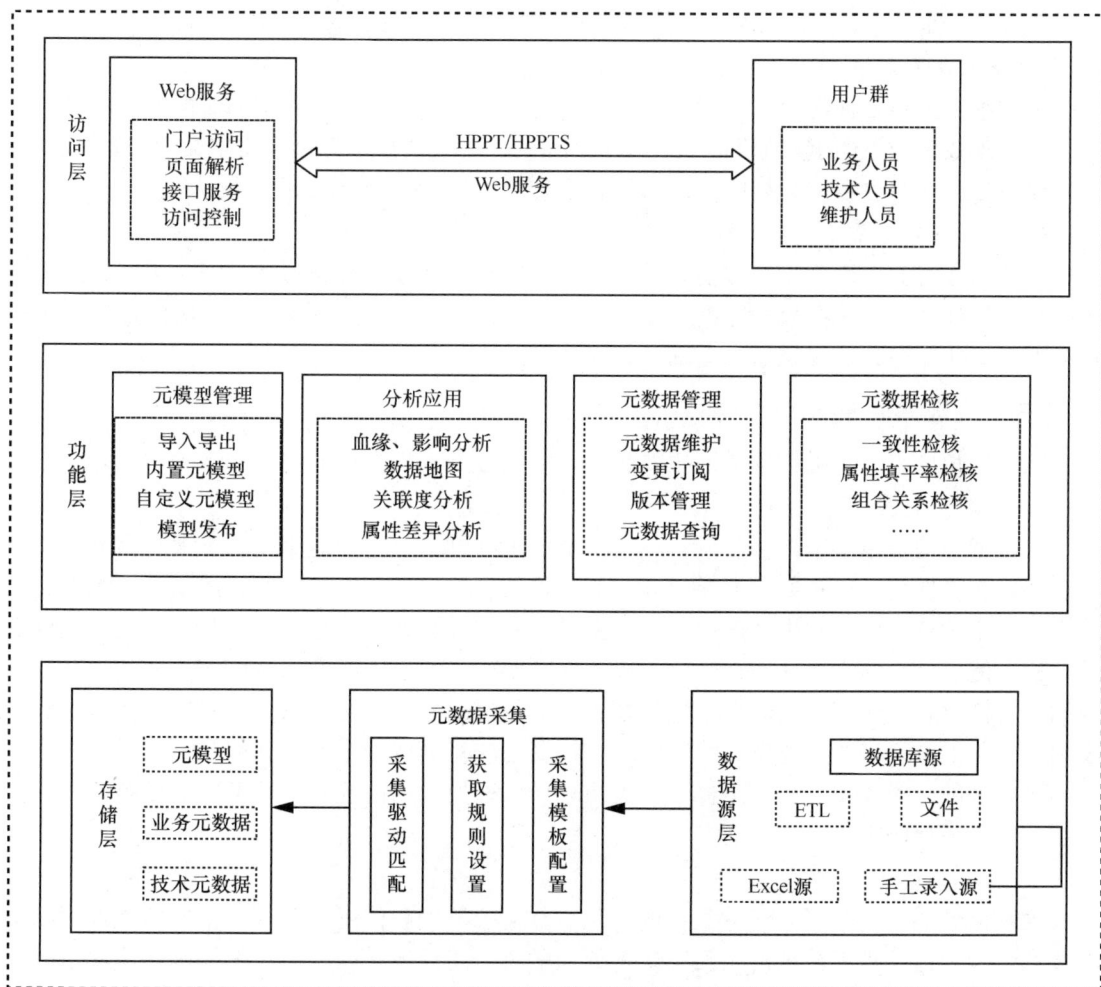

图 6-3　以元数据为核心的数据治理平台架构

## 二、以主数据为主线的数据治理

### （一）主数据的概念

主数据，作为共享性强的基础数据，可跨业务部门重复使用，涉及客户、供应商、账户及组织单位等，长期存在并多系统应用。其高价值体现在对数据集成、分析和挖掘结果的直接影响；高共享性体现于跨部门和跨系统的数据共享；而相对稳定则意味着其变化频率较交易数据低。主数据治理聚焦于"治理"二字，需融入业务流程，通过系统优化确保数据质量。作为信息化集成项目，其关键在于按集成需求实现各系统主数据的对接与融通，提升业务集成能力，实现不同数据源主数据的统一管理与分发，以满足应用需求。

### （二）主数据治理的意义

#### 1. 提升数据质量

建立统一的主数据标准，规范数据的输入和输出，打通各部门、各系统之间的信息孤岛，实现核心数据的共享，提升数据质量。另外，主数据管理可以增强系统的灵活性，能够灵活地适应各种需求的变化，为业务应用的集成、数据的分析和挖掘打下良好基础。

#### 2. 提升业务效率

在系统中进行各种问题的治理时，主数据的数据重复、数据不完整、数据不正确等问题是造成治理效率低下的重要原因。实施主数据计划，对主数据进行标准化定义、规范化管理，可以建立起企业对主数据标准的共同认知，提升业务效率，降低沟通成本。

#### 3. 提高决策水平

主数据作为业务运营和管理的基础，如果存在问题将直接影响治理过程。因此，实施有效的主数据计划，统一主数据标准，提高数据质量，打通各部门、各系统之间的壁垒，实现信息的集成与共享，是实现数据驱动、智能决策的重要基础。

### （三）主数据治理技术

从技术角度来看，主数据治理主要包括主数据分类、主数据编码、主数据集成等。

#### 1. 主数据分类

主数据分类是指出于某种目的，在指定范围内，以一定的分类原则和方法为指导，按照信息的内容、性质及相关主体的使用要求等，将信息按一定的结构进行分门别类的组织，并建立起一定的分类体系和排列顺序。在对主数据进行分类时，要遵循以下几个原则。①科学性，这是信息分类的客观依据，通常会选用事物最稳定的本质属性或特征作为分类的基础和依据，这样有利于保证分类的稳定性和持久性。②扩展性，分类体系的建立应满足事物不断发展和变化的需要。③系统性，将选定的事物属性或特征按一定的排列顺序进行系统化，形成一个合理的分类体系。④实用性，在满足总体管理要求的前提下，尽可能满足各部门、各系统的实际使用需求。

#### 2. 主数据编码

主数据编码是指为了方便主数据的标识、存储、检索和使用，在进行主数据处理时赋予其具有一定规律、易于计算机和人工识别处理的符号。设计合理的主数据编码是建立主数据标准的关键。在对主数据进行编码时，要遵循以下几个原则。①唯一性，确保每一个编码对象有且仅有一个代码。②稳定性，编码属性要具备稳定性，确保规则稳定。③简易性，录入操作简便，降低编码的工作强度，节省机器的存储空间，降低代码的出错率。④扩展性，主数据编码应该留有适当的容量，以便满足数据编码不断扩展的需求，各类编码应预留足够的位数。⑤规范性，主数据代码的类型、编码规则和结构需要统一。

### 3. 主数据集成

主数据集成主要包括主数据平台与权威数据源系统的集成，实现主数据从权威数据源采集并装载到主数据平台中；主数据平台与主数据消费系统的集成，将标准的主数据代码按照约定的集成方式分发到主数据的消费系统中。主数据集成需求和集成方案要经过主数据平台的实施方、客户方和第三方系统厂商的三方确认，以达成一致。按照集成方案的要求完成接口开发，需要在测试环境完成接口的联合调试，再由客户方、主数据平台实施方以及第三方系统厂商完成对升级后的功能和数据的确认。图 6-4 所示为以主数据为主线的数据治理平台架构，主要分为主数据处理平台、主数据标准体系和主数据治理体系。

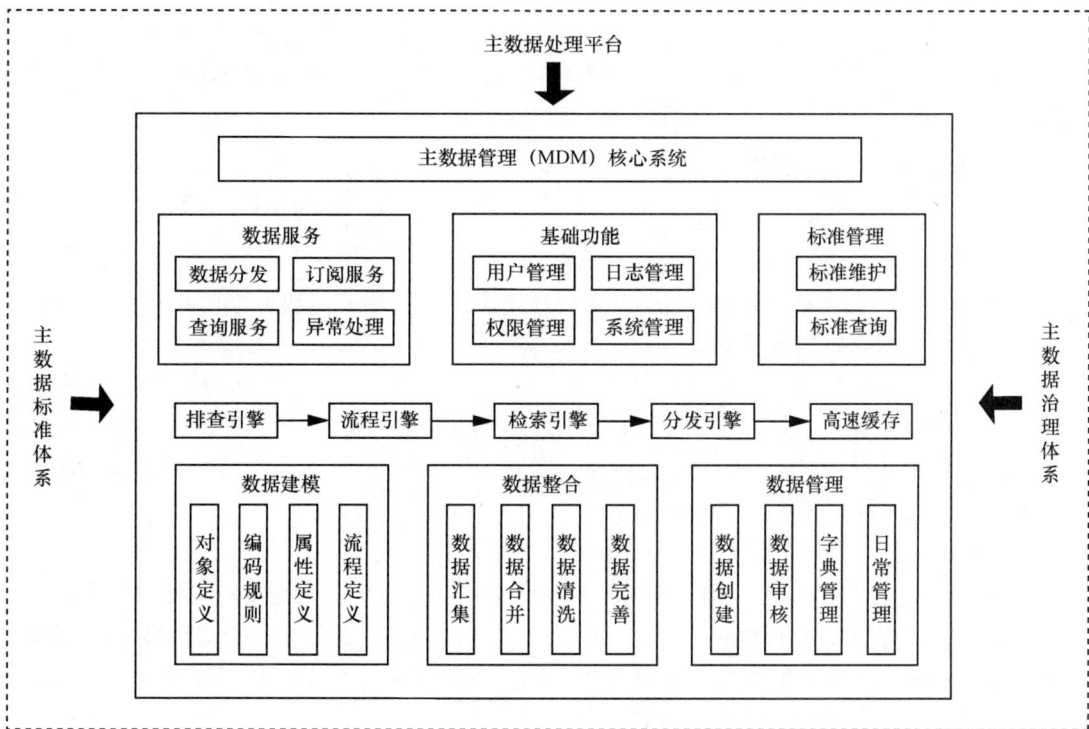

图 6-4 以主数据为主线的数据治理平台架构

## 三、混合云架构下的数据治理

### （一）混合云的概念

混合云融合了公有云与私有云的优势，是近年来云计算的主要模式和发展方向。它并非简单堆砌多种云形态，而是通过创新性地结合各种云部署模型，旨在提高资源利用率、催生新业务。在云技术的优势与实际限制之间，混合云提供了理想解决方案。基于混合云的数据治理平台，无缝连接公有云与私有云，提供数据治理和数据交换的核心能力，确保治理主体获得统一、高质量的数据资源。该平台的数据融合治理和运营能力，使治理主体能迅速获取所需数据，直接应用于业务创新和问题治理，实现数据驱动的业务革新。

## （二）混合云的特征

混合云具有以下几个特征。

### 1. 灵活性

私有云满足业务敏感数据私有部署的需求，公有云的计算资源又是私有云无法企及的，二者不可兼得，而混合云完美地解决了这个问题，它既可以利用私有云的私有部署特性，将内部重要数据保存在本地的数据中心，同时也可以利用公有云的计算资源，更高效、快捷地完成任务。简而言之，混合云与私有云或公有云相比，更具灵活性。

### 2. 可扩展性

混合云突破了私有云的硬件限制，同时利用公有云的可扩展性，可以随时获取更强的计算能力。混合云通过把非机密应用移动到公有云区域，可以减小和降低对内部私有云的压力和需求。

### 3. 低成本

混合云可以有效地降低成本，治理主体可以在公有云与私有云之间灵活选择，将应用程序和数据放在最合适的平台上，获得最佳的利益组合。

## （三）混合云治理的优势

运用混合云进行治理，具有以下优势。

### 1. 一致性

在混合云架构下进行的数据治理，可充分利用本地部署和云解决方案的优势。应用程序、数据库和组件受单一数据管理框架控制，从而支持以统一且简化的方法实现互操作性。

### 2. 自动化

云网络通常具备强大的连接性和功能，可用于实现流程的自动化。在混合云架构中，包含云元素的部分可以利用这些功能，这也有助于在将数据迁移到云网络后，实现自动化，从而为相关治理主体规划未来的全云部署。

### 3. 资源优化

混合云解决方案提供构建特定配置的能力，能充分发挥本地部署和云组件的潜力，使每个平台的功能都可以在成本和资源上获得优化方案。混合云所具有的高精计算流程可以保留在专门用于处理此类任务的本地部署硬件中，而无须占用其他资源，从而优化预算，同时在速度和可用性方面提供稳定的用户体验。

## （四）混合云治理方法

从实施层面看，运用混合云治理应关注选择一致的架构、决定编排策略、符合治理要求等方面。

### 1. 选择一致的架构

为了实现良好的灵活性和可转移性，在设计混合云治理时，应在采用公共云的同时将其所具有的一致性特征纳入混合云架构，跨私有云和公共云的标准化运营环境有助于降低云迁移的复杂性，同时确保业务在现有基础上开展。

### 2. 决定编排策略

合适的编排策略能够将跨基础架构的任务连接起来，创建具有凝聚力的工作流程。本地和公共云系统之间缺乏有效的编排可能会导致与关键业务应用程序和数据源的连接丢失，尤其是在迁移期间，一致的编排使组织在利用混合云进行治理时更加简便。

### 3. 符合治理要求

将数据和相关治理工作负载转移到云端时，应该以统一方式维护合规性，这对降低业务风险至关重要。通过在每个阶段将治理集成到混合云中，相关主体可以在不违反关键要求的情况下进行架构更改，从而更好地实现混合云治理。

图 6-5 所示为混合云架构下的数据治理平台示意图，公有云软件即服务（Software as a Service，SaaS）通过数据连接器来获取私有云的数据资源池，包括元数据管理、数据标准管理、数据质量管理和数据融合计算。

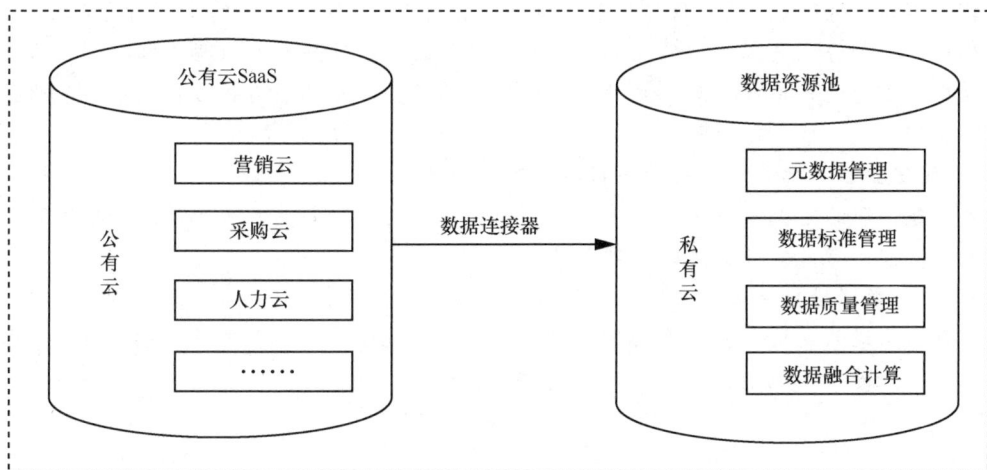

**图 6-5　混合云架构下的数据治理平台**

---

📖 **专栏6-1：主数据治理项目案例**

某大型投资集团企业是某省人民政府批准的大型国有独资企业，系世界 500 强企业。该企业经过数十年的信息化建设取得了长足发展，对关键业务环节都采用了信息化手段管控，已经建立多个信息化系统且运行多年，积累了一定数量的各类型数据。但过去信息化建设遵循的理念是"业务驱动"而非"数据驱动"，忽略了对数据本身的关注，没有充分挖掘和利用数据的价值，没有形成对数据的规范化管理。

为满足企业业务需要，提高信息化管理水平，该企业提出从集团总部各主要管理部门开始，以制定主数据标准、建立管理制度和流程、建设主数据管理（Master Data Management，MDM）系统为主要目标，实现集团本部合同管理系统、人力资源系统、办公自动化（Office Automation，OA）、门户系统、财务系统集群（预算、共享、资金、核算系统）、采购管理平台、档案管理系统的主数据统一管理。此投资集团企业主数据项目实施，分为咨询规划和实施落地两大部分，包括现状分析评估、体系规划、实施规划、平台搭建与落地。主数据体系建设是企业数据管理的核心，是标准化数据的载体。最终项目通过亿信华辰主数据管理软件搭建主数据管理系统进行落地，主要流程如下。

**1. 调研主数据建设需求，搭建主数据管理体系**

该企业通过调研的方式，充分了解其在数据管理、数据分类、数据标准、数据维护等方面的现状以及需求期望；并设置主数据管理组织，完善主数据管理制度，为主数据系统建设提供组织和制度保障。

**2. 梳理业务系统数据状况，确定主数据维护策略**

梳理各业务系统间接口现状、数据情况，据此明确本次主数据建设范围。同时为确保主数据的完整性、一致性和准确性，制定明确的主数据维护策略，对主数据的新增、变更、使用等过程进行规范。

**3. 历史数据接入，清洗转换**

首先明确各主数据的数据源头，通过数据库表直连的方式或者接口传输的方式接入业务系统主数据，然后在主数据系统数据集成模块对数据进行清洗、转码，将数据处理成符合规范的数据，填充至各主数据模型。

**4. 强化数据标准，规范数据录入，提升数据质量**

在主数据平台主数据模型的表单设计中，增加数据填写规则和数据审核规则，从源头上对数据的质量进行把控，确保主数据系统产生的数据质量高、有权威性、能满足业务流程需要。

**5. 简化数据审批流程，提升主数据管理效率**

对业务系统的审批流程进行借鉴参考，剔除冗余的、非必要的审批节点，尽可能简化数据审批流程，有效提升数据的管理效率。

**6. 统一数据接口标准**

主数据系统开发出一套标准的数据接口供业务系统调用，不仅减少了项目开发成本，同时也对接口进行了规范，便于项目后期维护管理。

## 四、大数据架构下的数据治理

### （一）大数据治理的概念

大数据是一种高效且经济的技术，旨在从高频、大容量、多样结构和类型的数据中获取价值，包括庞大的数据量和多样的数据类型。大数据治理是运用新一代技术智能化地指导和管理大数据系统的过程。它能够确保数据的准确性、完整性和可用性，从而提升系统效率和可靠性。通过收集、加工、存储和深度分析数据，大数据治理提升运营效率并增加业务价值，涉及复杂的数据政策、数据程序、数据字典、数据模型、数据流程和质量控制等工具和流程。有效的大数据治理体系不仅满足业务需求，还确保数据安全合规，为组织带来全面的效益。

### （二）大数据管理与标准化

大数据通过强大的数据管理引擎，集中采集和处理来自核心业务系统、互联网等的多源数据，包括非结构化和半结构化数据的关键信息，并将其统一存储于数据仓库。数据仓库支持标准化接口和图表工具，为用户呈现全景式数据资产地图，清晰展示数据的种类和存储位置。在大数据治理中，标准化处理至关重要，包括最小-最大标准化、Z 分数（Z-score）标准化等方法，旨在消除重复、补齐缺失、处理异常数据。经过清洗和标准化处理的数据，可形成多样化的数据服务，如主数据、数据字典确保系统间核心数据的一致性，指标数据支持深度分析，主数据则按业务主题组织，为用户提供便捷的数据探索途径，从而深入洞察业务价值。

### （三）大数据治理体系

随着数据量的激增，治理挑战日益严峻，因此，构建一套高效的大数据治理体系尤为重要，该体系涵盖以下核心组件。

（1）数据政策与程序：明确数据收集、存储、处理、使用的规范，强化数据保密和合规性。

（2）数据字典：记录数据项的名称、类型与定义，增强数据的可理解性和可用性。

（3）数据模型：描述数据间的逻辑关系，助力数据的有效收集、存储与分析。

（4）数据流：优化数据在组织内的流转方式，确保数据从源头到应用的顺畅传递。

（5）数据质量控制：测试与监控数据质量，确保数据的准确性、完整性与可信度。

图 6-6 所示为大数据架构下的数据治理流程图，展示了大数据管理和标准化处理的过程。

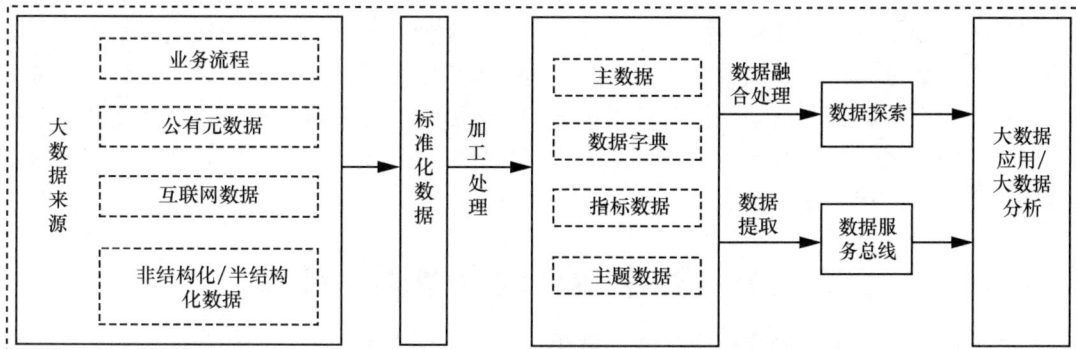

**图 6-6　大数据架构下的数据治理流程**

## 五、微服务架构下的数据治理

### （一）微服务的概念和特点

微服务是一种基于描述性状态迁移（Representational State Transfer，REST）协议的轻量级架构，相较于传统单体架构，它更为灵活。通过业务组件化重构和 DevOps（Development 和 Operations 的组合词）一体化，微服务让每个服务都能独立部署和运行，确保高可用性。在微服务架构中，每个核心功能都作为一个独立的服务存在，拥有自己的运行环境和数据库，从而降低了单点故障的风险。微服务的特点如下。

（1）细粒度服务化：服务拆分至更小单元，只要模块间资源无依赖，即可独立成微服务。

（2）独立部署：每个微服务独立打包部署，互不干扰。

（3）独立维护：每个微服务可由小团队或个人负责开发、测试、发布和运维。

（4）强服务治理能力：随着服务数量的增加，需要统一的服务治理平台进行有效管理。

### （二）微服务架构的优势

微服务架构可以提升开发效率和系统整体的稳定性，主要表现为以下几个方面。

（1）开发和部署相对简单：单个微服务的功能可以更快地更改，因为可以独立部署，影响范围更小，启动和调试单个微服务的时间成本相较于单体应用大大减少。

（2）横向扩展容易：由于单个微服务通常很小，可以随着系统整体负载的变化更快地启动和停止，所以根据业务的高峰低谷周期进行快速的横向扩展非常容易。

（3）架构升级灵活：单个微服务的内部架构可以迅速升级，因为微服务之间是松散耦合的，只面向定义好的通信接口进行编程，这使开发团队能够基于自身的技术背景和偏好灵活选择，而不会直接影响其他程序、服务或团队。

（4）容错性强：微服务间可以实现更好的故障隔离，单个服务内的内存泄露等故障不容易影响其他服务，而单体应用一个组件故障会拖垮整个系统。

### （三）微服务下的数据治理内容

微服务下，数据治理要分为两个层面来考虑。一个层面是关于主数据或基础数据的治理，其重点应该放在数据的源头治理。例如，"用户中心"微服务管理了用户主数据，"商品中心"微服务管理了商品主数据，用户和商品这两个主数据就应该从"用户中心""商品中心"这两个微服务入手，控制好数据的入口。另一个层面是关于分析数据、业务数据、日志数据的治理，对于分析数据以及一些实时性要求较高的业务数据、日志数据的质量，应该放在数据中台治理。

从技术方面来讲，微服务下的数据治理，一般有两种选择：一种是在线处理数据，另一种是离线处理数据。在线处理数据的方案，就是按照微服务的标准接口来进行，后端服务或系统需要哪个数据就去调用某个微服务提供的接口来获取，随后进行处理，并将处理后的数据返回；离线处理数据的方案，就是将业务数据同步到另外一个数据库中，在同步的过程中进行数据的整合处理，以满足业务方对数据的需求。

# 第三节 数字治理的典型驱动技术

数字治理的演进与技术的持续创新紧密相连。大数据分析、人工智能、区块链等前沿技术正重塑数字治理的面貌。这些技术以其卓越的信息处理能力和智能化决策支持，为治理注入活力，开启社会治理新纪元，成为数字治理不可或缺的技术基石。在数字化浪潮中，它们既是推动治理现代化的核心力量，也是构建智慧社会的关键要素，对实现数字治理目标、应对时代挑战至关重要。

## 一、大数据驱动数字治理

### （一）大数据的概念

随着数字技术的飞跃，大数据的界定已超越单纯的海量数据范畴，它深度融入人们的日常生活和国家科技进步的脉搏。不同于传统的抽样分析法，《大数据时代：生活、工作与思维的大变革》一书强调利用全体数据进行深度分析和加工。麦肯锡则定义大数据为远超传统数据库处理能力的庞大数据集，它赋能资源的获取与存储、数据的管理与分析，迅速提炼有价值的信息，以应对生产方式的变革。大数据技术凭借数据挖掘、存储与分析的卓越能力，在教育、工业、医疗等多个领域和电子商务场景中广泛应用。为应对海量、快速、多元的信息挑战，大数据技术不断提升决策、挖掘和优化能力，优化数字治理。它通过对指数级增长的数据流进行收集、集成、挖掘、共享和管理，推动数字治理向简约化、标准化和精准化迈进。

### （二）大数据的特征

大数据是指无法用传统数据处理工具和方法在可接受时间内处理的海量数据集合，其特征通常概括为"5V"。

#### 1. 体量大（Volume）

在技术迅速发展的今天，各种信息充斥，资料与信息"爆炸式"增长。大数据的核心特征之一是数据的规模巨大。数据源包括社交媒体、物联网设备、企业交易记录、传感器、日志数据等，每天生成的数据量呈指数级增长。

### 2. 速度快（Velocity）

在大数据出现之前，数据的采集与传送是非常慢的，而在大数据时代，用户可以即时快速地获取大量的信息，实时获得来自世界各个角落的信息。大数据技术使网页上的资讯能够即时送达，并且使用户可以在海量信息中找到价值较高的信息。

### 3. 价值密度低（Value）

大数据中各种信息鱼龙混杂，这些信息的可信度和实用性都受到了限制，高价值信息的比例较低。而大数据技术最重要的作用就是从海量的、不同的信息中，筛选有用的信息，剔除没有意义的信息，从而达到用户的要求。

### 4. 数据多样性（Variety）

大数据来源广泛，形式多样，涵盖结构化、半结构化和非结构化数据。信息种类的多元化，使得信息的来源和用途也各不相同，信息可以来自内部，也可以来自外部，这些信息也会被用于各种渠道。

### 5. 数据真实性（Veracity）

数据真实性是大数据特征中的一个重要方面，指的是数据的可靠性、准确性和一致性。随着数据量和数据源的增多，数据真实性成为分析过程中需要特别关注的问题，因为数据质量的高低直接影响大数据分析的结果和决策的准确性。

## （三）大数据在数字治理中的作用

### 1. 实现资源共享

大数据的迅速发展为数字治理提供了新的方式，大数据所具有的体量大、数据多样性等特征使得信息的获取不再局限于单一的途径，且能够通过大数据技术搭建信息共享平台，实现信息的共享，还可以通过大数据引才模式引进促进数字治理技术发展的专业化人才，缩小数字治理技术发展的地区差异。

### 2. 促进信息传播

在数字治理过程中，我们需要建立信息传播机制，实现不同区域的信息传播。利用大数据技术可以实现多渠道、多形式的信息传播、扩散和共享，且速度较快，从而整合各方面的资源，使治理主体以数字化、智能化的形式更好地进行数字治理，提升治理效率。

图 6-7 所示是以区块链为例的大数据驱动数字治理的示意图。

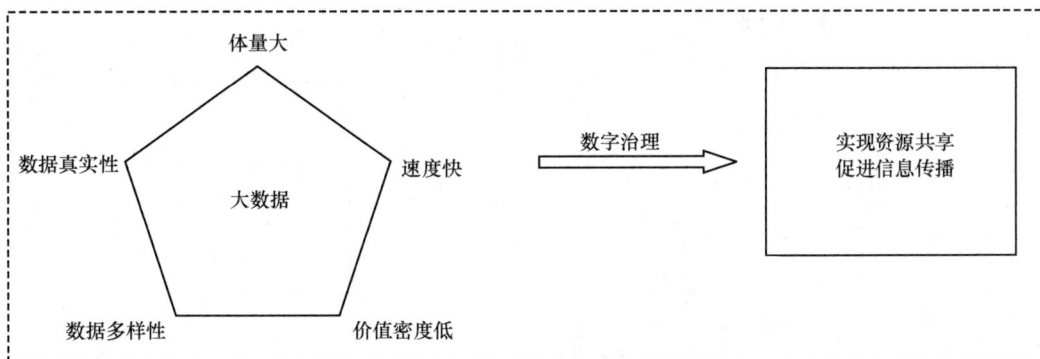

**图 6-7 大数据驱动数字治理**

## 二、人工智能驱动数字治理

### （一）人工智能的概念

人工智能源于 1950 年艾伦·图灵的构想，后于 1956 年在达特茅斯会议上被正式讨论。其定义为：机器通过运用语言和抽象思维，解决人类实际问题，并具备自我学习能力。如今，人工智能已发展为融合计算机科学、心理学、哲学等多学科的综合性技术科学，旨在模拟、延伸和扩展人类智能，其研究领域涵盖机器人、语言识别、图像识别、自然语言处理和专家系统等。通过深度学习、跨界融合等技术，人工智能通过大幅提升智能决策、管理、服务和监督能力，为数字治理提供强大助力。

### （二）人工智能的特征

人工智能具有以下特征。

#### 1. 运用数据和计算，为人类服务

人工智能系统以人为本，人工智能的各种系统是人类设计出来的，按照人类设定的程序或算法，通过人类发明的芯片等硬件来运行，其本质体现为计算，通过对数据的采集、加工、处理、分析和挖掘，形成有价值的信息流和知识模型，来为人类提供服务，实现人类的某些特定期望。在理想的情况下它必须为人类服务，而不应该伤害人类，特别是不应该有目的性地做出伤害人类的行为。

#### 2. 感知外界环境，与人类互动

人工智能能够借助传感器等器件，对外界环境进行感知，可以像人类一样通过听觉、视觉等接收来自环境的各种信息，其借助按钮、键盘、屏幕、手势等方式还可以实现人与机器的交流与互动，使机器设备越来越理解人类甚至可以与人类共同协作、优势互补，帮助人类做人类不擅长、不喜欢，但机器能够完成的工作。

#### 3. 拥有学习特性，实现不断演化

人工智能系统具有一定的学习能力，在一定情况下，可以随着环境、数据或任务的变化而自动调节参数或更新优化，并能够在此基础上通过与云端、人、物等实现越来越广泛的数字化连接，实现机器等客体的演化迭代，使系统更具有适应性、灵活性、扩展性，来应对不断变化的客观环境，从而使人工智能系统在数字治理中发挥更大的作用。

图 6-8 所示为人工智能驱动数字治理的示意图。

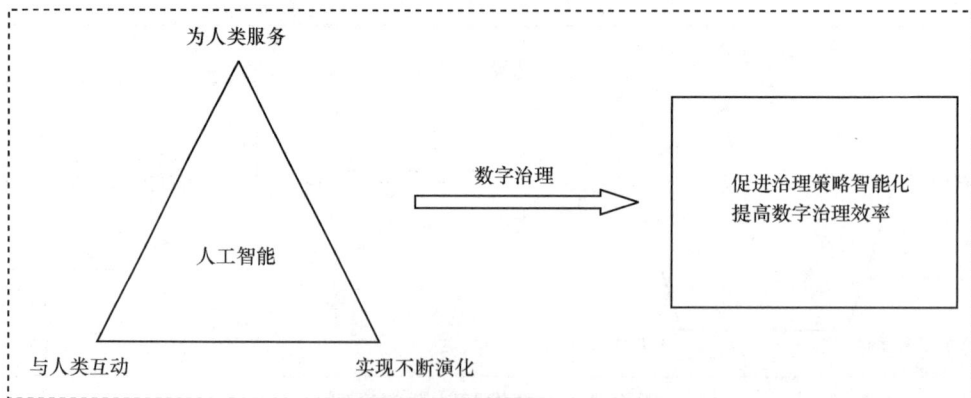

图 6-8　人工智能驱动数字治理

### （三）人工智能在数字治理中的作用

#### 1. 促进治理策略智能化

人工智能迅速发展为治理策略提供了全新的技术支持。将人工智能技术嵌入治理策略，能够实现对数据资源的智能筛选和归并处理，精准识别现实存在的问题，从而确定合理的公共决策目标，并对决策程序、决策内容和执行力度等方面进行实时监控，不断推动治理策略的智能化。人工智能拥有强大的数据分析能力、先进的算法决策能力、严密的逻辑推理能力、科学的决策评估能力、高效的信息反馈能力，成为数字治理过程中制定治理策略的重要支撑。

#### 2. 提高数字治理效率

在传统的社会治理中，许多社会问题都等待治理主体去发现，在发现问题之后再进行信息分析，然后制定治理方法和治理对策，最后才交给相关治理人员去处理和解决，这样的治理过程不仅繁杂且效率较低。而人工智能的应用，大大简化了治理流程，并加快了治理速度，人工智能系统能够快速发现社会中存在的各种问题，并且能够自动分析信息，对社会问题快速地做出反应，为治理人员提供及时有效的治理方案。人工智能能够突破时间和空间的限制，发现问题更快、分析数据更准、反应程度更高，大大缩短了治理时间，有效提高了数字治理的效率。

> **📖 专栏6-2：佛山智慧城市大数据应用案例**
>
> 当前，全球范围内城市化进程不断推进。随着互联网和信息化的发展，在云平台、大数据和物联网等技术的支持下，率先在美国"智慧星球"概念下诞生的"智慧城市"逐渐成为当今世界各国城市建设的发展趋势和选择。我国于 2014 年迎来智慧城市的元年，这一概念现已在城市基础建设、交通管理、文化事业、教育事业、医疗卫生等领域产生了显著的影响。
>
> 2010 年，广东省佛山市提出"四化融合智慧佛山"发展战略。在 2011 年全国两会上，时任佛山市委书记透露，佛山已申请全国智能城市示范点，力争 3 年到 5 年形成"四化融合"雏形。2013 年 7 月，IBM 提供"智慧佛山"建设的中期调研报告，建议佛山可以以食品安全、水治理和智慧交通为切入点，以产业转型为手段，在建设智慧佛山的同时打造强大的高端服务产业链。IBM 也对佛山市南海区三山新城提出建议。在城市云方面，未来三山可通过手机信号定位，快速掌握各种交通工具、道路、地区的人流情况，而这类信息又可供城市管理部门更科学地规划商业区、居民区、公共交通、医院、学校以及公共服务设施的布局；在健康云方面，保险公司、患者以及各级医院可统一在一个云平台上实现检验结果和电子病历共享、远程会诊、网上挂号和预约门诊等，减少病患排队、报销的痛苦，节约整体社会的资源；同时，通过产业云平台，可在统一设计标准的同时节省整个产业链的成本，以帮助中小企业降低运营成本，使其投资能集中在核心制造优势上，而不是花费在采购等环节上。
>
> 佛山市南海区数据统筹局通过将分散在多个部门、多个系统的数据集中在一起，实现了惠民服务。数据统筹局于 2014 年 5 月成立，截至 2014 年年底，已经与 66 个部门、157 个系统成功对接，平均每月跨部门数据交换批次达 600 多次，数据交换总量已经超过 4 000 万条。2014 年 8 月，数据统筹局推出图识南海、数说南海、法人平台等"4+1"项目平台，

为企业、市民提供多种服务。以图识南海来说，市民可以在地图上找到公厕、Wi-Fi 热点、医保药店等信息。

在医疗卫生方面，佛山市"南海区市民健康档案管理平台"整合了南海区 142 家医疗机构的医疗信息资源，包括 3 个区级医院、12 个镇街级医院以及 128 家社区卫生服务站点的信息。此外，该平台还包括以家庭为单位的每个居民的"居民健康档案"。用户登录平台可以看到居民的就诊记录、用药情况、各阶段身体健康状况等信息，帮助医生快速了解患者病史，判断病情，合理用药。

资料来源：根据数字佛山公众号及相关公开素材整理。

## 三、区块链驱动数字治理

### （一）区块链的概念

区块链是一种分布式账本技术（Distributed Ledger Technology，DLT），通过密码学、加密算法和分布式共识机制，实现数据的透明记录、共享与管理。区块链将数据块以时间先后顺序链接成一种链式数据存储结构，同时结合密码学技术来确保数据的不可篡改性和安全性。这种技术依赖分布式网络，消除了对第三方信任中介的依赖。

### （二）区块链的特征

区块链具有去中心化、不可篡改、可追溯性等特征。

#### 1. 去中心化

在传统的中心化交易系统中，所有交易都必须由受信任的中央机构即第三方中介进行验证，但是，通过区块链技术进行的交易可以直接在两个节点之间发生，无须中央机构认证。区块链是一种不需要依赖第三方、通过自身分布式节点进行网络数据的存储、验证、传递和交流的技术，它依靠密码学和数学巧妙的分布式算法，在无法建立信任关系的互联网上，无须借助任何第三方中介就可以使参与者达成共识，以极低的成本解决信任问题与信息传递问题。

#### 2. 不可篡改

区块链不需要第三方中介的认证，允许双方直接进行交易，在区块链中所有存储的交易都存在相关性。如果有一方试图修改任何信息，那么就必须同步修改所有区块的交易信息这无疑是不可能完成的工作。另外，若用户尝试篡改信息，区块链网络在确认区块时，会检测出一切伪造或者篡改的数据信息。因此，区块链是不可篡改的，体现了其持久性。

#### 3. 可追溯性

区块链具有块链式数据的结构，下一区块的内容包含上一区块的内容，链上的信息依据时间顺序依次链接，这就使得区块链上任意的一条数据都可以通过块链式数据结构追溯到其本源，这就是区块链的可追溯性。区块链的可追溯性使得产品在最初环节就被记录在区块链上，一旦产生问题，用户就可以往前追溯，看看到底是哪个环节出现了问题。

### （三）区块链在数字治理中的作用

#### 1. 改善数字治理理念

治理机构在治理时往往不重视事前预警，通常的理念是出现问题再解决问题，而不是提前发现问题、提前解决问题。而区块链具有去中心化的特征，链上的各个节点存储信息的一致性和准确性由共识机制来保证，共识机制可以使区块链上的节点在某方面达成共识，而且共同维护。将区块链技术应用到数字治理中，其所具有的去中心化、不可篡改性、可追溯性等特征，可以有效制约相关治理主体在治理中可能出现的轻预警、慢作为等错误的治理理念，完善治理中责任追溯的完整路径，减少前期出现的误报信息等行为，从而在区块链技术约束基础上进一步推进治理主体监控预警理念的形成。

**2. 促进治理资源优化配置**

在治理过程中，传统决策所采用的中心化决策倾向于由一个主管部门对资源进行统一的划拨和分配，这个中心机构的主观意愿直接决定了下级能够得到的资源分配。而区块链技术所具有的去中心化的优势，可以将相关资源在治理过程中全部集中在区块链技术支撑的平台中，并通过合理预估，在短时间内快速将资源进行合理分配。一方面，基于区块链技术进行的资源整合，能够通过技术手段的支持，有效避免人为主观因素对治理工作的影响，促进了资源配置的科学决策；另一方面，区块链技术能够加快审批和决策的过程，提高资源配置的效率，将资源合理分配到相应的地方，节约资源配置的时间成本，加速治理过程中所需资源的供应。图 6-9 所示是区块链驱动数字治理的示意图，体现了区块链技术应用在数字治理中将改善数字治理理念，促进治理资源优化配置。

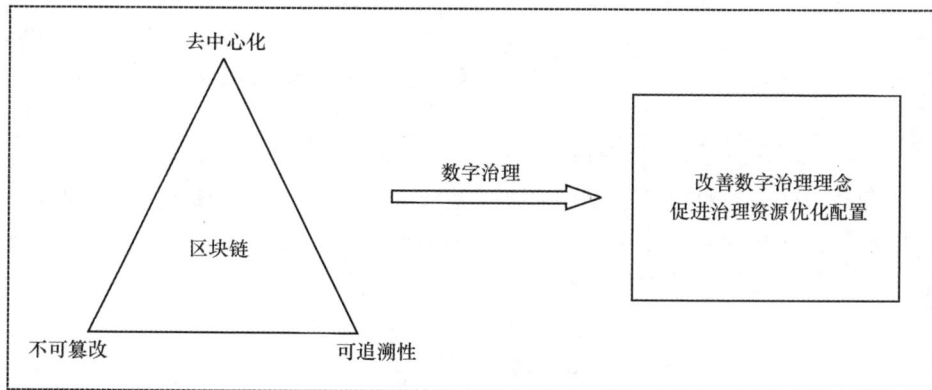

图 6-9　区块链驱动数字治理

# 第四节　数字治理技术发展存在的问题

数字治理技术的迅猛进步既带来无限机遇，也伴随诸多问题与挑战。数据隐私和数据安全问题日益凸显，社会对个人信息使用的标准更加严格；技术标准碎片化阻碍系统间的顺畅交互，影响治理效率；人工智能的普及对决策透明度和公正性提出怀疑，挑战数字治理的公信力。面对数字化浪潮，平衡技术应用与社会价值至关重要，要确保数字治理成为推动社会可持续发展的强大引擎。

## 一、数字治理技术法规亟待完善

在数字经济时代，新技术、新业态层出不穷，但数字治理技术的法律界定与约束尚未完善。国家层面尚未建立统一的信息资源共享制度和数据规范标准，数据采集、管理和使用等方面存在法律空白，导致数据壁垒问题难以解决。技术飞速发展而法律滞后，使得数据确权和应用边界模糊。对治理者而言，数字治理技术虽能提高效率、降低成本，但也易引发行政权力扩张。对被治理者而言，由于缺乏产权界定和法律规定，他们可能利用数据谋求私利。因此，数字治理技术在法律与制度层面亟须健全。

## 二、数字治理技术人才短缺

我国数字化人才在推动数字经济发展中面临总量不足的问题。随着数字产业化和产业数字化的加速，数字人才需求激增，但供给却相对滞后。2025年，我国数字人才总体缺口将达到 2 500 万到 3 000 万，并持续增长。技术人才缺乏的原因主要有两个：一是政府缺乏系统性培训，导致治理队伍数字化水平提升缓慢，传统治理思维仍占主导；二是技术与治理互嵌需要复合型人才，但当前面临技术人才匮乏和复合型专业能力不足的问题。因此，培养具备经济管理理论、互联网思维和数字技术的复合型人才，成为推动数字治理技术进一步发展的关键。

## 三、数字治理技术驱动力不均

数字治理技术凭借其独特优势，本可显著提升治理效能。然而，由于地区经济差异，城乡、区域间数字化发展不平衡，形成数字鸿沟。部分区域数字治理技术发展迅速，成效显著；而另一些地区因技术力量薄弱、基础设施不完善，导致技术驱动力不足，难以充分发挥数字治理的潜力，造成治理效果与目标间存在显著差距，加剧区域治理格局的分化。因此，需加强数字治理技术建设，均衡推动各地区技术发展，以提升整体治理效能。

## 四、数字治理技术的认知局限

数字治理技术作为新兴手段，其应用会重塑社会认知与行为，给道德观念带来挑战。部分地区因经济、文化和创新水平落后，缺乏数字治理思维，对其优势持怀疑态度，导致治理水平受限。为应对治理转型和升级，我们需提高公众对数字治理技术的认知，以充分发挥其效能。

---

📖 **专栏6-3：当今数字治理技术发展存在问题的实际案例**

### 一、背景介绍

随着城市化进程的加速和交通拥堵问题的日益严重，许多城市纷纷引入数字技术来优化交通管理和加强交通流量控制。然而，在实际应用中，城市智能交通系统（Intelligent Traffic System，ITS）的发展并非一帆风顺，面临着诸多技术、管理和社会层面的问题。

### 二、案例描述

城市 A 是一座快速发展的中等规模城市，近年来，为了缓解日益严重的交通拥堵问题，城市 A 决定引入智能交通系统。该系统主要包括交通信号控制、车辆监控、数据分析与预测等功能，旨在通过实时数据分析优化交通信号灯配时，提高道路通行效率。

然而，在实际运行中，该系统遇到了以下问题。

（1）技术挑战。系统的数据收集和处理能力有限，导致部分区域的交通数据无法实时更新，降低了系统的决策准确性。此外，由于城市 A 的道路网络复杂，系统难以适应所有道路场景，导致部分路口的交通信号灯配时仍然不合理。

（2）管理难题。智能交通系统的运行需要多个部门的协同配合，包括交通管理、城市规划、公安等部门。然而，在实际操作中，各部门之间缺乏有效的沟通机制，导致系统调整和优化难以得到及时响应。

（3）社会接受度低。部分市民对智能交通系统的了解不足，认为该系统只是简单地调整交通信号灯配时，其他方面没有实质性的改善。此外，部分市民担心系统可能侵犯个人隐私，对系统的信任度不高。

三、案例分析

（1）技术层面。城市 A 的智能交通系统面临的技术挑战主要源于系统本身的局限性和道路网络的复杂性。为了提升系统的性能，我们需要加大对数据收集和处理技术的研发力度，提高系统的实时性和准确性。同时，还需要针对城市 A 的道路特点进行定制化开发，使系统更加适应实际道路场景。

（2）管理层面。智能交通系统的运行需要多个部门的协同配合，因此需要建立有效的沟通机制和协作机制。可以通过建立跨部门的工作小组或委员会来加强部门之间的沟通和协作，确保系统调整和优化得到及时响应。此外，还需要加强对各部门人员的培训和教育，提高他们对智能交通系统的认识和理解。

（3）社会层面。提高市民对智能交通系统的接受度和信任度是推广该系统的重要前提。可以通过加强宣传和教育来提高市民对智能交通系统的认识和理解，让他们了解该系统对缓解交通拥堵、提高道路通行效率的重要作用。同时，还需要加强系统的隐私保护措施，确保市民的个人隐私得到保障。

四、结论与建议

城市智能交通系统的发展是缓解交通拥堵、提高道路通行效率的重要手段。然而，在实际应用中，该系统面临着技术、管理和社会层面的问题。为了解决这些问题，我们需要加大技术研发力度、建立有效的沟通机制和协作机制、提高市民对系统的接受度和信任度。只有这样，才能充分发挥智能交通系统的优势，为城市交通管理带来实质性的改善。

# 第五节　数字技术提升治理效能的保障措施

数字技术迅猛进步，使数字治理成为现代社会的基石，不仅革新了技术，也重塑了公共事务处理模式。如何高效运用这些技术提升治理效能，成为当前治理的焦点。提升数字治理效能需强化数据安全与隐私保护机制，完善法律法规与监管框架；缩小数字鸿沟，推进技术普及与教育；加大技术研发投入，降低成本，培养专业人才；构建国际化治理规则，实现跨境数据协作，确保技术在数字治理中的高效、安全、公平应用。以下是数字技术提升治理效能的关键保障措施。

## 一、完善数字技术法规

运用数字治理技术需贯彻法治理念，完善相关法律法规，促进治理的制度化、法治化。首先，随着数字经济和治理实践的发展，应不断修订数据安全法规，平衡技术创新、数据挖掘与隐私保护、网络开放与安全之间的关系。其次，严厉打击数据滥用、泄露等违法行为，引导各方履行社会责任，坚守法律道德底线。最后，政府等治理主体应依法梳理问题，规范运用大数据、人工智能、区块链等技术，确保治理过程全程留痕、有据可查，规范治理权力，加强执法监督，构建合法数字治理机制。

## 二、培养数字技术人才

培养与引进数字治理技术人才是我国实现治理体系和治理能力现代化的关键。首先，应强化本土人才培养，完善培养机制，拓宽培养渠道，提高治理技术水平，解决技术和经验不足的问题。其次，加强能力培训，通过组织培训、学习交流，提升治理素养，缩小区域数字鸿沟。最后，完善相关政策，激励技术人员积极投入数字治理技术的提升与发展中。

## 三、完善数字基础设施

数字治理技术的发展依赖于新型基础设施。应加速建设新型基础设施，为数字治理奠定坚实基础。首要任务是加快网络基础设施建设，确保网络服务的普及和升级，缩小数字鸿沟，构建领先的 5G 网络，为精准、高效、协同的数字治理提供网络支持。同时，强化数字技术产业，大力发展大数据、人工智能、区块链等，构建自主可控的产业体系，加大研发创新力度，攻克薄弱环节，全面提升数字化治理能力，形成支撑社会治理现代化的强大技术产业力量，深化数字技术在治理中的应用。

## 四、提升全民数字素养

为克服传统观念对数字治理转型的阻碍，需培养全民数字素养。数字治理主体应树立数字治理思维，摒弃传统束缚，强化数字技术应用意识，确保治理有据可循。针对文化水平和技术水平较低的地区，开展多样化宣传教育活动，转变思维方式，增强公众的数字意识，认同数字治理技术的价值，全面提高治理的数字化水平。数字时代呼唤新思维、新理念，公众需以积极心态参与数字治理，共同推动治理的数字化转型。

---

📖 **专栏6-4：数字技术提升治理效能的保障措施的实际案例**

**一、背景介绍**

随着数字技术的迅猛发展，越来越多的政府机构开始采用信息化手段提升治理效能。智慧政务服务作为其中的一种重要形式，通过整合政府资源、优化服务流程、提供便捷高效的在线服务，有效提高了政府的服务水平和治理效能。以下是一个关于智慧政务服务实施的具体案例。

**二、案例描述**

城市 B 是一座注重数字化发展的现代化城市。为了提高政务服务的便捷性和效率，城市 B 决定实施智慧政务服务项目。该项目主要包括以下几个方面。

（1）建设统一的政务服务平台。城市 B 整合了各部门的政务服务资源，建设了一个统一的政务服务平台。通过该平台，市民可以随时随地在线办理各类政务服务事项，如户籍管理、社保查询、交通违法处理等。

（2）优化服务流程。在智慧政务服务平台上，城市 B 对各项政务服务事项的流程进行了优化，通过简化办理步骤、减少审批环节、推行网上预约等措施，有效缩短了办事时间，提高了办事效率。

（3）加强数据共享与互认。为了打破部门之间的信息壁垒，城市 B 加强了数据共享与

---

互认工作。各部门之间的数据实现了互联互通，避免了市民在办理业务时重复提交材料，提高了政务服务的便捷性。

（4）保障数据安全与隐私。在智慧政务服务项目的实施过程中，城市 B 高度重视数据安全与隐私保护。通过采用先进的加密技术、建立严格的数据管理制度、加强人员培训等措施，确保了政务数据的安全性和市民个人隐私的保密性。

### 三、实施成效

（1）提高了政务服务效率。通过智慧政务服务平台的建设和服务流程的优化，城市 B 的政务服务效率得到了显著提升。市民办理业务的时间大大缩短，满意度显著提高。

（2）提高了政府治理水平。智慧政务服务的实施使政府能够更加精准地掌握市民需求和社会动态，为政策制定和决策提供有力支持。同时，通过数据共享与互认，政府能够更加高效地协同工作，提高了治理水平。

（3）增强了市民获得感。智慧政务服务的便捷性和高效性使市民在办理业务时感受到了更多的便利和舒适。市民对政府的信任度和满意度得到了提升，市民的获得感和幸福感得到了提升。

### 四、保障措施分析

（1）领导重视与支持。城市 B 的领导层高度重视智慧政务服务的实施工作，提供了充分的资金支持和政策保障。这为项目的顺利实施提供了有力保障。

（2）跨部门协作与沟通。智慧政务服务的实施需要多个部门的协作与沟通。城市 B 通过建立跨部门的工作小组和协调机制，确保了各部门之间的顺畅沟通和有效协作。

（3）技术保障与人才支持。城市 B 在智慧政务服务项目的实施过程中，注重技术保障和人才支持，通过引进先进的数字技术和培养专业人才，为项目的顺利实施提供了有力支持。

（4）制度保障与监管机制。为了确保智慧政务服务的规范运行和可持续发展，城市 B 建立了完善的制度保障和监管机制，通过制定相关规章制度、加强监督检查等措施，确保了政务服务的质量和效率。

### 五、结论与建议

智慧政务服务是数字技术提升治理效能的一个重要实践。通过建设统一的政务服务平台、优化服务流程、加强数据共享与互认等措施，智慧政务服务能够显著提高政府的服务水平和治理效能。为了确保智慧政务服务的顺利实施和可持续发展，需要加强领导重视与支持、跨部门协作与沟通、技术保障与人才支持以及制度保障与监管机制等方面的保障措施。

# 第六节　数字治理技术的平台探索

数字治理平台是指基于现代信息技术（如大数据、人工智能、云计算、物联网、区块链等），整合多维度数据和治理资源，构建的一种支持公共事务管理与社会治理的技术系统与操作框架。它通过数据的共享、分析、智能化处理，为政府、企业和社会组织提供科学决策、精准执行和高效服务的技术支撑。数字化转型与数字治理技术的发展，为构建数字治理平台提供了丰富经验与强大工具。图 6-10 描述了数字治理平台的运行机制，包括参与机制、中立机制和动员机制。

探秘数字治理平台：从理论到实践的多维视角

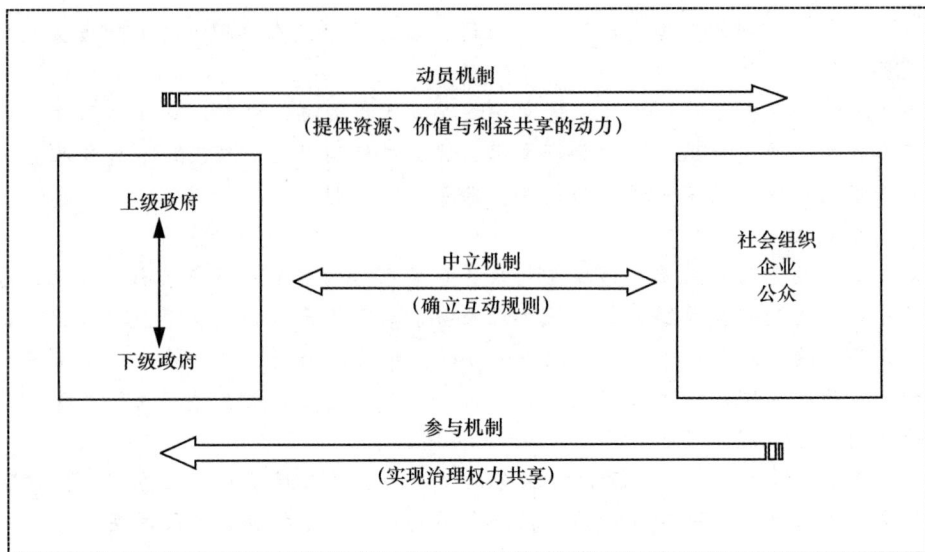

图 6-10　数字治理平台的运行机制

## 一、数字治理平台的概念与特征

### （一）数字治理平台的概念

数字治理平台是指政府等治理主体基于数字治理技术，整合各个部门和系统的信息资源，建立起综合的、跨部门的数字治理系统，使政府、社会以及市场主体能够快速、便捷、高效地参与到数字治理中，以有效提高公共服务的效率和质量以及治理者与被治理者的互动水平。

### （二）数字治理平台的特征

#### 1. 虚拟性

与实体治理平台相比，数字治理平台具有明显的虚拟性，因此它能够不受时空的限制，数字治理的主客体可以在任何有互联网的地方，随时通过数字治理平台获取自己所需的信息、办理相关业务或享受公共服务。

#### 2. 整体性

数字治理平台的构建可以将各种信息资源进行有效的整合与统一处理，并将政府等治理主体所供给的各种公共服务，借助数字治理平台加以提供，有效地提升了公共服务的供给效能及数字治理水平。

#### 3. 互动性

数字治理平台构建之后，治理主体与治理客体之间可以借助这一平台展开互动交流，治理客体可以随时随地向治理主体提出建议和意见，对治理主体的行为进行监督；治理主体则能够借助治理平台中的公开信息，及时了解各治理客体的诉求，为治理策略的调整创造条件。

## 二、数字治理平台的建设途径

当前数字治理平台建设由特定的政府部门主导，为适应社会数字化治理的需要，应对数字治理平台进行不断的完善与优化，以有效统筹各种治理资源。

### （一）创新数字治理工具

当前大数据、人工智能、区块链等技术为优化数字治理平台建设提供了非常有用的工具。在平台建设中可以运用大数据共享管理、在线数据管理、在线智库决策等技术，提升解决复杂问题的能力、应对突发事件的处置能力和关键重大事件的预警能力；借助云计算、物联网等技术，让跨区域的治理成为可能；同时依靠数据交换和共享的在线系统、多维度叠加深度学习和跨媒介协作的人工智能等数字技术，构建数字治理智能化架构模式。

### （二）创新数字治理手段

与高校等科研机构合作是提高管理水平的手段之一。借助高校与各科研机构的优势，打造治理主体与高校科研机构协作的数字治理平台，做好信息分析，强化大数据分析，对数字治理平台中的民意热点、动态趋势、地域分布等问题进行定期分析，畅通数据分析与成果转化的数字赋能通道，提升数字治理的工作预警预测预防能力，为治理者的治理策略提供依据和参考。

### （三）创新数字治理机制

在加速数字技术发展的同时，优化数字治理平台的处理功能，促进治理机制创新。针对各类民意事项，按照首问负责、分级办理的要求，细化事项分类，分级流转办理，制定数字平台的运行管理规范、对接技术规范、指数测评办法、事项分类标准等各项制度，完善民意处置流程规范和协同办理机制；实行数字政府平台问责制，落实部门属地办理责任制，将各种民意诉求量进行自动关联匹配，对治理主体存在的推诿情况进行通报，建立预警机制。

## 三、数字治理平台的典型场景

### （一）数字政府

数字技术的飞跃催生了数字经济，促使生产组织平台化、生产资料集中化，推动政府实施数字治理。数字政府建设需强化数据赋能，提升决策科学性与管理效率，以数据为驱动的政府治理成为新典范。根据《京杭两地政务服务改革比较研究报告》（国务院发展研究中心，2022），北京"接诉即办"、浙江"最多跑一次"等改革成果显著。数字政府旨在通过在线协作与数据共享，降低合作与信息采集成本，推动政府职能数字化转型，实现高效协同治理。当前，数据流引领数字政府建设，需构建一体化数据平台，集中审批、优化流程、重塑部门关系。然而，我国数字政府建设仍面临业务规划不精、标准不统一、数据共享难、地区发展不均、政企合作不足等挑战。为此，需持续利用数字治理技术，完善与深化数字政府改革。

### （二）智慧城市

21世纪以来，我国城市治理历经信息化、网格化和智能化全周期变革。面对日益复杂和多元的治理需求，智慧城市成为发展的重要契机。智慧城市建设能有效应对城市治理中的挑战，已在我国广泛流行。据《超大城市治理"双城模式"研究》（中国信通院，2023），杭州的"城市大脑"和上海的"一网统管"均展现了卓越的数字化治理成果。智慧城市实现了治理信息的全息全景呈现和事项的高效协同处置，推动治理从粗放转向精准。尽管承载了人们的美好向往，智慧城市在数字理念、顶层设计、政策制度、数据治理和数字包容等方面仍需完善，需持续利用数字治理技术推动其建设。

## （三）数字乡村

数字乡村，作为数字化与乡村治理结合的产物，旨在推动农业农村现代化，弥补传统治理体系的不足。自 2019 年《数字乡村发展战略纲要》发布以来，数字乡村成为乡村治理的新典范，受到各级人民政府重视。据《中国数字乡村发展报告（2024）》，浙江、江苏、贵州等地在数字乡村治理上取得显著成效。以贵州为例，六盘水市"数字村务"模式入选全国乡村治理典型案例，通过区块链技术实现村务全流程透明化。数字乡村不仅是技术拓展，也是激发乡村内生动力的关键。然而，当前数字乡村建设尚处初级阶段，面临数字鸿沟、产业瓶颈等挑战，需不断探索与改进。

# 知识巩固

**一、名词解释**

数字治理技术　大数据　人工智能　区块链　数字治理平台

**二、单项选择题**

1. 数字治理技术的特征包括（　　　）。

　　A. 可追溯性、可关联性、可扩展性、安全性

　　B. 可靠性、实时性、可维护性、可扩展性

　　C. 透明性、公平性、高效性、安全性

　　D. 智能化、协同化、可持续化、一体化

2. 以下关于数字治理技术说法正确的是（　　　）。

　　A. 数字治理技术仅应用于政府部门

　　B. 数字治理技术可追溯治理过程信息

　　C. 数字治理技术不可扩展

　　D. 数字治理技术可确保治理数据的真实性

3. 下列哪一项不符合人工智能的特征（　　　）。

　　A. 为人类服务　　　　　　　　　　B. 与人类互动

　　C. 不断演化迭代　　　　　　　　　D. 损失函数梯度上行

4. 区块链的核心技术不包括（　　　）。

　　A. 分布式存储　　　B. 密码学　　　　C. P2P　　　　　D. 数据挖掘

5. 微服务架构的优势不包括（　　　）。

　　A. 开发和部署相对简单　　　　　　B. 横向扩展简单

　　C. 架构升级灵活　　　　　　　　　D. 容错性差

6. 主数据治理的意义不包括（　　　）。

　　A. 提升数据质量　　　　　　　　　B. 提升业务效率

　　C. 提高决策水平　　　　　　　　　D. 提升系统灵活性

7. 区块链的特征不包括（　　　）。

　　A. 去中心化　　　　B. 不可篡改　　　C. 可追溯性　　　D. 开放性

8. 数字治理平台的特征不包括（　　　）。

　　A．虚拟性　　　　　B．整体性　　　　　C．互动性　　　　　D．稳定性

9. 当前数字治理技术发展存在的问题不包括（　　　）。

　　A．法规亟待完善　　B．人才短缺　　　　C．驱动力不均　　　D．数据量大

10. 数字治理平台的典型场景不包括（　　　）。

　　A．数字政府　　　　B．智慧城市　　　　C．数字乡村　　　D．智慧课堂

### 三、多项选择题

1. 属于数字治理技术范畴的有（　　　）。

　　A．大数据　　　　　B．人工智能　　　　C．物联网　　　　D．5G

2. 主数据的特征有（　　　）。

　　A．高价值性　　　　B．高共享性　　　　C．高开放性　　　D．相对稳定

3. 大数据的特征有（　　　）。

　　A．体量大　　　　　B．速度快　　　　　C．价值密度低　　D．数据多样性

4. 混合云的特征包括（　　　）。

　　A．可扩展性　　　　B．灵活性　　　　　C．低成本　　　　D．自动化

5. 属于大数据治理体系的有（　　　）。

　　A．数据政策与程序　　　　　　　　　　B．数据字典

　　C．数据模型　　　　　　　　　　　　　D．数据流

6. 数字技术提升治理效能的保障措施包括（　　　）。

　　A．完善数字技术法规　　　　　　　　　B．培养数字技术人才

　　C．完善数字基础设施　　　　　　　　　D．提高治理能力

### 四、复习思考题

1. 数字治理技术在数字治理的实施过程中发挥着什么作用？

2. 在当今时代背景下，人工智能如何与数字治理结合发挥价值？

3. 当前数字治理技术发展存在哪些问题？

4. 如何解决当前数字治理技术发展的各种问题？

5. 在利用数字技术提升治理效能时可以采取哪些措施？

6. 如何更好地完善数字治理平台？

# 第七章
# 数字治理评价

【知识框架图】

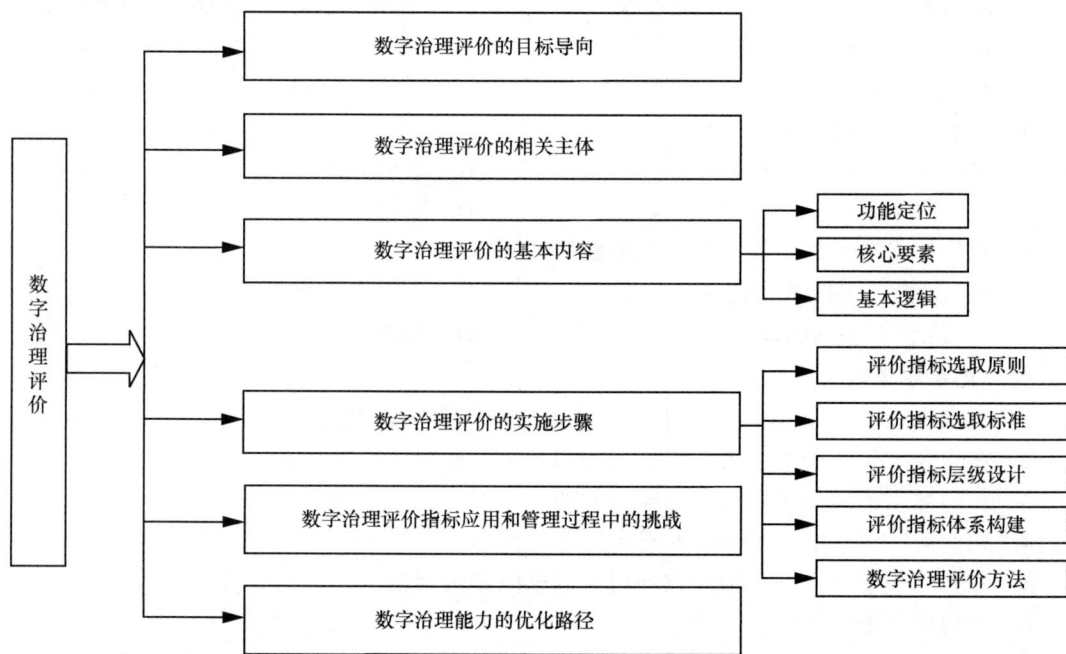

【学习目标】

1. 了解数字治理评价的目标导向。
2. 理解数字治理评价的相关主体。
3. 掌握数字治理评价的基本内容。
4. 了解数字治理评价面临的挑战。

引例

**建设新型智慧城市的杭州实践**

万物互联、人机交互。从每一个网页的浏览，到每一次便捷的约车，从政府部门登记的每一条信息，到医院就诊的每一个记录，数字时代的我们无时无刻不在创造着一种新生资源——数据。"十四五"时期是杭州市打造"全国数字经济第一城"和"数字治理第一城"的关键时期。杭州市智慧城管将重点打造综合指挥体系，着力建设城市大脑城管系统，深入推进数字城管再升级，全面提升城市管理智慧化水平和城市运行效能及管理水平。同时，杭州市进一步完善优化：调整了重点指标赋值方式，提升了过程管理效能；将区二级平台建设内容纳入考核办法，为区数字城管工作开展提供了内生动力；将中心镇运行纳入考核，落实集镇规范化管理，提升小城镇管理的标准化程度。这些都充分体现了数字治理评价在推动治理现代化过程中的关键作用。

因此，数字治理评价的目标导向和相关主体是什么？评价的基本内容、流程以及目前面临的挑战有哪些？

# 第一节　数字治理评价的目标导向

数字治理评价的目标导向是指进行数字治理评价的原因以及希望通过数字治理评价工作达到的目标。数字治理作为一种新兴的公共治理模式，其评价对确保其有效性和可持续发展至关重要。在进行数字治理评价工作之前，首先要了解为什么要进行数字治理评价以及如何制订一套全面的评价目标导向。评价目标导向需从人民导向性、技术融合性、动态监测性和效能优先性四方面展开，既体现以人民为中心的理念，又确保技术与治理深度融合，为数字治理的持续改进提供科学支撑。

## 一、人民导向性

随着数字技术的飞速发展，数字社会在给生活带来便捷的同时，也暴露出诸多问题，如人的自主性减弱、科技巨头实施数字霸权、网络隐私泄露频发、机器替代人力导致失业等。为解决这些问题，迫切需要对数字社会进行规范与调整，以人为核心的数字治理是关键。数字治理是全面服务群众的治理方式，其范围和质量随人民需求的变化而动态调整。评价数字治理是践行以人民为中心的理念的重要体现，旨在通过数字化手段提供优质公共服务，实现社会的文明、有序、安全、宜居、宜业、宜游。坚持以人民为中心的发展理念，扩大群众基础，确保数字治理评价工作得到广泛支持，保障其高效实施。

## 二、技术融合性

近年来，我国积极融合 5G、云计算、大数据、人工智能、区块链等前沿技术与数字治理，创新赋能，激发数字经济活力，有效促进生产、分配、流通、消费各环节的顺畅衔接，推动产业链、供应链、价值链的升级与融合，为数字治理奠定坚实基础。数字技术平台以其模块化的核心功能，结合高效的平台运营和治理结构，凭借算法与数据的驱动，展现了强大的预测分析和个性化服务供给能力，为各类用户提供精准服务。在数字治理的框架下，数字技术平台使难以量化的价值理念得以评估。数字治理评价工作让人民有了评价权，让他们成为数字治理效果的诊断者。借助手机 App、微信公众号等数字治理平台，将复杂的评价主体整合至统一的数据平台，形成云评估小组，实现精准、实时、动态和远程评价，有效解决评价成本高、信息碎片化等问题，为数字治理提供有效评价。

### 三、动态监测性

随着数字技术与经济的飞速发展，数字监管和治理挑战凸显。要营造优良的治理生态，必须强化数字治理的监测意识，识别并解决痛点问题，通过机构建设、规则制定和监管手段来应对。数字治理评价是推动监测体系构建的核心，它实时评估治理措施的效果，涵盖明确监测主体和制定监测措施。在监测主体上，政治监督确保数据流动符合法规，而社会监督则依赖公民权利保障数据的有序流动，使公众、政府及相关主体通过数字设备参与治理、评价，实现动态监测，提升治理质量和效率。监测措施方面，立法完善法规，为监管提供法律基础；协同治理强化跨部门、跨区域合作，构建全方位监管体系；技术引入则利用先进科技手段，如区块链、大数据等，提高监管水平，确保数字治理的健康发展。

### 四、效能优先性

当前数字治理与传统治理的融合仍主要依赖互联网，存在不平衡、不充分等问题。因此，需健全数字生态系统，以大数据和产业互联网平台为基础，推动数据融通，释放数字治理新动能，提升社会治理效能。数字赋能涉及技术、生态、市场和人才等多方面，旨在通过数字化手段挖掘用户需求，探索多元治理场景。技术赋能强化技术和业务能力；生态赋能关注生态资源和企业运营的融合；市场赋能助力市场主体发现新商机，加速产品商业化；人才赋能则通过数字化人才培养提升治理创新能力。数字赋能不仅能提升技术创新迭代能力，还能基于治理平台生态实现技术创新，发展核心技术。推广数字治理平台赋能，可强化政策引导，促进本地企业与平台的对接，宣传治理效果，借助平台创新商业模式和应用场景，为数字治理评价提供有力支撑。此外，政府与产学研协同合作，也是数字赋能的重要体现，共同保障数字治理评价工作的顺利开展。

图 7-1 所示为数字治理评价的价值理念，从人民导向性、技术融合性、动态监测性和效能优先性四个方面进行呈现。

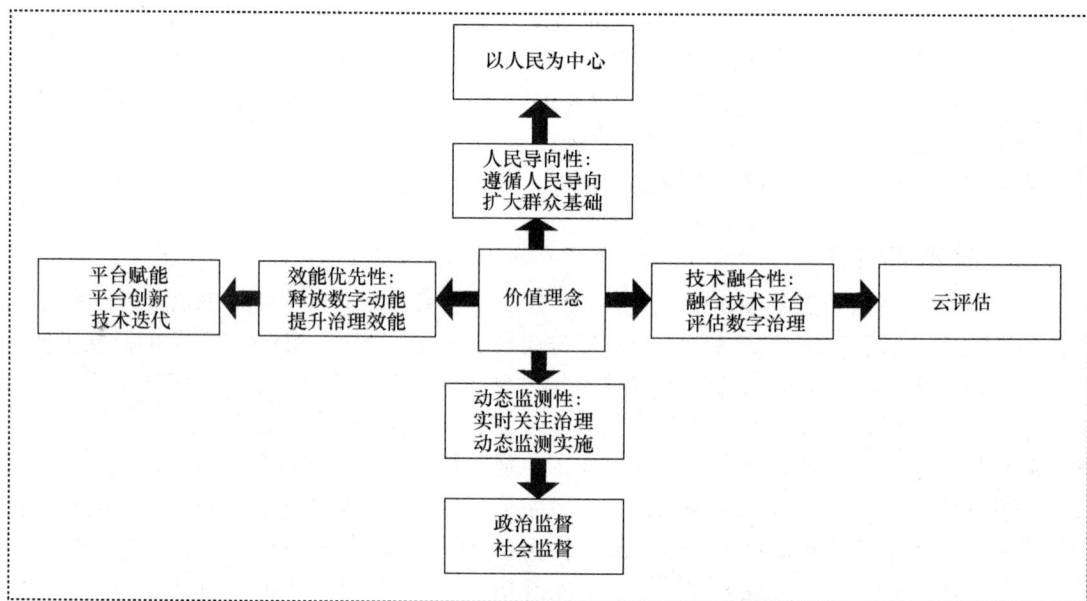

**图 7-1　数字治理评价的价值理念**

# 第二节　数字治理评价的相关主体

数字治理评价是考量其实施成效和价值的核心步骤。此过程涉及多元主体，各主体各自担当不同角色，共同推进评价工作。自 2012 年起，我国迈入多元治理新纪元，政府不再是唯一治理者。学界普遍认为，数字治理可划分为政治、社会、经济三大责任空间，由政府、社会、市场三大行动者主导。图 7-2 对数字治理评价主体进行了概括。政府主导制度建设和政策引导，社会承接公共职能并推动公益事业，市场则通过技术和资源创新提升数字治理效率。三方主体各尽其责，协同合作，共同为数字治理的高效、包容和可持续发展提供有力支撑。

多元协同：数字治理评价主体剖析

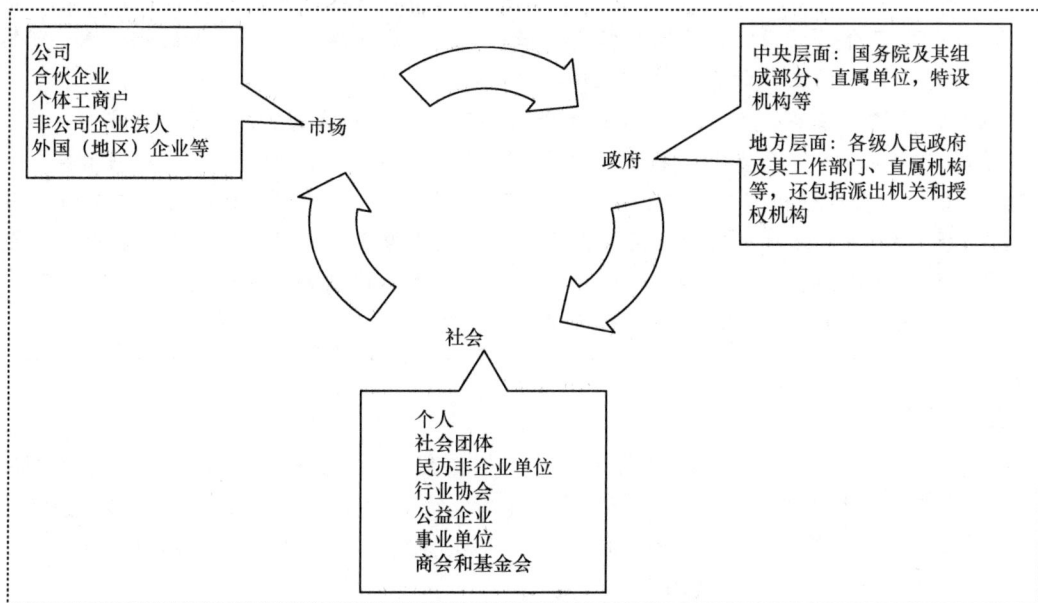

图 7-2　数字治理评价主体

## 一、政府

数字治理兼具"国家—社会"的双重属性，其组织结构和工作内容使其归属于国家行动者范畴，政府在其中扮演着主导角色。政府包括中央和地方两级机关与机构。中央层面涵盖国务院及其组成部门、直属单位、特设机构等；地方层面则涵盖各级人民政府及其工作部门、直属机构，以及派出机关和授权机构等。狭义上，数字治理指政府运用数字技术管理公共事务、促进政企互动及行政程序数字化。在此框架下，政府是数字治理的关键力量，尽管社会力量在逐步增强，但政府仍为主导。

数字治理涉及经济、政治、文化、社会、生态五大领域，各级政府需从中切入。中央政府作为权力中心，利用大数据推动国家治理高效、科学、精准实施；地方政府则侧重于地方经济发展、文化繁荣，社会治理创新及生态文明建设。在数字治理中，政府需发挥双重作用：一方面营造软环境，包括建立制度框架、推动互联互通、完善法律法规；另一方面作为执行者，掌握主导权，提升数字管理能力，建设数字安全预警机制。

专栏7-1："数据赋能政府治理"评价指数

2023 年 5 月，南开大学中国式现代化发展研究院、南开大学网络社会治理研究中心在南开大学商学院举办 2023 年度"数据赋能政府治理"评价指数发布暨数智治理学术研讨会，并与中国青年杂志社、提升政府治理能力大数据应用技术国家工程实验室联合发布 2023 年度"数据赋能政府治理"评价指数。

据悉，南开大学"数据赋能政府治理"评价指数已经连续五年发布。结合《数字中国建设整体布局规划》提出的新时代数字中国建设的整体战略方向，2023 年的《数据赋能政府治理评价指标体系》包含社会治理、公共服务、保障支撑和公众参与 4 个一级指标，以及 13 个二级指标和 38 个三级指标。为了更好服务"中国式现代化情境下'智能''包容''活力'的数字治理"这一主题，报告对 2022 年《数据赋能政府治理评价指标体系》进行了更新，新增 7 个三级指标，分别为社会信任水平、就业保障支持、人才服务支持、智慧教育、信息化产业园区、数据交易建设情况、"一网统管"。

例如，天津市在连续 5 年的"数据赋能政府治理"评价指数总排名中均在前 20 名之列。各项一级指标中，天津市在社会治理方面排名全国第一，二级指标"互联网治理"和"市场监管"都在排行榜前三位置，得分显著高于其他城市。值得一提的是，在智能问答系统的指标评价中，天津市的智能问答系统是极少数能够主动提供人工服务转接的系统之一，但是该系统在随机问题测试中表现略差，限制了总体排名的进一步提升。

资料来源：南开大学中国式现代化发展研究院。

## 二、社会

数字治理的主体不仅限于国家行动者，也包括社会行动者。社会行动者包括社会团体、民办非企业单位、行业协会、公益组织、事业单位、商会和基金会等组织群体，以及社会大众。社会行动者以公益为导向，积极承担法律责任和道德责任，是数字治理不可或缺的力量。在数字治理中，社会行动者发挥着多重作用。

### （一）扩展社会服务供给

扩展社会服务供给指的是社会主体在资金、人才、土地等资源上的供给。如通过基本公共服务为数字治理提供财力支持；通过人才队伍建设，进一步完善统一开放、竞争有序的人才资源市场，积极探索人才服务新模式，促进数字治理人才有序流动和合理配置。保障设施用地需求，根据多层次、多样化公共服务需求，优化土地供应调控机制，有效保障公共服务用地供给。

### （二）推动慈善公益落地

推动慈善公益落地是指社会主体要充分利用道德的力量，在政策的驱动作用下，通过奖励政策、文化塑造等诸多方面的措施，将数字治理与向善的价值观相结合；营造热心公益、互相帮扶的良好慈善氛围，促进社会慈善事业的健康发展。

### （三）弥补市场不足

在社会主义市场经济条件下，市场调节和政策引导各有其不可替代的功能优势及难以独立弥补的功能缺陷，因此存在着市场失灵与政府失灵的现象。社会主体通常以服务公众利益为目标，通过参与社会治理、提供补充服务、促进信息透明和反馈监督等方式，有效弥补市场和政府不足，推动经济和社会的协调发展。

### （四）承接政府职能转移

政府职能转移是指以直接转移、委托转移等方式，将原来由政府履行的职能向社会力量转移。职能转移的内容，应当根据转移主体自身职能转变的要求和社会力量的实际承接能力研究确定，除法律法规另有规定外，凡是适合社会主体承担的数字治理管理与服务等行业性、专业性、技术性及辅助性职能，原则上可以逐步转移给业务范围相对应、具备条件、依法成立的社会团体承担。

人民群众是数字治理的基石，是数字治理现代化的关键力量。随着公众对民主、法治、公平、正义的追求日益增强，其参与数字治理的意愿也日益强烈。只有广泛调动公众的积极性、主动性，才能实现数字治理的最大合力。因此，在数字治理过程中，应确保群众参与、群众评判、群众共享。

### 三、市场

市场主体，即在我国市场监管部门登记并取得营业执照或登记证的企业和其他非政府主体，涵盖公司、合伙企业、个体工商户、非公司企业法人、外国（地区）企业等。这些市场行动者以经济利益为导向，遵循供需机制，通过市场竞争优化资源配置，为数字治理提供低成本、高效能的解决方案。

数字企业是参与数字治理过程中的最典型的市场行动者之一。数字企业通过将数字技术和实体产业相结合，实体企业可以实现两大目标。一方面，实体企业通过产业数字化来提质增效，提高制造业、服务业的智能化水平，提高生产效率，让生产过程更加精细化，让产品定位更加精准，更好地服务于社会治理，满足社会治理的需求。另一方面，数字企业通过将数字技术和产品、服务融合，创造出新产品、新业态、新商业模式，并以此为基点打造出全新的产业链、供应链，丰富市场供给，为数字治理奠定经济基础。

当然，在面临市场失灵时，市场主体的行为也会大大影响数字治理的效果，增加了数字治理的风险。这就需要在数字治理开展过程中要求政府主体和市场主体进行合作，例如可以通过公私合作（Public-Private-Partnership，PPP）和建设—经营—转让（Build-Operate-Transfer，BOT）等建设模式，以政府采购的方式鼓励和发展一批数字技术企业，来更好地推动数字治理向前发展。此外，以政府购买的方式增加数字产业需求，激活数字产业，为数字企业带来经济效益，也是发挥市场行动者在数字治理过程中作用的另一途径。

如何在政府引导、社会力量参与、市场运作、公众监督、法律保障的原则下，建立健全数字治理领域的各种利益协调机制、诉求表达机制、权益保障机制、矛盾调处机制等，保障社会的常态化运行是现阶段面临的巨大挑战。为了应对这些挑战，需要政府、社会、市场三方主体携手共进，相辅相成，相互制约，在明确自身职责的同时，与其他主体融合发展。在数字治理过程中，社会主体、市场主体不断激发参与活力，进行相关的自我治理，在完善自身的同时还能积极承担社会责任，减轻政府的治理成本，并对政府主体的治理行为进行社会监督。政府在规范引导其他主体进行数字治理时也要充分发挥不同层级、不同能力的多元主体的积极作用，充分考虑不同治理主体的利益、价值偏好和资源影响力，站在国家战略高度妥善协调各方利益。构建数字社会治理体系离不开各方主体的共同努力。

# 第三节　数字治理评价的基本内容

数字治理评价工作的开展是提升数字治理效能的关键举措。数字治理评价具有促进政策制定与决策、数据资产的管理与开发、监督政策执行以及服务社会的重要功能。数字治理体系、数字治理能力和数字治理效果是数字治理评价工作所关注的重点，数字治理评价始终秉持以人民为中心的原则，最终达到提升治理效能的目的。

## 一、功能定位

数字治理评价的功能定位包括四个方面，如图 7-3 所示。

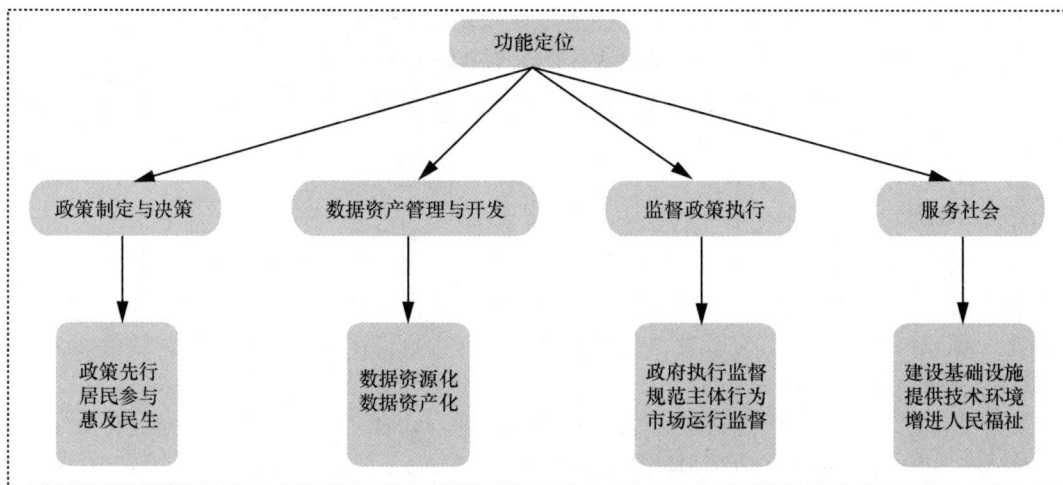

**图 7-3　数字治理评价的功能定位**

### （一）政策制定与决策

数字治理政策制定与决策是数字治理评价的核心功能，政策制定是指针对数字治理问题提出并选择解决方案的过程，政策决策就是政策行动主体围绕一定的机制和目标取向，通过一定的程序进行竞争、协商、合作，确定政策行动最终方案的过程。其功能定位主要以相关理论、国家数字治理政策导向与战略规划为出发点，解决数字时代社会治理的基础性问题。

政策制定与决策不仅是政府的职责，也是公众的权利。随着数字时代的到来，公众对数字治理政策的看法和认识日益加深，共识逐渐凝聚，其意见正逐步纳入政策制定过程。各级政府通过丰富的网络互动形式与公众沟通，了解民情民意，公众也通过数字平台积极参与政策制定与决策。实践中，中央政府出台政策后，各级地方政府迅速制定配套细则，确保政策顺畅实施，让公众能精准操作，享受政策带来的实惠。

### （二）数据资产管理与开发

数字治理是基于数字化的治理，而数字化以数据作为基础，国家数据局负责统筹推进数字中国、数字经济、数字社会规划和建设等，标志着我国数字治理创新驶入快车道，对推进数字治理评价工作具有重要意义。数据资产的管理与开发是数字治理机构的日常事务，主要是指对数据资产进行规划、控制和提供的一组活动功能，包括开发、执行和监督有关数据的计划、政策、方案、项目、流程、方法和程序，从而控制、保护、交付和提高数据资产的价值。数据资产的管理与开发须充分融合政策、管理、业务、技术和服务，确保数据资产保值增值。

数据资产管理与开发涵盖数据资源化和数据资产化两大核心环节。数据资源化是将原始数据转化为有价值的数据资源，侧重于社会治理，致力于提高数据质量、保障数据安全，确保数据的准确性、一致性、时效性和完整性，并推动数据流通。这涉及数据模型、标准、质量、主数据、安全、元数据以及开发管理等多方面。数据资产化则是进一步将数据资源转化为数据资产，充分释放其潜在价值，涵盖资产流通、运营和价值评估等环节。在整个过程中，必须高度重视个人隐私保护，依法合规地进行数据采集、分析和应用，提升数字治理变革中人民群众的安全感。

📖 **专栏7-2：数据资产入表案例**

数据资产，作为经济社会数字化转型进程中的新兴资产类型，正日益成为推动数字中国建设和加快数字经济发展的重要战略资源。同时，随着大数据技术的不断发展，数据已经成为企业核心资产之一。如何合理地对数据进行会计处理，反映数据的价值和贡献，成为企业面临的一个重要问题。

2024年1月1日起，中华人民共和国财政部印发的《企业数据资源相关会计处理暂行规定》正式施行，该规定为数据资源的会计处理提供了明确的指导原则。这一里程碑事件也标志着我国在数据资产入表领域正式进入实际操作阶段，随后，数据资产入表在全国各地各行业开始争相涌现，如数据资产入表第一单、全国首单工业互联网数据资产入表、全国首个电力数据产品资产评估等案例。

**温州实现数据资产入表第一单**

2023年10月，浙江省温州市大数据运营有限公司的数据产品"信贷数据宝"完成了数据资产确认登记。温州市财政局在通告中称，这是温州数据资产确认登记第一单，也是目前国内有公开报道的、财政指导企业数据资产入表第一单。

信贷数据宝是基于温州政务区块链的"数据资产云凭证"体系研发的数据产品，主要功能是通过个人或企业授权后，在确保隐私和数据安全的前提下，为金融机构提供与信贷业务相关的数据服务，以此简化申贷材料和流程，提高授信审批效率和银行核查精准度。

将数据主体授权信息上链，形成数字资产云凭证，这就有效降低了信息认证、存证、追踪、关联、回溯等方面的烦琐性和风险性，实现信贷平均办理时间从之前的近10个工作日压缩到1~2个工作日。据统计，自上线以来，截至2024年年底，信贷数据宝对接多家金融机构推出贷款产品42项，累计授信1 642亿元，用信517亿元，惠及用户44.2万户。

**全国首单工业互联网数据资产入表案例在桐乡落地**

2024年1月，全国首单工业互联网数据资产化案例在浙江省桐乡市落地。作为桐乡市数据资产化先行先试企业，浙江五疆科技发展有限公司（以下简称"五疆发展"）已完成数据资产入表准备，并正式启动入表工作。

五疆发展本次试点形成的数据资产是化纤制造质量分析数据资产。通过感知、汇聚来自工艺现场的生产数据，经清洗、加工后形成高质量的数据资源，用数据融通模型计算分析后，可实时反馈并调控、优化产线相关参数，也可实现对产品线关键质量指标的实时监控和化纤生产过程总体质量水平的实时评级，从而达到提高化纤产品质量、提升企业质量管理能力、提高经营效能的目标。2024 年 3 月，化纤制造质量分析数据资产包含 2 787 万条质量管理数据，物理化验数据、过程质检、控制图数据、对比指标参数、指标报警、预警趋势、不合格率等共 27 个数据模型，质量指数、合格率、优等率、稳定度等共 38 类指标体系。使用系统后，数据要素驱动的品控体系日臻完善，质量管理效率和管理水平持续提升，质量成本年下降 6.81%，客诉率年下降 35.72%。

**全国首个电力数据产品资产评估案例落地**

2023 年 12 月，受国网浙江省电力有限公司子公司——国网浙江新兴科技有限公司委托，浙江大数据交易中心联合浙江中企华资产评估有限公司、中国质量认证中心，按照中国资产评估协会《数据资产评估指导意见》，全国信息技术标准化技术委员会《信息技术 数据质量评价指标（GB/T 36344—2018）》、中国质量认证中心《数据产品质量评价技术规范（CQC9272—2023）》等数据质量标准，完成了双碳绿色信用评价数据产品的市场价值评估工作。

这是全国第一单电力行业数据资产市场价值评估案例，也是国内第一单在数据交易所提供市场参考价的基础上，采用市场法公允价值与成本法相结合的方法进行评估的案例。

### （三）监督政策执行

数字治理评价不仅具有政策制定与决策的功能，同时还具有监督政策执行的功能，监督政策执行是推进数字治理政策执行的一个重要撬动机制。监督政策执行功能是指监督主体从一定的制度、法规依据出发，对政策的制定、执行、评估及终结进行监视和督促的活动。监督政策执行功能是数字治理机构的必要职能，除了完成一定日常事务性工作，还需对下属机构和市场运行进行监督与管理。数字技术的应用、数字产业的发展都需要依据相关的产业标准和法律规范来执行，这里的监督主要针对政府、社会和市场三类主体行为进行规范。一是要对各级政府执行数字治理政策和数字治理过程进行监督，严厉打击数字治理运行过程中的贪污腐败、官商勾结等违法犯罪的行径；二是要对社会组织和个体的政策参与过程进行监督，保障社会力量的有序参与，使政策执行过程公开透明；三是要对市场运行中数字产业、行业的运转进行日常引导与监督，为数字治理打下良好的经济基础，营造良好运营环境。此外，数字治理机构还需承担对数字治理手段的选择和评价，对执行效果的评估、对执行机构的考核等相关职能，这些职能也涵盖在数字治理的监督职能之内。

### （四）服务社会

服务社会是指以提供劳务的形式来满足社会需求的社会活动，在数字治理机构的功能定位中，服务社会功能是各级机构的交叉部分，其中既包括了省级数字治理层面的社会服务，也包括地市级及以下机构具体事务处置方面的社会服务，为地方数字治理提供全面服务。随着数字治理体系建设的不断推进，电子政务、数字治理等都将成为未来发展方向，数字治理的服务社会功能一方面表现为地方政府提供数字基础设施建设，包括数据库开放与端口接入服务、数据共享方式和共享标准、数据资源的市场化配置等；另一方面表现在为数字产业发展提供技术环境，合理引导产业集聚，并配合地方政府进行数字治理、精准治理，推动数字城市建设。

国家与社会的发展依赖于每个人的付出。服务社会不是空谈，而是要在日常生活中践行。

数字治理的成效，最终要体现在人民的获得感、幸福感和安全感上。在数字治理中，应运用数字技术为社会公众提供精细化、个性化和有温度的服务，确保服务精准到位，实现扁平化、数据化、精细化的管理。这不仅能更好地回应人民关切，增强其对数字治理的信任，还能提升公众满意度。同时，数字治理工具应充分考虑不同人群的数字技术运用能力和信息获取能力差异，特别要关注并回应弱势群体的需求，努力消除数字鸿沟，实现数字包容。这样，数字治理与社会服务将更为精细和包容，确保每个居民，特别是弱势群体，都能享受到数字治理带来的红利，共享成果，从而增进人民福祉，促进社会公平与和谐。

## 二、核心要素

在国家治理体系和治理能力现代化背景下，数字治理评价的核心要素包括数字治理体系、数字治理能力和数字治理效果三个方面，如图 7-4 所示。

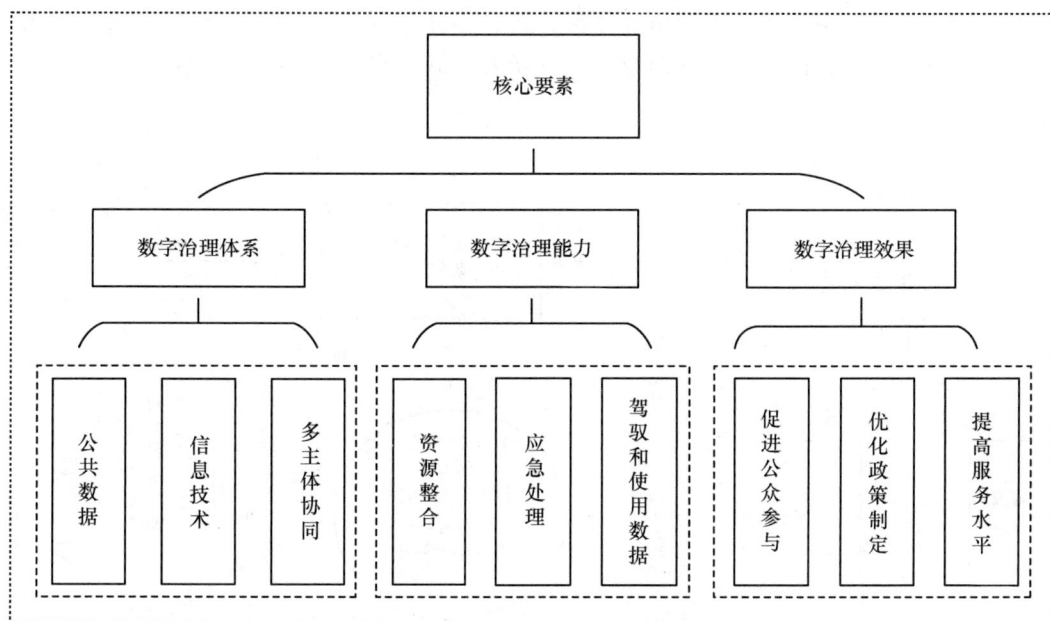

**图 7-4　数字治理评价的核心要素**

### （一）数字治理体系

数字治理体系实现了从单一政府治理到多元主体协同的转变，涵盖治理机制、架构和机构设置，由政府、市场、社会组织及公众共同参与，各展所长，形成协同治理的新格局。相较于传统治理，数字治理在公共数据、信息技术和多主体协同方面展现出独特优势。

### （二）数字治理能力

评价数字治理能力的关键在于治理主体能否满足社会数字化需求，涵盖资源整合、应急处理、驾驭和使用数据等方面。资源整合能力体现在通过改革消除数据共享障碍，有效整合政务、企业和社会数据，实现资源价值最大化。应急处理能力则要求快速洞察城市数据，精准科学地做决策，以预防并应对重大风险。而驾驭和使用数据的能力则是将数字思维和技术融入治理体系，深化和拓展数字治理。

## （三）数字治理效果

数字治理效果的核心在于确保治理成果真正满足人民期待，具体表现为促进公众参与、优化政策制定、提高服务水平。借助数字化手段，政府能更全面地评估数字治理效果，通过精准数据分析提高政策评估能力，辅助政府做出符合公共利益的决策。简而言之，数字化和智能化手段将增强社会治理的科学性、透明性、民主性、多元性和包容性，进而提升治理效能。

## 三、基本逻辑

数字治理评价以人民为中心，在现有投入的数字基础设施建设和数字资源供给的基础上，通过政府数据控制、网络舆情管理和社会公众参与的方式，遵循既定指标选取原则和标准，分别从战略层、管理层、技术层和服务层四个方面出发，结合实际情况选取相关具体指标，构建一套针对数字治理的评价指标体系，选择评价方法，得出数字治理的绩效，对现有的数字治理进行评价并应用，以提升数字治理能力和治理效能。数字治理评价的基本逻辑如图 7-5 所示。

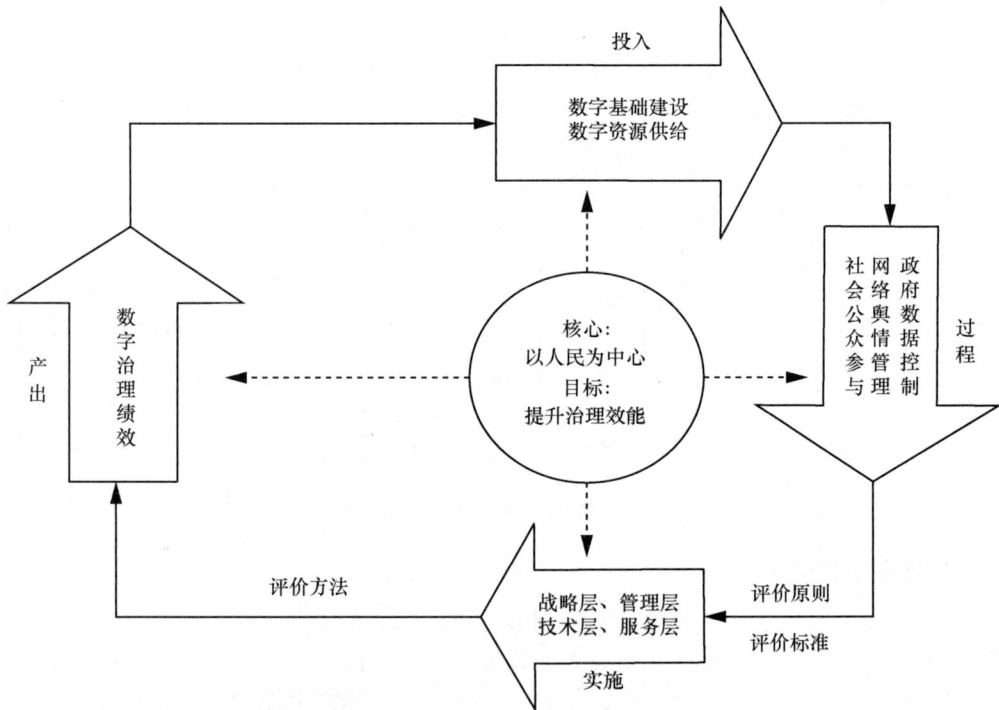

图 7-5　数字治理评价的基本逻辑

## 第四节　数字治理评价的实施步骤

进行数字治理评价，首先要确定评价对象，根据评价对象设定评价目标，并在此基础上选择评价指标。为了提高测量结果的可信度，专家运用其专业知识对评价结果进行验证，使最终的评价结果遵循数字治理评价的基本逻辑。数字治理评价的实施步骤如图 7-6 所示。

```
                    ┌─────────┐
                    │  开始   │
                    └────┬────┘
                         ↓
                  ┌──────────────┐ ←─────────┐
                  │   评价对象   │           │
                  └──────┬───────┘           │
   ┌ ─ ─ ─ ─ ─ ─ ─ ─ ─ ─┼─ ─ ─ ─ ─ ─ ─ ─ ┐  │
            ┌──────────────┐                  │
   │        │   评价目标   │               │  │
            └──────┬───────┘                  │ 未通过
   │   ┌───────────┼───────────┐           │  │
   ┌────────┐           ┌────────┐            │
   │ 评价指标 │ 评价原则  │ 评价方法 │         │  │
   └────────┘           └────────┘            │
   └ ─ ─ ─ ─ ─ ─ ─ ─ ─ ─┼─ ─ ─ ─ ─ ─ ─ ─ ┘  │
                  ┌──────────────┐            │
                  │   测量结果   │            │
                  └──────┬───────┘            │
                         ↓                    │
                    ◇─────────◇               │
                    │ 专家判断 │──────────────┘
                    ◇────┬────◇
                      通过│
                  ┌──────────────┐
                  │   评价结果   │
                  └──────┬───────┘
                         ↓
                    ┌─────────┐
                    │  结束   │
                    └─────────┘
```

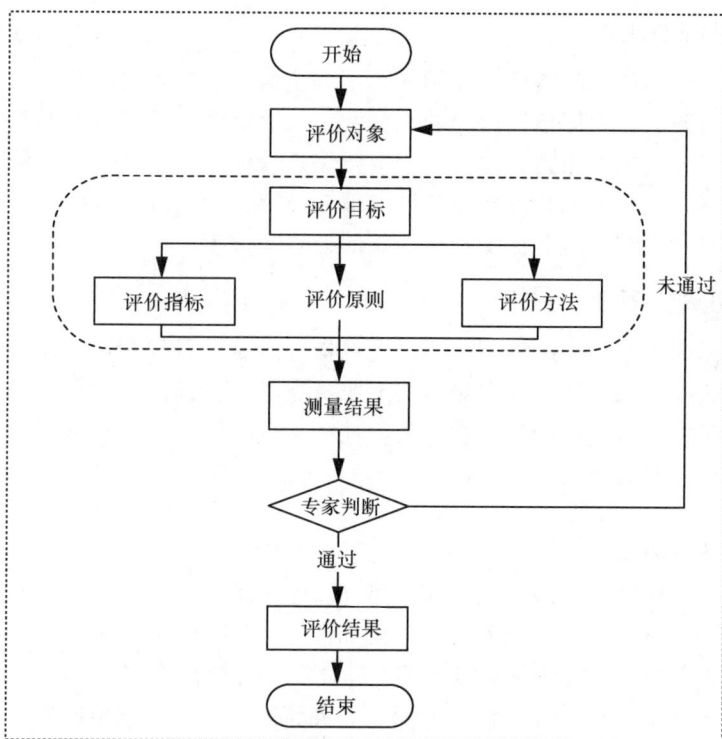

**图 7-6 数字治理评价的实施步骤**

## 一、评价指标选取原则

### （一）目标导向性原则

数字治理的评价指标设计要以以人民为中心的发展思想为导向，重视整个社会的长期目标、整体目标，从而使评价指标起到战略引导作用，并且在评价指标体系应用过程中推动目标的实施，以最新的战略政策为出发点，有利于推动全社会可持续发展。

### （二）遵循科学性原则

指标体系的构建必须遵循科学性原则。数字治理评价的指标体系以数字治理体系框架和数字治理成熟度模型等有关理论为依据，并结合数字治理过程进行指标选取，确保指标体系的科学性。构建数字治理评价体系时既要注重学术理论作用，又要强调科学实用价值。一方面指标体系构建需要可靠的相关理论作为支撑，并且使用科学的评价方法；另一方面也要采用具有应用价值的指标要素，从而完整反映评价对象，使得评价结果具有科学指导意义。

### （三）突出重要性原则

数字治理评价指标体系构建要客观选择对应的指标要素，应具有代表性，能有效反映数字治理各维度的发展水平，既不能过于细化烦琐导致采样分析产生较大误差，也不能过少过简难以反映实质性问题。因此，在指标体系构建上应把握重要性原则，识别并聚焦于数字治理中最关键的领域，如数据安全、隐私保护、数字基础设施建设、数字服务效率等，确保所选指标能够覆盖这些核心领域。

## （四）全面系统性原则

数字治理评价指标体系的构建应该确保指标的全面性，全面反映数字治理评价相关要素和各个有关环节的关联，确保指标内容的充分性，从而全面地评价数字治理水平。在设计评价指标体系时，应突出重点原则，同时，一定要保证指标的全面性，数字治理评价体系应从全局出发，注意整体性，也就是说指标体系应覆盖数字治理的各个方面、各个角度、各个层级，确保指标全面、系统，避免影响指标体系的信度和效度。

## （五）客观可量化原则

为了保证指标标准及评价的客观公正，设置指标应该尽量按照可量化原则，充分考虑企业客观实际，按照战略层、管理层、技术层及服务层等，分部门、分业务，尽量设计量化评价指标和标准，避免评价过程的主观性、模糊性和不确定性，且所选指标要具体，均能通过官方平台获取并可进行定量处理。

## 二、评价指标选取标准

社会中各行业、领域和部门均设有评价指标，这些指标在名称和业务含义上可能存在差异。选取合适的评价指标是实现数字治理评价标准化、规范化的基石，也是确保指标质量的关键。数字治理评价指标标准是在基础指标上进一步融入统计维度、计算方式和分析规则等，为指标项提供统一的定义和管理。该标准涵盖业务、技术和管理三个属性，与基础数据标准相辅相成。评价指标选取标准如图 7-7 所示。

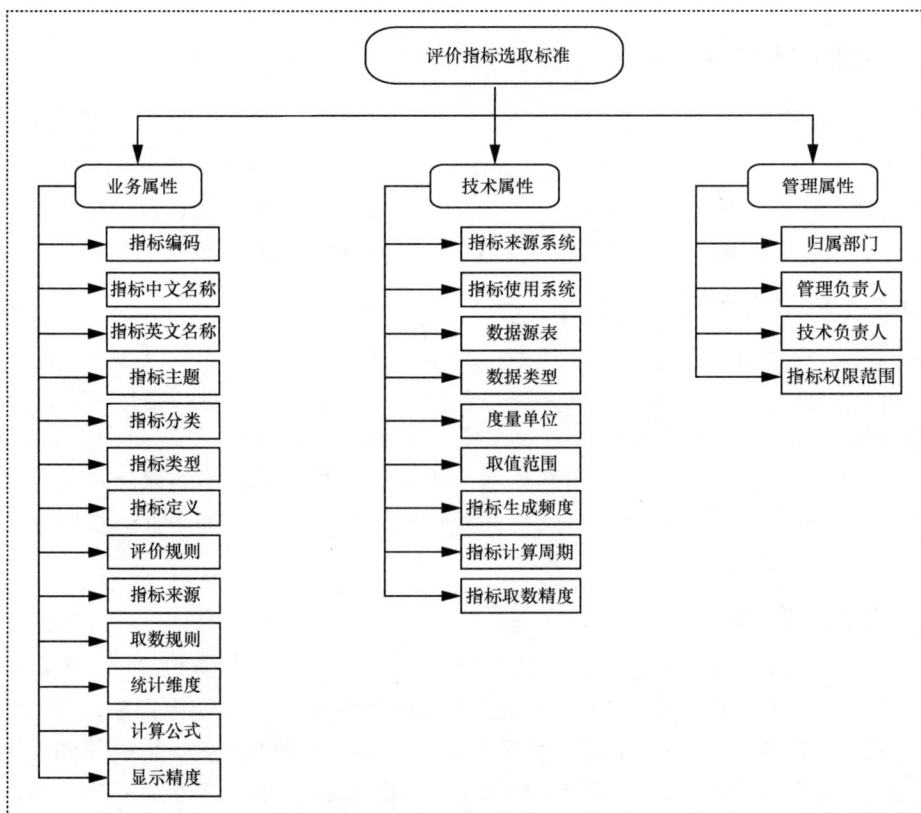

图 7-7  评价指标选取标准

### 三、评价指标层级设计

数字治理评价围绕战略、管理、技术和服务四个评价对象进行指标层级的设计。

#### （一）战略层

战略层将主要对制定的相关政策文件的数量进行统计以确定在该类指标下数字治理机构的职能体现状况，其中包括针对数字治理规范化和标准系统的开发与应用的文件数量、数字治理发展状况及其带来的经济产值和社会效益等数据。

#### （二）管理层

管理层将集中对数字治理机构日常事务管理职能进行评价，可以通过数字治理机构或部门建设的状况来反映该类指标，例如数字治理机构的数量、规模以及治理的效果，同时还需对治理政策制定人员、治理决策实施人员数量和以培训时长为衡量标准的治理相关团队建设的指标进行评估。

#### （三）技术层

技术层主要反映在对数据资源开发的技术利用方面，元数据、主数据、混合云、大数据和微服务的开发将通过实际的数据表现来反映；数据可视化、数据模型数量以及用户对数据开发效果的主观感受都将作为评价指标，为数字治理机构技术层的职能体现提供参考。

#### （四）服务层

服务层将侧重对数字治理方面所呈现出来的信息进行评估，主要考察数字政府平台和数字政务服务平台的建立与否、数字治理的数字化实现水平、数字公共产品提供数量及其财力投入数据，可以由公众通过李克特 10 级量表法反映的满意度进行综合评价。

### 四、评价指标体系构建

评价指标体系呈递阶层次结构，通常分三级，框架结构如图 7-8 所示。一级指标聚焦战略决策与规划发展，基于顶层框架确定，并细分出多项二级指标。二级指标是对一级指标的进一步细化，其选取和设计遵循一级指标层级，每项下再设三级指标。一级、二级指标为指数型，数值通过下一级指标算法计算得出，不直接用于数据采集。三级指标在二级指标框架下设计，专门用于数据采集与测算。

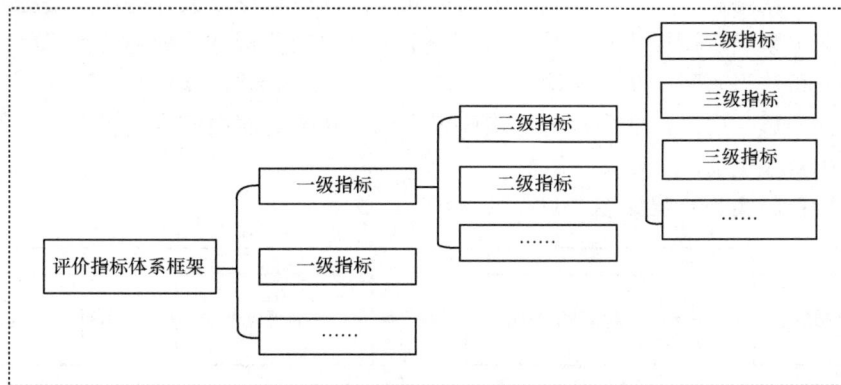

图 7-8　评价指标体系框架图

资料来源：祝守宇，蔡春久. 数据治理：工业企业数字化转型之道[M]. 北京：电子工业出版社，2020.

结合数字治理的实施情况，在战略层、管理层、技术层和服务层四个层面选择了不同的二级及三级指标构建了数字治理评价指标体系框架，如表 7-1 所示。表 7-1 中的指标仅供参考，读者在对数字治理评价进行深入研究时，可结合自身研究侧重点构建具体的数字治理评价指标体系。对于定量指标，可搜集数据为指标赋值；对于定性指标，可以请专家为指标打分，并请专家提出改进建议和意见，最后得出指标的综合评分。

表 7-1　数字治理评价指标体系框架

| 一级指标 | 二级指标 | 三级指标 |
|---|---|---|
| 战略层 | 政策制定<br>产业引导<br>法规与标准 | 法规文件<br>文件使用效果<br>标准化系统<br>政策引导<br>产业培育 |
| 管理层 | 数据收集<br>数据管理<br>数据开发<br>数据共享 | 数据收集功能<br>储备功能<br>开发效果<br>数据共享程度<br>团队技术力 |
| 技术层 | 数据可视化<br>数据模型 | 数据可视化<br>效果评价 |
| 服务层 | 数字治理<br>智慧城市建设 | 治理手段的选择<br>治理的效果评价<br>基础设施提供<br>城市功能智慧化程度 |

## 五、数字治理评价方法

### （一）层次分析法

层次分析法是将与决策有关的元素分解成目标、准则、方案等层次，在此基础之上进行定性和定量分析的方法，具有系统、灵活、简洁的优点。层次分析法通过层层拆解复杂问题，明确其要达到的最终总目标，将问题拆解为不同层次的指标及要素，并按照指标要素间的相互关系及隶属关系确定指标集群，从而形成一个多层次的分析结构模型。为了将比较判断定量化，层次分析法引入了 1-9 标度法，形成判断矩阵，再通过计算判断矩阵的最大特征根及其对应的特征向量，按照由低到高的层次确定指标层对准则层中元素的相对权重值，最终确定目标层的相对权重值。

层次分析法的实施步骤如图 7-9 所示。

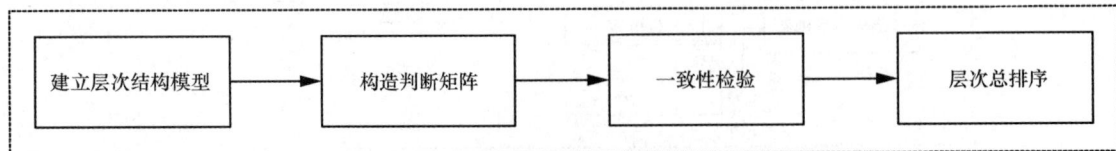

建立层次结构模型 → 构造判断矩阵 → 一致性检验 → 层次总排序

图 7-9　层次分析法实施步骤

（1）建立层次结构模型。层次结构包括最高层、目标层、准则层和指标层，进而确定目标层与准则层之间、准则层与指标层之间的逻辑隶属关系，并在此基础上比较各元素的重要性，进行相应的赋值。

（2）构造判断矩阵。在建立层次结构模型后，请专家、学者及相关人员采用 1-9 标度法构造判断矩阵，使判断定量化。

（3）一致性检验。在进行重要性评价的过程中，因为客观事物的复杂性和评价的主观性、片面性，导致存在逻辑矛盾，如 A 比 B 重要，B 比 C 重要，C 又比 A 重要的情况有违常识。因此，为保证结论合理，需要对判断矩阵进行一致性检验，一般采用 CR（一致性比率）指标进行检查。

（4）层次总排序。层次总排序是确定下级指标相对上级指标元素的合成权重，计算出各判断矩阵的特征向量即单排序权重值后，根据层次关系逐层计算合成权重。

### （二）问卷调查法

问卷调查法是感知评价效果的重要测量方式，基于具有公众认同度的问卷调查法对数字治理的效果进行测评，能减少测量过程中的公共价值损失。因此，在维度识别的基础上合理设计问卷，通过问卷调查收集和分析数据，对数字治理绩效进行测评。

问卷调查法具体实施步骤如下。

（1）根据对数字治理的功能定位的解读以及绩效维度的识别，遵循既定原则，参考已有数字治理文献和书籍中的相关指标，按照维度的指向内容，梳理出初步的指标体系，再进行头脑风暴式讨论，构建由目标、维度、具体指标形成的数字治理评价指标体系。

（2）根据初始指标设计问卷，与参与者进行深度访谈，根据实际需求新增、删除、修正部分指标，按照四个维度（主题维度、时间维度、人口统计维度、行为维度）的指向内容，将这些指标置于对应的维度之下，以做进一步的讨论。

（3）为了增强指标体系的科学性和规范性，可采用德尔菲法（专家咨询法之一）对来源于文献梳理和头脑风暴法的初筛指标和观察与访谈形成的指标进行调整和完善。针对实践性、应用性要求较强的测评，咨询专业领域的专家学者，他们多年的扎根研究经验，能对指标的修正起到较大的作用，这对建立一套规范的、可应用的问卷指标非常关键。

图 7-10 为问卷调查法的实施步骤流程图。

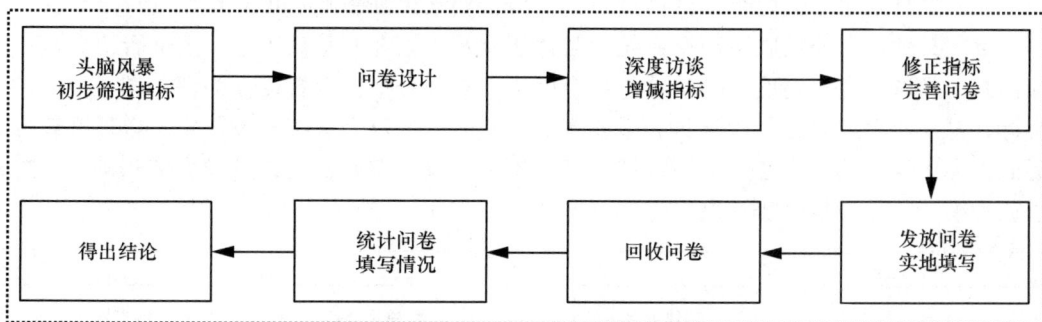

图 7-10　问卷调查法实施步骤

### （三）基于熵权法的 TOPSIS 模型

基于熵权法的 TOPSIS（Technique for Order Preference by Similarity to Ideal Solution）模

型通过对测度指标进行客观赋权与数据分析，获得数字治理能力排名结果。基于熵权法的TOPSIS 模型在计算数据时，首先会利用熵值计算得到各评价指标的权重。熵权法是一种客观赋权的方法，它是根据评价指标数值的变异程度反映其包含的信息量，进而得到各个指标的信息熵的方法。信息熵越小，说明该指标所表达的信息越丰富，在综合评价中获得的权重越大。熵权法能减弱评价指标权重的主观性，且可直观判断指标信息量的有效性，更符合实际操作的需求。TOPSIS 法又称为优劣解距离法，该方法利用对有限个数的评价对象与理想化目标接近程度进行排序的方式，对研究目标进行相对优劣评价，是多目标决策分析中的常用方法。作为一种逼近理想解的排序法，TOPSIS 法具有计算简便、对样本量要求不大、结果清晰合理等优势。基于熵权法的 TOPSIS 模型结合了两种方法的优点，使数字治理能力的测度结果更具客观性、合理性。图 7-11 为基于熵权法的 TOPSIS 模型的实施步骤流程图。

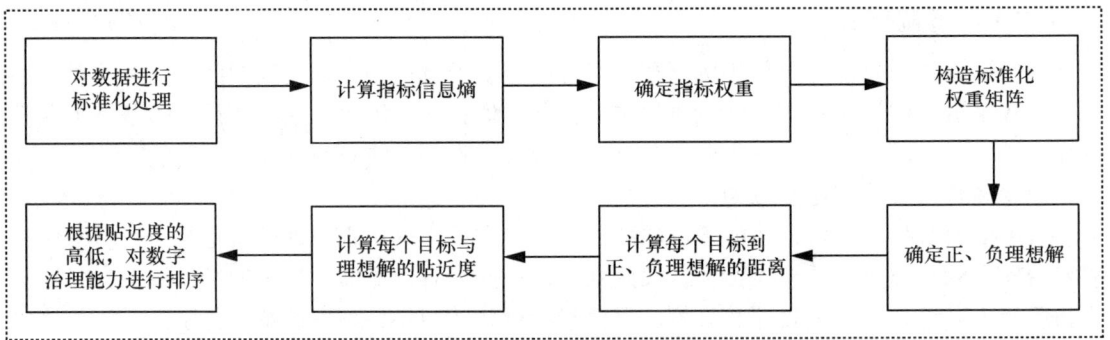

图 7-11 基于熵权法的 TOPSIS 模型实施步骤

### （四）耦合协调度模型法

社会是一个复杂系统，资源、生态、经济、社会等不同系统之间存在多元内在耦合关系。随着对科学发展观认识的深入，对一个地区或社会发展程度的评判已经从单纯的发展水平转向基于协调水平与发展水平的整体均衡发展评价。因此，耦合效应与耦合协调发展度已经成为有效的评价研究工具。

耦合协调度是对两个系统中信息或参数相互依赖、相互关联程度的度量，它取决于系统之间的协调发展水平。把两个系统通过各自的耦合要素相互影响、相互作用的程度定义为系统耦合度，其数值大小反映了两个系统的整体协调水平。在此基础上，构建耦合协调度评价指标体系，通过耦合协调度模型对系统耦合度进行实证分析。耦合度作为评价耦合程度的重要指标，对判断系统耦合的状态具有重要意义。然而，当两个系统的贡献水平数值都较低且相近时，会出现不具现实意义的较高耦合度结果。因此，需要在耦合度模型的基础上增加耦合协调度模型。构建耦合协调度模型的步骤如图 7-12 所示。

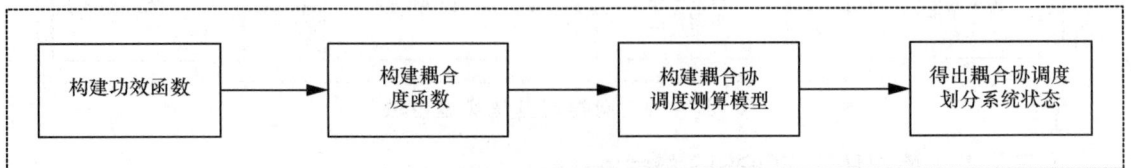

图 7-12 构建耦合协调度模型的步骤

# 第五节 数字治理评价指标应用和管理过程中的挑战

进行数字治理评价工作必须具有完善的评价指标体系，其中评价指标是基础，也是根本，因此指标的选取、应用与管理至关重要。然而，在实际操作中，指标的设定与管理往往面临诸多挑战。例如，指标定义和口径不统一可能导致沟通障碍，影响评价结果的准确性；指标体系不完整可能限制对治理成效的全面分析；指标追溯困难增加了问题定位和责任明确的难度。这些问题是数字治理评价工作中亟待解决的关键难题。

## 一、指标口径不统一

在数字治理评价指标体系的构建过程中，可能会存在数据指标的名称相同，但统计口径、计算方法却有较大差异的情况；或者反过来，数据指标的计算方法相同，但名称却各异。定义不统一的指标会带来极大的沟通障碍，使评价效率降低，导致"差之毫厘，谬以千里"，达不到预期的评价效果。

## 二、指标体系不完整

数字治理各主体根据自身需求会制订一部分量化指标，但不够全面，也缺乏方法论指导，不利于提升对数字治理评价的整体分析和应用能力，且在使用过程中会孤立地强调某些指标的重要性，而忽略综合分析、长期跟踪与定期比对指标的重要性。若构建的数字治理指标缺乏整体考量，而且指标分析方法选择不准确，可能会产生错误的分析结果，进而影响数字治理评价指标体系的运行与决策。

## 三、指标问题追溯难

数字治理评价指标有一些需要经过多重计算才能得到，有些指标需要经过很长的加工处理过程才能得出，如果无法追溯指标的加工处理过程，就无法获悉指标所用的数据来源，也就无法快速找出指标出错的原因和对应的责任主体。指标的一致性、完整性、准确性和可追溯性难以得到保证，出现问题时各主体间相互推诿的情况时有发生，这些都导致了评价指标问题难以解决。

---

📖 **专栏7-3：数字治理评价指标应用与管理挑战的实际案例**

**一、案例背景**

近年来，随着数字技术的快速发展，A市政府积极推进数字治理工作，以提高政府管理效率和服务水平。为了衡量数字治理的成效，A市政府制定了一套数字治理评价指标体系，并将其应用于实际工作中。然而，在评价指标的应用和管理过程中，A市政府面临若干挑战。

**二、案例描述**

**1. 指标设定与实际执行的偏差**

A市政府在设定数字治理评价指标时，希望能够全面反映政府各部门的数字化水平和服务能力。然而，在实际执行过程中，部分指标过于理想化，与实际情况存在较大的偏差。例如，某项指标要求政府部门实现90%以上的政务服务网上办理率，但由于部分老年人和偏远地区居民对网上办事不熟悉，导致实际办理率远低于指标要求。

---

**2. 数据采集与整合的困难**

在数字治理评价过程中，数据采集与整合是关键环节。然而，A市政府在实际操作中遇到了以下问题：首先，各部门之间的数据标准不统一，导致数据难以直接比较和分析；其次，部分部门对数据安全和数据共享的担忧导致数据共享意愿不高；最后，由于技术限制和人员配置不足，数据采集和整合的效率低下。

**3. 部门间协同合作的挑战**

数字治理评价需要多部门共同参与和协同合作。然而，在实际操作中，A市政府遇到了以下问题：首先，部分部门对评价指标的理解和认识存在差异，导致填报数据时出现偏差；其次，由于部门间职责划分不明确，导致在数据共享和协同工作时出现推诿扯皮现象；最后，由于部门间的利益冲突和沟通不畅，导致协同合作困难重重。

**4. 评价结果反馈与应用的局限**

A市政府虽然对数字治理评价结果进行了反馈和通报，但在实际应用中仍存在局限。首先，评价结果往往以报告形式呈现，缺乏直观、易懂的可视化展示；其次，评价结果往往被用于政府内部考核和奖惩，而未能充分发挥其在改进数字治理工作中的指导作用；最后，由于缺乏对评价结果的深入分析和研究，导致改进措施和建议缺乏针对性和实效性。

**三、案例分析**

**1. 指标设定应贴近实际**

A市政府在设定数字治理评价指标时，应充分考虑实际情况和可行性，确保指标既具有前瞻性又具有可操作性。同时，应建立指标动态调整机制，根据数字治理的发展变化及时调整指标体系。

**2. 加强数据标准化和共享**

为了解决数据采集与整合的困难，A市政府应加强数据标准化建设，确保各部门之间的数据标准统一。同时，应建立数据共享机制，促进各部门之间的数据共享与交换。此外，还应加强数据安全保护，确保数据在共享过程中不被泄露或滥用。

**3. 加强部门间协同合作**

为了克服部门间协同合作的挑战，A市政府应明确各部门的职责和任务分工，建立有效的沟通机制和信息交流平台。同时，应加强对各部门的培训和指导，提高其对数字治理评价指标体系的认识和理解。此外，还应建立奖惩机制，激励各部门积极参与数字治理评价工作。

**4. 加强评价结果反馈与应用**

为了充分发挥数字治理评价结果在改进数字治理工作中的作用，A市政府应加强对评价结果的反馈和应用。首先，应建立直观、易懂的可视化展示平台，方便公众了解数字治理的成效；其次，应加强对评价结果的分析和研究，提出有针对性的改进措施和建议；最后，应将评价结果与政府绩效考核和奖惩机制相结合，推动数字治理工作的不断完善和发展。

**四、案例启示**

本案例揭示了数字治理评价指标应用与管理过程中可能遇到的挑战和问题。深入分析这些问题产生的原因和解决方法，可以得出以下启示：在推进数字治理工作时，应注重指标设定的科学性和合理性；加强数据标准化和共享；加强部门间协同合作；加强评价结果反馈与应用。这些措施将有助于提升数字治理评价工作的质量和效果，推动数字治理工作的深入发展。

## 第六节　数字治理能力的优化路径

对数字治理工作进行评价，一方面，通过直观展现数字治理的成效，让公众更好地感受到数字化带来的便利与福祉，提升对治理体系的认同感与归属感；另一方面，还能系统梳理现阶段数字治理中存在的不足，精准定位问题根源，为制订针对性改进措施提供科学依据。同时，通过评价探索优化路径，如提升组织效能、改善服务质量、激发公众参与和促进治理空间和谐，从而推动数字治理向高效、精细和可持续方向发展。

### 一、组织赋能：从多元主体到整体高效智治

科技和金融的发展显著地提升了风险社会的系统脆弱性，传统治理模式无法应对现代社会转型下的叠加风险。互联网等信息技术的普及一定程度上也对社会矛盾起到了激化、放大的作用，线上与线下让虚拟与现实交织，使治理环境更具复杂性。由于风险社会的脆弱性、时代发展的不确定性、社会矛盾的激发性，社会迫切需要数字治理主体有所作为，提升组织效能。

数字治理主体分工协作，有利于提升治理能力，因此，数字治理需要多元主体参与。相对于公众自发的草根型社会组织和自利性强的市场组织，以公共权威为合法性基础的政府具有统一行动能力强、配置资源能力强、协调各方关系能力强、处理危机能力强的优势，因此其应当在数字治理中发挥主导作用，但社会主体、市场主体等其他主体也具有不同的权威和利益，可以发挥不同效应，所以在数字治理过程中各主体应相互协作、相互监督。

数字平台依托万物互联，建立信息共享机制以打破信息孤岛，提供实时、高效、畅通的沟通渠道，避免因时间延误带来的资源浪费和任务重复流转带来的低效率协作，为解决数字治理碎片化问题提供了可能。数字平台在强化职能部门力量支撑的基础上，将建设、城管、公安、司法、信访与社区物业服务管理等与公共或私人生活密切相关的部门纳入其中，实现了数字治理体系内部整合，完善自下而上的问题流转及解决机制，通过"微服务"窗口实现碎片化整合以更好地服务居民，从而实现数字治理的高效智治。图 7-13 展示了数字治理组织赋能的优化路径。

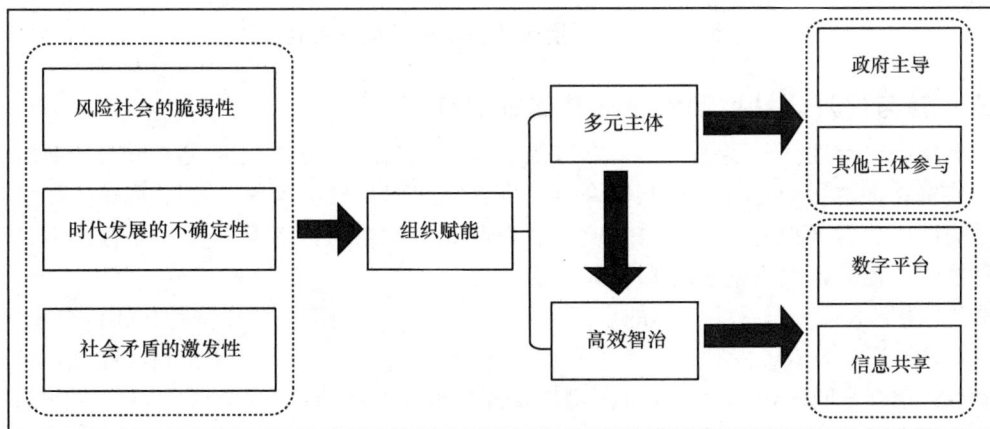

图 7-13　数字治理组织赋能的优化路径

### 二、服务提质：从粗放式到精细化的需求满足

在时代转型和社会经济高速发展的当下，居民对社会服务需求也愈加明显地呈现出多

样性、多层次性和复杂性的特点。社会服务存在的供需不匹配的问题已经成为社会治理内部难以突破的瓶颈，原有粗放式的服务已经难以满足居民的需求。数字化技术适时而出，以居民需求为导向，通过场景化、全过程的技术治理实现服务供需匹配，提高治理效果。

通过数字技术分析需求端，以线上线下联动的方式提供与需求相符的服务，线上服务注重服务的及时高效性，线下服务注重服务的质量反馈，实现精细化的闭环管理。社会治理在数字化技术的嵌入下，实现了从条目式清单迈向场景化的全覆盖。一方面，完善数字治理下的城市绿化、文体娱乐、养老等基础设施的监管，促使多地在治理实践中构建起便民服务网络、救助服务网络、卫生服务网络、文化服务网络和治安服务网络，实现医疗、教育、治安等治理场景的全覆盖，在全社会范围内建立起便民生活圈。另一方面，在社会场所内部热点区域设置物联网和终端设备，通过采集影像、图片、音频、文字等多结构信息，建立起立体化的源头信息捕捉体系，做到热点区域捕捉无盲点。

随着数字治理工作的不断开展，数字治理将迎来邻里关系、教育、健康、创业、建筑、交通、能源、服务等众多场景创新。数字治理在形式上看是"数字+治理"，但落脚点还是服务，将主要功能由"治理型"向"服务型"转变，真正将治理融入服务之中，这样才使得数字治理实现"以人为本"的精细化管理。图 7-14 体现了数字治理服务提质的优化路径。

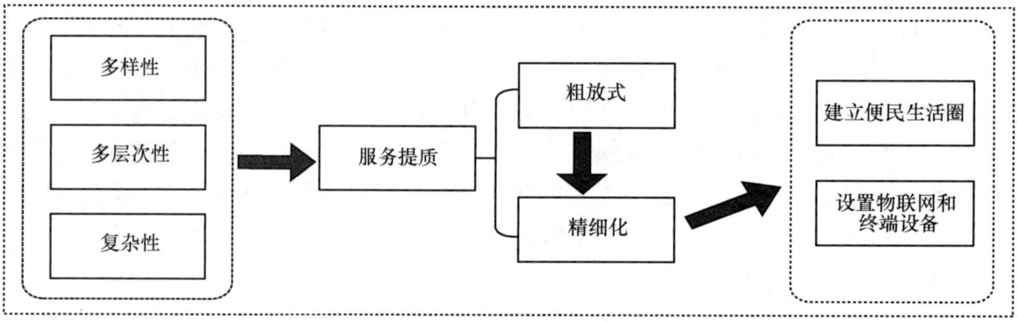

图 7-14　数字治理服务提质的优化路径

### 三、参与提升：从被动到主动共建共治共享

公众是数字治理的重要主体，公众应当直接介入治理事务之中，直接参与治理事务的管理及监督，通过积极参与、相互协商及共同治理来解决社会问题。数字治理亟须摆脱参与不足的困境，需要提升公众参与协商的意识和能力以畅通治理共同体的建构路径，形成人人有责的共建共治共享的公众参与新形态。

首先，强化公众参与数字治理的意愿。在组织动员上，利用以互联网为代表的信息技术，将动员信息推送给公众，提升动员效率；在群体示范上，社会骨干、组织精英是数字治理的关键节点，在互联网媒体技术下，开展网络治理模范评选活动；在自我驱动上，在平台上宣传数字治理活动，使其成为对公众施加影响的来源。

其次，提升公众参与数字治理的能级。大数据、云计算等技术能拓宽公众获得信息的渠道，使公众以开放的视野在网络空间更新知识，深入挖掘与自身权益相关的话题。大数据可以向公众呈现治理现状，如基础设施建设，使公众有参与数字治理事务的信息前提。

　　最后，扩大参与范围。一是拓展政治参与的空间，政府可以通过数字技术挖掘整合，归纳政治参与行为背后的逻辑，通过数理统计、关键词提取、文本分析等方式获得公众的想法和反馈；二是扩大参与外部效应，从政治参与走向志愿参与，依托综合数字平台，汇集各级各部门志愿服务等数据资源，实时呈现各活动、服务的指标数据，积极接收活动开展、群众反响、需求响应等反馈情况，完善公众参与机制。数字治理参与提升的优化路径如图 7-15 所示。

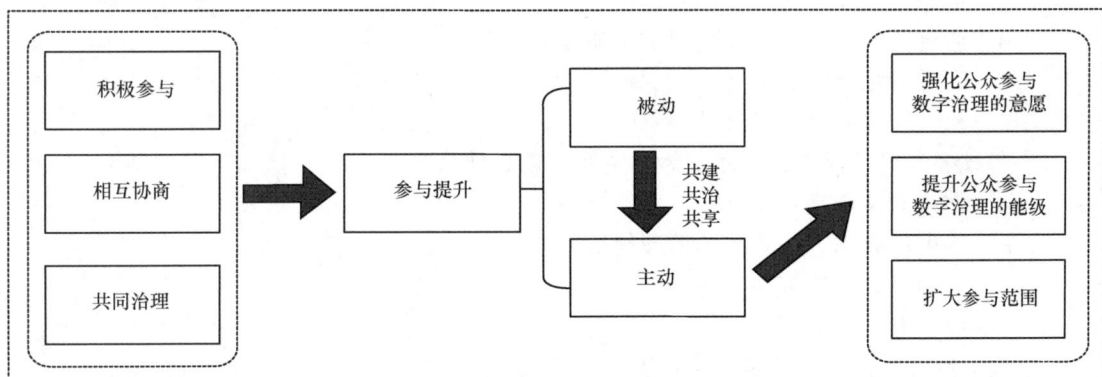

图 7-15　数字治理参与提升的优化路径

## 四、空间和谐：打造可持续的基层治理坐标

　　数字化作为一种治理资源，需要保持自身均等化，这就要求数字治理服务具有普惠性，通过数字化手段促进服务资源下沉，实现数字治理服务达到均等化目标。以医疗领域为例，数字化不仅推动了医疗机构在城乡的全面覆盖，而且通过数字上下联动，建立了分级诊疗、家庭医生等制度，让上层优质医疗服务下沉，让公众获得普惠性医疗服务。又如为加快建设公共文化空间，数字化推进智慧图书馆建设，不仅可以提高公共文化服务的便利性、可及性，提高公共文化设施的综合效益，还可以提高服务内容的均衡性。

　　数字治理共同体的内核在于公众对数字治理的认同感和归属感，即从"陌生人社会"到"熟人社会"，"熟人社会"是信任、合作、归属感的基础。维持社会正义，稳定社会秩序是公众基本需求，通过网络社会的规范建设，强化公众的交流沟通，增强公众对数字治理的归属感和认同感，让社会不仅是物质满足的居住共同体，也是提供情感满足的精神共同体，使数字治理发展具有可持续性。数字治理空间和谐的优化路径如图 7-16 所示。

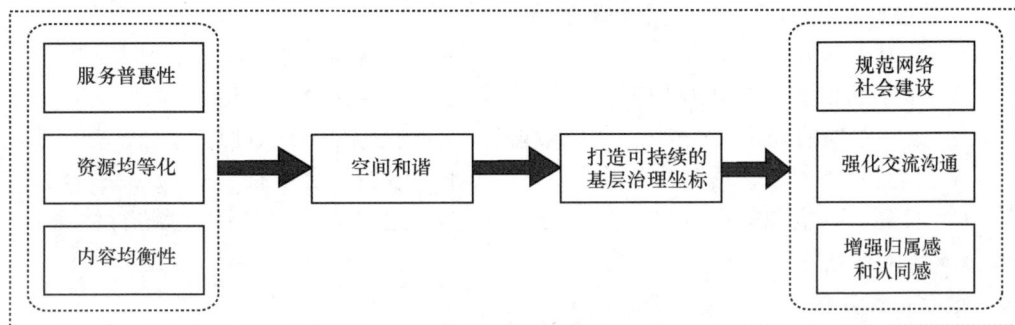

图 7-16　数字治理空间和谐的优化路径

# 知识巩固

## 一、名词解释

数据资产管理与开发　数字技术平台　层次分析法　熵权法

## 二、单项选择题

1. 数字治理中的"人民导向性"强调什么？（　　　）
    A. 以企业为中心进行治理
    B. 通过数字化手段为人民提供优质公共服务
    C. 完全依赖市场调节
    D. 只关注政府内部管理效率

2. 在数字治理过程中，市场主体的主要作用是什么？（　　　）
    A. 促进政策制定和实施
    B. 提供低成本、高效能的治理解决方案
    C. 监督政府的决策和执行
    D. 评估社会慈善事业

3. 数字治理评价的目的是（　　　）。
    A. 评估数字化转型的成效　　　　　　　B. 制订数字化战略规划
    C. 管理组织的数字化风险　　　　　　　D. 提升治理效率和效能

4. 数字治理评价的相关主体是（　　　）。
    A. 政府　　　　　　B. 社会　　　　　　C. 市场　　　　　　D. 以上都是

5. 数字治理评价的功能定位错误的是（　　　）。
    A. 政策制定与决策　　　　　　　　　　B. 数据资产管理与开发
    C. 监督政策执行　　　　　　　　　　　D. 为组织提供便利

6. 以下不属于数字治理评价指标的选取原则的是（　　　）。
    A. 目标导向性原则　　　　　　　　　　B. 普遍性原则
    C. 科学可行性原则　　　　　　　　　　D. 突出重要性原则

7. 数字治理评价标准包括（　　　）。
    A. 业务属性　　　　B. 技术属性　　　　C. 管理属性　　　　D. 以上都是

8. 指标使用系统属于数字治理评价标准的（　　　）。
    A. 业务属性　　　　B. 技术属性　　　　C. 管理属性　　　　D. 以上都不是

9. 一致性检验属于（　　　）的步骤之一。
    A. 层次分析法　　　　　　　　　　　　B. 问卷调查法
    C. 基于熵权法的 TOPSIS 模型　　　　　D. 耦合协调度模型

10. 在数字治理的优化路径中，"组织赋能"的目的是解决什么问题？（　　　）
    A. 信息孤岛问题，增强协作效率　　　　B. 增加社会矛盾
    C. 提高公共资源的垄断性　　　　　　　D. 通过单一的政策手段进行治理

## 三、多项选择题

1. 数字治理评价的方法包括（　　　）。
    A. 层次分析法　　　　　　　　　　　　B. 问卷调查法
    C. 基于熵权法的 TOPSIS 模型　　　　　D. 结构方程模型

2. 在数字治理评价中，需遵循（　　　）。

 A. 目标导向性原则      B. 科学可行性原则

 C. 全面系统性原则      D. 数字融合性原则

3. 数字治理评价指标应用和管理过程中的常见挑战包括（　　　）。

 A. 指标口径不统一      B. 指标体系不完整

 C. 指标问题追溯难      D. 时间和成本压力

4. 数字治理面临的主要挑战包括（　　　）。

 A. 数据标准不统一      B. 部门协同困难

 C. 指标追溯困难       D. 法律法规不健全

5. 数字治理评价的指标可以从（　　　）进行设计。

 A. 战略层  B. 管理层  C. 技术层  D. 服务层

## 四、复习思考题

1. 什么是数字治理评价？它的作用是什么？

2. 数字治理评价的方法有哪些？可以通过哪些指标来评价数字治理的有效性？

3. 在数字化转型的过程中，为什么数字治理评价至关重要？

4. 数字治理中，为什么需要人民的广泛参与？如何保障这种参与？

5. 举例说明一个成功的数字治理评价案例，说明其对组织数字化转型的影响和价值。

6. 在进行数字治理评价时，有哪些常见的挑战？如何克服这些挑战以确保评价的准确性和有效性？

7. 你认为数字治理评价在未来的发展中会有哪些趋势和变化？如何更好地利用数字治理评价来推动组织的数字化转型？

# 第三篇 实践篇

# 第八章
# 数字政府治理

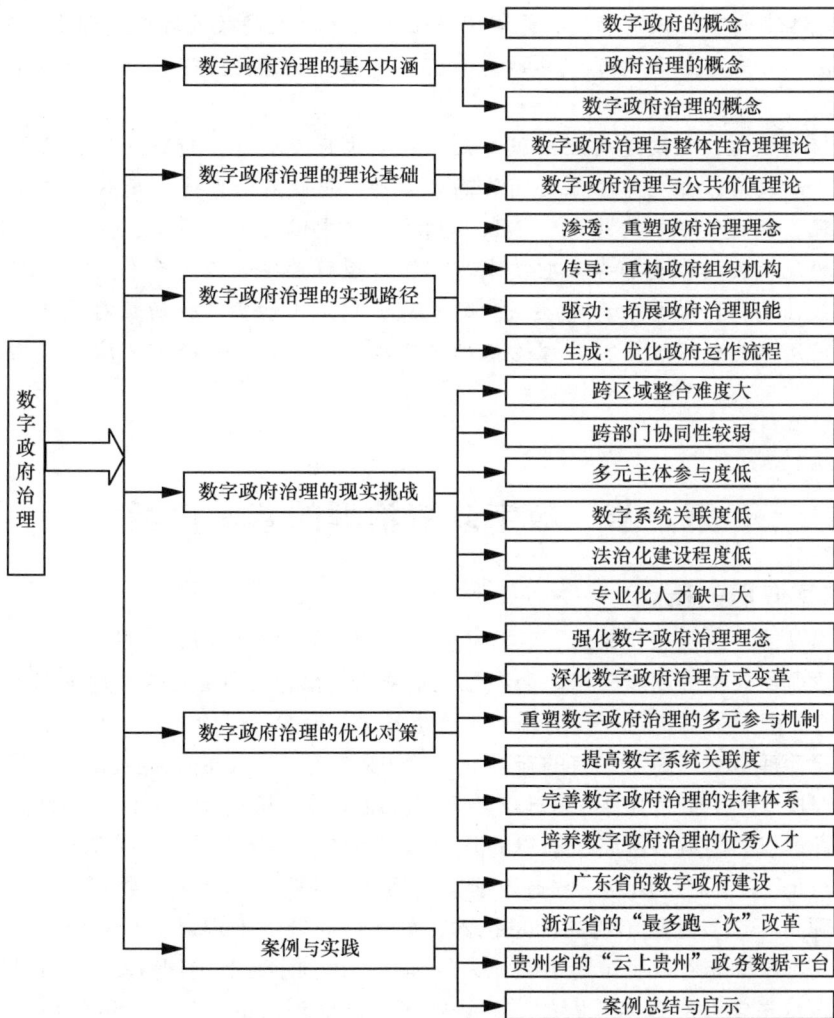

【知识框架图】

数字政府治理

- 数字政府治理的基本内涵
  - 数字政府的概念
  - 政府治理的概念
  - 数字政府治理的概念
- 数字政府治理的理论基础
  - 数字政府治理与整体性治理理论
  - 数字政府治理与公共价值理论
- 数字政府治理的实现路径
  - 渗透：重塑政府治理理念
  - 传导：重构政府组织机构
  - 驱动：拓展政府治理职能
  - 生成：优化政府运作流程
- 数字政府治理的现实挑战
  - 跨区域整合难度大
  - 跨部门协同性较弱
  - 多元主体参与度低
  - 数字系统关联度低
  - 法治化建设程度低
  - 专业化人才缺口大
- 数字政府治理的优化对策
  - 强化数字政府治理理念
  - 深化数字政府治理方式变革
  - 重塑数字政府治理的多元参与机制
  - 提高数字系统关联度
  - 完善数字政府治理的法律体系
  - 培养数字政府治理的优秀人才
- 案例与实践
  - 广东省的数字政府建设
  - 浙江省的"最多跑一次"改革
  - 贵州省的"云上贵州"政务数据平台
  - 案例总结与启示

**【学习目标】**

1. 掌握数字政府、政府治理、数字政府治理的概念。
2. 理解数字政府治理的理论基础及实现路径。
3. 了解数字政府的现实挑战及优化对策。

**引例**

### 数字政府下政府、公众、企业的高效互动

在数字浪潮的推动下，政府服务方式也由线下转变为线上线下结合方式，这一转变不仅促进了政府与公众之间的沟通交流，更为双方的互动带来了前所未有的便利。如政务服务一体化平台成为连接政府与公众的桥梁，让公众能够在家中轻松获取政府公开信息，享受一站式政务服务，参与政策讨论与决策，并对政府活动进行实时监督。同时，企业也从中受益良多，可以更加迅速地掌握政策动态，灵活调整生产策略以及高效处理企业事务。对政府而言，统一公开信息的方式有效避免了信息孤岛与重复劳动，显著提升了行政效率，并进一步优化了服务质量。

数字政府的崛起，无疑是对政府服务效率的一次巨大提升，为公众和企业节省了宝贵的时间和成本。而政府、公众与企业之间的高效互动，是政府治理能力现代化与公众参与度提高的直观体现。推进数字政府建设，不仅是构建数字中国的核心要义，也是推动国家治理体系与治理能力现代化的强大引擎。它要求我们深入理解数字政府的基本内涵与理论基础，探索其实现的最佳路径，并勇敢面对实践中的挑战，制定出切实可行的应对策略。

那么，究竟何为数字政府？其理论基础与实践路径该如何诠释？又该如何应对各种挑战与难题？

# 第一节　数字政府治理的基本内涵

## 一、数字政府的概念

数字政府从其概念的源头来看，最早可追溯至西方公共治理理论，而这一理论的诞生源于信息技术在政府治理中的逐步应用。曼纽尔·卡斯特（Manuel Castells）基于深入的信息技术网络革命研究，率先指出网络社会的崛起显著提升了公众参与社会治理的权益，但同时，这一变革也给政府治理带来了前所未有的新挑战。简·E.芳汀（Jane E. Fountain）指出，相较于传统的社会治理模式，数字时代的信息社会治理所面临的核心挑战在于如何精妙地平衡政府在社会治理中的管理权力与数字网络所催生的开源网络系统扁平化需求之间的微妙关系。米拉科维奇（Milakovich）基于对当代电子政务发展实践的深入研究，提炼出重要观点：数字政府在数字信息的治理上正逐步超越单纯的信息技术层面，转而聚焦于构建一套高效且统一的标准范式，这一转变不仅标志着数字政府治理能力的提升，也预示着其治理效率将得到显著提升。

在我国，众多学者对数字政府的内涵进行了全面而深入的探讨。鲍静等辨析了数字政府和电子政务、智慧政府的区别，并指出数字政府是政府为适应和推动经济社会数字化转型，对政府治理理念、职责边界、组织形态、履职方式以及治理手段等进行系统发展和变革的过

程。黄未和陈加友等认为，数字政府是数字治理理论在现实中的具体实践，是电子政务在数字时代的衍生品，是治理理论与信息技术深度融合的产物。王伟玲指出，数字政府是信息技术革命的产物，是工业时代的传统政府向信息时代演变产生的一种政府形态。何圣东和杨大鹏指出，数字政府是数字时代的政府存在状态和运行方式，数字政府的内涵和愿景设计秉持"以人民为中心"的发展理念。黄璜则从技术和组织两个维度，为数字政府提供了一个更为全面和包容的定义，指出数字政府在核心目标上致力于推进治理现代化，在顶层设计上遵循数据范式，在政策制定上将"对数据的治理"作为重要议题，在业务架构上日益向平台化模式转变，并在技术基础上不断向智能化升级。这一定义不仅揭示了数字政府的本质特征，也为其未来发展指明了方向。

数字政府模式

随着数字技术的发展，数字政府的内涵和表现也在发生变化。从数字政府演进过程看，可以将数字政府分为数字政府 1.0 模式、数字政府 2.0 模式和数字政府 3.0 模式，各模式的政府职能、创新特征、应用场景等都发生了深刻的变化，如表 8-1 所示。受技术革新和制度框架的驱动，数字政府 1.0 模式在欧美地区率先实施，数字政府 2.0 模式则由欧美国家继续保持其领先地位。目前，随着数字政府 3.0 模式的帷幕缓缓拉开，全球各国正积极投身于这一新兴领域的探索之中。

表 8-1　数字政府模式的演进过程及差异对比

| 项目 | 发展阶段 | | |
|---|---|---|---|
| | 数字政府 1.0 模式 | 数字政府 2.0 模式 | 数字政府 3.0 模式 |
| 政府职能 | 服务、治理 | 服务、治理 | 服务、治理、赋能 |
| 创新特征 | 以互联网为传播工具，政府的工作流程不变，政府履职方式不变 | 系统内数据共享，基于流程重组的履职方式创新 | 数据治理、数据赋能，履职方式创新、职能创新 |
| 应用场景 | 信息披露、需求申报、简单互动 | 线上线下融合的服务 | 线上线下融合的服务与治理 |
| 机构与权责调整 | 因信息传播需要产生少量机构内权责调整 | 有新设机构，有权责调整 | 机构重组、权责重组 |
| 运行过程产生数据 | 封闭数据 | 局部数据 | 大数据 |
| 政民关系 | 满意的服务 | 便捷、可评价的服务 | 可评价、可参与的服务，活力提升的超预期服务，多主体网络协同关系和谐 |
| 政府效能 | 常规性效率 | 省时间、体验好 | 数据智能运用、数据驱动决策，政府服务精准、高效、赋能社会、优化政府与公众、企业的关系 |
| 政府性质 | 效能政府 | 整体政府、服务政府 | 智慧政府、有为政府 |

资料来源：何圣东，杨大鹏．数字政府建设的内涵及路径——基于浙江"最多跑一次"改革的经验分析[J]．浙江学刊，2018（5）：45-53．

## 二、政府治理的概念

政府治理是指政府行政系统作为治理主体，对社会公共事务进行治理的活动。就治理对象和基本内容来说，政府治理包含政府对自身、对市场以及对社会实施的公共管理活动。

　　西方的政府治理理论源于 20 世纪 70 年代末 80 年代初兴起的新公共管理运动，其基本含义在于强调政府的企业化和政府管理的市场化，尤其主张实现政府管理网络化和扁平化。经过多年的演变，西方的新公共管理分化成了多种学术流派，从多中心治理、网络化治理到协同性政府治理，再到整体性政府治理等。西方政府治理的核心命题在于政府治理社会权力的分散与集中、政府与社会的冲突与合作、政府机构运行的碎片化与协同性，本质上体现了西方社会政治经济矛盾对政府管理方式和机制变革的要求。

　　在我国，政府治理是一个与国情相适应的概念，其基本含义实际是基于国家治理的基本含义而生的。我国的政府治理通常包含三个方面的内容：一是政府通过对自身的内部管理，优化政府组织结构，改进政府运行方式和流程，强化政府的治理能力，从而使得政府正确履行职能，提高政府行政管理的科学性、民主性和有效性；二是政府作为市场经济的有形之手，通过转变政府职能、健全宏观调控手段，以确保市场经济的健康稳定运行，从而更好地发挥政府的作用；三是政府作为社会治理主体，对社会公共事务进行管理。

### 三、数字政府治理的概念

　　孟庆国和崔萌认为，"数字政府治理"不同于"数字治理"，也不同于"政府数字治理"。数字治理之要义在于治理方式的数字转型，而对治理主体缺乏规定性。数字政府治理强调政府作为治理主体以数字化方式进行治理，其中政府是主体，数字为方式，落脚于治理。数字政府治理的内涵超越了数字技术在治理手段上的应用，它指向了政府存在形态的革新。通常而言，数字政府治理代表着一种全新的治理理念与实践方式，它要求政府加强数字协商治理的能力，提升政府提供公共服务的效率，并鼓励公众积极参与到治理过程中。数字政府治理体系与全球治理体系的变革相融合，实现在动态中相互嵌入，形成一种协调一致的发展态势。

　　根据学者对数字政府治理从不同角度、不同领域的阐释，可以从理论视角和目标导向两方面理解数字政府治理的逻辑。在理论视角上，人类社会经历了从农业社会到工业社会的深刻转变，当前正逐步迈向数字社会的新时代。随着信息化水平的不断提升，政府的治理模式也在经历一场变革，从传统的代议制互动和单向控制，转变为更加注重共商共建共享、数字协商的现代治理方式。在目标导向上，数字政府治理作为一种创新的国家治理模式，其核心在于强调数字政府与其他治理主体之间的协同与联动，以及共享发展的价值观。这种治理方式的目标，已经从单纯的政府治理变革，转变为通过创新治理模式来创造和实现共同价值，为社会带来更加广泛和深远的影响。

# 第二节　数字政府治理的理论基础

### 一、数字政府治理与整体性治理理论

　　在数字时代，数字治理理论汲取了整体性治理理论的精髓，两者之间展现出显著的共通之处。邓利维和泽琳娜（Dunleavy and Zerlina）在其研究中着重提出了"逆碎片化"的概念，倡导在部门化的基础上实现协同治理，并明确将"重新整合"视为数字治理时代的一个关键要素。数字政府治理在这一理念的启发下，借鉴了整体性政府的整合与协同策略，特别强调跨部门的合作、信息共享以及基于客户需求的组织结构重塑。

　　本节将深入探讨整体性治理理论的构建框架，并具体分析其在数字政府治理实践中的应用，从而阐释整体性治理理论如何为数字时代的治理提供理论支撑和实践指导。通过该理论

的深化与应用，从而更全面地理解数字政府治理的多维度价值和深远影响。

### （一）理论建构：整体性治理的功能阐释

整体性治理理论既是新时代背景下治理实践的总结和升华，也是从传统理论中汲取经验的成果。整体性治理是以公民需求为导向，以协调、整合、责任为目标，以新一代数字技术为基础，对治理层级、结构、关系及数据信息资源等碎片化问题进行有机协调与整合，不断从分散走向集中、从部分走向整体、从碎片化走向整合，为公民提供整体性服务的政府治理模式。整体性治理强调的是形成整体性建设的理念与思路，包括各地方层面、政府组织结构、政府内部各层级各部门的整体性运作，强化政府治理的整合与协同。

整体性治理理论虽然起源于西方，但在实践中还应该与我国数字政府治理的实际相结合，构建符合我国特色的数字政府整体性治理框架。本节基于整体性治理理论探讨数字政府治理。数字政府治理的实施，不仅极大地提高了政务服务的效率，也在整体性治理的理念下，实现了从流程优化到效率提升，再到治理结构的全面优化。整体性治理的实践主要体现在组织结构的协同整合、公共服务供给的多元化、数字信息技术的深入应用、一站式便捷性服务的提供等方面。

### （二）理论检验：数字政府整体性治理的理论价值

数字政府是以以人民为中心为原则，以建设整体政府为目标，以新一代信息技术为支撑，以政府业务场景为牵引，通过数字化思维、数字化理念、数字化战略、数字化资源、数字化工具和数字化规则，形成数据流动，驱动系统整合、流程再造和业务协同，重塑政务信息化管理架构、业务架构和组织架构，全面提升政府经济调节、市场监管、社会治理、公共服务、生态环境保护履职能力，提升公众对政务服务的满意度，着力实现政府治理体系和治理能力现代化。

数字政府建设的核心在于"治理"，它不仅关乎政府内部的自我革新，还涵盖了与外部环境的全面、系统性互动。数字政府的整体性治理既是我国政府改革的迫切需求，也代表着政府治理的新趋势。在整体性治理理论的指导下，数字政府以数字技术为引擎，以数字化平台为基石，以服务人民为宗旨，以解决治理碎片化为目标。通过整合资源、增强协同、促进多元参与、强化系统关联，数字政府利用场景驱动和数据赋能，实现数据共享、业务协同和组织进化。这一系列改革举措，旨在促进流程再造、制度重塑，提升数字资源的共享和协同能力，实现整体性治理。数字政府的整体性治理，特别强调治理能力与效果的提升、资源的整合与协同以及治理主体的广泛参与。通过推动政府决策的科学化、治理的精准化和公共服务的高效化，助力国家治理体系和治理能力的现代化。作为公共管理领域的新范式，整体性治理理论与数字政府治理在价值理念、治理手段、治理机制等方面有着紧密的联系。只有将理论与实践紧密结合，重塑治理模式，数字政府治理才能适应新发展阶段的要求，提升治理效率，增强履职能力，推动政府治理的持续进步和创新。

## 二、数字政府治理与公共价值理论

在数字时代，公共组织的核心目标是创造公共价值，以满足公众需求和愿望，达到实现政府管理的终极目的。面对日益增长的社会期望和复杂性挑战，公共价值创造成为政府响应高水平社会需求、应对一体化挑战的方式。根据马克·H.穆尔（Mark H. Moore）的战略三角模型，作为公共价值创造理论的核心，通过公共价值、合法性与支持、运作能力三个维度，为数字政府治理提供了创新性的思维和视角。该模型强调政策发展、实施与影响的方向，以及定义公共价值的权威程度，成为公共行政理论和实践中的经典框架。随着技术进步和社会变革，公共价值创造理论指导公共管理者在动态环境中进行战略调整，以创造更多公共价值。刘银喜和赵淼进一步发展了这一理论，结合我国数字政府治理的实践，细化了战略三角模型的构成要素，构建了以公共价值创造为目标的数字政府治理概念框架，如图 8-1 所示。这一框架明确了数字政府治理的使命、合法性与支持的来源，以及运用数字技术实现目标的能力，为公共管理者在变化中定位和创造公共价值提供了理论指导和实践路径。

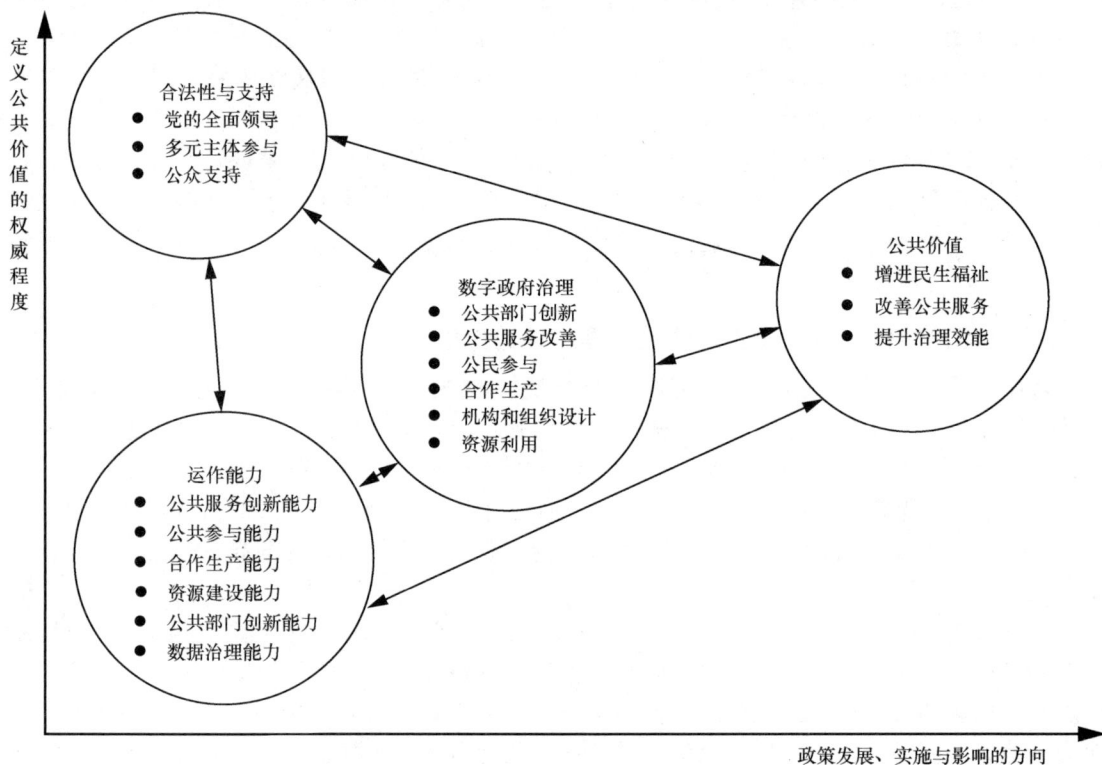

图 8-1 数字政府治理战略三角模型

资料来源：刘银喜，赵淼. 公共价值创造：数字政府治理研究新视角——理论框架与路径选择[J]. 社会科学文摘，2022（7）：11-13.

## （一）公共价值

数字政府治理的组织使命是创造公共价值，这是公共组织的关键目标之一。作为数字时代政府治理的新形态，数字政府治理应确定以创造公共价值为目标的组织使命。公共价值作为数字政府治理的关键目标，在一定程度上能够判断数字政府治理是否有效。在穆尔的战略三角模型中，公共价值被解释为公共部门的公共价值定位，公共价值定位的概念强调公共价值目标对公共部门合法性地位以及组织存续的重要性。政府不仅要确保组织的存续，更重要的是要在不断变化的环境中重新理解公共价值的内涵意蕴，并以此为依据来改变组织职能和行为，以创造新的公共价值。

在数字社会中，公民的愿望和需求是高度多变和多样化的，这意味着公共价值创造实质上需要平衡不同结果创造的价值。而数字政府治理作为政府在数字时代的全方位系统变革，平衡不同结果所创造的价值是其遵循的基本原则。数字政府治理的关键是以公共价值创造为目标，平衡提供的不同服务所产生的价值，以适应并回应新兴的和不可预测的公民需求，从而持续并动态地实现公共价值和公民期望。同时，为了更好地应对数字时代公民高度多变的期望，数字政府治理应更具回应性和灵活性，以适应和提供动态变化的公共服务。将公共价值创造作为数字政府治理的关键目标，其重要性表现在以公共价值为目标导向，数字政府治理的变革要受到公共价值约束，只有体现公共价值目标的数字政府治理才能获得合法性与支持。也就是说，数字政府治理要重点考虑"数字政府治理所带来的政府转型与变革是否是社会和公民所需要的变革"这一根本问题。

此外，公共价值不是静态或固有的，而是通过公共服务提供等活动产生的。公共服务是公共价值的重要来源，公共价值也成为公众选择公共服务供给主体的一种重要标准。公共价值创造中的一个重要内容就在于，在公共服务供给领域如何拓展公共价值，大多数情况下公众根据公共服务供给的质量来评价公共价值，但还有一种情况，公共服务本身也可以带来价值。以哈特利（Hartley）为代表的学者认为，公共价值创造的途径是政府向公民提供具有创新性的公共产品和服务。而数字政府治理的变革核心在于推进以公民为中心的公共服务，在提高治理效能的同时改善公共服务并提升公民服务体验，增进民生福祉，这一变革在为公共价值的输出提供了渠道和载体的同时也带来了更多公共价值。换而言之，数字政府治理中的公共价值是通过综合使用数字技术和创新公共服务供给而创造的。

### （二）合法性与支持

为提供数字政府治理的制度保障，穆尔的战略三角模型认为，致力于公共价值创造的公共管理策略不仅需要特定的组织能力和资源来提供满足社会期望的服务，还需要在政治上合法和可持续发展。

政治是公共价值创造行动的合法性与支持的来源。穆尔鼓励公共管理者研究当前政治环境中可能影响组织运作的潜在变化，以深化对公共价值的理解。在公共价值管理范式中，政治被视为贯穿政府管理过程的有效协调机制。目前我国将加强数字政府建设列为转变政府职能的重要任务，数字政府治理依托智能终端、移动网络通信和人工智能等多种技术，政府应始终秉持以人民为中心的发展理念，充分发挥协调各方的领导核心作用，坚持将以人民为中心的发展理念融入数字政府治理的各项制度设计中。

### （三）运作能力

在战略三角模型的框架下，数字政府治理的运作能力集中体现为实现价值目标的能力，其中资源的可获取性和管理运作的高效性是关键。这要求公共管理策略不仅要有明确的组织能力和资源，以满足社会期望，还要具备在数字时代下操作和管理的可行性。数字政府治理已经彻底改变了政府的公共服务提供方式和政府与公民互动方式，这些变革主要得益于数字技术的发展和组织结构的优化。政府机构必须发展相应的组织能力，利用数字技术应对挑战，同时建立强大的组织基础和科学的管理体系，以实现和表达公共价值。

网络治理中，信息技术和伙伴关系是构建治理网络和提供公共服务的两个核心要素。数字技术不仅提供了硬件支持，还打破了组织边界，促进了公共组织与其他治理主体的合作，提高了公共服务的开放性和合作生产能力。这使得数字政府治理的公共价值创造过程更加开放，有效整合了所需的资源和能力。数字技术还增强了公民参与，使政府能够更精确地识别和满足公民的价值需求，及时提供便捷服务，创造符合期望的公共价值。

　　总体而言，数字政府治理是一场全方位的系统性变革，旨在通过政治授权、资源合法性与支持以及数字技术的精细运作管理，实现公共价值的最大化。为了达到这一目标，数字政府治理必须在公共价值、合法性与支持、运作能力这三个维度之间寻求最佳匹配，以实现公共价值的最大化。

# 第三节　数字政府治理的实现路径

　　为了促进数字政府治理理论与实践的深度融合，提升政府治理效能和实现公共价值的最大化，明晰数字政府治理的实现路径具有重要意义。数字政府治理的实现路径主要有渗透—传导—驱动—生成四大步骤，如图 8-2 所示。

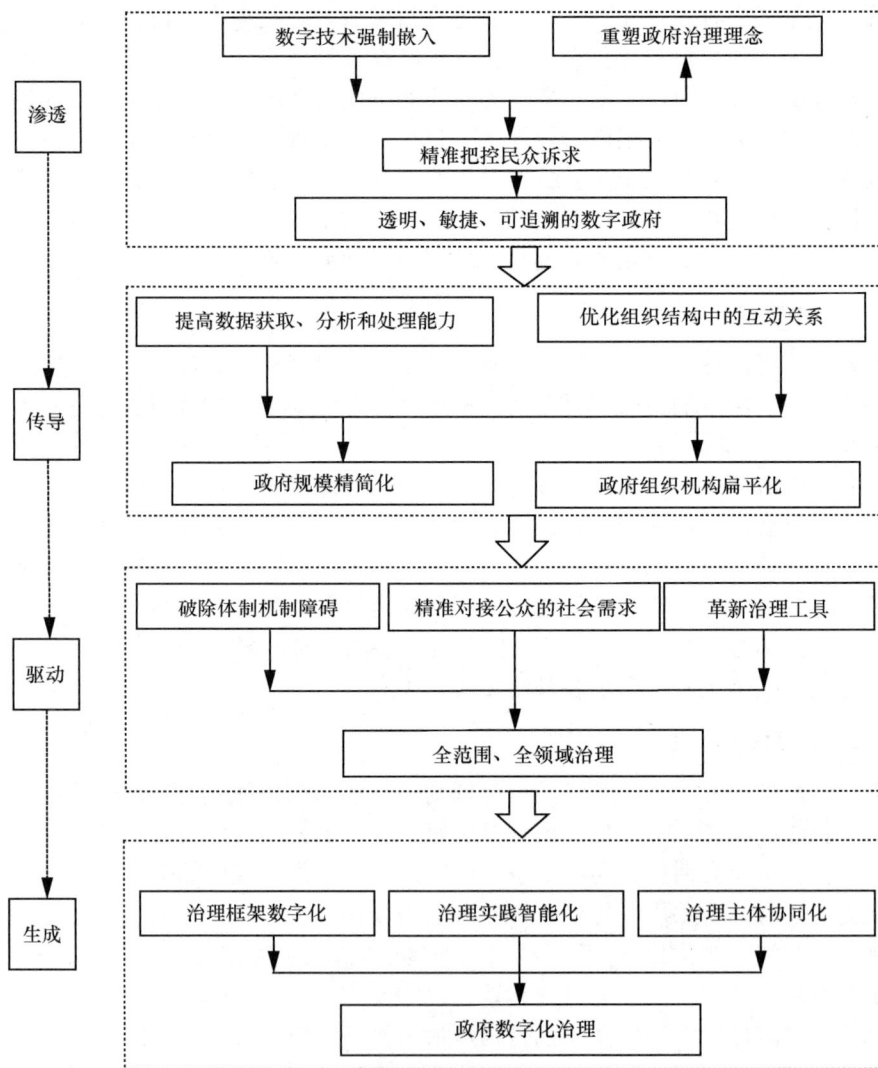

图 8-2　数字政府治理的实现路径

　　资料来源：刘芮伶. 大数据如何影响政府治理能力——基于贵州的实证研究[J]. 理论月刊，2023（3）：37-48.

## 一、渗透：重塑政府治理理念

技术的飞跃不仅促进了政府治理和组织结构的变革，也推动了对传统经济形态下政府治理理念和方法的更新。这种变革促使政府在决策信息的应用上采取更具前瞻性、相关性和战略性的态度，强调数据统计分析和应用能力。数字技术的应用促使政府治理模式从传统的边界和封闭理念，向服务导向、合作精神、开放性和贴近公众需求的方向转变，推动透明、敏捷、可追溯的数字社会和政府的建设。这一转变不仅对政府的组织结构提出了更高的要求，也推动了治理模式的创新，以更好地适应数字时代的挑战和发展需求。通过这种创新，政府能够更有效地响应公众的期望，构建一个更加开放、更具互动性和高效的治理体系。

## 二、传导：重构政府组织机构

信息技术和智能技术在政府部门的应用加速了政府体制机制、运作流程和治理模式的变革，并通过组织重构机制推动了政府规模的精简化和组织结构的扁平化。一方面，信息技术的辅助提高了政府部门数据获取、分析和综合处理的能力，推动了政府治理的深化和拓展，减少了下级部门的条块分割，促进了政府组织规模的精简。另一方面，大数据优化了组织结构中的互动关系，打破了传统组织管理模式中控制严格、层级分明、权威至上的框架，使得各层级、部门之间的沟通协调更为便利，交流互动更加活跃，组织对外部环境的反应更为灵敏。这种转变有效消除了多头管理、职能交叉、权责不一、效率不高等问题，高效便捷地满足群众"一站式办理"的需求，推动了组织结构的扁平化。

## 三、驱动：拓展政府治理职能

数字技术推动政府构建以数据驱动、技术赋能和社会协同为核心的新型治理能力，拓展了政府治理职能。首先，在政府自身建设上，大数据通过数字驱动机制，助力政府突破体制机制的束缚，实现从技术理性向制度理性的跃升，推动治理模式的创新。其次，大数据在公共服务领域发挥着

数字治理的实现路径

重要作用，它通过数字技术精确对接公众的多样化需求，有效缩小了公共服务与社会需求之间的差距，实现了社会福利的最大化。再次，大数据还革新了政府的治理工具，通过对公共事务和政策过程进行细致的分析，政府能够准确、及时、高效地响应群众的多元诉求，并预测社会发展趋势，从而实现智慧决策、科学监管和精准服务。最后，大数据极大地拓展了政府治理的时空范围和领域，以全数据治理的理念，推动实现全范围、全领域的治理，为构建更加开放、协同、高效的治理体系奠定了基础。

## 四、生成：优化政府运作流程

数字技术从治理框架、实践执行、主体结构三个方面改变传统政务内容和运作流程，最终生成数字治理的政府运作方式。在治理框架层面，政府通过数字化手段构造新的治理界面，打通各层级、各部门之间的信息壁垒，构建相互联系、相互促进的治理框架，实现政府从感知到决策再到执行的智能响应，进而有效破解政府管理碎片化难题。在实践执行层面，大数据赋能政府治理，打造服务型、智慧型的现代化网格管理体系，构建"线上+线下"双向度、一体化的治理新格局，体现了将互联网、大数据、数据库等信息技术与以网格化为实践路径的治理相结合的执行逻辑。在主体结构层面，数字化治理方式要求政府快速适应外界环境的

变化，推动多元治理主体之间形成扁平化、网络化的治理结构，促进以需求为中心的多元主体间的深度互动和协调，实现政府、市场、各社会治理主体的协调整合。

# 第四节　数字政府治理的现实挑战

尽管我国数字政府治理模式经历了快速的发展阶段，但仍然面临着跨区域整合难度大、跨部门协同性较弱、多元主体参与度低、数字系统关联度低、法治化建设程度低以及专业化人才缺口大等多方面的现实挑战。

## 一、跨区域整合难度大

我国各地区数字政府治理水平的不平衡导致跨区域整合难度大。根据清华大学数据治理研究中心发布的《2022中国数字政府发展指数报告》，在31个省级政府中，上海、北京和浙江的数字政府治理水平位列全国前三，东部地区数字政府的发展显著领先于中西部地区。这一情况与我国地区间经济发展水平的差异特征相似，表明我国不同地区的数字政府治理水平不平衡程度较高。受经济发展以及信息技术应用水平的影响，我国不同区域在数字政府治理中投入的人力、物力、财力不均衡。与此同时，部分区域还存在治理基础薄弱、规划不明确、对数字政府治理重视程度不够等问题，使得统一部署的数字政府治理框架无法充分发挥作用，各区域存在明显的信息鸿沟，数字政府治理的成效参差不齐，数字政府治理整合难度大，限制了数字政府整体性治理格局的形成。

## 二、跨部门协同性较弱

职责同构现象，即不同层级政府在职能、职责和机构设置上的高度统一，导致了经济社会发展的条块分割，同时妨碍了政府内部的工作协调。数字政府治理需要跨层级和跨部门的有效协同，而协同性不足易引发治理碎片化，削弱政府合力。受职责同构和组织结构分割的影响，各部门对治理理念和效果的看法出现分歧。目前，一些省级政府在数字政府建设中缺乏顶层设计未建立统一的数据治理与协调机构，缺少统一标准，造成市、县（区）级政府在治理目标上的认知偏差，各自为政，缺乏协作的政策和制度，导致治理效果参差不齐。此外，治理机构间因结构差异、目标偏差、利益冲突等因素，导致跨地域、跨层级、跨部门的数据开放共享效果不佳。政府部门间存在的信息壁垒、数据标准不统一、数据治理权责不明确等问题，造成数据碎片化，削弱了治理主体间的协同效应，影响了数字政府治理的整体效能。

## 三、多元主体参与度低

在数字政府建设的历程中，政府一直是主要的推动者。但是，一些地方政府对数字治理的全面性和宏观性认识不足，未能充分认识到其他治理主体参与的紧迫性和必要性，也未能深入考虑多元主体参与治理的效能。这导致了数字政府治理中多元主体参与度不高，参与机制的潜力未能得到充分发挥，限制了多元协同共治格局的构建。数字政府治理模式正逐渐演变为多元治理主体的协同共治。在数字时代，政府不再是唯一的治理主体，政府、公民、企业等多元主体共同参与治理，形成了共治的新格局。虽然政府在数字治理中的主导作用对提升绩效至关重要，但其他治理主体的知识水平、技术能力和配合政府数字化转型的意愿同样关键，其他治理主体的积极参与和协作是实现数字政府治理目标不可或缺的力量。

## 四、数字系统关联度低

数字技术呈现出通用性、关联性、开放性的特征。在数字化转型过程中，数字政府、数字经济和数字社会并非相互独立的。作为数字化转型的重要成果，三者是相互塑造、相互提升的整体性数字化体系。如果仅追求其中一方面的数字化进程会导致数字生态失衡，进而影响数字政府治理的进程。然而，在实际应用中，这三者的价值、功能和结构往往缺乏高度关联，从而无法形成相互渗透、深度融入的数字系统。数字政府作为推动数字经济和数字社会发展的关键力量，其价值重塑、结构优化和功能强化受到一定阻碍。因此，加强对数字政府、数字经济、数字社会的整体性治理，提升数字系统的关联度，进而形成数字治理的新格局至关重要。

## 五、法治化建设程度低

目前，我国数字政府治理体系的系统化建设和法治化进程需要进一步加强。一个完善的治理体系和健全的法规是数字政府治理得以顺利推进的基础。当前，我国数字政府治理整体处于由交互阶段向事务处理阶段过渡的中级发展阶段。复杂的社会结构和网络环境、不同群体间的利益诉求冲突以及现有管理体系和法规的不完善，对我国数字政府治理构成了重大挑战。首先，我国数字政府治理的体系化建设尚需进一步发展。现阶段，我国数字政府治理还缺乏有效的机制，导致部分地方政府在推进过程中可能受到政绩观的影响，忽视普适性举措，过分追求创新而忽略了实际效果。其次，我国数字政府治理的法治化建设也需要进一步推进。当前，针对数字政府治理的规范性文件和政策法规相对较少，对推进数字政府治理的具体细节尚未形成统一明确的规范，这给相关人员在寻求法律支持时造成了一定的困难。因此，为了推动我国数字政府治理的纵深发展，必须加强体系化建设和法治化进程，构建更加成熟完善的治理体系和法规框架，以应对日益复杂的社会需求和挑战。

## 六、专业化人才缺口大

在我国，数字政府治理领域的人才储备显得相对紧张。目前，人才的引进、培养和激励机制尚未完善，导致一些地方政府在吸引和保留专业人才方面面临困难，进而影响了数字政府治理的深入发展。此外，数字政府治理人才的专业素养亟须提高。作为数字政府治理的直接参与者和推动者，数字政府治理人才的职业素养和业务能力与治理进程的推进速度密切相关。当前，数字政府治理人才的信息素养和职业素养成为推进治理现代化的一个实际难题。由于服务意识和治理理念的不足，一些人才未能满足新时期数字政府治理的需求，难以有效应对新议题和新矛盾。加强数字政府治理人才的培养和激励，提升其专业素质和服务意识，是推动我国数字政府治理向更高水平发展的当务之急。建立更加有效的人才培养和激励机制，可以为数字政府治理提供坚实的人才支撑，促进治理体系和治理能力的现代化。

# 第五节　数字政府治理的优化对策

## 一、强化数字政府治理理念

尽管数字政府的整体性治理面临挑战，但关键在于构建一个适应数字时代的治理模式。这要求政府将整体性治理理念融入日常工作，超越简单的职能叠加。首先，在实现全国范围内的数字政府治理整合之前，各地应根据自身情况先行整合，逐步推进全国性整合。各地应学习先发城市如北京、广州、杭州等地区的治理理念，积极推动顶层设计，制订适应本地的方案。从国家宏观政策出发，结合地方优势和需求，制订符合实际的治理方案。在整合过程中，政府应遵循统筹规划、协调联动、权责分明的原则，确保治理流程畅通，实现平稳落地，更好地服务公众。其次，数字政府治理应充分利用信息技术整合部门和资源，实现高效科学的政务服务。推进数据共享、流程再造和业务协同，有助于构建面向公众的整体性政府，实现政务服务的智能化和社会治理的同频共治。这将使企业、公众和政府人员通过单一入口享受到便捷个性化的数字化服务。同时，要在不影响原有部门结构的基础上，对条块分割和碎片化的部门进行整合，重构办事流程，重塑科层制结构。在部门间建立更多联系与协调机制，优化政府组织结构，提升政务服务质量。总之，数字政府的整体性治理需要在理念、技术、流程和组织结构上进行创新和优化，以适应数字化时代的要求，实现高效、智能、人性化的政务服务。

## 二、深化数字政府治理方式变革

加强数字政府的整体性治理，关键在于推动资源整合、提升治理效能、完善协同治理、强化数据体系化管理，并实现应用价值的创新，以此充分挖掘政府数据治理的巨大潜力。数字政府的整体性治理是一种跨界的管理策略，它跨越组织、部门和机构界限，实现资源共享，促进各方协作，有效避免职能重叠和利益冲突，汇聚推动共同进步的合力。

第一，通过整体性治理提升治理协同度，深化数字政府治理方式的变革。利用数字技术打破信息和资源壁垒，全面审视并优化各治理主体间的结构、层次、功能和环节，激发有效互动。进一步构建起省市县一体化、部门间高效协作的机制，营造多元共治的现代治理结构。面对复杂治理问题，单部门行动难以实现理想效果，而数字政府作为场景驱动的服务型政府，其内在要求便是协同治理。整体性治理有助于打破部门壁垒，实现信息共享、资源整合和业务协同，推动数字政府治理向跨区域、跨部门、跨层级的协同治理阶段发展。

第二，必须对政府内部架构、流程和管理服务进行优化调整，实现政府流程再造。数字政府整体性治理需充分考虑数字化特点，将线上治理作为核心方式，强调协同治理的实践。构建起上下贯通、整体联动、执行高效的组织体系，促进数字政府建设中规划和协调机制的顺畅运行。推动全方位的整体协同，提升行政管理运行体系的有效性，提高对外服务水平，增强内部效率和效能。在行政架构上，追求顶层决策科学化、中层业务受理智能化、基层服务精细化、组织结构扁平化、层级对接精准化，打造无缝衔接的高效整体政府。

## 三、重塑数字政府治理的多元参与机制

数字政府治理是一项全面而复杂的系统工程，传统公共管理中政府的全能角色已不足以应对现代数字政府的发展需求。推动数字政府的进步，亟须多方参与和协作。

首先，整体性治理策略能够激发多元主体的参与热情。数字政府作为一个持续进化的整体，需要各方协同合作。在这一过程中，政府发挥统筹作用，同时企业、社会和公众的作用也得到充分发挥，共同构建一个社会协同、公众参与、法治保障和科技支撑的综合治理体系。这一体系旨在完善共建共享的治理制度，促进政府与社会力量的协同，推动政府、企业、社会与公众之间的良性互动与合作，引领治理范式的变革，实现有效治理和达成善治目标。

其次，完善数字政府整体性治理中的多元参与机制。数字政府治理应以供给侧结构性改革为核心，整合资源，构建一个市场化的服务体系，鼓励多方参与。鉴于治理领域广泛、因素众多，单一依靠政府力量难以实现有效推进。因此，探索"政府主导+社会参与+市场化运

作"的治理模式变得尤为重要，这有助于重新定义治理方式和主体，构建一个政府主导、多元参与的治理结构。

再次，增强政府与政府、政府与公众、政府与企业、政府与内部人员之间的协同合作，对于实现数字政府治理的智慧化和效果优化至关重要。鼓励社会资本的积极参与，不仅可以提升建设效能，还能减轻运行负担。进一步优化多元参与机制，积极引导和激励有能力的社会第三方参与数字政府的建设和治理，为治理注入新的活力。

最后，政府在此过程中应扮演多重角色，包括服务保障者、规划引导者和治理监督者，通过整合资源和实施激励措施，充分调动社会各方面的积极性。搭建一个多元参与、社会创新的数字政府治理平台，推动社会服务治理的深度融合，实现从碎片化服务到集成性服务的转变，从而有效推进数字政府治理的进程。

## 四、提高数字系统关联度

数字系统由数字政府、数字经济与数字社会三大核心内容构成，三者均是数字化转型的重要组成部分。其中，数字政府是核心枢纽，应通过提高数字系统关联度，以政府的数字化转型为依托，实现政务服务高效化、决策模式科学化、城市治理精细化。

第一，借助整体性治理理论提高数字系统关联度。根据整体性治理理论，数字经济、数字社会和数字政府均是借助数字化技术，实现经济发展、社会形态和政府管理的数字化。作为加速数字化发展的三大核心内容，数字政府、数字经济、数字社会相互融合、渗透互通、互为支撑。数字经济和数字政府是数字社会的必要组成部分，数字经济发展有助于数字政府建设、数字社会形成。数字政府是适应数字化时代的新型政府治理形态和国家治理方式，与数字经济、数字社会高度关联、彼此调适形成三元互动。同时，数字政府作为核心枢纽，对赋能数字经济、驱动数字社会、营造数字生态发挥核心动力作用。

第二，提高数字系统关联度有助于进一步优化数字政府治理效能。数字政府治理指政府部门通过使用数字经济领域的数字技术改善服务供给，驱动数字社会和数字经济发展。数字政府和数字社会是数字经济发展的重要需求源，三者相互支撑、相互融合，最终实现个人、企业和政府的生活方式、生产方式和治理方式的整体性变革。因此，应将数字政府、数字经济和数字社会视为一个发展整体，建立整体治理模式。充分发挥数字政府对数字经济和数字社会的推动引领作用，同时积极推动数字经济和数字社会的发展，形成政务、产业、社会多方面相互促进和统筹发展的新趋势。数字政府治理有助于促进数据要素流动，推进技术创新，为数字产业化和产业数字化提供提质增效的支持，从而开拓数字经济的发展空间。数字政府治理还能有效维护社会发展，完善社会综合治理制度，为创造稳定、规范、公正、透明的社会环境注入新动力，提升数字社会的活力。因此，提高数字政府治理的关联度能够优化数字政府治理效能，助力数字经济和数字社会实现高质量发展。

## 五、完善数字政府治理的法律体系

构建和完善数字政府治理的法律体系，是适应信息革命浪潮、完善我国数字政府治理体系的必然选择，是提升治理效能、确保长治久安的根本保障。这一体系的建立，将为我国数字政府治理提供坚实的法律支撑，推动治理现代化进程。首先，法治建设是数字政府治理的基石，需以制定和实施相关法律法规为基础，积极应对数字治理领域出现的新议题和新挑战。这需要构建一个既严格又灵活、可操作性强的法律体系，确保数字政府治理在法治轨道上稳步前行。例如，通过立法确立数据安全与隐私保护的标准，制定电子政务发展的基本规则，以及通过法律手段优化数字资源配置，加强数字基础设施建设，提高政府对数字治理的投入和重视。其次，管理体制的完善是提升治理效能的关键。应以全国"一盘棋""一张网"的整体思路为指导，系统谋划数字政府治理的全局。这涉及加强总体规划与顶层设计，建立一个权威、高效、普适的数字政府治理管理体制。该体制应能够统筹全国资源，协调各方力量，形成治理合力。同时，还需建立健全监督机制和评估体系，确保各项政策措施得到有效执行，治理成效能够得到科学评价。

此外，数字政府治理法律体系的构建还需要关注以下几个方面。①公众参与：鼓励和保障公众参与数字政府治理的立法和决策过程，提升法律的透明度和公众的获得感。②技术中立与创新鼓励：在制定法律法规时，保持技术中立，为技术创新留出空间，同时确保新技术的应用不损害公共利益。③国际合作：加强与其他国家在数字治理法律体系构建方面的交流与合作，学习借鉴先进经验，提升我国在全球数字治理领域的话语权和影响力。④持续更新与完善：数字技术发展日新月异，法律体系也应保持灵活性，根据技术进步和社会需求的变化，不断更新完善，以适应时代发展。

### 六、培养数字政府治理的优秀人才

首先，强化对数字政府治理人才的引进和培养。积极营造一个更加开放和包容的环境，降低行业准入门槛，优化人才引进政策，并提供有竞争力的福利待遇，以吸引和留住顶尖人才。在招聘过程中，应重视实际技能和创新潜力，在薪酬和奖励体系上，应提供具有吸引力的物质激励，以表彰和鼓励专业成就和贡献。其次，对数字政府治理人才的培训和发展应给予高度重视，制定切实有效的措施和政策，激发人才的自主学习动力，并通过定期的培训和研讨活动，不断提升人才的信息素养、技术能力和业务专长。例如，与高等院校合作，从毕业生中选拔具有潜力的专业人才，通过实践项目和在职培训，快速填补数字政府治理领域的人才缺口。

此外，还应关注以下几个方面。①职业发展路径：为数字政府治理人才提供清晰的职业发展路径和晋升机会，以职业成长激励人才。②跨界合作：鼓励与科技企业、研究机构的合作，促进知识交流和技术转移，拓宽人才的视野和增强人才的能力。③国际视野：通过国际交流和培训项目，拓宽人才的国际视野，学习借鉴国际先进的数字治理实践。④创新文化：培养一种鼓励创新、容忍失败的组织文化，激发人才的创造力和主动性。⑤多元化人才结构：注重人才队伍的多元化，包括不同学科背景、不同经验层次的人才，以促进创新思维的碰撞和融合。

## 第六节　案例与实践

本节通过比较广东、浙江和贵州三个省级数字政府建设案例，采用归纳演绎法，从具体案例的个性化问题中总结数字政府建设的共同做法和不同之处。广东省是国内率先启动数字政府建设的省份；浙江省以"最多跑一次"改革引领数字政府转型，被国家列为改革试点，在全国产生了示范效应；而贵州省的"一网通办"数字政府实践也在全国范围内引起广泛关注。

### 一、广东省的数字政府建设

在顶层规划设计上，广东省将数字政府改革建设列为全省全面深化改革的18项重点任务之首。广东省于2017年12月启动数字政府建设。广东省人民政府于2018年10月印发《广东省"数字政府"建设总体规划（2018—2020年）》，对数字政府的实施步骤进行了具体的安排，并基于该规划开展数字政府建设。

在体制机制上，广东省成立了"数字政府"改革建设工作领导小组，由省长部署大数据体制改革工作，解决大数据统筹协调力度不足的问题，确立了全省"一盘棋"工作推动机制。为明确管理职责，广东省撤并和调整了省和省直各部门 44 个内设信息化机构，组建广东省政务服务和数据管理局（隶属于广东省政府办公厅）作为"数字政府"改革建设工作的行政主管机构，负责政策规划、统筹协调，从体制机制源头上革新组织保障。同时在市县成立相应的政务服务数据管理局，组建起上下协同的信息化管理队伍，从而形成了上下贯通、技术与业务融合的集约化管理体制。

在数据平台建设上，广东省充分发挥电信运营商和省内信息技术企业的人才、技术优势，与三大基础运营商、腾讯、华为合作，在较短时间内成功打造了"粤省事"移动应用和"广东政务服务网"一体化在线政务服务平台，以公民需求为导向推动平台功能优化完善，为公民提供精准、优质、个性化的政务服务。对内统一规划建设全省政务云平台，落实"集约共享"平台建设思维，形成"1+N+M"的政务云平台，包括 1 个省级政务云平台、N 个特色行业云平台、M 个地市级政务云平台，为党政系统中诸多部门以及各地市提供高效安全的综合服务。在数据资源层，建设全省统一的政务大数据中心，开展政务数据治理，实现数据汇聚共享。

### 二、浙江省的"最多跑一次"改革

在顶层规划设计上，浙江省以"最多跑一次"改革为突破点进行政府的数字化转型。浙江省人民政府办公厅于 2018 年 7 月印发《浙江省数字化转型标准化建设方案（2018—2020年）》，明确了政府数字化转型的总体目标、基本原则及重点任务等内容。同年 12 月，浙江省人民政府印发了《浙江省深化"最多跑一次"改革推进政府数字化转型工作总体方案》。这些行政层面的规划为浙江省数字政府建设指明了方向及路径，推动了政府的数字化转型向更深层次发展。

在体制机制上，浙江省于 2018 年 7 月成立了由省长任组长、常务副省长任副组长，相关厅局负责人为成员的政府数字化转型工作领导小组，负责领导和统筹全省的数字政府建设。在此之后，浙江各设区市和县纷纷成立政府数字化转型工作领导小组。截至 2019 年初，浙江省、市、县三级均组建了专门的数据管理机构，整合原先分散在不同部门的公共数据管理、电子政务管理、政务信息化建设等职责。其中浙江省大数据发展管理局（隶属于浙江省政府办公厅）于 2018 年 10 月正式成立，主要职责为加强互联网与政务服务的深度融合，统筹管理公共数据资源和电子政务，加快推进政府的数字化转型。

在数据平台建设上，浙江省借鉴"数字政府即平台"理念，打造统一安全政务云平台、数据资源共享共用的大数据平台和一体化网上政务服务平台。2014 年浙江省开始实施"四张清单一张网"和电子政务"云基础设施"战略，建设政务服务网和"政务一朵云"，实现跨部门、跨层级、跨地域的信息整合与共享，形成大平台共享、大数据慧智、大系统共治的顶层架构；随后建成了省级统筹、部门协同的"互联网+政务服务"新体系，建立了省、市、县、乡、村五级联动的浙江政务服务网，联合阿里巴巴开发了"浙里办"办公 App 和掌上办公"浙政钉"，将"8+13"重大项目全部整合至"浙政钉"，实现"一窗受理、一网通办、一证通办、一次办成"全覆盖，打造了一个全天候在线的数字政府。

### 三、贵州省的"云上贵州"政务数据平台

在顶层规划设计上，贵州省人民政府同样于 2018 年先后印发《省人民政府关于促进大

数据云计算人工智能创新发展加快建设数字贵州的意见》和《贵州省推进"一云一网一平台"建设工作方案》，以大数据战略为依托开展数字政府建设。

在体制机制上，贵州省数字政府的建设工作主要由贵州省大数据发展管理局承担。2017年贵州省公共服务管理办公室更名为贵州省大数据发展管理局（贵州省人民政府直属机构），此次职责调整将贵州省公共服务管理办公室的职责全部划入贵州省人民政府办公厅，将贵州省经济和信息化委员会承担的有关数据资源管理、大数据应用和产业发展、信息化等职责整合划入贵州省大数据发展管理局，原贵州省信息中心由省大数据发展管理局管理。为加强统筹管理，贵州省在全省层面成立大数据发展领导小组，领导小组办公室设在大数据管理局；在各市州采用"云长负责制"，由各市州、直属部门一把手担任"云长"，全面推进电子政务云、工业云、电子商务云等"七朵云"工程。

在数据平台建设上，贵州省以推进整体迁移、逐步开展分级集约、积极引导整合上移的方式，加大整合力度，彻底消除政府网站数据开放共享的障碍。采取"一朵云"承载、"一个库"汇聚、"一平台"支撑、"一张网"服务、"一套标准"管理的"五个一"创新做法，实现全省政府网站100%整合迁移上线、100%域名集中解析、100%数据资源归集。2014年10月，"云上贵州"政务数据平台正式上线运营；2018年贵州省政府按照"六个智能"建设思路，对原贵州省网上办事大厅进行全面升级改造，建成新版贵州政务服务网，作为省、市、县、乡、村五级一体化的政务服务总门户、总入口，为企业和群众提供"淘宝式"全覆盖、全联通、全方位、全天候、全过程的网上政务服务。

总体来看，三省的在线政务发展已经由政府网站提供信息服务的单项服务阶段开始迈向跨部门、跨层级的系统整合阶段。

## 四、案例总结与启示

### （一）三省数字政府建设的共性分析

#### 1. 基于顶层设计展开数字政府建设

数字政府转型是一项综合性的、自上而下的治理变革。对地方政府来说，体现在数字政府建设方面，则指省级政府在数字政府建设方面所做的战略规划。三个省份在数字政府建设过程中都高度重视顶层设计，其数字政府建设主要涵盖了三方面内容：一是政务服务方面，利用互联网、大数据等现代信息技术，推进集约化平台的建设和应用，对外实现政务服务质量提升，对内实现跨部门协同办公；二是数据治理方面，完善政务信息资源共享目录和数据共享交换标准规范，对数据进行全生命周期管理，在打破信息孤岛的同时加强数据开放；三是政府职能创新方面，利用大数据技术提升政府在市场监管、社会治理、生态保护、公共服务等领域的职能履行。广东、浙江、贵州三省的数字政府建设规划发布情况如表8-2所示。

表8-2　广东、浙江、贵州三省数字的政府建设规划发布情况

| 省份 | 发布时间 | 文件名称 |
| --- | --- | --- |
| 广东 | 2017年12月 | 《广东"数字政府"改革建设方案》 |
| | 2018年10月 | 《广东省"数字政府"建设总体规划（2018—2020年）》 |
| | 2019年4月 | 《广东省"数字政府"改革建设2019年工作要点》 |
| | 2020年2月 | 《广东省数字政府改革建设2020年工作要点》 |

| 省份 | 发布时间 | 文件名称 |
|---|---|---|
| 浙江 | 2017 年 2 月 | 《加快推进"最多跑一次"改革实施方案》 |
| | 2018 年 7 月 | 《浙江省数字化转型标准化建设方案（2018—2020 年）》 |
| | 2018 年 12 月 | 《浙江省深化"最多跑一次"改革推进政府数字化转型工作总体方案》 |
| | 2020 年 11 月 | 《浙江省数字赋能促进新业态新模式发展行动计划（2020—2022 年）》 |
| | 2021 年 2 月 | 《浙江省数字化改革总体方案》 |
| 贵州 | 2018 年 6 月 | 《省人民政府关于促进大数据云计算人工智能创新发展加快建设数字贵州的意见》 |
| | 2018 年 12 月 | 《贵州省推进"一云一网一平台"建设工作方案》 |
| | 2020 年 6 月 | 《贵州省大数据标准化体系建设规划（2020—2022 年）》 |
| | 2020 年 11 月 | 《贵州省加快推进政务服务"跨省通办"工作方案》 |
| | 2020 年 9 月 | 《贵州省政府数据共享开放条例》 |

资料来源：蒋敏娟. 地方数字政府建设模式比较——以广东、浙江、贵州三省为例[J]. 行政管理改革，2021（6）：51-60.

**2. 组建数字政府或大数据管理机构**

数字政府建设是一项系统性和整体性工作，推进过程中首先是体制机制改革。大多数省份都选择成立独立的大数据管理部门，以数据统筹和治理为抓手，推动政府的数字化转型。在此基础上，成立数字政府建设领导小组，由省级主要领导挂帅高位推动各部门开展建设工作也是通便做法。广东、浙江、贵州三省通过机构撤并，组建了专门的大数据管理机构，整合了原有的分散职能，建立由一把手挂帅的协调领导小组，有效实现了资源的统筹，有力地支持了政府的数字化转型。

**3. 构建统一的政务云和大数据平台提供在线服务**

网络等信息技术是推动政府变革的重要动力。技术工具所具有的非人类属性有助于打破原有的信息不对称问题，跨越场域、层级、部门、行业间协同的障碍，同时能够有效解决数字政府建设过程中相关主体理解、认知、互动和信任的问题。将信息技术融入数字政府建设的全生命周期中，借助大数据中心、政务云平台以及各种基础、主体信息库的构建与应用，重塑服务和治理流程，重构部门间职能与业务逻辑，实现政府治理层级、治理职能的再整合，是数字政府建设的通用实践。在国内外发展区域中，大数据、大平台、大系统已成为推动电子政务创新发展的主要思路。技术平台化可以有效降低数字政府的开发和运行成本，提高服务效率和水平。广东、浙江、贵州三省均将一体化政务服务平台视为数字政府建设的"先手棋"，通过集约化建设，打造统一的数据平台和服务平台，大力提高在线政务服务水平。三省政务服务平台建设情况如表 8-3 所示。

表 8-3 广东、浙江、贵州三省政务服务平台建设情况

| 省份 | 一体化政务服务平台 | 移动应用 |
|---|---|---|
| 广东 | 广东政务服务网、"1+N+M"的政务云平台系统 | 粤省事 |
| 浙江 | 省、市、县、乡、村五级联动的浙江政务服务网 | 浙里办、浙政钉 |
| 贵州 | 新版贵州政务服务网 | 云上贵州 |

资料来源：蒋敏娟. 地方数字政府建设模式比较——以广东、浙江、贵州三省为例[J]. 行政管理改革，2021（6）：51-60.

### （二）三省数字政府建设的差异分析

#### 1. 数字政府建设的契机和目标不同

相较于浙江和贵州，广东更多从整体性层面进行考量，自上而下统筹建设，借助系统性思维从管理、业务和技术三个层面对数字政府的构建进行顶层设计，全方位对政府数字化改革进行保障。浙江的数字政府是在"最多跑一次"改革基础上的模块集成与生态重构，是地方政府自主创新的内生驱动结果。从数字政府发展的行为动因来看，浙江将数字化视为政府及治理本身改革的契机和条件，强调通过"最多跑一次"实现政府的数字化转型，其主要改革目标在于建成"掌上办事"之省和"掌上办公"之省。与广东和浙江相比，贵州发展数字政府的基础较为薄弱，但贵州抓住了 2016 年获批首个国家大数据综合试验区的契机，通过发展大数据构建云平台，逐渐推动政府的数字化转型。贵州的数字政府是建设大数据试验区基础上的顺势而为，其发展路径更多地强调信息平台的建设和大数据的场景化应用，注重打造具有包容性的新环境，推动产业发展先行。

#### 2. 数字政府的运作模式与推进力度不同

在运营模式方面，广东以"政企合作、管运分离"模式明显区别于浙江、贵州两省，成为广东省数字政府建设模式的一大特色与亮点。该模式既强调政府在规划引导、业务协调、监督管理等方面的重要作用，又充分发挥互联网企业和基础电信运营商的技术优势，改变以往政府部门既是使用者又是建设者的双重角色，将部门变成服务的使用者、评价者，把原来分布在各个部门的建设能力集中起来，统一建设、统一运营、统一调度，形成建设能力的集约效应。浙江采用的是"政府主导+社会参与"的建设运营模式，充分发挥政府的引导与管理作用。以政府购买相关信息化服务的形式，鼓励企业为政府数字化转型提供咨询规划、基础设施建设、应用开发、运营维护等专业服务，同时确保政府对核心业务和数据资源的有效控制。贵州省由于是内陆不发达省份，没有大型互联网龙头企业，因此在数字政府建设时采用了由"政府出资成立国有企业"的方式解决技术难题。从推进力度来看，三省数字政府建设存在一定差异。通过对三省人民政府网站中公开发布的数字政府相关政策文件进行统计分析发现，2016—2020 年三省均高度重视数字政府建设，共发布相关政策文本 60 份，其中浙江省发文数量最多，时间主要集中在 2017—2018 年，2019—2020 年略有减少；广东省则在 2020 年着重发力，发文数量达 9 份；贵州省发文数量相对较少，时间较为均衡，2017—2020 年发文数量差距不大。发文时间与数量的差异体现出广东、浙江、贵州三省数字政府建设的进程不同，浙江省率先迈步，广东省奋起直追，贵州省稳扎稳打。

#### 3. 数字政府建设的成效和侧重点呈现一定差异

从全国发展数字政府建设来看，广东、浙江、贵州三省均位居前列，但是根据中国社会科学院信息化研究中心及国脉研究院联合发布的《首届（2019）中国数字政府建设指数报告》来看，三省数字政府建设的成效和侧重点呈现出一定的差异。该项评估根据数字政府建设发展方向与特征，并按照评估指标设计原则与思路进行建构，共包含"数据体系、政务服务、数字管治、保障体系"4 项一级指标、26 项二级指标、42 个评估要点。评估结果显示，省级样本单位平均得分指数为 57.58 分，其中浙江以得分指数 80 分排名第 1，广东排名第 3，贵州排名第 5。从优势侧重点来看，浙江在 4 个维度中的表现都非常突出，其中数据体系和数字管治方面位列全国第 1，政务服务和保障体系两个维度排名全国第 2；广东的突出优势主要体现在政务服务方面，该指数排名全国第 1，其他 3 个维度广东都未进入全国前 3；贵州的数据体系和保障体系建设在全国范围内排名第 3，作为一个经济欠发达省份，贵州交出的数字政府建设成绩也十分亮眼。

### （三）案例启示

从三省数字政府建设的经验比较中可以得出以下几点启示。一是顶层设计营造理念革新的土壤。数字政府的战略规划从理念上、路线上明确了改革的路径，统一了认识，"以人民为中心"成为数字政府建设的核心价值追求，数字政府建设始终围绕解决群众需求，强调以客户需求为基础进行组织重构和流程再造，通过提高治理能力和治理水平，提升公众的获得感和满意度。二是数字政府规划的落实需要地方领导高度重视和高位推动。特别是各级主政官在充分研判、接受并吸收其中的改革思想后，会形成强有力的政府治理改革推动力，将外部数字环境的新方向内化为数字政府建设的指导思想，完成建设理念的转型。三是数字政府的运作模式不存在最优解。尽管广东的"管运分离"模式被认为"不仅为数字政府的运营带来了动力、吸纳了企业的活力，还保证了服务于公众的技术可以得到不断的更新换代"，但是其数据安全的问题也被人们反复提及。各地发展数字政府时应根据地方经济社会的现实条件选择合适的发展模式。四是精细化的数据治理是现阶段数字政府良好运作的关键。三省均将数据共享、数据开放作为推动数字政府建设的切入点和核心内容，不仅出台了相关政策文件，还建设了数据共享交换平台和数据开放平台，并逐步实现大数据在政务服务、民生及产业等方面的创新应用。

# 知识巩固

### 一、名词解释

数字政府　政府治理　数字政府 2.0 模式　战略三角模型

### 二、单项选择题

1. 数字政府的概念可追溯至西方的（　　　）理论。
    A. 公共治理　　　　　B. 数字治理　　　　　C. 政府治理　　　　　D. 区域治理
2. 下列属于数字政府 3.0 模式下政府职能的是（　　　）。
    A. 常规性效率　　　　B. 节省时间　　　　　C. 体验好　　　　　　D. 数据智能运用
3. 公共价值创造理论的核心是（　　　）提出的战略三角模型。
    A. 威尔逊　　　　　　B. 熊彼得　　　　　　C. 穆尔　　　　　　　D. 泰勒
4. 数字政府治理实现路径主要经历（　　　）四个步骤。
    A. 传导—渗透—驱动—生成　　　　　　B. 渗透—传导—驱动—生成
    C. 渗透—驱动—传导—生成　　　　　　D. 渗透—传导—生成—驱动
5. 数字政府治理实现路径"渗透"阶段要形成（　　　）的数字政府。
    A. 透明、敏捷、可追溯　　　　　　　　B. 扁平、智能、精简化
    C. 预判、拓展、数字化　　　　　　　　D. 数字、智能、协同化
6. 下列属于数字政府治理实现路径"传导"阶段的是（　　　）。
    A. 数字技术强制嵌入　　　　　　　　　B. 重塑政府治理理念
    C. 优化组织结构中的互动关系　　　　　D. 破除体制机制障碍

7. 下列不属于政府数字治理"生成"阶段的是（　　　）。
   A. 治理框架数字化　　　　　　　　B. 治理实践智能化
   C. 治理主体协同化　　　　　　　　D. 政府规模精简化

8. 《2022 中国数字政府发展指数报告》中，数字政府治理水平位列全国前三的地区不包括（　　　）。
   A. 上海　　　　　B. 深圳　　　　　C. 北京　　　　　D. 浙江

9. 数字政府的治理模式下治理主体为（　　　）。
   A. 政府　　　　　B. 公民　　　　　C. 企业　　　　　D. 以上都是

10. 下列不属于数字技术特征的是（　　　）。
   A. 风险　　　　　B. 通用　　　　　C. 关联　　　　　D. 开放

### 三、多项选择题

1. 数字政府 3.0 模式的政府性质是（　　　）。
   A. 效能政府　　　B. 智慧政府　　　C. 服务政府　　　D. 有为政府

2. 战略三角模型包含（　　　）三者相互关联的维度。
   A. 公共价值　　　B. 合法性与支持　C. 数字政府治理　D. 运作能力

3. 数字政府治理的优化对策体现在（　　　）等方面。
   A. 强化数字政府治理理念　　　　　B. 深化数字政府治理方式变革
   C. 重塑数字政府治理的多元参与机制　D. 提高数字系统关联度

4. 数字政府治理的困境体现在（　　　）等方面。
   A. 跨区域整合难度大　　　　　　　B. 跨部门协同性较弱
   C. 多元主体参与度低　　　　　　　D. 数字系统关联度低

5. 数字化转型的重要成果包括（　　　）。
   A. 数字经济　　　B. 数字社会　　　C. 数字政府　　　D. 数字技术

### 四、复习思考题

1. 数字政府、政府治理和数字政府治理的概念是什么？它们之间有什么关系？
2. 数字政府治理的理论基础有哪些？请简述其具体含义。
3. 数字政府治理的实现路径有哪些？其传导过程的步骤是什么？
4. 当前数字政府治理存在哪些现实困境？以往实践有哪些优化对策？
5. 谈谈你对数字政府治理的理解，并举一个数字政府治理的案例，简述其运用的理论和传导路径。

# 第九章
# 数字企业治理

【知识框架图】

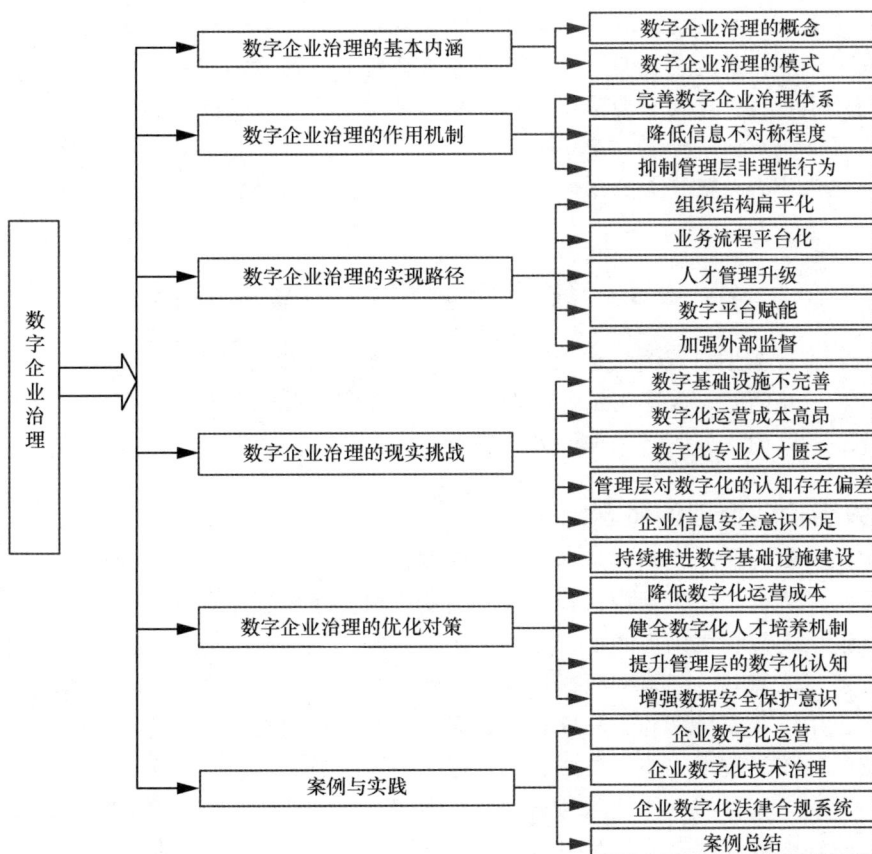

| 数字企业治理 | 数字企业治理的基本内涵 | 数字企业治理的概念 |
| | | 数字企业治理的模式 |
| | 数字企业治理的作用机制 | 完善数字企业治理体系 |
| | | 降低信息不对称程度 |
| | | 抑制管理层非理性行为 |
| | 数字企业治理的实现路径 | 组织结构扁平化 |
| | | 业务流程平台化 |
| | | 人才管理升级 |
| | | 数字平台赋能 |
| | | 加强外部监督 |
| | 数字企业治理的现实挑战 | 数字基础设施不完善 |
| | | 数字化运营成本高昂 |
| | | 数字化专业人才匮乏 |
| | | 管理层对数字化的认知存在偏差 |
| | | 企业信息安全意识不足 |
| | 数字企业治理的优化对策 | 持续推进数字基础设施建设 |
| | | 降低数字化运营成本 |
| | | 健全数字化人才培养机制 |
| | | 提升管理层的数字化认知 |
| | | 增强数据安全保护意识 |
| | 案例与实践 | 企业数字化运营 |
| | | 企业数字化技术治理 |
| | | 企业数字化法律合规系统 |
| | | 案例总结 |

【学习目标】

1. 掌握数字企业治理的概念与模式。
2. 理解数字企业治理的作用机制与实现路径。
3. 了解数字企业治理的现实挑战和优化对策。
4. 认识数字企业治理的发展对企业的影响。

**引例**

数字化治理能够给企业带来的变化

对于企业，数字化治理要解决的重要问题是如何去满足海量的、碎片化的、实时的、多场景的客户需求。基于此，数字化治理必然会为企业带来三方面的改变。

一是数字化治理要求更快的响应速度，因此必然带来效率的提升。数字化完成了业务的线上化，使许多工作都可以交由机器自动完成，从而最大限度降低失误、提升效率。

二是数字化治理推动了企业运营模式的颠覆式变革。基于网络，企业可以直接与用户建立连接，形成真正以用户为中心的运营模式。例如，通过大众点评，企业可以与用户实现去中介化的沟通与交流，用户的线上好评与口碑减少了因渠道不通畅导致的信息不对称情况，推动企业以用户为中心，不断完善服务并提升服务质量。

三是数字化推动了企业商业模式的创新与重塑。例如，Uber 成立时没有一辆属于自己的车，却改变了全球租车市场。越来越多传统产业从线下走向线上：保险企业将业务拓展到线上，推出线上保险；物美、盒马、沃尔玛等零售商将线下超市搬到线上；等等。数字化治理基于新一代数字科技，以连接为基础，以数据为关键要素，以价值释放为目标，以数据赋能为主线，使得企业焕然一新。

那么，究竟什么是数字企业治理？如何实现数字企业治理？

# 第一节　数字企业治理的基本内涵

21 世纪以来，数据已成为促进社会经济增长的新资源和新资产，因而成为大国战略竞争的重要内容。与此同时，数字化生存带来了各种无序和混乱的现象，数字企业治理的概念应运而生，并逐渐成为企业改善治理能力、提升效率的必经之路。

## 一、数字企业治理的概念

国务院国有资产监督管理委员会在其"国有企业数字化转型"→"知识方法"专题文章中对数字化治理进行了深入阐释，着重从微观角度探讨了相关主题。数字化治理是指建立与新型能力建设、运行和优化相匹配的数字化治理机制，应用架构方法，推动人、财、物，以及数据、技术、流程、组织等资源、要素和活动的统筹协调、协同创新和持续改进，强化安全可控技术应用以及安全可控、信息安全等管理机制的建设与持续改进等内容。数字企业治理是指企业利用数字技术（如大数据、人工智能、区块链、云计算等）来构建、优化和执行治理结构、机制和流程的一种理念与实践。它涵盖了企业战略规划、组织架构设计、风险管理、内部监控、资源分配以及利益相关者关系管理等多个方面，目的是通过数字手段提高企业治理的效率、透明度和决策科学性。数字企业治理包括：（1）数字化治理机制，即为实现四要素协同、创新管理和动态优化建立的标准规范和治理机制等；（2）数字化领导力，即高层领导者对数字化转型的敏锐战略洞察和前瞻布局，以及由一把手、决策层成员、其他各级领导、生态合作伙伴领导等共同形成的协同领导和协调机制等；（3）数字化人才，即全员数字化理念和技能培养，数字化人才绩效考核和成长激励制度，以及跨组织（企业）人才共享和流动机制等；（4）数字化资金，即围绕新型能力建设等数字化资金投入的统筹协调利用、全局优化调整、动态协同管理和量化精准核算等机制；（5）安全可控，即自主可控技术研发、应用与平台化部署，网络安全、系统安全、数据安全等信息安全技术手段应用，以及安全可控、信息安全等相关管理机制的建立等。

中国信息通信研究院发布的《企业数字化治理应用发展报告（2021年）》中认为数字企业治理的本质是企业治理活动的数字化和对数字化对象的治理。在治理活动数字化方面，数字化转型对企业传统治理体系进行了深刻的数字化改造。各个领域的治理流程和活动中都经历了明显的数字化转变，涵盖了 IT 运营、安全管理、审计和法律合规等多个领域。在治理对象数字化方面，随着数据作为生产要素的属性增强以及人工智能、区块链和云计算等技术对生产力和生产关系的影响，全球对数据和新技术的治理也变得更加重视。对于企业，需要治理的不仅是技术本身，还有技术带来的外部影响，数字资产如数据和新兴技术已成为企业不可忽视的治理对象，数字资产的治理对企业的稳定持续经营至关重要。

## 二、数字企业治理的模式

企业根据不同数字治理目标，结合企业组织、系统和数据应用的现状，选择适宜的数字治理策略开展治理活动。数字企业治理模式主要包括低成本企业治理模式、互动型企业治理模式、知识型企业治理模式和契约型企业治理模式。

### （一）低成本企业治理模式

在数字经济的驱动下，企业治理将以低成本模式实现交易成本和治理成本双重降低。在过去的企业治理中，企业资信、业务活动和结构特征等信息主要通过公开的渠道获取。然而，数字经济时代开创了多元的信息获取渠道，企业合作伙伴和项目投资者都能够从信息技术平台上迅速准确地收集多样化的信息，以有效规避信息不对称风险，建立更紧密的信任关系。同时，在产品生产加工和销售服务等多个领域，数字技术有助于为治理主体打造更透明的管理环境，避免了空间和时间要素的干扰，提升了双方深度交流的效果。除了提高信息技术利用效率外，企业治理还需要深度融合新技术升级治理思路，以实现投入成本最低化、治理效果最优化的目标。在实行低成本模式时，企业股东、投资者等都能够获得准确的经济信息，避免人为失误等原因对信息传递的干扰，从而规避多元主体在错误信息下对企业治理形成负面效果的风险。因此，企业管理层应高度重视低成本企业治理模式的形成和推进。

### （二）互动型企业治理模式

数字经济时代具有公平性和合作性的特点，因此其将有助于推动互动型企业治理模式在企业治理活动中的应用和普及。互动型企业治理是指除了为治理主体创造共同治理企业的机会外，还通过及时获取消费者的反馈信息来了解当前治理工作的不足之处。随后，采取制度校对、机制调整、人员调岗等措施，促使治理框架和方法及时升级，提高企业治理的信誉度。传统治理模式缺乏互动性的原因有两方面：一是多元主体未能实现有效的信息交流，不能及时提出相关建议，仅依靠召开股东会和董事会来确定治理方向；二是传统治理模式未能关注消费者的真实感受并及时做出调整。作为保障企业效益的重要基础，消费者的反馈建议具有一定参考价值。如果忽视消费者的实际需求，将难以推动企业治理框架的升级，也很难实现可持续发展战略目标。数字经济时代的到来使得企业可以借助网络技术、信息技术和大数据技术，优化互动型企业治理模式。

### （三）知识型企业治理模式

在数字经济的驱动下，知识型企业治理模式逐渐崭露头角。在数字经济的背景下，企业可以获得大量的数据，并通过数据分析和处理筛选出有用的信息，帮助企业管理层及时更新多个层面的决策，提高企业治理的有效性。例如，在企业治理过程中，市场反馈显示当前消费者更倾向于定制化产品并更加关注售后服务，决策者可以整合这些反馈信息，并有针对性地改进现有的售后服务模式和产品营销计划，推动个性化定制服务和优质售后模式的实施。此外，结合虚拟知识信息，可以对现有治理成果进行评估，掌握创新动态，并建立清晰的及时信息反馈机制。只有及时反馈外部非财务信息，企业才能达到高效的治理目标。

### （四）契约型企业治理模式

在数字经济驱动下，企业治理模式将以契约型模式为治理主体提供规范的共治条件。首先要提前签订治理合同，按照合同规定履行治理责任。其次要在合同中加强多方权益的有效维护，尤其是对弱势利益主体的维护。不可在合同中出现任何偏向优势利益主体的情况，保证形成多方共赢的局面，否则不利于促进契约决策的透明化执行。实际上，应在合同中渗透公共道德理念，并且权衡好公众利益、第三人利益、合同主体利益的关系，将契约作为治理依据，促使企业治理模式更具法治性特性。

# 第二节　数字企业治理的作用机制

数字企业治理能够发挥其治理作用离不开有效的作用机制，该机制是一套针对企业治理体系、企业信息管理、组织人员管理等核心领域建立的标准规范和管理措施。

数字企业治理的
作用机制

## 一、完善数字企业治理体系

在数字化时代，将数字化概念融入企业治理，构建有效的数字企业治理体系，有助于企业更好地实现转型和提高治理水平。具体而言，需要根据新型能力的要求，识别数字化治理制度、数字化领导力、数字化人才、数字化资金、安全可控等方面的需求，制订相应的数字企业治理体系建设方案。在组织整体层面，需识别组织机制优化调整、管理方式创新变革、员工赋能赋智等方面的需求，并制订组织机制和管理方式优化方案。同时，需要考虑组织文化的需求，制订相应的组织文化建设方案。数字企业治理体系的优化升级是一个循序渐进的长期过程，进行总体规划时应充分关注与新型能力的适宜性，按照分步实施的要求明确各方协同推进治理体系建设的方法路径，同时明确必要的支持条件、资源需求，以及相关责任人、参与人、相关方的职责等。

根据策划的治理体系建设方案，组织各相关方协同推进数字企业治理组织机制调整、管理方式变革、组织文化建设、安全可控技术应用以及安全可控、信息安全管理机制建设等工作，逐步构建全要素、全员参与的数字企业治理体系，打造小微化、网络化、平台化的柔性组织。这有助于实现员工的精准赋能、赋权和创新激励，同时形成与组织管理变革相适应的组织文化。在数字企业治理体系实施过程中，需要持续推动数字化治理、组织机制、管理方式、组织文化等方面的匹配性优化调整，并对相关成果进行规范化、制度化处理，以提升数字企业治理体系建设和优化活动的一致性和有效性。

## 二、降低信息不对称程度

在企业数字化治理过程中，企业将自愿降低信息不对称程度。首先，企业转型升级的实施周期较长，伴随着较大的不确定性。为了确保资金充足，企业需要获得投资者的持续资金支持。根据信号理论，管理层在这一时期更有动力通过提高信息透明度来传达对数字经济化变革的信心。其次，"互联网+"的基本特征要求企业以开放的态度融入数字经济浪潮。企业需要向员工、客户、供应商甚至竞争对手开放自己的经营过程，以提高企业的学习、纠错与适应能力。应用数字治理的企业能够快速、准确地公开企业数据，并获取来自其他企业、社会等层面的数据。因此，积极发展数字治理的企业具有提高信息透明度的充分意愿、动机和能力。

借助大数据、人工智能和云计算等先进技术，企业能够迅速获取信息并实时做出相应处理。例如，工业互联网平台和电商平台提供了复杂网络体系分析、复杂管理系统分析和运营效率分析等服务。同时，由于信息通信基础设施的完善，这些分析还可以与物联网和大数据相结合，实现动态实时处理。数字化还改变了企业的数据分析方式。目前，企业的数据分析不再局限于简单抽样，而是实现了全面分析；不再只关注因果关系，而是转向相关分析；不再仅限于报表统计，而是广泛采用数据挖掘和智能分析。这些变化使得从大数据中提取的有价值信息更丰富，提升了企业对数据资产的利用效果。

### 🔍 视野拓展

#### 信号理论

信号理论是由斯宾塞（Spence）于1973年首先提出的理论。斯宾塞的基本观点是：若高质量产品的卖主能够找到某种活动，为此付出的成本比低质量产品的卖主的还低，作为一种高质量的信号，他可能会从这种活动中得到报偿。即使买主没有意识到这种活动的潜在成本差异，他们也会了解到这种信号与较高质量相关，因而愿意支付额外的款项。因此，无论是发信号还是不发信号，只要某种交易的边际成本对较高质量产品的卖主来说是较低的，就会出现某种均衡，买主完全能够根据卖主发出的信号水平推测产品质量。

例如，举债经营传达一个信号：该公司对未来收益有着良好的预期。又如，名牌商品向消费者传达一个信号：它是一种高质量的商品，应该比一般商品更贵也更值钱。

## 三、抑制管理层非理性行为

数字企业治理使管理者的决策更具合理性。在复杂多变的外部环境中，企业在内部经营、对外投资以及融资策略等方面都需要数字经济相关技术的支持。通过广泛应用的物联网、互联网等技术，管理者可以获取大量有关生产经营过程的数据。数据挖掘系统、决策支持系统等技术有助于管理者发现事物之间的联系，减少对经验和直觉的依赖。同时，数字化过程有助于改进与完善企业内部控制制度的制定、修订、执行、监督和反馈全过程。因此，管理者更能够及时发现潜在问题，从而降低经营风险，并缓解认知能力有限和决策需求无限之间的矛盾。

数字企业治理有助于间接降低管理者决策的非理性程度。数字技术与企业已有的数字经济信息相结合，能够提高审计过程的效率和质量。例如，通过大数据技术，审计人员可以多角度审视企业、关联方和行业网络，以发现深层次问题，而传统的单体审计很难做到这一点。同时，自然语言处理技术使审计人员能够更充分地利用文本信息，使审计不再仅限于传统的数字核对工作。此外，大数据和互联网技术使传统审计中常用的抽样程序变为总体检查成为可能。提高审计质量和效率，对管理层的非理性决策行为会有明显的限制作用，从而增强企业外部治理能力。因此，数字企业治理能够提升审计师和投资者等外部信息使用者的监督能力，间接降低管理者决策行为的非理性程度，更好地发挥企业治理作用。

# 第三节　数字企业治理的实现路径

企业数字化治理的关键必然是实现数字化企业的治理路径。这意味着企业将从传统要素转向数据要素，组织形态从垂直领导演变为扁平化组织，信息逐渐趋于透明，人才管理得到升级，数字平台赋能等方面发生转变，从而增强企业在面对未来不确定性时的适应能力。

## 一、组织结构扁平化

在数字经济时代，企业需要敏锐地感知潜在风险并迅速采取应对措施，这要求企业更加注重信息的传递。数字企业治理的升级要求企业推动组织结构扁平化。这种扁平化组织结构降低了组织内的信息不对称程度，各部门可以水平沟通，信息在多个方向传递，这极大提高了信息的流通效率，进而提高了企业治理水平。另外，扁平化组织结构减少了企业的管理层级，赋予管理人员更多自主权，使其能够合理地授权给较低层次的员工，灵活地管理团队。同时，扁平化组织结构促使管理权下放，为员工提供更多锻炼和晋升机会，提高员工的积极性和创造力。此外，扁平化组织结构有助于缩短管理链条，清除内部通路障碍，促进信息和资源的共享与传递，甚至有助于消除部门之间的边界，显著提高信息的透明度，从而推动数字企业治理的升级。

传统的企业组织结构与扁平化的企业组织结构分别如图 9-1 和图 9-2 所示。

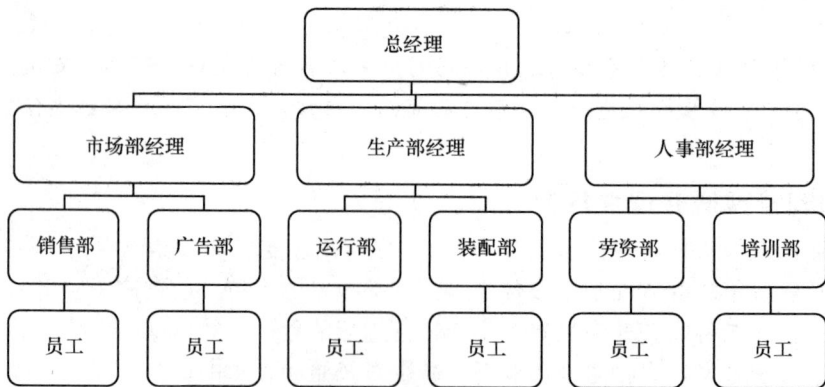

图 9-1　传统的企业组织结构示例

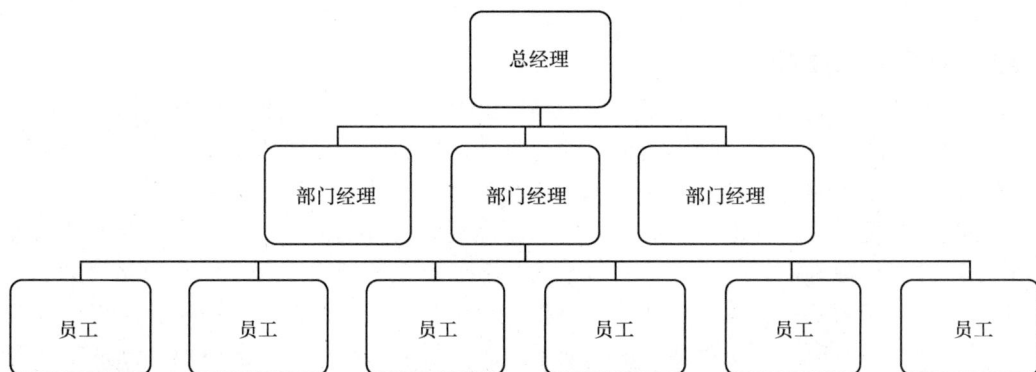

图 9-2 扁平化的企业组织结构示例

## 二、业务流程平台化

业务流程平台化有助于拓展企业组织的边界,促进信息数据的流通,提升信息的透明性,推动数字企业治理的升级。根据相应标准,企业各业务部门应将交易事项相关数据以及后续收集的信息录入系统,实现数据库中数据信息的自动获取和核算。这种数字化系统集成使得企业生产部门能够及时感知内外部情况变化,调整生产计划以提高生产效率。同时,通过数字化管理手段,销售部门提高了销售预测准确度,优化了企业生产计划。借助数字化的流程管理平台,企业业务流程实现了程序化、规范化、透明化,促进了各部门的有效衔接,实现了流程信息的相互监督,确保了信息传递的真实性、完整性和及时性,从而提高了信息透明度。因此,业务流程数字化不仅改善了原有权限不清的治理缺陷,提高了企业的工作效率,同时数字化平台的发展也打破了组织壁垒,增强了信息的流通和共享能力,提高了信息透明度,从而提升了治理效率。

## 三、人才管理升级

企业发展的核心动力源自一支专业的人才队伍。高素质人才是企业治理和持续发展的关键资产。在数字化转型的大潮中,企业对数字化人才的引进和培养给予了高度重视,人才管理策略也随之向以人为中心的模式演进。人才管理升级的作用如下。①推动企业数字化转型。数字技术的融合为人才管理的创新提供了新引擎。通过精准划分人才类别、优化组织流程,企业能够更高效地实施管理制度,显著提升治理效能。②细化优化人才管理。在数字化的浪潮中,企业通过细化人才管理策略,实现对人才资源的精准配置和优化利用。这不仅提升了企业的运营效率,也为企业的创新发展注入了活力。③重视员工体验。数字化时代的人才管理更加注重员工的个体体验。企业正逐步将员工与组织的关系从传统的契约服务模式转变为协同共生的伙伴关系,这种转变有助于激发员工的创造力和提高员工的忠诚度,促进企业与员工的共同成长。④提高治理能力。以人为本的管理模式推动了企业治理的现代化升级。企业通过构建一个更加开放、协同的工作环境,鼓励员工参与决策过程,实现知识共享和创新合作,从而推动企业治理结构的优化和治理能力的提高。总之,人才管理的升级是企业适应数字化时代、实现可持续发展的关键。通过不断优化人才战略,企业能够吸引和培养顶尖人才,激发组织活力,推动企业在激烈的市场竞争中保持领先地位。

## 四、数字平台赋能

数字企业治理升级离不开数字平台的赋能。2022 年 11 月，工业和信息化部办公厅印发《中小企业数字化转型指南》，指出大型企业可打造面向中小企业需求的工业互联网平台，带动其数字化转型。企业可以利用最新技术建立数字化平台，通过数字化的管理流程来规范企业，完善管理制度、业务标准和服务模式，以提高组织内部的协同效率、优化企业的治理结构，并不断提高治理水平。一方面，基于数据、流量等重要因素的数字平台能够收集、整合和分析企业日常经营的相关信息，并建立科学的评估体系，确保向股东和管理层反馈企业运营管理状况信息的及时性和准确性。这有助于股东与管理层更好地监督企业产品从生产到售后的整个生命周期，实现系统化、精准化和数字化的管理模式，提高企业治理效率。另一方面，数字平台的助力使得企业内部各个部门之间能够有效连接，成功克服各部门之间的壁垒，增强各部门之间的工作协调性，进一步提升企业治理效率。例如，字节跳动科技有限公司（现已更名为北京抖音信息服务有限公司）所建立的隐私合规一站式平台应用有效提高了其在隐私合规治理方面的能力。在实际执行过程中，该公司的隐私合规治理面临着多个问题，比如缺乏能够管理隐私合规相关信息的标准化且独特的数据仓库；缺乏易于使用且覆盖多个相关方的隐私合规评估工具；缺乏法规要求、内部政策、技术实施和度量指标之间的可视化联系；等等。为解决上述问题，该公司的隐私合规中心通过数据发现能力、核心产品功能、有针对性的解决方案、通用性和可集成性以及赋能生态的合作模式，为用户提供了从底层技术到上层隐私合规风险治理的整体解决方案。隐私合规一站式平台应用架构如图 9-3 所示。

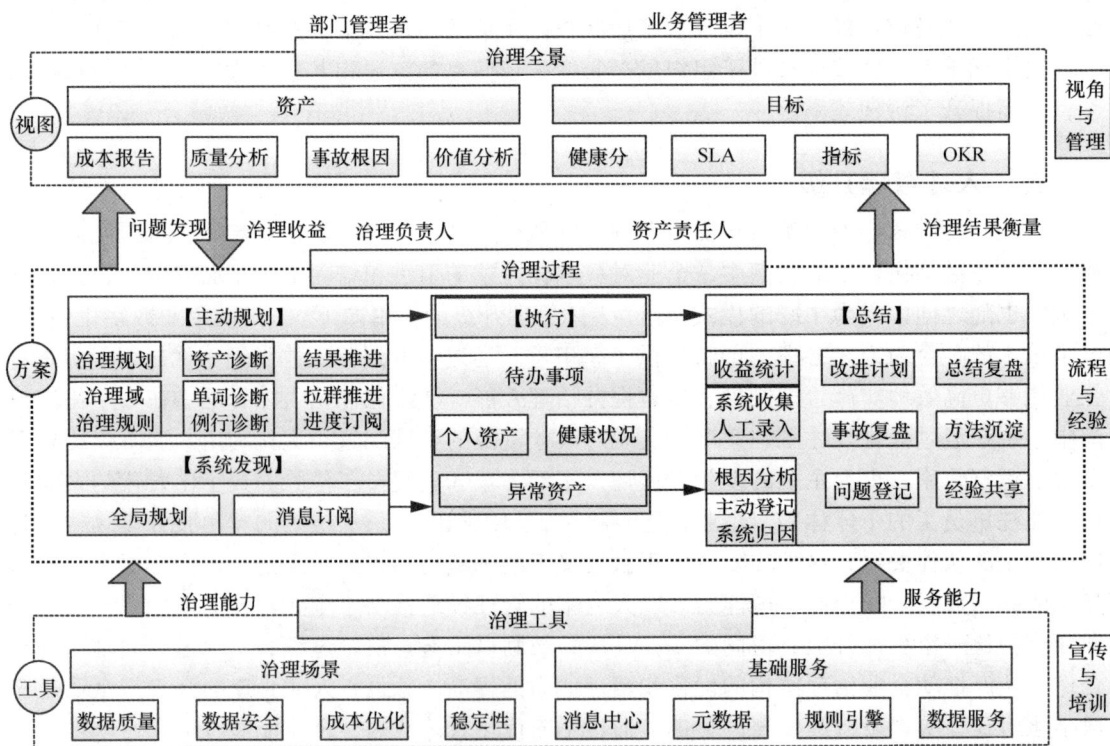

**图 9-3　隐私合规一站式平台应用架构**

资料来源：北京抖音信息服务有限公司。

## 五、加强外部监督

在数字技术的加持下，企业治理正迎来一个更为严格和多元化的外部监督新时代，这种监督的加强对企业治理的优化升级至关重要。加强外部监督的作用如下。①提升监管效率与透明度。数字技术的应用为外部监管机构提供了强大的数据收集与分析工具。监管者可以实时监控企业披露的数据，更直观、更迅速地掌握企业的经营动态，有效提升监管的针对性和时效性，从而推动企业治理效率和质量的持续提高。②提高公众参与度。数字时代信息传播的加速和信息渠道的多样化，让公众能够轻松获取企业信息。利益相关者可以利用技术手段，随时了解企业的日常运营情况，这不仅缓解了信息不对称的问题，也增强了对企业管理层行为的监督和约束，使得外部监督更为有力。③促进治理结构优化。随着外部监督的加强，企业将更加注重内部治理结构的优化，以适应更高标准的监管要求。企业需要建立更加开放和透明的信息披露机制，加强与利益相关者的沟通，确保企业决策和运营的透明度，从而赢得市场和公众的信任。④推动治理水平提高。外部监督的加强，促使企业不断审视和改进自身的治理实践，推动企业治理向更高水平发展。企业将更加重视合规性、风险管理和伦理责任，确保企业在追求经济效益的同时，也能够承担起社会责任，实现可持续发展。通过数字技术的赋能，外部监督的加强不仅为企业治理带来了新的挑战，也为治理体系的完善和治理能力的提高提供了新的机遇。企业应积极拥抱这一变革，通过加强外部监督，不断提高自身的治理水平，以实现长远的发展目标。

# 第四节　数字企业治理的现实挑战

数字治理促使企业根本上的改变，同时也带来了各种各样的挑战：数字基础设施不完善，数字化运营成本高昂，数字化专业人才匮乏，管理层对数字化的认知存在偏差，企业信息安全意识不足，等等。

## 一、数字基础设施不完善

目前，数字基础设施的内涵和范围在各级政府和社会各界均存在认识不清的情况，具体表现为经常混淆信息技术、产业和数字基础设施的概念，并缺乏对新型基础设施发展规律的认识。数字基础设施需要与传统基础设施（如交通运输设施、教育设施等）相互协调推进，才能有效发挥数字基础设施对下游垂直行业的技术牵引作用以及下游垂直行业对数字基础设施的应用拉动作用。但现实状况并不理想，大多数企业仍然采用不同管理部门各自为政、独立制定和实施专项规划的管理模式。这种模式不仅导致了光纤、传感器和云数据中心等资源的重复建设，而且未能充分发挥基础设施的作用。新型基础设施建设仍处于发展阶段，其技术路线和稳定性等方面存在不确定性。同时，基础设施的运营模式和服务方式正处于探索阶段。以区块链技术为例，它仍在不断变化中，相关设施处理能力尚不足以充分发挥其基础性和公共性的作用。与传统基础设施建设不同，数字基础设施的发展主要通过技术迭代创新。因此，通用目的技术向数字基础设施形态演进的过程是一个需要不断尝试和修正的过程。

## 二、数字化运营成本高昂

当前，先进的信息技术如大数据、云计算、区块链等已经与产业紧密结合，助力企业转型升级。这些技术的融合虽然能够推动企业创新发展、提升核心竞争力，但也需要企业投入大量资金和人力成本，这将导致较高的运营成本。我国许多企业尚未形成数字化成本管理思维，对利用数字化平台以及在数字企业治理中进行成本理念转变的探索仍在初级阶段，这将导致前期研发成本高昂。此外，企业仍在摸索数字化战略分解的设计理念，且项目负责团队也经常变动，导致新团队与原有团队之间的沟通不足。同时，员工并未实际执行企业转型的管理思路，导致其对财务管理职能的分解与执行不够完善。企业员工的数字化运营能力和认知水平也存在差异。一些企业尚未建立完整的数字化运营能力培训体系，员工的数字化安全意识和资源意识均不足，这都将导致较高的成本。在信息化能力建设初期，企业可能未充分考虑信息系统（生产运营、企业管理、协同办公）的互联互通和共享能力，在统一采集和管理各系统间不同数据源的运维数据这方面存在困难，这将导致数字运营系统维护成本高、使用效率低，难以实现降本增效的目标。

## 三、数字化专业人才匮乏

数字化转型对企业而言是一场深刻的变革，它要求企业需要拥有一支既精通业务又熟练掌握数字化技术的高素质复合型人才队伍。这些人才对企业的数据、系统和用户信息管理等方面至关重要。企业在大数据、云计算、人工智能、移动互联网等前沿技术领域的深入发展，亟须数字化专业人才的支撑。这些人才不仅需要具备坚实的技术知识，也应掌握企业治理的相关知识，以全局视角审视问题，实现技术解决方案与业务战略的深度融合。理想的数字化专业人才应能够深入理解企业数字化管理的策略规划，并具备将这些规划有效执行的能力。他们应当能够在技术实施中考虑到企业治理的复杂性，确保技术应用与企业目标和价值观相一致。数字化人才的供给与培养存在缺口。当前，数字化专业人才的供给远远不能满足企业的需求。许多企业尚未构建起系统的数字化人才培养机制，这限制了企业数字化转型的步伐，影响了数字企业治理水平的提高。

## 四、管理层对数字化的认知存在偏差

在我国大多数企业中，企业的发展主要受到管理层意识的影响。管理层对数字化建设的关注度和参与度直接影响着企业的发展。然而，由于企业的一些管理层通常缺乏数字化专业知识，因此他们对数字化的认知存在一定的偏差。例如，建筑公司的管理层通常是建筑专业人员，由于在工作中较少接触到数字化知识，他们对数字化的认识可能各有不同，存在偏差，这可能导致他们对数字化的重视程度不够。具体来说，由于一些管理层年纪较大，可能对数字化没有系统的认知，仍然持有传统的观念。相反，一些管理层通过外出交流，意识到数字化的好处，了解了国外企业的数字化程度与规模，对数字化有更全面的认知，这可能导致双方管理层在决策中出现偏差。有些管理者认为数字企业治理对企业的未来命运非常重要，而另一些管理层则认为只有互联网行业等技术密集型的企业才需要通过数字企业治理优化企业管理。此外，大多数管理层都会错误地认为数字化转型升级只是技术信息部门的责任，因此不愿将数字化作为企业战略管理的一部分。推动数字企业治理工作需要得到企业管理层的重视，并且需要有专业的技术和管理人才来推动，这样才能取得更大的进展。

### 五、企业信息安全意识不足

在数字企业治理过程中，如果不妥善处理信息安全风险，可能会给以数据为基础的运营管理带来严重的负面影响，甚至导致管理归零。信息安全威胁主要有两个来源值得关注。一方面是内部员工，即员工有意或无意的不规范操作；另一方面则是如黑客入侵、网络间谍活动等外部威胁。在数字化转型的背景下，技术和系统更新的速度加快，不规范操作可能会带来更大的安全风险。信息资源作为金融、能源、交通、水利等重要领域企业运营管理的基石，对企业能否实现数字企业治理至关重要。若企业频繁遭受数据泄露、网络攻击等信息安全事件的威胁，不仅会对企业经济利益造成巨大的损害，同时也会暴露企业在信息数据安全意识方面的不足。这种信息安全的不足在很大程度上限制了数字企业治理水平的提高。

## 第五节　数字企业治理的优化对策

目前，数字企业治理仍处在探索阶段，面临着数字基础设施不完善、数字化专业人才匮乏等诸多现实挑战。本节针对企业数字化治理过程中面临的现实挑战，提出下列优化对策。

### 一、持续推进数字基础设施建设

数字基础设施范围广、类型多，不可能一拥而上、一蹴而就，企业可以先聚焦起步基础较好、应用范围较广、效益产生快的新型基础设施领域，加快投资建设，尽快将数字基础设施转化为企业的内生动力。在信息基础设施领域，积极推进新技术的引入部署，加快 5G 和光纤宽带"双千兆"网络建设，统筹部署传感器等泛在感知设施，合理布局云计算、边缘计算等算力基础设施，为企业基础设施建设提供基础。运用 5G、区块链、数字孪生、北斗通信等新一代信息技术，探索构建适应企业业务特点和发展需求的数据中台、业务中台等新型 IT 架构模式，建设敏捷、高效、可复用的新一代数字基础设施，加快形成企业级数字技术赋能平台，提升核心架构自主研发水平，为业务数字化创新提供高效数据及一体化服务支撑。加快企业内网建设，稳妥推动内网与互联网的互联互通。优化数据中心布局，加快企业上云步伐。建设态势感知平台，加强对平台、系统、数据等的安全管理。使用安全可靠的数字基础设施、工具软件、信息系统和服务平台，提升本质安全，并加强安全基础设施储备，搭建测试验证环境，强化安全检测评估，以提高数字企业治理水平。

什么是数字基础设施

---

🔍 **视野拓展**

#### 数字基础设施

数字基础设施既包括新型信息基础设施，也包括经数字化改造的部分传统物理基础设施。数字基础设施可大致分为四类：一是以 5G、6G、卫星互联网等为代表的新式网络基础设施；二是以云计算、大数据中心和工业互联网、物联网平台等为代表的信息服务基础设施；三是超级计算中心等算力支撑基础设施；四是用于满足社会治理、公共服务中信息化应用的新型基础设施。

## 二、降低数字化运营成本

企业应当形成对创新成本管理理论的深刻理解，并将其付诸实践。随着企业数字化运营的推进，成本管理理念已经发生了转变，其覆盖范围不仅涵盖了原本的生产成本管理，还扩展到供应商和客户关系的管理以及同行业企业的关系管理。因此，成本管理需要在范围和对象上进行创新管理。在成本管理的框架下，成本的对象包括企业生产经营所付出的全部资金。为了进一步提高对原材料的利用率、提高产能、降低污染排放，企业应该对生产环节进行优化。此外，研发工作的资金支出也应纳入成本管理的考虑范围，通过加大对研发资金的合理投入，企业能更加精确地把握成本的动因，实施精细化成本管理，加强企业内部的成本核算，完善价值创造流程。

降低数字化运营成本需要建立一个具有针对性的成本管理体系。该体系的核心是数据中心，用于存储企业内外与成本相关的数据，并对其进行处理与分析。数据中心通过收集数字化平台的数据，利用多种分析模型对这些数据进行多维度分析，能够实时将数据转化为信息，展示涉及企业生产经营的成本相关信息。在系统前端清晰明了地呈现分析结果，有助于管理者及时监控和把控企业运营走势，从而做出有效决策。此外，企业应明确数字化人才的能力素质标准，并根据这些标准从内部任命企业首席信息官，特别应关注企业财务管理方面的人才。在企业成本管理中，大数据的应用是值得探讨的领域，负责这一领域的人员通常会直接或间接涉及各种数字化相关技术和知识，并具备一定的经验。对于这类人才，企业应进行相应的数字化运营能力和数据安全意识方面的培训。

## 三、健全数字化人才培养机制

数字化治理需要企业拥有同时具备业务与技术专长的人才，方能成功实现数字化转型。脱离业务，仅凭信息技术人才提出的数字化解决方案无法真正适应企业的实际发展需求；仅懂业务，缺乏有效的信息技术来提升效率，整体业务管理效率会降低。因此，企业需要积极储备并培养那些具备综合能力和创新思维的人才，以满足数字化战略的要求。考虑到不同部门的需求差异，企业应建立完善的数字化人才培养机制，并通过增加投入、强调人才培养等多种方式，帮助企业吸引和培养更多的数字化人才，从而为实现数字企业治理提供强大的动力。

例如，华为提出了"数人、数器、数业"三轮驱动力的概念。其中，"数人"代表组织和人才，"数器"代表新技术与工具，"数业"涵盖新业务模式、商业价值和业务方向等。华为对技术人才培养基于一个三层金字塔模型（见图9-4），针对不同层次的员工，华为提供了分层分级的培训方案。华为为基层员工、新员工提供了包括咨询、培养和效果评估在内的三段式标准培训。此外，华为还提供了基于工作场所的自主学习平台，即以线上、线下相结合的方式帮助基层和新员工全覆盖、广学习。对于中间层的业务骨干，华为通过实训、特训和基于场景模拟的训战和比武竞赛等方式，帮助他们不断提升自身实力。华为主要通过严格的选拔、培训、考核、实战和研修五个环节对专家进行培养，最后通过答辩和论文汇报进行全流程的效果评估。

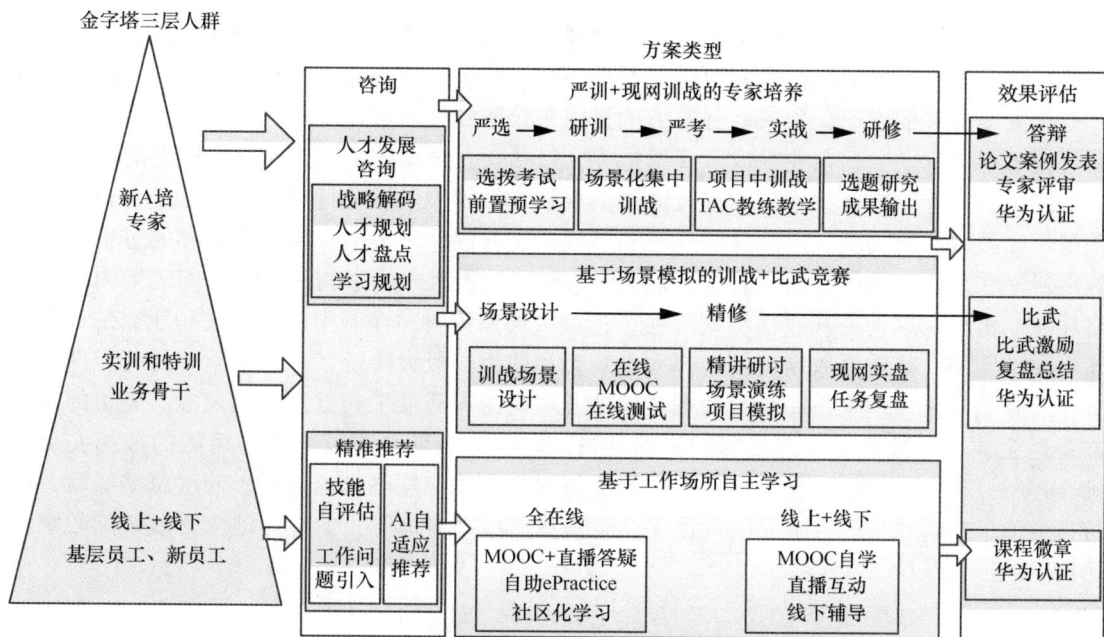

图 9-4 华为数字化技术人才培养金字塔模型

资料来源：华为技术有限公司。

注：TAC 全称 Technical&Application Consultant，指技术顾问。

## 四、提升管理层的数字化认知

提升管理层的数字化认知需要加大数字素养培训力度。充分利用培训资源，对企业管理层进行数字素养与技能的研究，深入调研不同层级管理层数字素养的现状，查明存在的盲点和误区。制订完善的培训体系，及时开发数字素养系列课程，以增强管理层对数字化的认识和专业素养。同时，提升管理层的实践应用能力。管理层应充分发扬自我革新和自我完善精神，强化主动学习数字化知识的意识。努力提升自身数字化知识的广度和深度，加强主动运用数字化工具、方法解决数字治理中业务问题的能力。管理层应通过主动利用大数据和数字化手段，进行科学决策和精准施策，实现由被动接受到主动吸收的转变，将提高实践应用能力真正贯彻到对互联网规律的把握、网络舆论的引导、信息化发展的驾驭以及网络安全的保障等四方面能力上，以进一步提高和加快自身数字素养提升的质量和速度。

企业在提升管理层数字化认知的过程中，应建立管理层数字素养测评考核体系。企业应探索并建立企业管理层数字素养与技能发展的评价指标体系，在选拔任用中强化对管理层数字能力的考查，通过评估和考核能促使管理层数字素养的提升与发展，形成全面提升数字素养的浓厚氛围。对那些敢于创新、善于运用数据和信息化技术，并且成效显著的管理层，应大胆使用和选树典型。同时，企业应鼓励不同层级和部门的管理层开展交流会议与创新实践，分享各自对数字化的认知。在这个过程中，要做到求同存异，取其精华，并及时提炼总结好的做法，形成可推广和复制的经验。

## 五、增强数据安全保护意识

数字化时代，企业的数据量呈指数级增长。计算机和互联网技术的智能化为企业的档案数据管理带来了许多便利，而这些技术具有开放性和共享性，因此会带来数据传输和存储方面的风险。为了更好地保存和利用企业数据，并保护企业的核心技术和资产，企业必须增强对数据安全保护的意识，并采取强有力的措施来预防和控制数据安全风险。

为确保数据安全，企业采取了多重措施，包括安全技术防控、企业网络壁垒的设置及完善的应急方案等。安全技术防控涉及通过信息技术和管理手段监控企业数据整个生命周期，采用加密技术、防火墙、用户身份认证等手段，全方位保护数据从生成到废弃的过程，以有效规避潜在风险，确保数据的安全。企业网络壁垒的设置是为了构建与互联网隔绝的内部网络环境。由于互联网的开放性和共享性，企业数据在传输和存储中面临丢失和泄露的风险。建立内部网络，将重要数据仅供内部人员查看和使用，极大降低了外部风险。此外，内部网络还能有效阻止内部人员将企业数据传输到互联网上，降低了数据泄露的风险。完善的应急方案是企业应对数据安全危机提前做的准备。这要求企业预先设想各种可能的数据安全危机，并制订相应的应急措施。在发生数据危机时，企业应能够迅速应对，同时总结经验，以防止类似危机再次发生。全面的数据安全管理措施体系有助于企业更好地应对复杂的数字化环境中的潜在风险。

# 第六节　案例与实践

## 一、企业数字化运营

企业数字化转型过程中，IT（信息技术）在支持企业转型发展方面不仅需要不断提高研发效率和吞吐率，还需要从简单的价值交付转变为基于业务场景的价值交付和数字化运营。成熟的研发交付要求"更快、更好、更有效"，为业务注入创新活力。为了达到这一要求，企业迫切需要提升规模化工程能力。

> 📖 **专栏9-1：中国联通数字化运营**
>
> 2021年1月，中国联通软件研究院正式开始推广标准研发管理流程，该流程涉及超过300个项目。这为研发效能量化体系提供了基础，使其能够量化评估。项目管理方面，需求管理、任务管理、测试管理和发布管理都得到了更加规范化和标准化的处理。研发效能量化体系建立了一个组织大于项目大于个人的度量体系，该体系能够客观、实时和准确地显示研发能力水平。通过界面化的量化结果展示，项目组可以在线分析效能评价，并持续进行改进。经过5个月的研发效能量化监督和监管，整体效能水平提升了77%。研发过程的补录现象得到了抑制，过程质量也得到了提升，例如代码质量提升了80%。
>
> 经过4年以上的产品发展，研发管理经历了工具化、平台化和产品化的演进和积累过程。应用研发数字化技术和特征，能够为中国联通的全域IT系统研发管理能力和质效提升提供一体化的解决方案和工具支持，且已经达到了行业领先的水平。
>
> 从软件研发管理平台、研发管理流程、量化体系、工程能力成熟度模型4个角度进行数字化治理，主要体现在以下方面。
>
> 一是集团统一的研发过程管理流程。其中包括项目管理、需求管理、任务管理，将统一定义、工作属性等作为项目管理要求落实，具体体现在工具平台。目前中国联通软件研究院已经实现全量项目的研发过程统一。中国联通一站式研发管理体系架构如图9-5所示。

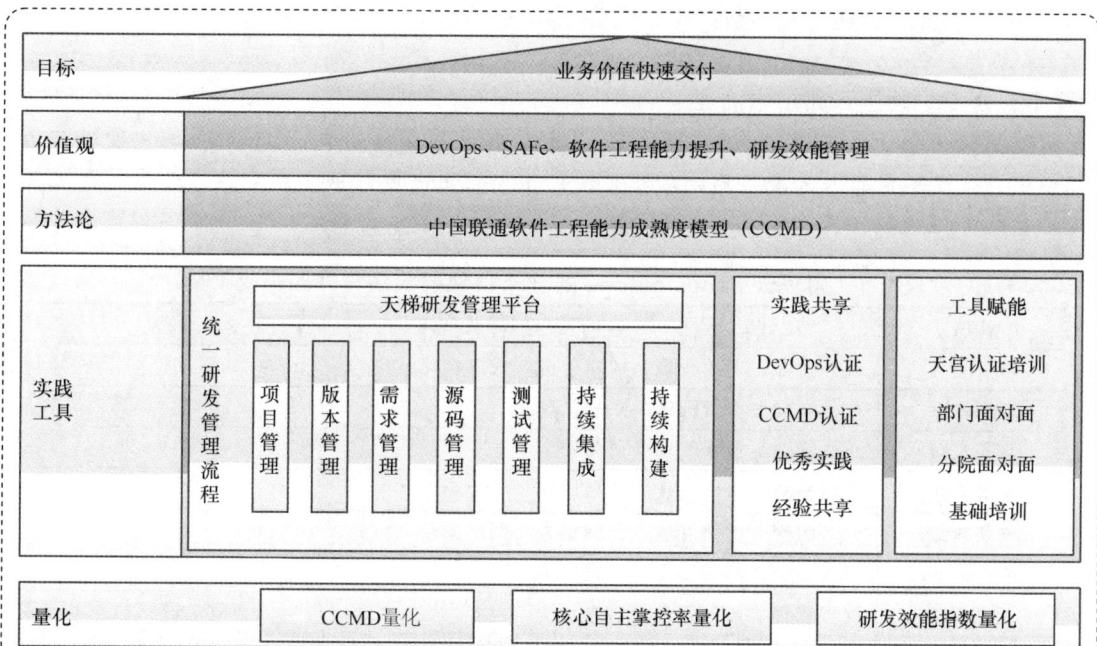

图 9-5 中国联通一站式研发管理体系架构

资料来源：中国联通软件研究院。

注：DevOps，全称 Development and Operations，即研发与运营一体化。

SAFe 全称 Scaled Agile Framework。

CCMD 全称 The China Unicom Capability Maturity Model of DevOps。

二是制订统一的项目管理计量体系。结合软件研究院的管理导向，即"提升业务价值、实现快速交付、提高自主研发控制能力"，并以 DevOps/SAFe 等先进思想为价值导向，提取出可进行横向比较、具备多维度指标的评价体系，形成适用于研发效能评价的指标体系。

三是支持敏捷和瀑布双模的项目管理方法，在满足项目集合协同管理的同时，持续改进过程管理和持续集成能力，以提升性能和完善功能，增加对项目集合流程的专门支持。基于天宫云 IaaS（基础设施即服务）平台的能力，构建流水线云服务，为项目提供统一的流水线编排、配置和调度能力。通过度量管理，满足项目度量数据的统计和采集需求。

四是整合软件研究院的专家资源，结合软件研究院的组织结构等自主性特点和业内主流项目管理理论，形成中国联通软件工程能力成熟度模型（CCMD），从需求、开发、构建与持续集成、部署与发布、测试、反馈与改进 6 个能力域、4 个能力级别描述 24 个能力子域的工程能力水平及方法，为项目提升效能提供理论指导和工程实践方法。

## 二、企业数字化技术治理

在企业云上，常见的治理风险包括身份风险、成本控制问题、管理挑战和合规风险等。身份风险主要指多人共享账号、软件代码托管平台（GitHub）上的访问密钥（Accesskey）泄露以及离职员工恶意操作等情况。成本控制问题可能表现为成本不易观测、闲置资源浪费、预算难以管理等。管理挑战方面可能有账号和资源管理的混乱、网络冲突的频发以及人工运维效率的低下。而合规风险则包括是否满足法律法规要求和内部合规要求等方面。

📖 **专栏9-2：阿里云新技术治理**

阿里云的企业上云框架 Landing Zone 是大量客户的最佳实践，它可以系统地管理与治理框架，并缩短企业上云准备周期。阿里云 Landing Zone 包括 8 个模块的最佳实践和可快速搭建的开源代码工具，如表9-1所示。

表 9-1　阿里云 Landing Zone 的 8 个模块的实践与开源代码工具

| 模块 | 开源代码工具 |
| --- | --- |
| 财务管理 | 统一付款、费用预警、成本分析、成本优化 |
| 资源规划 | 账号架构、资源标识、账号工厂 |
| 身份权限 | 身份管理、授权管理、访问安全 |
| 审计合规 | 事前预防、事中发现、事后审计 |
| 网络规划 | 云上组网、网络互联、公网出入、网络安全 |
| 安全防护 | 主机安全、网络安全、数据安全 |
| 运维管理 | 配置管理、监控管理、日志管理 |
| 自动化 | 部署自动化、管理自动化、治理自动化 |

资料来源：中国信息通信研究院。

阿里云 Landing Zone 适用于以下场景。①可灵活扩展的多账号架构：根据企业的组织结构和业务需求，规划云上的账号架构，以满足企业未来业务扩展的需求。②企业和网络架构规划：协助企业以长期的视角来规划网络架构，以确保其具备灵活性、安全性和易维护性，以满足业务长期发展的需要。③满足安全合规要求：量身定制云上的安全体系，以帮助企业满足访问安全、网络安全、数据安全、操作审计等方面的合规要求。④企业云成本管理：设计云上成本管理方案，能够持续对企业的云上开支进行系统分析和优化，以降低成本。

阿里云 Landing Zone 是一种企业可参考和实施的云上体系化框架，它为企业提供了涵盖财务管理、资源规划、身份权限、审计合规、网络规划、安全防护、运维管理和自动化等方面的顶层架构设计。它的目标是帮助企业构建安全、可管理和可扩展的云上环境，为业务规模化上云打下坚实的基础，从而确保上云后的业务可以高效灵活地运行，并保持系统安全可控。

### 三、企业数字化法律合规系统

随着监管要求的提高和内部管理需求的增加，传统的管理模式在效率、质量、成本和价值提升等方面已经越来越难以胜任。为了进一步提升法律服务效率、加强企业法律风险控制、提高企业合规治理水平，并实现企业法务管理向信息化、数字化和智能化方向转型，企业急需新一代的企业法务合规管理数字化平台。

📖 **专栏9-3：东华软件法律合规系统**

东华软件法律合规系统是根据企业管理实际进行建设的，涵盖法律审核、授权管理、案件管理、普法宣传与法治文化管理、法律队伍管理、合规管理、工商管理、知识产权管理八大模块。同时结合了第三方法律大数据平台,将法律法规库、司法案例库和企业工商信息库等无缝集成,使法律科技能够充分发挥其在企业法治建设与合规治理细分领域的作用,实现企业法务管理的数字化转型和升级。

(1)技术架构。法务合规系统针对不同的应用场景,围绕连接、数据、智能应用要素,构建了多层次、多维度、组件化的体系架构。系统架构的逻辑分层架构分为数据存储层、数据服务层、抽象业务组件层、具体业务层、多态客户端。

(2)主要功能模块。法务合规信息管理系统的主要内容是建设"一个统一系统、八大业务模块、三大工具模块"。"一个统一系统"是指建设集法律管理、决策监控和学习交流三大功能于一体、贯通集团公司及各级企业的统一法律事务管理信息系统。"八大业务模块"是指法律审核、授权管理、案件管理、普法宣传与法治文化管理、法律队伍管理、合规管理、工商管理、知识产权管理。"三大工具模块"是指法律法规库、司法案例库、企业工商信息库查询辅助模块。

(3)核心技术点。通过一体化平台达到纵向到底、横向协同。纵向到底实现企业总部层面对全企业及二级企业的法律事务进行统一监控;横向协同实现与企业门户、合同管理系统、企业微信的集成融合,实现数据互联、功能互补。

连接所涵盖的技术范围非常广泛,包括人与设备、人与计算机、计算机与计算机、设备与计算机之间的连接。泛连接保证了用户在线协同的广泛性,业务响应的效率和广度得到了保证。通过模块化、标准化、流程化、融合化和智能化的法务管理方式,企业可将依法合规的管理要求整合到业务流程和审核审批环节中,全面展示每个法律业务的流程进展,提升管理透明度,提高工作效率。设立法律法规库、案例库等辅助工具,为功能模块提供知识库指引,为法律业务人员提供专业知识支持,提升法律人员的专业能力。对法律各业务板块进行数据共享、分析和过程管控,辅助企业降低和规避经营管理和决策环节的风险。

## 四、案例总结

通过对上述三个案例的梳理发现,三家企业在探索数字技术赋能企业治理的过程中各有特色,并且取得了积极成效。尽管三家企业主营业务、企业规模和治理方向不同,采取的策略和手段各异,但它们所蕴含的内在运行机理具有契合性。深入分析上述三个案例,其运行机理涉及以下三个方面。

### (一)数字化治理

数字化治理,归根结底是采取数字化的手段进行企业治理的方式,即建立与企业新型能力建设、运行、优化相匹配的数字化治理机制。中国联通从研发管理平台、研发管理流程四个角度进行数字化治理;阿里云 Landing Zone 通过数字技术构建包含财务管理、资源规划、审计合规、安全防护等方面的治理框架,确保企业云治理的安全;东华软件建设法务合规数字化平台,使用数字化科技赋能企业法治建设。

### (二)高效率治理

企业数字化治理相较于传统治理手段的一大优点就是高效,通过数字技术对传统存量业务进行改造优化,提升传统产品的规模化生产效率、交易水平、风险管理水平等,从而实现效率提升。中国联通研发管理平台使得企业整体研发效能水平提升77%,并且过程质量得到提升，如代码质量提升 80%；阿里云 Landing Zone 帮助企业以长期视角规划网络架构，保障其灵活性、安全性和易维护性，实现了高效云治理；东华软件法律合规系统为数据规范管理和法律审核质量提供了保障，促进企业进行高效法治建设。

### （三）新理念治理

上述三家企业均汲取最新治理理念进行数字企业治理。中国联通研发管理平台所实现的数字化运营，是数字经济时代企业研发运维管理的转型升级。阿里云 Landing Zone 顺应当下时代发展要求，研发出较为成熟的云治理框架。由于新的攻击手段、漏洞信息等层出不穷，企业安全体系必须切换为主动式、智能化模式，构建数字化法律合规系统迫在眉睫，因此东华软件法律合规系统应运而生。

# 知识巩固

## 一、名词解释

数字企业治理　数字化治理　契约型企业治理模式　互动型企业治理模式　信号理论

## 二、单项选择题

1. 下列属于数字企业治理的核心的是（　　　　）。
   - A. 治理活动数字化
   - B. 数字化治理机制
   - C. 数字化领导力
   - D. 数字化人才

2. 扁平化组织结构对数字企业治理的主要作用是（　　　　）。
   - A. 降低运营成本
   - B. 促进人才管理升级
   - C. 降低信息不对称程度
   - D. 抑制非理性行为

3. 传统治理模式缺乏（　　　　）的原因有两方面：一是多元主体未能实现有效的信息交流，二是未能关注消费者的真实感受并及时作出调整。
   - A. 互动性
   - B. 时效性
   - C. 安全性
   - D. 创新性

4. 契约型企业治理模式治理时首先需要（　　　　）。
   - A. 签订委托书
   - B. 签订治理合同
   - C. 履行治理责任
   - D. 确定治理范围

5. 数字企业治理有助于间接减少管理者决策的（　　　　）。
   - A. 客观性
   - B. 理性程度
   - C. 非理性程度
   - D. 重要性

6. 数字化时代，企业数字化治理可能面对的新挑战有（　　　　）。
   - a. 数据安全问题
   - b. 数字基础设施不完善
   - c. 数字化运营成本高昂
   - d. 数字化专业人才匮乏
   - A. bcd
   - B. abc
   - C. abcd
   - D. abd

7. 数字化转型对企业而言是一场深刻的变革，它要求企业必须拥有一支既精通业务又熟练掌握（　　　　）的高素质复合型人才队伍。
   - A. 云计算
   - B. 数字化技术
   - C. 人工智能
   - D. 数字化治理

8. 实现数字治理将给企业带来的好处是（　　　　）。
   - a. 提升企业治理效率
   - b. 提升企业数据安全保护能力
   - c. 推动企业商业模式的创新与重塑
   - d. 推动企业运营模式的颠覆式变革
   - A. abcd
   - B. acd
   - C. bcd
   - D. abc

9. 数字企业治理的作用机制包括（    ）。

   a. 完善数字企业治理体系  b. 降低不对称程度  c. 抑制管理层非理性行为

   A. ab         B. bc         C. ac         D. abc

10. 企业信息安全问题的来源是（    ）。

   a. 员工不备份重要信息     b. 员工不遵循信息管理制度

   c. 黑客入侵              d. 网络间谍活动

   A. abc        B. bcd        C. acd        D. abcd

### 三、多项选择题

1. 下列属于数字企业治理模式的有（    ）。

   A. 低成本企业治理模式       B. 互动型企业治理模式

   B. 知识型企业治理模式       D. 契约型企业治理模式

2. 下列属于数字企业治理要素的有（    ）。

   A. 数字化人才    B. 数字化资金    C. 数字化认知    D. 安全可控

3. 下列属于数字企业治理优化对策的有（    ）。

   A. 提升管理层的数字化认知    B. 健全数字化人才培养机制

   B. 降低数字化运营成本      D. 持续推进数字基础设施建设

4. 促使企业进行数字治理的原因可能有（    ）。

   A. 企业数据质量参差不齐    B. 企业缺乏有效的管理机制

   B. 企业存在数据安全隐患    D. 企业数据互联互通

5. 数字企业治理的实现路径有（    ）。

   A. 组织结构扁平化       B. 数字平台赋能

   C. 加强外部监督        D. 人才管理升级

### 四、复习思考题

1. 数字企业治理的概念与模式是什么？
2. 数字企业治理如何抑制管理层非理性行为？
3. 影响数字企业治理的因素有哪些？
4. 如何解决数字化运营成本高昂的问题？
5. 思考我国数字企业治理的未来发展方向。

# 第十章
# 数字经济治理

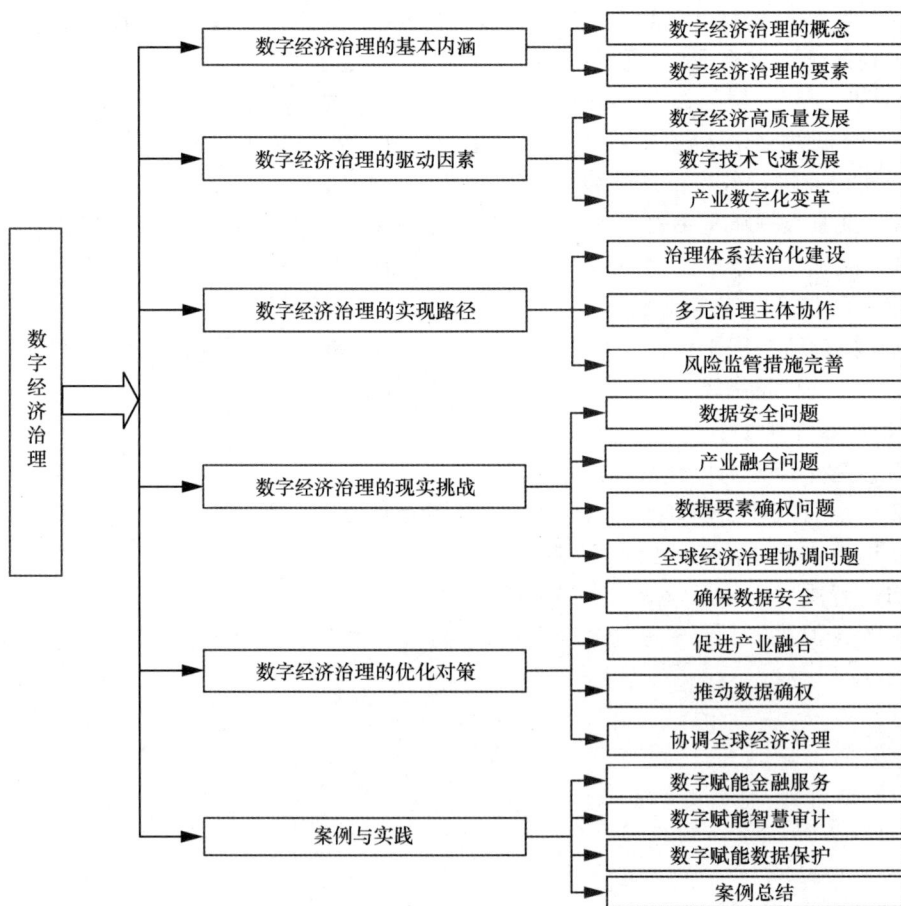

【知识框架图】

数字经济治理

- 数字经济治理的基本内涵
  - 数字经济治理的概念
  - 数字经济治理的要素
- 数字经济治理的驱动因素
  - 数字经济高质量发展
  - 数字技术飞速发展
  - 产业数字化变革
- 数字经济治理的实现路径
  - 治理体系法治化建设
  - 多元治理主体协作
  - 风险监管措施完善
- 数字经济治理的现实挑战
  - 数据安全问题
  - 产业融合问题
  - 数据要素确权问题
  - 全球经济治理协调问题
- 数字经济治理的优化对策
  - 确保数据安全
  - 促进产业融合
  - 推动数据确权
  - 协调全球经济治理
- 案例与实践
  - 数字赋能金融服务
  - 数字赋能智慧审计
  - 数字赋能数据保护
  - 案例总结

【学习目标】

1. 掌握数字经济治理的概念和要素。
2. 了解数字经济治理的驱动因素及实现路径。
3. 理解数字经济治理的现实挑战和优化对策。

引例

### 数字经济的产生与发展

数字经济源于数字技术的发展和应用。早期的技术化阶段，数字经济发展高度依赖数字技术。随着计算机的发明和普及，信息化经历了两个高速发展的阶段：20世纪80年代以后，随着个人计算机的大规模普及应用，人类迎来以单机应用为主要特征的第一次大规模数字化；20世纪90年代中期以后，随着互联网的大规模商用，以互联网应用为主要特征的网络化带来第二次数字化浪潮。

数字经济的发展主要得益于计算机和互联网这两项关键技术。这两项技术的发展和应用对经济社会产生了三方面的影响：一是第三次科技革命以来，以计算机为代表的信息处理技术的出现、算力的发展和应用，方便了数据的收集、存储、加工和处理；二是20世纪90年代以来，互联网技术的兴起深刻影响了人类生产生活，促进了数据的大规模生产、交换和流动，移动互联网快速普及，推动全球数据爆发增长、海量集聚；三是近年来计算机和互联网的复合应用，产生了大数据、云计算、人工智能、物联网、区块链等新技术，数字技术逐渐成为通用技术，为数据要素转化和应用提供了高效可靠的技术支撑。例如，基于大数据采集、存储、处理和呈现等技术，实现了海量数据的实时与近实时处理。

那么，数字经济治理是什么？包含哪些内容？如何进行数字经济治理？

# 第一节　数字经济治理的基本内涵

数字经济的概念早期出现在美国学者唐·泰普史考特（Don Tapscott）于1996年出版的《数字经济：智力互联时代的希望与风险》一书中，后来美国商务部于1998年发布了《新兴的数字经济》报告，由此数字经济的提法正式成型。之后，在各国数字经济发展战略、数字议程的强力推动下，数字经济高速增长、快速创新，并广泛应用于其他传统产业，成为驱动全球经济发展日益重要的新动能。2017年，由中国信息通信研究院发布的《中国数字经济发展白皮书（2017年）》首次提出数字经济治理这一概念。

## 一、数字经济治理的概念

### （一）数字经济治理的基本概念

数字经济以数字化的知识和信息作为关键生产要素，以数字技术为核心驱动力量，以现代信息网络为重要载体，通过数字技术与实体经济深度融合，不断提高经济社会的数字化、网络化、智能化水平，加速重构经济发展与治理模式的新型经济形态。数字经济治理是数字经济的重要组成部分，是指政府、企业等多元主体，运用法律、政策、技术等多种手段，对数字经济活动进行规划、决策、监管和协调的过程，是以"数字技术+治理"为典型特征的技管结合和数字化公共服务等。数字经济治理的目的是促进数字经济健康、有序、可持续发展，同时保障数字经济活动中的公平竞争、数据安全、隐私保护等诸多重要事项的实施。因此，数字经济治理是数字时代宏观经济治理的重要内容，也是国家治理体系和治理能力现代化建设的新要求和新挑战。

## （二）数字经济治理的体系架构

中国信息通信研究院发布的《中国数字经济发展白皮书（2017年）》（简称《白皮书》）将数字经济治理体系置于构建数字经济发展的"四梁八柱"中的"四梁"之一。为解决"治理主体是谁""治理主体间关系""用什么方法治理""保障治理有效运转"四大问题，《白皮书》分别提出了构建多元化、立体化的治理主体；搭建边界清晰、分工协作、平衡互动的治理结构；构建运用大数据、云计算等数字技术的治理手段；构建政策、法律和监管三位一体的治理制度。数字经济治理体系的核心要义在于通过建立以多元主体参与为基础的制度框架，推动数字经济的健康发展。这个制度框架包括数据信息、数字平台、网络生态等领域的体制机制和法律法规安排。

数字经济治理体系是国家治理体系的重要组成部分，也是实现数字强国建设的必备条件。具体而言，数字经济治理体系架构主要由以下三个方面构成。

### 1. 后台数据信息收集

数据为数字经济治理体系提供综合信息支持，是治理体系的关键组成部分。国家基础信息资源库主要涵盖人口、法人、自然资源和地理空间、宏观经济四大类数据。人口基础信息库涉及个人就业、家庭普查、税务管理等多个层面和领域。法人基础信息库包含行政许可、资质信息等方面的基础信息，了解完整的法人基础信息是规范生产经营活动和优化营商环境的基础。自然资源和地理空间基础信息库由国家、省、地市级提供的卫星监测数据构成，完善这部分资源信息对提高有限资源的利用效率至关重要。宏观经济基础数据库汇集了各部门的主要经济指标，包括但不限于地方财政收入、税收完成情况、金融机构信贷状况等经济数据。在数字经济快速发展与数字经济治理背景下，加强数字经济统计数据监测可以提高宏观经济治理决策实施的准确性、协调性和有效性。同时，加快数据信息的收集和整合，将数据信息广泛应用于经济运行的多种场景，将数据共享开放和深度开发利用确立为提升数字经济治理水平的重点和突破口。

### 2. 中端数字平台监管

数字经济治理平台的主要业务可分为两个方面：一是以政府事务为核心的治理系统，该系统连接国家和公民之间的业务交流，包括政府事项处理和公民手续办理等公共服务；二是以企业运营为核心的治理系统，基于企业和客户之间的跨时间、跨空间的联系，涉及企业电子商务和用户线上交易等私人服务。该平台改变了传统产业发展的链式、并联式结构，并建立了网状式、串联式的现代产业链。数字经济的发展也是平台经济的发展，因此数字经济治理应关注对第三方平台的监管，进一步明确平台企业主体的责任和义务，促进各方数据交流和技术融合，构建公平竞争、共建共享的大平台体系，提升事务关联程度。

### 3. 前端网络生态共治

数字经济时代的治理应该是各方主体之间合作与互动的过程。政府、平台、企业、行业组织和社会公众等应该建立相互独立但相互依存的合作关系，共同承担维护网络公共秩序的权力和责任。政府明确共治的原则和行动方向，平台企业明确自身的责任和义务，行业组织加强行业自律并推动制定行业服务标准，社会公众积极开展社会、媒体和公众监督。前端合力治理，共同培养更安全、健康的数字经济发展新生态。

## 二、数字经济治理的要素

### （一）数字经济治理的原则

#### 1. 多元协同共治原则

随着互联网尤其是移动互联网的蓬勃发展，社会治理模式正在经历从单向管理向双向互动、从线下治理到线上线下治理融合，以及从单纯的政府监管向更加重视社会协同治理的方向转变。全球数字经济是一个完整的生态系统，对全球数字经济的治理应当倡导协同治理的理念。以国家为主导的传统的多边治理机制当前正面临困境，而数字企业，尤其是作为连接产业与用户等多个主体的纽带的平台企业，有效地推动了数字经济领域的标准与规则的制定。

#### 2. 谨慎的技术中性原则

随着技术的不断进步及数字技术的出现，技术的初衷和其所能带来的价值之间的界限变得越来越模糊。技术已经演变为一个复杂的过程，而不仅仅是一个简单的程序或结果。例如，人工智能和大数据技术在代码规则的制定过程中可能插入了歧视因子，导致伦理问题，如大数据"杀熟"。如今，各国为了在全球数字经济治理中占据制高点，纷纷推出本国的数字治理规则。与传统经济相比，数字经济的一个重要特征是其数字技术属性。倡导谨慎的数字技术中性原则能够使数字技术更加专注于技术本身，有助于促进国家间问题的协同治理，推动技术朝着积极的方向发展，促进全球数字技术持续创新和数字经济的健康发展。

#### 3. 公平互惠原则

在当前的数字经济格局中，数据价值的天平往往向少数领先的平台和企业倾斜，而其他国家，不论其发展阶段如何，常常只能作为数据智能的消费者，向数据的掌控者支付费用。例如，欧洲多国长期扮演着数字服务的主要消费者角色，而美国则是这些数字服务的主要供应方。公众对数字平台的普遍依赖，无论是在消费、出行还是娱乐等方面，都在不断加剧数据所有权和使用权的不均衡分配。这种不平衡催生了诸多争端，其中数字税事件尤为突出。为了应对这一挑战，必须在数字经济治理中坚持公平互惠原则。这不仅意味着要缩小数字鸿沟，通过提升不发达地区的数字技术水平，为其数字基础设施建设提供支持，也意味着要推动构建一个更加包容和开放的全球数字经济规则体系。遵循公平互惠原则，应当致力于创造一个双赢的局面：一方面，确保发达国家的经济利益得到合理保障；另一方面，减少对发展中国家构成的发展壁垒，为其提供公平参与数字经济的机会，从而促进全球范围内的数字经济均衡发展，实现共赢。为此，国际社会需要共同努力，建立公正合理的数据治理机制，确保数据价值的公平分配，推动数字经济的包容性增长。各国应坚持公平互惠原则，朝着更加平衡、公正的数字经济未来迈进。

### （二）数字经济治理的主体

#### 1. 国家

国家仍然占据数字经济治理的主导地位。互联网遍布全球，使企业和个人可以轻易地绕过任何一个国家的法律，使国家法规与计算机网络去中心化结构相协调变得越来越困难，但国家仍是应对全球化和互联网带来的社会和政治外部影响的主要行为体。

#### 2. 企业

数字经济治理中，企业的作用日益突出。截至 2024 年 6 月，全球市值名列前茅的企业多由微软、苹果、谷歌等数字科技企业占据。这些公司成为数字经济时代最具活力的经济组织。因此，企业在数字经济治理中至关重要。

### 3．个人

数字经济时代，消费者从旁观者转变为深度参与者，其重要性进一步凸显。一方面，作为主要的数据生成者，互联网用户在体验和消费过程中产生了大量的数据，这些数据成为宝贵的资源，供平台企业和各国政府使用。另一方面，新一代消费者的消费习惯和社交方式与互联网平台高度契合。

## （三）数字经济治理的客体

### 1．数字经济政策协调问题

当前，世界正处于数字经济和工业经济相互融合的过渡阶段，数字战略在促进数字经济发展和提升国家治理能力方面发挥着重要作用。无论是传统经济体还是新兴经济体，都采取了专门的数字经济发展策略。然而，政策本身具有一定外溢效应，大国借助规则外溢参与全球治理并谋求主导全球治理规则的现象普遍存在。作为利益相关方，各国在博弈过程中制定的政策往往是相互竞争甚至对抗的。因此要强调宏观数字经济政策的协调性，一方面要推动数字经济政策的有效实施，促进各国数字技术和数字经济的良性发展；另一方面则要尽量减少制度间的交易成本，增强国家之间的数字互信。

世界部分经济体数字发展战略（重要文件）概览如表 10-1 所示。

表 10-1　世界部分经济体数字发展战略（重要文件）概览

| 经济体 | 发布时间 | 战略文件 |
| --- | --- | --- |
| 美国 | 2012 年 | 《大数据研究和发展倡议》 |
|  | 2021 年 | 《加速美国 5G 发展》 |
|  | 2023 年 | 《国家人工智能研发战略计划》2023 更新版 |
| 欧盟 | 2020 年 | 《人工智能白皮书》 |
|  | 2020 年 | 《欧洲数据战略》 |
|  | 2021 年 | 《2030 数字指南针：欧洲数字十年之路》 |
| 中国 | 2015 年 | 《中国制造 2025》 |
|  | 2017 年 | 《新一代人工智能发展规划》 |
|  | 2021 年 | 《"十四五"数字经济发展规划》 |

### 2．数字鸿沟问题

数字鸿沟（Digital Divide）是指在全球数字化进程中，不同国家、地区、行业、人群之间，由于对信息、网络技术的拥有程度、应用程度以及创新能力的差别而造成的信息落差及贫富进一步两极分化的趋势。造成数字鸿沟的原因是不同国家、行业甚至个人对数据要素、数字基础设施的拥有程度和应用程度存在差异。在国际层面上，数字鸿沟主要表现为国家间在数字经济规模、数字基础设施、数字应用以及数字规则主导权方面存在巨大差距。在国内层面上，数字鸿沟则主要表现为年龄、性别和行业之间的差异。数字贸易对传统贸易的替代可能会进一步减少发展中国家的贸易收益。

## 视野拓展

### 年龄与行业层面的数字鸿沟

年龄层面，老年人群体遭受的数字鸿沟难题日益凸显，广受业界关注。《第五次中国城乡老年人生活状况抽样调查基本数据公报》显示，2021年，我国老年人中不会使用智能手机的占40.4%，没有智能手机的占23.0%，被迫成为数字弱势群体，无法完全融入数字时代。

行业层面，农业领域产业数字化水平滞后于非农产业。受制于"三农"领域基础数据资源体系建设不完备、涉农信息技术工具匮乏、数字技术的农业应用范围有限等原因，农业领域的数字化程度仍然相对较低。《中国数字经济发展研究报告（2024年）》显示，2023年我国第二、第三产业的数字经济渗透率分别为25.03%、45.63%，而作为第一产业的农业领域数字经济渗透率仅有10.78%，生产数字化程度远低于第二、第三产业，农业领域的数字经济发展落后已成为数字中国建设的突出短板。

### 3. 数字伦理问题

数字技术特别是人工智能技术的迅猛发展及其在各个领域的广泛应用，引发了一系列伦理及安全风险，并暴露出监管不足的问题，这些问题涉及智能推送算法导致的信息茧房现象，就业和犯罪风险评估算法所显示的算法偏见，以及对就业机会、舆论操纵和个人隐私的侵害等。此外，人工智能是否能够代替人类等伦理问题也随之暴露出来，导致数字经济治理面临巨大挑战，依靠传统治理模式无法很好地适应数字经济高质量发展。

# 第二节　数字经济治理的驱动因素

数字经济治理是对数据资源、现代信息网络、信息通信技术融合应用及数字经济相关主体、活动、环境的综合治理，是数字时代宏观经济治理的重要内容，也是对国家治理体系和治理能力现代化建设的新要求和新挑战，不断完善数字经济治理是促进数字经济健康发展的关键举措。

数字经济治理的
驱动因素

## 一、数字经济高质量发展

全球数字经济的发展，在为经济社会注入新活力的同时，也催生了一系列革命性、系统性和全局性变革，推动经济治理向前发展。统计显示，2023年，我国数字经济占GDP比重进一步提升，占比达42.8%（见图10-1），超过第二产业占国民经济的比重（我国第二产业占GDP的比重为36.8%），数字经济作为国民经济的重要支柱地位更加凸显。同时，我国数字经济一直维持高位运行，数字经济增速多年高于GDP增速，数字经济持续发挥经济稳定器、加速器作用（见图10-2）。未来，伴随着数字技术的持续创新，并加速向传统产业融合渗透，数字经济对经济增长的拉动作用将越发凸显，急需加快构建面向数字经济的制度规则体系，解决好数字经济发展中可能遇到的难题，为经济高质量发展添薪续力。

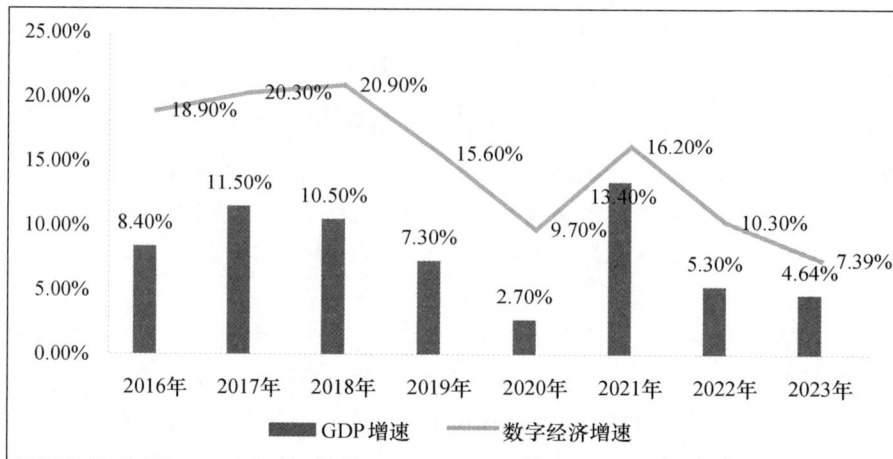

图 10-1　2016—2023 年我国数字经济规模

资料来源：中国信息通信研究院。

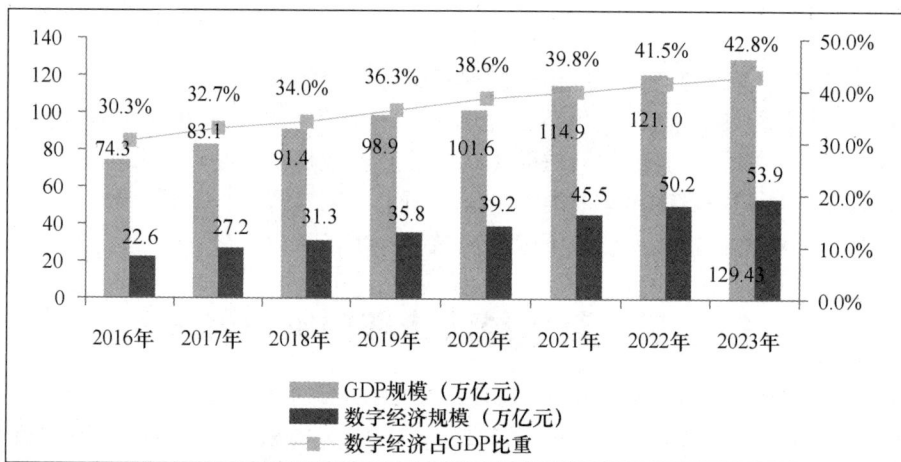

图 10-2　我国数字经济与 GDP 名义增速对比

资料来源：中国信息通信研究院。

## 二、数字技术飞速发展

互联网、大数据、区块链等新技术正以惊人的速度不断更新换代，共享经济、无人驾驶、数字货币等新兴业态也层出不穷，数字经济领域正在成为全球经济增长的新引擎。传统治理模式下，治理主体的决策能力大多依靠决策经验和科学分析，对治理主体和决策者的决策能力要求较高。通过数字技术，经济治理能够以整体的、协同的智慧决策方式以及精细化的治理运作，快速回应治理需求。数字技术与经济治理深度融合，促进治理形成多中心、网络型、扁平化治理结构。数字技术能够将问题进行量化、可视化，并使决策结果高效和可考证，由此推动决策方式从"应该是什么"到"实际是什么"的转变，降低了决策结果中不确定性带来的风险，推动实现数字经济治理。此外，数字技术借助大数据和文本信息，在数据决策、风险预警和舆情监测等方面进行实时分析监测，全息的数据呈现，有助于实现实事求是的决策和数据驱动靶向治理，重塑经济治理的方式，推动数字经济治理的发展。

### 三、产业数字化变革

产业数字化指以新一代信息技术为支撑，对产业链上下游全要素进行数字化改造，推动传统产业实现高端化、智能化和绿色化。同时，产业数字化还会催生许多新产业、新业态和新模式，比如以智能网联汽车、智能机器人等为代表的制造业融合新业态，以及以移动支付、平台经济为代表的服务业融合新业态等。显然，产业数字化为数字经济发展提供了重要支撑，是国民经济发展新动能的重要来源。当前，我国产业数字化主导地位进一步巩固，其在经济社会中的贡献水平不断提升。根据中国信息通信研究院发布的《中国数字经济发展研究报告（2024年）》，2023年，我国数字产业化规模达到10.09万亿元，产业数字化规模为43.84万亿元，占数字经济的比重分别为18.7%和81.3%，数字经济的二八比例结构较为稳定。其中，第三、第二、第一产业数字经济渗透率分别为45.63%、25.03%和10.78%，同比分别提升0.91、1.03、0.32个百分点，第二产业数字经济渗透率增幅首次超过第三产业，形成服务业和工业数字化共同驱动发展格局。产业数字化规模大幅扩大，引起社会产业的数字化变革，促进了数字经济的发展。我国需要创新数字经济治理模式，为产业数字化良性发展保驾护航。

## 第三节 数字经济治理的实现路径

建立健全法治体系、明确多元主体职责、强化平台事前监管是实现数字经济治理的具体路径，应继续朝着这些方向前进，加快实现数字经济治理。

数字经济治理的实现路径

### 一、治理体系法治化建设

完善数字经济法治体系是我国建设法治国家和法治社会的基本要求，也是实现国家治理体系和治理能力现代化及完善数字经济治理体系的必然选择。因此，相关部门应加快数字经济法治体系建设，制定统一规范的政策制度，同时加快建立分层管理机制和优化人员配置来推进数字治理工作。在法律制定方面，特别是要解决数据权属不明确的问题，详细规定数据分级分类标准，并引导行业在遵守国家相关法规和标准的基础上，推动数据流动和开发数据价值，平衡好数据保护和数据开放的关系。在制度层面，要不断强化数字经济治理体系的法治化建设，在适时补充、动态调整的基础上，针对数据确权、数据定价、数据交易、数据安全等数字经济发展中出现的新情况、新问题，加快制定促进和规范数字经济发展的法律法规。同时，推动社会治理向网络空间延伸，通过净化网络空间内容、营造清朗网络空间环境，构建网络空间治理法治化新格局；通过明晰数字经济产权，依法保护数字经济活动中的知识产权和专利技术，为数字技术的创新、应用和推广提供法治保障。

### 二、多元治理主体协作

我国在数字经济治理方面的探索仍处于初级阶段，整体上尚未形成协同共治的治理模式，需要提高多元主体之间的协同性，而提高协同性的关键在于各个主体明确自身的权力和责任。首先，政府扮演的角色往往是引领者，需承担服务公众的义务。在数字经济治理中，政府有责任主动应对数字经济发展中的负面影响，并积极引导其他主体参与治理，加强与其他主体的良好互动。政府可以探索建立数字经济发展相关平台，促进利益相关者之间平等交流，以增进彼此的信任，从而提高各方在合作治理中的参与度。其次，企业在数字经济时代掌握先进技术和大量数据，因此除了追求自身发展，企业也应承担维护行业发展的责任，积极配合政府工作，并积极回应公众的需求。最后，公众应积极表达自身需求，行业组织则需要积极倾听并传达民意，与政府和企业共同参与数字经济治理。当各主体清晰地了解自身权力、责任和相互关系后，可以减少治理主体之间权责交叉和错位问题的发生，从而降低监管重叠和监管空缺的可能性。

### 三、风险监管措施完善

数字经济蓬勃发展，平台垄断现象日益普遍，这对现行的反垄断法构成了新的挑战。然而，现行法律缺乏对数字平台企业的多边性和高动态性考虑，导致很难对其垄断行为进行界定。因此，一方面，要建立起强化事前监管的"事前监管+事后执法"的反垄断新体制，争取在大型平台垄断行动尚未发生时就能够察觉到其垄断意图并迅速采取措施进行约束，以阻止各种潜在的风险隐患发展壮大，严密防范系统性的安全风险。在这个反垄断新体制中，事前监管侧重于监控潜在的风险，防止违规行为，维护市场的公平性；而事后执法则着重于查处垄断行为，发挥执法的力量，维护多元利益。特别是当事前监管能够有效发挥作用时，则可以更好地避免垄断对多元主体带来的经济损失，从而弥补事后执法的不足之处。另一方面，要创新"互联网+监管"模式，以加快智慧监管的全流程，包括数据整合、特征构建、风险研判、动态监测和结果输出。为了推动这一进程，国家可以鼓励企业建立自主的研发机构，加强企业与政府的技术合作，并建立新的数据安全治理框架。在这个框架下，应该提升重要敏感数据集的识别能力，利用敏感数据识别和自动分级分类等技术来提高数据治理的效率和准确性。

# 第四节　数字经济治理的现实挑战

随着移动互联基础设施的大力建设和移动终端设备的广泛普及，数字技术的开发和应用得到极大激励。以海量数据为基础的数字技术与网约车、网络购物、灵活用工等应用场景的深度融合，给数字经济高质量发展注入强大动能。同时，由于数字技术及应用场景的深度商业化和广泛市场化，大数据"杀熟"、诱导用户沉迷网络、过度消费等数字技术在数字经济发展中引发的负效应深度冲击了市场竞争秩序和社会管理秩序，给维护市场公平竞争、消费者合法权益、社会治理乃至国家安全带来了诸多挑战。

### 一、数据安全问题

数字经济是数据与各产业的融合，包括政务管理和个人信息等重要数据，因此数字经济治理必须高度重视数据安全问题。首先是技术安全，包括基础设施的使用和防护、硬件安全和软件安全。基础设施的使用和防护包括合理配置网络设备、带宽管理、防火墙设置和入侵检测等。硬件安全主要关注核心芯片、半导体、光刻机、光纤和光缆等设施的安全，并且保证软件在使用过程中不会传输或记录使用信息，且时刻保证正常运行而不出现任何故障。软件安全则指操作系统、网络平台和相关操作软件没有漏洞存在。其次是数据安全，包括个人信息、政务数据和企业数据的安全。个人信息存在被泄露、违规收集、使用和公开的风险；

政务数据可能被非法公开甚至使用；企业数据涵盖了来自合法渠道收集的个人用户信息、自身开发的数据、从合法数据供应商购买的数据以及来自政务或其他公共服务机构的共享数据等，企业有责任确保这些数据的安全。以上风险有同时发生的可能性，从而引发经济风险、社会风险和其他社会问题，加大数字经济治理难度。

## 二、产业融合问题

产业融合是指不同产业或同一产业内的不同行业相互渗透、相互交叉，最终融合为一体，逐步形成新的产业形态的动态发展过程。数字经济的实现归功于产业数字化和数字产业化对其的推动。我国数字经济规模虽稳居全球第二，但整体上数实融合程度还比较低，发展还不平衡，企业数字化转型成本比较高。一是我国三次产业数实融合程度不平衡。历年《中国数字经济发展白皮书》显示，我国第一、第二、第三产业的数字经济渗透率从 2017 年呈现逐年提高的态势，但是第一产业和第二产业数实融合程度较低且增速明显慢于第三产业，这将极大地影响劳动生产率的提高。二是数实融合程度滞后于发达国家水平。《全球数字经济白皮书（2023 年）》显示，在产业数字化方面，全球第一、第二、第三产业的数字经济渗透率最高分别超过 30%、40%、70%，我国三次产业数字经济渗透率与发达国家差距较大。三是大量中小微企业在数字化转型升级中踟蹰不前。中小微企业在面对跨越数字鸿沟时存在着不想转、不会转、不敢转等问题。此外，中小微企业面临资金短缺、数字化认识不足、对企业数字化信心不足等问题，导致企业难以"上云"，阻碍产业融合发展的脚步。

## 三、数据要素确权问题

数据是推动经济发展的新型要素。如何确立数据要素在社会分配中的角色？数据要素价值的决定因素有哪些？数据资产的来源是什么？谁是数据资产的所有者？只有回答了这些问题，才能充分利用数据资源以提升全要素生产率。这些问题是学术界研究的焦点，也是迫切需要解决的问题。近年来，各方对数据确权进行了积极探索，但在数据权属的性质、主体、内容等问题上存在分歧，数据确权问题仍未明晰。一是数据权利性质尚未明确。关于数据权利的性质，理论界有所有权保护说、知识产权保护说、债权保护说和新型权利保护说，尚未形成一致意见。二是数据权利主体难以划分。数据从产生之际就涉及个人、企业、政府部门等多个主体，数据的挖掘、加工等再创造过程又会与更多的主体产生关联，其权属难免存在多重性，不易划分。三是数据应用场景多样多变。数据可复制并具有非排他性，因此同样的数据可以被不同主体应用在不同场景中，同一数据在不同的应用场景下会产生不同的价值，也会产生复杂的利益关系。

## 四、全球经济治理协调问题

数字经济的兴起改变了全球经济格局。历史上的技术革命常常引起经济和政治的调整，当前的科技革命和产业变革成为世界经济政治格局重塑的核心动力。无论是数据的跨境流动还是互联网平台的跨国运营，数字经济天生具有全球性的特征，这意味着不同国家需要协同治理。不同文化背景、治理体制以及数字经济发展阶段的国家有着不同的价值观和治理策略，必然会产生博弈和冲突。目前国际社会对如下重点领域的棘手挑战尤为关切：其一，全球数字发展依然不平衡，发达国家与发展中国家存在巨大的数字鸿沟；其二，数据不安全问题严峻，个别霸权国家进行数据窃取与攻击等活动，导致重大安全风险层出不穷；其三，数字企业跨国监管与征税难度加大，跨国数字企业巨头掌控大量数据资源，具备数据计算能力，政府监管有待加强，税基侵蚀和利润转移问题突出。且由于数字虚拟空间具有跨国跨境、主体多元、议题繁杂等特点，监管与惩治面临明显的协调困难。

# 第五节　数字经济治理的优化对策

数字经济发展速度之快、辐射范围之广、影响程度之深前所未有。做强做优做大数字经济，一个重要方面就是完善数字经济治理体系，提高数字经济治理体系和治理能力现代化水平。

## 一、确保数据安全

确保数据安全，强调运营者维护数据安全的主体责任显得尤为重要。一是要注重隐私保护。数据如果被违规采集和使用，可能导致经济犯罪，严重损害人们的切身利益。国家应该完善数据安全法律法规，使数据的采集和使用更加规范，保护数据的安全。二是加强反平台垄断。随着数据要素的集聚，头部数字经济平台可能会形成数据垄断，导致销售价格大于边际成本，造成社会福利损失，抑制创新，而垄断企业依赖垄断地位获得垄断利润，并逐渐沉淀成为垄断资本，阻碍行业发展。三是保证数据流动的安全性。一定程度地限制数据跨境流动有利于维护国家安全，而且有差别地进行数据限制也可以在一定程度上抵御发达经济体对中国数字经济发展的负面影响。因此，国家应当建立健全个人信息和数据安全保护制度，履行保障公民个人信息安全和数据出境信息安全的义务。

## 二、促进产业融合

促进产业融合，要深入推进产业数字化转型，推动数字经济和实体经济深度融合提质扩面。要立足不同产业特点和差异化需求，分阶段引导、分行业施策，探索实施多路径并行的产业数字化转型策略，不断提升数字化应用的广度和深度，推动三次产业全方位转型。纵深推进制造业数字化转型，研究制订重点行业数字化转型路线图，深入实施制造业数字化转型发展行动、智能制造工程，完善国家智能制造标准体系，深化"5G+工业互联网"融合发展，加快推动研发设计、生产制造、经营管理、市场服务等全生命周期数字化转型，培育推广规模化定制、网络化协同等新模式。全面加快服务业数字化转型，大力发展数字商务，引导传统产业和数字商务深度融合，加快商贸、物流、文旅等服务业数字化转型进程，培育众包设计、智慧物流、新零售等新增长点，提高服务业品质和效益。

🔍 **视野拓展**

### 产业融合

产业融合以第五产业知识产业为主导，第一产业农业为基础，第二产业工业为中介，第三产业服务业为核心，第四产业信息业为配套，是在产业层面通过资源优化配置实现资源优化再生、推动产业升级的系统工程。产业融合产生的效应如下。

（1）有助于促进传统产业创新，进而推进产业结构优化与产业发展。产业融合过程中产生的新技术、新产品、新服务在客观上提高了消费者的需求层次，取代了某些传统的技术、产品或服务；同时产业融合催生出的新技术融入传统产业部门，改变了传统产业的生产与服务方式，促使其产品与服务结构的升级。

（2）有助于推动区域经济一体化。产业融合能够提高区域之间的贸易效应和竞争效应，加速区域之间资源的流动与重组。产业融合将打破传统企业之间和行业之间的界限，特别是地区之间的界限。利用信息技术平台实现业务重组，产生贸易效应和竞争效应。

### 三、推动数据确权

推动数据确权，一方面在微观维度上，需要对同一数据产权的微观结构进行分层分置。由于从数据的生产到数据的价值实现涉及多个环节，持有数据的人不一定参与数据加工，加工数据的人也不一定参与数据经营，因此将权利分置，保障权利分配的灵活性，保证各环节主体的合法性，使得数据的价值实现过程可以顺利流畅进行。另一方面在宏观维度上，对不同数据产权也需要按照敏感度、时效性等属性进行分级处理。敏感性是数据要素的本质特征之一，而敏感度则是对数据要素涉及国家安全、公共利益、个人隐私的程度的量化评价，是数据产权分级处理需要考虑的重要维度之一。按数据时效性进行数据要素确权的分级处理也是值得思考和探索的，应该优先处理时效性更强的数据确权与授权，让数据要素更快地与应用场景进行匹配，尽量减少协商的时间成本带来的价值损耗。

### 四、协调全球经济治理

我国应积极开展双多边的数字治理合作，推动建立开放、公平、非歧视的数字营商环境，破解当前的全球数字治理赤字。一方面，我国应积极参与国际组织数字经济议题的谈判与体制建设。目前，包括联合国、世界银行、国际货币基金组织、世界贸易组织等在内的各大国际组织均在开展数字经济治理相关工作，以制定网络空间国际规则、提升全球治理能力、促进经济文化和社会的可持续发展。我国应积极参与相关议题的讨论与治理体制的建设工作，并基于中国数字经济发展实践建言献策，积极维护发展中国家群体在数字经济治理中的正当权益。我国应进一步完善和维护以区域性机制为主的双多边数字经济治理机制，深化政府间数字经济政策交流对话；积极主动向世界提供数字治理公共产品，有效弥补现有国际数字经济治理体系存在的缺陷，秉持共商共建共享的全球治理观，促进推动建设开放型世界经济，开创国际数字经济合作新局面。另一方面，我国应加快构建数字合作新格局，推动数字经济不断迈上新台阶，让更多国家和人民搭乘信息时代的快车，共享数字技术发展成果。通过积极倡导数字多边主义，推动双多边数据跨境流动和数字合作协定谈判，参与制定数字技术和网络安全的国际标准，我国将不断提升全球数字规则框架的话语权和规则制定权，与各国合作伙伴共同推动形成一个繁荣发展的人类命运共同体。

## 第六节　案例与实践

本节选取壹诺供应链金融平台、农银惠农 e 通服务、淄博市数字赋能打造公共投资项目"智慧审计"新模式以及戴尔科技助力国家电网打造数据安全"避风港"四个典型的数字经济治理建设案例，通过演绎归纳深入分析数字经济治理的过程中数字经济治理的方向、方式与作用。

## 一、数字赋能金融服务

### （一）供应链金融平台搭建

针对供应链金融中复杂的流程以及监管效率低的问题，区块链基础设施的广泛接入能力能够为中小企业提供上链的便利途径，简化审批认证流程，使银行和金融机构能够低成本高效率地进行放贷决策。同时，利用区块链基础设施的公共服务能力，可以有效地避免票据造假、重复质押等风险，降低交易信用风险，提升供应链金融交易的透明度，并提高其整体监管水平。

> 📖 **专栏10-1：壹诺供应链金融平台**
>
> 壹诺供应链金融平台，通过布比底层链与"星火·链网"区块链基础设施的对接，发挥区块链技术驱动供应链金融的创新效应。该平台核心功能包括实名认证、凭证管理、在线融资、资金管理等。跨链互操作等关键技术，可实现全链条信息共享及供应链金融可视化，降低中小企业融资成本，提高资金流转效率，间接降低生产成本。
>
> 壹诺供应链金融平台技术架构如图10-3所示。

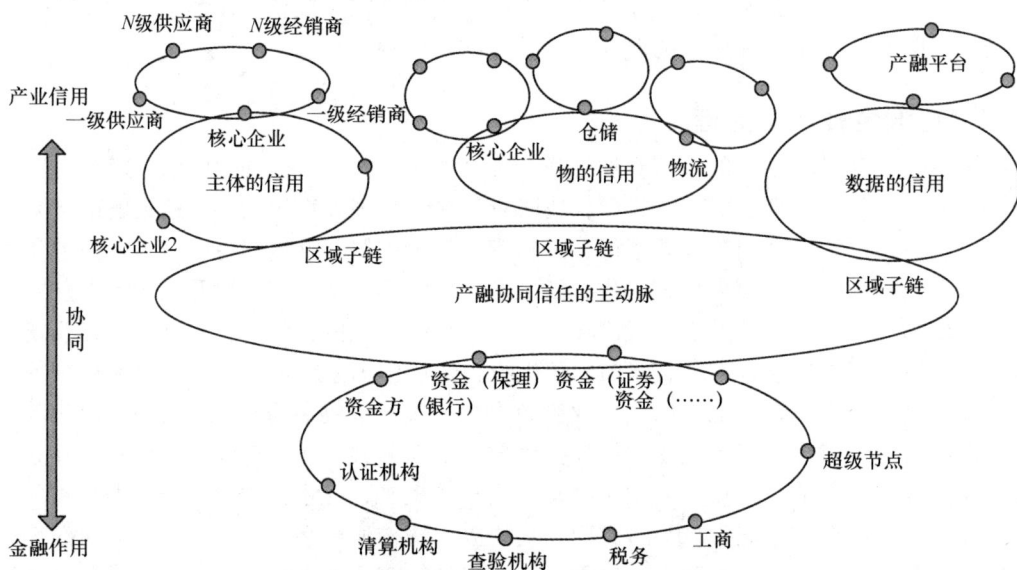

图 10-3　壹诺供应链金融平台技术架构

> 资料来源：布比（北京）网络技术有限公司。

### （二）区块链与供应链金融融合

在农业供应链金融领域，区块链的应用场景涉及政府、金融机构、核心企业、技术服务商和中小农户等主要参与方。具体而言，政府希望利用区块链技术来促进本地农业发展，金融机构希望利用区块链技术控制借贷风险以实现共赢，农业核心企业希望通过共享核心企业与上下游经营主体的额度，提升信用等级以求自身利益最大化，技术服务商则希望通过提供技术服务获取利润，而中小农户希望能够低成本地获取经营性融资，以实现农业经营的可持续发展。该模式以真实的农产品生产交易数据为基础，利用区块链的去中心化和不可篡改的特性，通过将多个主体上链，建立起农产品供应链各参与方之间信息交流和风险控制的互信体制，弥补供应链金融的不足，实现中小微企业及农户的有效融资。在该模式中，区块链与供应链金融平台起到了联系各方的纽带作用，依托区块链和供应链系统的技术优势，协调农产品供应链金融各方利益和需求，同时推动建立供应链金融行业的数据标准，实现供应链金融参与方的数据共享，并确保数据安全。目前，主要通过技术手段来确保链上信息的保密性，并进行大数据分析，根据分析结果进一步优化业务流程和风险控制手段。

> **📖 专栏10-2：农银惠农e通服务**
>
> 　　中国农业银行在农业供应链金融领域应用了区块链技术，推出了农银惠农e通服务。这项服务利用区块链技术将惠农e商和惠农e付所收集到的日常数据上链，然后提供给惠农e贷，用于风险控制。通过将区块链技术与农业供应链金融充分结合，广泛收集我国农业核心企业及上下游经营主体的各类数据信息，建立了农业基础数据平台，解决了过去农业供应链金融信息获取难的难题，并打破了整个农业供应链金融中的信息壁垒。惠农e通是服务农业、农村和农民的平台，主要涵盖以下几个产品。
>
> 　　（1）惠农e商。惠农e商是为核心商户及下游经销商提供商品、采购、销售、对账、营销和经营分析等一揽子综合服务的平台。惠农e商涵盖的功能主要包括：快速建立关系、分级分类管理的经销商管理模块；自定义分类、一键上下架、价格策略设置的商品管理模块；赊销和预付模式、自主下单和代客下单的多种订单管理模块；全渠道收付款、轻松对账、资金归集的财务管理模块；订单与库存联动、手工出入库、库存盘点的库存管理模块；与ERP（企业资源计划）系统对接的支付模块。
>
> 　　（2）惠农e付。惠农e付是为核心商户及下游经销商提供的多渠道、多认证、多场景的支付渠道，包括商e付、综合收银台、超级收银台、缴费中心、e收款等。目前农业银行结合实际需求，为农业、农村和农民相关的业务提供了多种支付渠道，让农民享受到互联网金融发展带来的便利，为企业的电商发展提供渠道支持。
>
> 　　（3）惠农e贷。惠农e贷按照"线上化、批量化、便捷化、普惠化"的目标，为核心企业及上下游渠道商户提供在线融资服务。它依托电商平台的注册商户及交易数据、交易场景，运用区块链、大数据等金融科技手段，建立信贷模型，开发电商融资服务功能，为符合条件的供应链上、下游及惠农商户，提供批量、自动、便捷、短期可循环的流动资金贷款，包含快农贷、数据网贷和电商贷等多种形式。
>
> 　　资料来源：中国信息通信研究院

## 二、数字赋能智慧审计

　　数字化时代，大数据运用为审计人员更加系统、完整、全面地掌握审计资源提供了便利，但也对审计人员更加精准、深入开展工作提出了新要求。数字化审计和审计数字化能够拓展审计人员能力边界，使其能够更快地进行结构分析、趋势分析、风险分析、改进分析。同时，数字化也赋予了审计人员新的任务和价值取向：审计人员既要完成既定审计任务，又要深化研究探索或有事项审计，为组织完善治理，提供监督、评价和建议。既定审计任务按照法律法规、审计原理、准则、指南实施审计；研究探索或有审计事项需要从某些已知信息开始，分析更多数据，探索更多未知。

📖 **专栏10-3：淄博市数字赋能打造公共投资项目"智慧审计"新模式**

近年来，淄博市的经济社会发展使得审计工作面临项目繁多、任务繁重、人员短缺等挑战。为应对这些挑战，淄博市投资审计中心坚持科技强审的原则，全力打造了一套名为"投资审计智慧平台"的公共投资审计平台。通过引入批量审计概念，淄博市积极利用信息化和大数据技术，建立了一个集大数据采集管理、综合分析、输出疑点于一体的批量审计综合平台，进一步增强了投资审计的信息化建设，不仅为市重大项目建设提供全方位的支持，使信息化投资审计成为提升城市能力和优化项目品质的新引擎，还形成了可复制、可推广的公共投资项目批量审计模式，为民生政策和重点建设项目的实施提供支持。

总体架构方面，数据层用于存储各种审计所需的数据，包括结构化和非结构化数据。数据层位于整体架构的底层，是平台的核心。操作层主要为平台使用人员提供服务，通过可视化的操作界面和内置的各种功能模块，以简洁、智能化的方式，方便审计人员完成各项任务。接口层通过各种应用接口与外部应用相关联，实现外部数据采集和分析报告生成等输入和输出功能。接口层位于整体架构的外层，接口的类型决定了数据交换的可扩展性。淄博市投资审计智慧平台总体架构如图10-4所示。

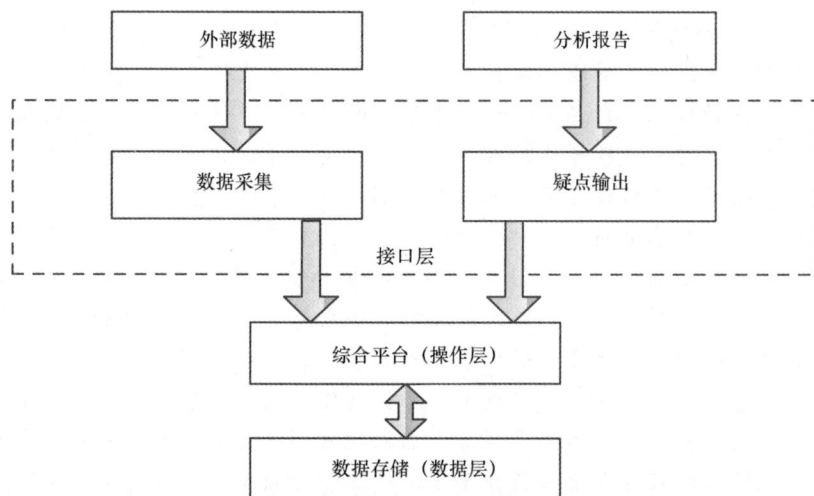

**图 10-4　淄博市投资审计智慧平台总体架构**

随着政府投资审计改革的不断推进，市政府投资审计中心在投资审计方面扮演着重要的角色，持续增大对工程造价的审计力度。借助智慧平台和新的投资审计技术，该中心成功节约了大量财政资金，2019—2021年审计的工程总投资额为137.12亿元，直接为政府节省了8.62亿元的财政资金。这些举措促进了重点工程建设项目的管理，并提高了政府资金的使用效益。

智慧平台的应用，推动了被审计单位制度机制的完善，提升了审计工作的质量和效率，同时为政府节约了大量财政资金。智慧平台的应用让以前虚报项目投资额骗取财政补助资金的问题无法隐藏，也揭露了围标串标等问题。通过建立智慧平台，项目审计从以往的表面扫描深化为多维透视，解决了以往在观察范围、量化方式和预测准确度方面的问题，同时也在投资审计方面取得了新的突破。

资料来源：中国信息通信研究院。

### 三、数字赋能数据保护

在数字化时代，数据的爆发增长、海量集聚蕴藏了巨大的价值，为智能化发展带来了新的机遇。但企业等经济主体的核心业务和关键信息都存储在计算机系统中，一旦其遭受数据泄露、黑客攻击或恶意软件感染，将可能对企业其至国家经济造成严重的损害。因此，保护数据安全是当前数字经济治理的重要任务之一。

> 📖 **专栏10-4：戴尔科技助力国家电网打造数据安全"避风港"**
>
> 基于互联网技术，伴随社会、经济、生产、生活而产生的多维度电力营销数据，已经成了国家战略性资源数据。为确保电力系统安全稳定运行，国家电网与戴尔科技集团合作，构建了集危险识别、数据保护、安全检测、快速响应和业务恢复于一体的现代化数据安全防御体系。该体系下可将电力营销业务相关的数据进行本地高速备份，做到异地容灾及预防站点级别的灾难发生。通过本次合作，国家电网某省电力公司全面提高了电力系统的数据安全保障体系水平，具体体现在以下三个方面。
>
> 其一，实现所有业务系统的可用性保障，全面强化数据安全保障能力。引入戴尔 Data Domain DD6300 及 DPS 套件，分别作为本地备份设备对各类业务进行保护和数据避风港 CR 的目的端设备（Vault 区）复制 Vault 数据。该解决方案配置了 CyberSense 软件，对 CR 方案进行验证，实现了所有业务系统的可用性保障，全面强化了数据安全保障能力。
>
> 其二，加快了归档作业进程，大数据备份效率提升超过200%。原有备份系统完成一次全备份需 24 小时以上，无法在规定的时间窗口内完成备份，严重影响日常生产。此次备份系统升级完成后，11 小时即可完成一次全备份，加快了归档作业进程，大数据备份效率提升超过 200%。
>
> 其三，构建了防网络攻击的数据保护体系，降低了业务风险。该体系包括危险识别、数据保护、安全检测、快速响应和业务恢复。在这一严密的保护体系下，电力公司可以有效避免勒索病毒攻击，大幅降低业务风险。
>
> 资料来源：中国信息通信研究院

### 四、案例总结

通过对上述案例梳理发现，数字技术赋能经济治理的过程中，不同方向的治理有不同的特点，并且都取得了积极成效。而尽管上述案例治理方式与治理方向不同，采取的策略和手段各异，但它们所蕴含的内在运行机理具有契合性。深入分析上述案例，其运行机理涉及以下三个方面。

#### （一）以数字化治理为治理核心

当前我国数字经济高速发展，数字经济治理正逐渐成为治理的主流方式。上述案例均展现的是数字技术赋能经济治理。壹诺供应链金融平台的技术核心为供应链金融，农银惠农 e 通服务的核心架构为区块链与供应链金融双链融合模式；淄博市数字赋能打造公共投资项目"智慧审计"新模式由大数据与投资审计业务融合而成；戴尔科技助力国家电网打造数据安全"避风港"，保护数据安全。

## （二）以促进经济发展为治理目的

上述案例中的经济治理，最终目的均是促进经济发展。例如，农银惠农 e 通旨在促进农业发展；淄博"智慧审计"能够为市重大项目建设提供全方位的支持；戴尔帮助国家电网进行数据保护；等等。这些项目或平台，针对的问题、发展的方向看似不同，但最终目的均一样，即促进经济发展。

## （三）以实现高效治理为治理结果

上述案例涉及的项目或平台均较为成功地运作。例如，壹诺供应链金融平台降低中小企业融资成本，提高了资金流转效率；农银惠农 e 通帮助中小企业融资，成功促进农业发展；淄博"智慧审计"帮助审计单位提升了审计质量和效率。

# 知识巩固

### 一、名词解释

数字经济治理　产业融合　数字鸿沟　数据确权　产业数字化

### 二、单项选择题

1. 数字经济的核心驱动力量是（　　　）。

    A. 数字产业化　　　B. 数据　　　　　　C. 数字技术　　　　D. 现代信息网络

2. 数字经济治理平台的主要任务包括以政府事务为核心的治理系统和（　　）。

    A. 以企业运营为核心的治理系统　　　B. 以产业发展为导向的服务系统

    C. 以提升效率为核心的治理系统　　　D. 以维护数据安全为核心的治理系统

3. 数字鸿沟在国际层面上表现为（　　　）。

    a. 数字经济规模　b. 数字基础设施　c. 数字应用　d. 数字规则主导权

    A. abc　　　　　　B. acd　　　　　　C. bcd　　　　　　D. abcd

4. 数字经济治理的主体包括（　　　）。

    a. 国家　b. 个人　c. 企业

    A. ab　　　　　　B. bc　　　　　　C. ac　　　　　　D. abc

5. 数字经济治理的实现路径包括（　　　）。

    a. 治理体系法治化建设　b. 多元治理主体协作　c. 风险监管措施完善

    A. abc　　　　　　B. ac　　　　　　C. ab　　　　　　D. bc

6. （　　　）在多元主体协作治理中扮演"引领者"的角色。

    A. 企业　　　　　　B. 政府　　　　　　C. 个人　　　　　　D. 社会

7. 下列属于数据要素确权存在的问题的有（　　　）。

    a. 数据权利性质尚未明确　b. 数据权利主体难以划分　c. 数据应用场景多样多变

    A. ab　　　　　　B. bc　　　　　　C. abc　　　　　　D. ac

8. 以下属于数字经济驱动因素的有（　　　）。

    a. 数字经济高质量发展　b. 数字技术飞速发展　c. 产业数字化变革

    A. ab　　　　　　B. bc　　　　　　C. ac　　　　　　D. abc

9. 以下不属于数字经济治理优化对策的是（　　　）。

    A. 确保数据安全　B. 促进产业融合　C. 推动数据确权　D. 降低治理成本

10. 全球经济治理协调问题体现在（　　　）。

　　a. 全球数字发展不平衡　b. 数据不安全问题严峻　c. 跨国企业监管难度大　d. 跨国企业征税难度大

　　A. abcd　　　　　　　B. abc　　　　　　　C. acd　　　　　　　D. bcd

三、多项选择题

1. 下列属于数字经济治理体系架构的有（　　　）。
　　A. 中端数字平台运营　　　　　　　B. 前端网络生态共治
　　C. 中端数字平台监管　　　　　　　D. 后台数据信息收集

2. 下列属于数字经济治理原则的有（　　　）。
　　A. 多元协同共治原则　　　　　　　B. 谨慎的技术中性原则
　　C. 收益最大化原则　　　　　　　　D. 公平互惠原则

3. 数字经济治理可能面临的挑战有（　　　）。
　　A. 数据安全问题　　　　　　　　　B. 产业融合问题
　　C. 数据要素确权问题　　　　　　　D. 全球经济治理协调问题

4. 数字经济能够赋能（　　　）等方面。
　　A. 数据保护　　　B. 智慧审计　　　C. 金融服务　　　D. 人才升级

5. 下列能够推进产业数字化的有（　　　）。
　　A. 打造以数字化交互、信息处理、决策和管理为主要运营模式的金融业态
　　B. 利用现代信息技术创设互联互通的教育数字化基础环境
　　C. 培育壮大人工智能、云计算、网络安全等数字产业
　　D. 鼓励企业开放电商、社交等数据，发展第三方大数据服务产业

四、复习思考题

1. 数字经济治理体系是什么？如何完善数字经济治理体系？
2. 数字经济治理对我国经济产生哪些影响？
3. 如何促进全球数字经济的发展？
4. 如何解决数字鸿沟问题？
5. 如何优化数字经济？

# 第十一章
# 数字社会治理

【知识框架图】

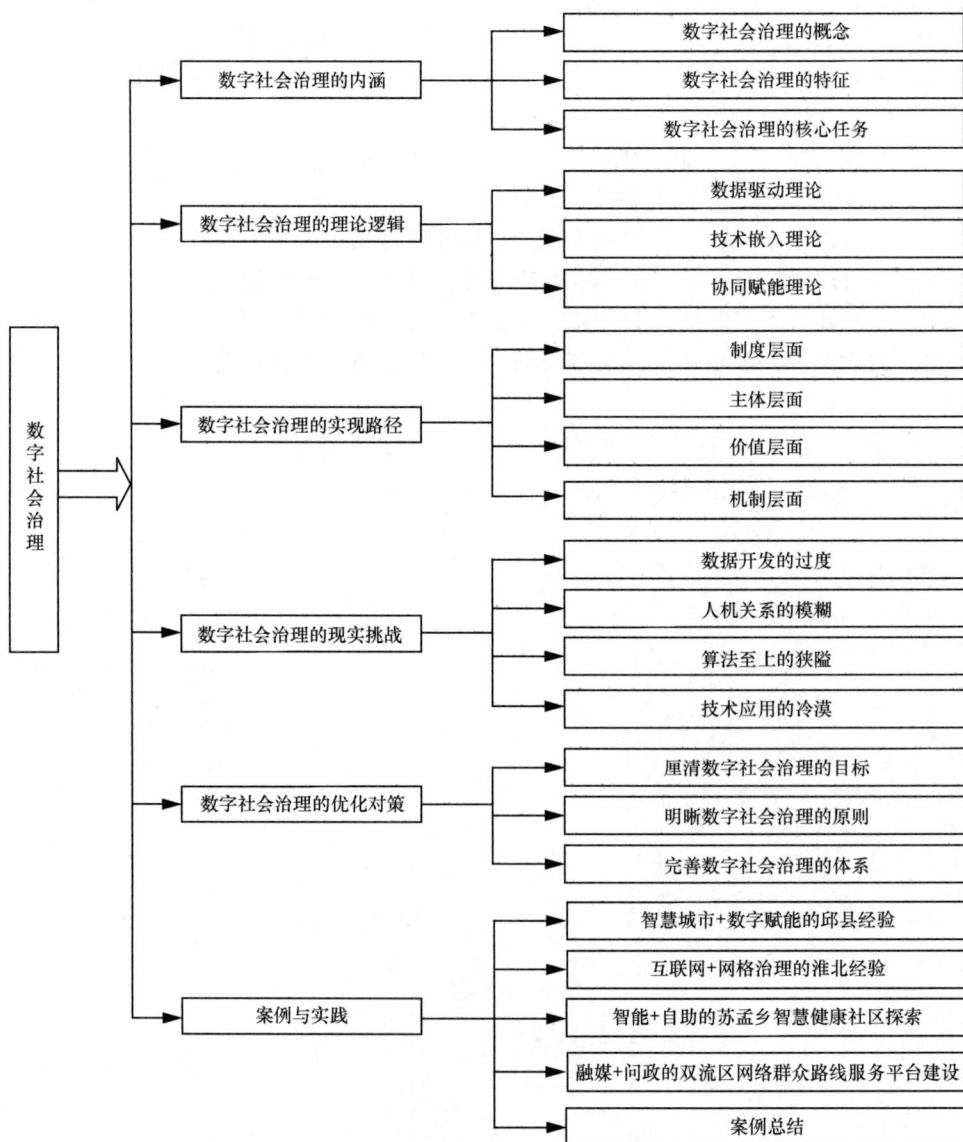

```
                              ┌──────────────────┐
                          ┌──→│  数字社会治理的概念  │
         ┌──────────────┐ │   ├──────────────────┤
      ┌─→│ 数字社会治理的内涵 ├─┼──→│  数字社会治理的特征  │
      │  └──────────────┘ │   ├──────────────────┤
      │                   └──→│ 数字社会治理的核心任务 │
      │                       └──────────────────┘
      │                       ┌──────────────────┐
      │  ┌──────────────┐  ┌─→│    数据驱动理论    │
      ├─→│数字社会治理的理论逻辑├─┼──→│    技术嵌入理论    │
      │  └──────────────┘ │   ├──────────────────┤
      │                   └──→│    协同赋能理论    │
      │                       └──────────────────┘
      │                       ┌──────────────────┐
      │                   ┌──→│     制度层面      │
 数   │  ┌──────────────┐ │   ├──────────────────┤
 字   ├─→│数字社会治理的实现路径├─┼──→│     主体层面      │
 社   │  └──────────────┘ │   ├──────────────────┤
 会   │                   ├──→│     价值层面      │
 治   │                   └──→│     机制层面      │
 理   │                       └──────────────────┘
      │                       ┌──────────────────┐
      │                   ┌──→│    数据开发的过度   │
      │  ┌──────────────┐ │   ├──────────────────┤
      ├─→│数字社会治理的现实挑战├─┼──→│    人机关系的模糊   │
      │  └──────────────┘ │   ├──────────────────┤
      │                   ├──→│    算法至上的狭隘   │
      │                   └──→│    技术应用的冷漠   │
      │                       └──────────────────┘
      │                       ┌──────────────────┐
      │  ┌──────────────┐  ┌─→│ 厘清数字社会治理的目标 │
      ├─→│数字社会治理的优化对策├─┼──→│ 明晰数字社会治理的原则 │
      │  └──────────────┘ │   ├──────────────────┤
      │                   └──→│ 完善数字社会治理的体系 │
      │                       └──────────────────┘
      │                       ┌──────────────────────┐
      │                   ┌──→│ 智慧城市+数字赋能的邱县经验 │
      │  ┌──────────────┐ │   ├──────────────────────┤
      └─→│   案例与实践    ├─┼──→│ 互联网+网格治理的淮北经验  │
         └──────────────┘ │   ├──────────────────────┤
                          ├──→│智能+自助的苏孟乡智慧健康社区探索│
                          ├──→│融媒+问政的双流区网络群众路线服务平台建设│
                          └──→│       案例总结        │
                              └──────────────────────┘
```

**【学习目标】**

1. 掌握数字社会治理的内涵。
2. 理解数字社会治理的理论逻辑。
3. 了解数字社会治理的实现路径与现实挑战。
4. 掌握数字社会治理的优化对策。

引例

**数字社会治理与社区管理**

21世纪初数字革命不仅仅带来技术的飞速进步，更是一场重新定义社会结构和治理方式的革命。数字社会治理作为这场变革的核心理念之一，成为塑造现代社会的关键力量。

随着城市社区规模的扩大和人口的增长，传统的社区管理方式面临诸多挑战，如资源分配不均、信息传递不畅、服务效率低下等。将数字化与治理结合，将大大降低社区治理的难度。数字化与治理结合的方式包括建立统一的数据平台、开发智能分析系统、构建移动服务平台、实施智能监控系统以及推动公众参与等。这些措施在提高决策效率的同时也优化了资源配置，极大提升了居民满意度。

那么数字社会治理到底是什么呢？它有何特征呢？它的理论基础及实现路径是什么呢？在实践过程中有哪些挑战和对策呢？

# 第一节　数字社会治理的内涵

随着数字技术的快速发展和普及，数字社会治理成为政府和社会各方关注的焦点。数字社会治理的概念涵盖了利用数字技术和信息化手段，对社会进行全方位、多层次、高效率的治理和管理，以满足社会需求，维持社会秩序，实现社会善治。

## 一、数字社会治理的概念

目前，"数字社会治理"一词多见于国家政策法规、学术科研文献、社会实践报告中。通过对已有文献分析可知，现有研究主要从以下两个角度阐述数字社会治理的概念。

第一个角度，数字社会治理强调对数字化社会的治理。从社会形态视角来看，数字社会本质上依旧是一种社会形态，其与农业社会、工业社会、信息社会并列。数字社会治理是政府权力和数字社会的相互约束及自我治理。而现实中主要利用数字技术和信息化手段来优化社会治理和管理数字化社会治理，由此衍生出了第二个角度，即数字化社会治理强调数字化对社会治理的影响和改变。该角度关注的是数字技术的应用和影响，以及数字化手段在社会治理中的作用和效果。数字化能够提供科学化、精细化的治理手段，帮助政府更好地应对社会问题和挑战。然而，数字社会治理的实施需要平衡各方利益，确保数据安全和隐私保护，以及避免数字鸿沟的加剧，从而实现社会的进步和可持续发展。

综合起来，数字社会治理旨在通过充分利用数字技术和信息化手段，实现社会治理的现代化和智能化，以应对社会发展中的新挑战和新问题。

## 二、数字社会治理的特征

随着大数据、人工智能等数字技术在数据处理、决策辅助等方面的广泛应用，数字社会治理呈现一系列特征，如图 11-1 所示。

图 11-1　数字社会治理的特征

### （一）数据化

数字社会治理的一个重要特征是以数据为基础进行决策和政策制定。政府和组织通过收集和分析大数据，可以深入了解社会问题的本质、趋势和影响因素。数据驱动的治理方式能够提供科学依据，减少人为操作的失误，降低社会治理成本，帮助决策者做出明智的决策，解决社会问题。此外，数字技术还可以通过数据分析和算法模型构建，实现对社会治理和公共服务的预测和优化，进一步提高数字社会治理的精准性。

### （二）信息化

数字社会治理强调信息的共享和开放，为社会治理提供更加精准、全面、准确的信息支持和决策支持，有助于政府更好地了解社会状况和民生需求，制定更加精准的政策措施。政府部门和社会各方通过建立信息共享平台和机制，实现数据和信息的互联互通。这种信息共享可以促进各方之间的合作和协调，提高决策的准确性和效率。同时，公众也能够更加全面地了解社会情况，参与治理过程，提高治理的民主性和透明度。

### （三）智能化

数字社会治理借助人工智能、物联网、云计算等技术，实现治理过程的智能化和自动化。智能算法和自动化系统可以处理大量的数据，帮助政府和组织分析和预测社会问题，提高治理效率和精确度。此外，数字社会治理通过提供个性化的公共服务，满足不同群体的需求，推进各类智慧服务工程的建设，可以提升公共服务的质量和效果，提高公众生活体验感与幸福感。

### （四）公众化

数字社会治理强调公众的参与和社会的共治，通过社交媒体和网络平台等渠道，实现政府与公众的互动，进行征求意见和反馈活动。公众参与可以提高治理的民主性和合法性，凝聚社会共识，提高政策的有效性和可接受性。公众参与还可以促进公民的责任感和增强参与意识，营造积极向上的社会氛围，形成高效、多元化的互动治理模式。

### （五）多元化

数字社会治理鼓励不同部门和组织之间的合作和融合。政府、企业、学术界等各方共同参与，形成多元化的治理网络。跨界融合能够整合各方资源和智慧，提供全面和多维度的解决方案。合作和融合还可以避免产生信息孤岛和高效利用资源，增强治理的综合效果和促进可持续发展。

> **🔍 视野拓展**
>
> ### 信息孤岛
>
> 信息孤岛通常指的是在一个信息系统中，某些信息或者信息系统的一部分与其他信息或系统相隔离、无法互通的状态。这种隔离可能是有意为之的，也可能是无意识造成的。信息孤岛可能会导致信息的不连贯性、不一致性，以及信息共享和利用的困难。

### （六）隐私化

数字社会治理注重个人隐私的保护和数据安全。在数据收集、传输和使用过程中，需要加强隐私保护措施，确保个人数据的安全和合法使用。政府和组织应制定和完善相关法规和政策，加强数据管理和隐私保护的监管。同时，公众也需要提高对个人隐私保护的意识，积极参与和监督数字社会治理的实施。

## 三、数字社会治理的核心任务

### （一）数字社会治理体系建设的核心需求

当前，数字社会治理体系建设面临新的内部矛盾和外部制约的双重挑战。在互联网时代社会发展日益信息化的趋势下，传统社会治理体系需要重塑，金字塔式治理结构逐渐被智能社会治理中的扁平化治理结构所取代。政府与社会组织、公众的关系面临深度调整，建设数字社会治理共同体迫切需要破解一系列难题。

首先，需要破解信息数据难题，优化数字社会治理。在数字社会治理体系中，高效的信息和数据交流是实现有效治理的核心。为此，必须采取全面措施，确保数据互联和信息共享的高质量，消除治理主体间互动的障碍，降低成本，提升沟通效率。一是需要化解信息交互高效化与传统渠道的矛盾。互联网和移动互联网的普及极大加快了信息传播速度，改变了传播方式，同时加快了信息反馈速度。公众诉求表达渠道更畅通，内容更复杂。政府需引入科技手段，提高信息处理效率，满足公众需求。二是需要应对治理格局立体化与信息孤岛的双重挑战。数字社会治理正向立体网络方向发展，公众参与度不断提高，其对公共服务和民生保障的需求日益增长。这要求政府部门提高数据调取和信息交流的能力。同时，政府必须解决部门间数据碎片化问题，统一数据结构和接口，消除信息孤岛和数据烟囱现象。三是需要实现数据统一调配与整合。为支持数字社会治理需求，必须实现不同地区、部门、层级之间的数据统一调配和有机整合。这需要建立跨部门、跨区域的数据共享机制，确保数据流动性和可用性，为治理决策提供全面、准确的数据支持。

> **🔍 视野拓展**
>
> ### 治理格局立体化
>
> 治理格局立体化指的是在社会治理领域中，多层次、多元化的治理结构和模式。传统上，社会治理往往由政府或特定机构单一主导，但随着社会复杂性的增强，治理需要更加

多样化和立体化的方式来应对各种挑战和需求。

### 数据烟囱

数据烟囱通常指的是数据在组织内部或跨组织之间的分隔状态，类似于烟囱形状，数据流动受限且缺乏整合。这种情况下，数据通常被限制在各自的部门、业务单元或系统之间，而缺乏跨部门或跨系统的集成和共享。

其次，需要妥善解决社会信任机制问题，提升数字社会治理公信力。社会信任机制是建设现代社会治理体系的重要前提。构建现代社会治理体系需要妥善解决治理主体多元化趋势下的信任难题，推动提高数字社会治理公信度。一是需要建立适应治理主体多元化的社会信任机制。传统的社会信任机制主要依赖于政府的公信力，但随着社会治理的多元化，不同治理主体涌现并参与到治理过程中，它们可能有不同的目标和利益诉求。因此，传统基于政府公信力的信任机制已经不足以满足各个治理主体之间的互信需求。为此，需要建立更多元化的社会信任机制，考虑不同治理主体的需求，促进他们之间的协作和互信。二是需要采用信息化手段降低建立信任的信息搜集成本。随着治理方式的跨界化趋势发展，不同治理主体需要跨越不同的区域、层级和部门来合作，这增加了信息搜集的成本和难度。传统的信息搜集方式效率较低，成本较高，已不再适应数字社会秩序的要求。因此，需要通过信息化手段来畅通沟通渠道，降低信息搜集的成本，从而促进多元主体之间的跨界协商和协同治理，构建更好的信任关系。

最后，需要统筹考虑治理主体的差异化，提升治理方式精准化水平。数字社会治理体系强调精准施策，这就需要充分利用数据和技术支撑，以满足不同区域和群体的个性化需求，解决以下我国社会治理现存的问题。一是推动线上线下融合治理仍面临诸多瓶颈。我国移动互联网发展已为社会治理模式从线下转向线上线下融合提供了坚实物质基础。根据中国互联网络信息中心发布的第 55 次《中国互联网络发展状况统计报告》，截至 2024 年 12 月，我国网民规模达 11.08 亿人，较 2023 年 12 月增长 1 608 万人，互联网普及率达 78.6%。但是，治理主体间的互动仍面临一定时空限制，互动成本客观存在。例如部分老年群众在使用移动互联网设备方面存在知识和能力障碍，制约了其通过互联网渠道表达诉求。对城乡弱势群体而言，其获取信息和反馈诉求的线下线上渠道均不够畅通。二是治理不同主体差异化诉求的能力亟待提升。在信息反馈渠道不断拓宽的同时，个性化的公共服务需求对治理能力提出了更高的要求，满足公众此类需求的成本极高，难以通过以人力为主的供给方式来实现。只有借助于数字技术支持，不断提高针对公众需求的精准预测和服务投递能力，才可能达到传统社会治理模式和手段无法完成的时效性、精准度和覆盖面。该目标的实现既需要进一步扩大和提升数字基础设施的覆盖面和保障能力，又对数字技术的个性化场景应用提出了更高要求。三是经济社会的信息化发展需要与监管能力尚不匹配。信息社会的治理活动复杂程度加速提升，无论是参与主体还是治理行为，都难以继续采用以传统人力为主的方式监管、监控，必须充分利用数字科技推动监管方式智能化升级，以更好地细分治理责任、扩大监管覆盖面、强化监管效果。多个有关部门已在积极开展探索，通过将相关领域数据信息进行汇总分析，及时发现可疑问题和风险点，使监管的覆盖面扩大，时效性和效率不断提升。

### （二）数字社会治理的目标

数字社会治理旨在通过利用信息技术和数字化工具来改善社会的管理和运行方式，以满足不断变化的社会需求和挑战。一是落实数据驱动决策，数字社会治理的核心是将大数据和信息技术与政府、组织和社会机构的决策过程相结合。通过收集、分析和利用数据，政府和组织可以更好地了解社会问题、趋势和需求，从而制定更有效的政策和计划。二是增强公共服务能力，数字社会治理旨在提高公共服务的效率和质量。通过数字化工具，政府可以更好地提供教育、医疗、交通、环境保护等各种公共服务，满足公众的需求。数字社会治理有助于建立透明的政府体系，完善政府的问责制度。公众可以更容易地访问政府信息，监督政府行为，促使政府更加负责任地履行职责。三是加强社会参与，数字社会治理通过在线平台和社交媒体等工具，鼓励公众更积极地参与政治和社会事务。这有助于建立更具包容性和民主性的社会治理模式。四是提高安全和应急响应能力，数字社会治理可以加强社会的安全和应急响应能力。例如，通过监控系统、智能城市技术和危机管理平台，政府可以更快速地检测和应对突发事件和安全威胁。五是优化资源分配，数字社会治理有助于更有效地管理资源，减少浪费。通过数据分析，政府和组织可以更好地规划和分配财力、人力和物力资源。六是促进创新和经济增长，数字社会治理可以激发创新，推动经济增长。数字技术和创新的推动力有助于创造新的产业和就业机会，提高经济竞争力。

### （三）数字社会治理的主要任务

数字社会治理旨在利用现代技术和数字化手段来提高政府效能、提供更好的公共服务、提高社会治理的透明度和智能化水平，以更好地满足不断变化的社会需求和挑战。数字社会治理的主要任务具体如图 11-2 所示。

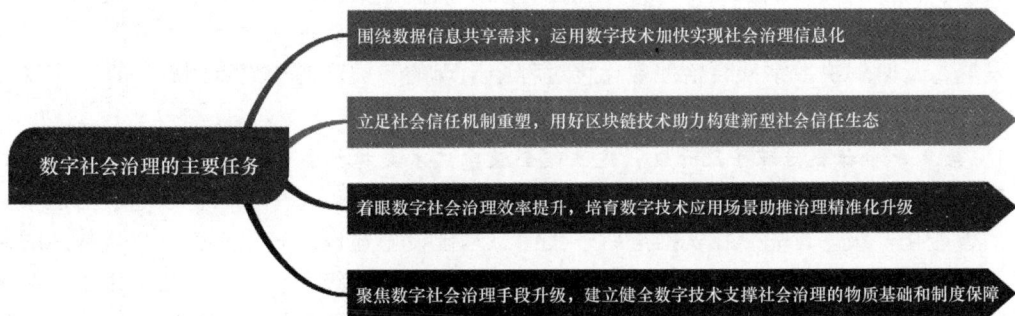

图 11-2　数字社会治理的主要任务

#### 1. 围绕数据信息共享需求，运用数字技术加快实现社会治理信息化

充分发挥大数据等技术在解决数据共享、资源配置、诉求表达、风险研判、应急处理、智能监管等方面的重要作用，创新提升数字社会治理能力。首先，加快构建社会化大数据信息平台。在保障国家安全、商业机密和个人隐私等前提下，以政府主导为核心，技术型企业、社会组织以及公众共同参与，建立一个多方合作、全面覆盖、指标齐全、实时监测的社会化、一体化数据平台，以促进数据信息的共享。其次，提高数字治理法治化水平，为大数据采集、使用和管理工作制定法律法规，明确数据采集、存储、传输、公开和使用的程序和原则，加强对重点领域敏感数据的监管，制定严格规范的技术标准和运营规范。最后，注重发挥人才作用，全面提升治理工作人员的专业素质。高度重视人才在社会治理智能化转型中的重要作用，加快培养更多大数据管理运营及技术开发人才，提升基层治理工作人员的专业素养，提高专业人才支撑保障水平。

**2. 立足社会信任机制重塑，用好区块链技术助力构建新型社会信任生态**

积极借助区块链技术优势，构建符合数字社会治理需求的全新社会信任机制。首先，通过广泛运用区块链技术增强政府的公信力。这包括在政府各个层面推广区块链，用于信息共享、紧急情况处理和监督反馈等，从而构建一个完整的信息传递网络，将信息快速、准确、可信地传递给具备相应权限的政府部门和工作人员。同时，利用区块链记录监督反馈信息，提高失信行为的追溯和惩罚执行效率，以技术手段支持、提升政府的公信力。其次，基于区块链构建可信社会。在政府层面，基于区块链技术开展政务信息公开和共享，提高政务信息可得性和可信度，为构建多元协同治理架构创造更好条件。在治理层面，积极通过区块链技术的分布式架构将各主体引入治理过程，加快研发社会治理区块链技术应用，夯实基层数字社会治理的信任基础。最后，严防有害信息通过区块链传播。重视区块链技术架构可能导致的欺诈行为和网络安全风险问题，增强使用者传播信息的规范意识和安全使用区块链技术的意识。

**3. 着眼数字社会治理效率提升，培育数字技术应用场景助推治理精准化升级**

围绕提升社会治理效能，不断扩大数字技术应用场景，持续提升治理效率和治理水平。首先，转变政府职能，引入数字技术重塑政务流程。充分利用人工智能等技术，以强化整合信息资源和精确预测公共需求等方面的优势，为不同人群提供个性化的服务。进一步加快数字政府建设，推动各地区之间、各部门之间的政务信息共享，提高群众获得公共服务的便利性。其次，加快关键技术成果转化，推动重点领域应用场景创新。针对数字社会治理中的难题和痛点，积极创新应用场景，以降低治理主体的参与成本，提高各治理主体之间的互动效率，以数字技术的应用场景创新提升公共服务供给效能。最后，加快推进数字技术在数字社会治理领域的协同应用。协同使用数字技术，推动数字社会治理从"万物互联"向"万物数联"发展，及时解决数字社会治理现代化进程中出现的各类难题和痛点问题，真正实现数字社会治理的数字化和现代化转型升级。

**4. 聚焦数字社会治理手段升级，建立健全数字技术支撑社会治理的物质基础和制度保障**

建设数字社会治理体系需要巧妙整合社会资源，鼓励各界积极参与，以促进治理手段和方法的智能化升级。首先，扎实推进新一代信息基础设施建设。充分发挥数字新基建的核心设施和基础平台作用，不断推进数字社会治理手段数字化升级。有序推动数字化、智能化基础设施建设，提升存量基础设施智能化水平。同时，推动智慧交通、智慧医疗、智慧教育等智能公共系统的共建共享机制，以便更快地构建适应智能社会需求的基础设施体系。其次，加快形成数字社会治理的规范性框架。坚持数字社会治理法治化、规范化的改革方向，科学运用各类技术手段，尽快健全数字技术支撑社会治理的理论框架、技术准则和行业道德标准，完善法律保障、监管职责和监督机制，加快构建与现代社会治理体系相匹配的、有利于数字技术规范发展和应用的制度框架。

# 第二节　数字社会治理的理论逻辑

数字社会治理的理论逻辑是建立在对社会发展和技术进步的深刻洞察之上的，数字社会治理是将数字技术与社会治理相融合的时代要求，是为了更好地满足人民的需求和推动社会进步而产生的必然选择。在数字化浪潮的冲击下，我们面临着前所未有的机遇和挑战，需要在传统治理模式的基础上进行创新和变革，以适应快速变化的社会环境。本节从数据驱动、

数字社会治理的
理论逻辑

技术嵌入、协同赋能角度阐述技术发展推动数字社会治理变革的内在机制。

数字社会治理的理论逻辑如图 11-3 所示。

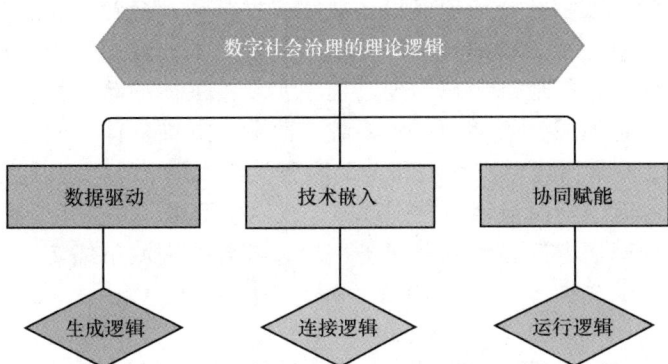

**图 11-3　数字社会治理的理论逻辑**

### 一、数据驱动理论

数字化社会生产力迅猛发展，人类社会已进入第四次工业革命时代。随着数字技术的不断创新，包括大数据在内的各种数字技术开始涉及经济产业、社会活动和政府治理等领域，而且这些技术正在推动生产方式、生活方式和治理方式的变革。作为最有价值的生产资料和要素，大数据提供了全面升级数字社会治理能力的契机，驱动治理体系、治理结构、治理绩效和治理形态的革新。同时，政府也采取了一系列大数据战略，通过建立政务数据平台和大数据管理机构来提高国家和社会的宏观数据治理能力。这些措施有助于扩宽政府、社会和公众之间的沟通渠道，使大数据驱动下的数字社会治理趋于高效化、精准化和多元化。因此，大数据驱动的数字社会治理也成了我国社会治理场域的时代特点和发展趋势。

### 二、技术嵌入理论

新发展理念下的数字生态，包括数字理念、数字技术、数字治理、数字安全和数字发展等主要内容。数字技术的创新和迭代是推进数字社会治理现代化的系统性进程中的一部分。营造良好的数字生态环境可以发挥和拓展数字技术的创新活力和发展空间，进一步创新优化治理格局。数字技术嵌入社会治理场域的方式之一是聚合社会资源，发挥技术优势，构建一体化服务的平台治理网络。在大数据技术的支持下，各种平台架构成为数字生态中的核心组成部分。平台治理作为一种新的数字化治理模式，在互联网平台企业的带领下，利用海量数据和先进技术，形成了影响经济社会的作用机制和话语优势。基于数字技术的互联网平台具有数字化、互动性、感知性、跨界性等属性特征，政府、企业、社会组织、公众等多元行动者均可参与治理过程。通过获取全面、可读取、可计算的海量数据支持，平台治理打通了信息盲点，将实时数据和历史大数据进行云上分析和挖掘，拓展了数字技术在数字政府、数字乡村、智慧城市建设中的想象空间和发展路径。

### 三、协同赋能理论

随着数字技术与社会治理的互动融合，现代政府在大数据时代下的职能结构、运行机制、价值理念等领域都面临着理论和实践的双重考验。因此，数字社会治理形态需要从治理理念、治理技术、治理主体、治理对象、治理过程等多维度进行全面变革。将数字技术广泛应用于社会管理服务，以数字化改革促进制度创新，实现社会治理方式变革和治理能力提升，深入推动我国数字社会治理建设。数字技术推动社会管理和服务模式创新，平台支撑和技术应用在其中起了关键的基础性作用。数字技术的嵌入赋予了社会治理结构扁平化、协作性和整体性的运行形态，在治理过程中实现多主体的跨界协作，促进跨部门数据共享，增进跨层级、跨地域、跨部门、跨系统、跨业务五维立体协同，打破传统科层制纵向控制的行政壁垒，提高治理精准程度和公共服务供给水平，协同提升数字社会治理效能。例如浙江、上海等地通过全面数字化转型战略，以"放管服"为抓手，推行"最多跑一次"改革，打造升级"一网通办"在线政务服务平台，统筹推进城市经济、生活、治理全面数字化转型。

# 第三节　数字社会治理的实现路径

在构建数字社会治理体系的过程中，我们需要探索一条有效的实现路径，以确保数字技术的赋能和社会治理的有效结合。数字社会治理任重道远，需要我们持续地解决问题、创新实践，并以全球合作的精神共同努力。因此，我们面临的挑战不仅是解决当下的问题，还包括建立一个公平、可持续的数字社会治理体系，为人民群众的急需和期盼提供持久的解决方案。数字社会治理的实现路径可分为制度、主体、价值、机制四个层面。

数字社会治理的实现路径如图 11-4 所示。

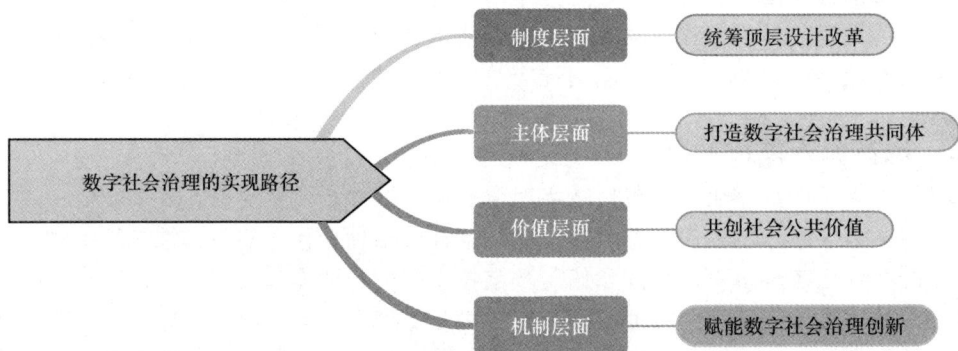

数字社会治理的实现路径

图 11-4　数字社会治理的实现路径

## 一、制度层面

为了系统推进数字社会治理，需要做好顶层设计，谋划数字社会治理的长远发展。在战略举措上，我国出台了《国家创新驱动发展战略纲要》，积极参与国际数字领域的标准和规则的制定，以取得数字技术领域更大的主动权和自主权。在治理体制上，需要进一步健全和完善数字社会治理领域的法律法规，引导数字化转型向着健康、和谐、有序的方向发展。例如，《中华人民共和国国家安全法》《中华人民共和国网络安全法》《中华人民共和国数据安全法》《中华人民共和国个人信息保护法》等法律法规的先后出台铺就了数字社会治理的制度基石，但还需积累经验、弥补不足，进一步完善国家法律、行政法规、部门规章、标准规范、行业自律规范等。在机构设置上，需要建立一个独立完整的国家大数据管理机构以进行统筹管理，维护国家安全、政治安全和数据安全，确保国家和公众利益不受侵犯。在治理模式上，需要深入推进数字治理流程再造，构建数字社会治理精准治理、整体联动、数据扁平高效的治理结构，提升数字社会治理的系统性、整体性、协同性治理能力，助推形成适应数字时代发展的治理体系。总之，这些措施将有助于我国数字社会治理的发展和实现数字社会治理的现代化。

## 二、主体层面

数字社会治理是多元合作治理行动的开始，需要政府、市场、企业、社会组织、公众等多元主体的互动来营造数字治理共同体。从治理目标看，数字社会治理共同体有助于提升治理主体的地位，落实治理主体责任，以满足人们对美好生活的向往。从行政权力看，数字社会治理共同体转向激发公众参与治理的活力和信心，依靠人民群众的力量，并体现出人民群众的意志，超脱于单纯行政权力主导。从社会资本看，数字社会治理共同体有助于强化资源的有效配置，防止数字资本的无序扩张，抵御未知的技术风险和安全隐患。随着数字技术持续嵌入和融入社会治理，数字技术与社会治理共同体的联系越来越紧密，为营造数字社会治理共同体提供了理论基础和现实可行性，体现在以下几个方面。首先，数字技术可以通过技术赋能与技术赋权，分别强调新技术的赋能作用和赋权社会主体以提升其参与治理的能力，从而重塑数字社会治理参与主体的角色和价值。其次，实现数字社会治理权责边界的重新配置和清晰化，巩固政府与市场、社会之间相互融通依存的关系，多元主体以责任分担与风险共担为准则，更加负责有效地参与社会治理过程。再次，以共同体形式寻求具有共识性的治理方案，调和多元主体间不同利益诉求、社会资源、活动策略和远景目标上的差异，提升共同体的内部协作能力。最后，形成数字社会治理红利人人共享机制，打造开放式合作共享模式，激发共同体成员参与的积极性。

## 三、价值层面

数字经济时代下数字社会治理需要从社会公共价值创造的视角出发，以更好地促进数字创新与公共治理的有效融合，提高公共服务供给领域的公共价值。政府作为以服务为导向的公共价值生产者，应回应数字时代的新型公共需求，通过数字技术驱动治理形态的重组和转变，实现社会公共服务的网上办、掌上办、指尖办、码上办，打通服务公众的"最后一公里"，共同提升社会公共价值。在数字化转型中，社会治理的原则是以协同共治为核心，以满足人民群众需求并提高获得感和幸福感为价值导向。数字技术为公众提供了个性化、高效便捷的公共服务，提高了服务满意度，受到公众的信任，并得到了积极回应。同时，数字技术也推进了政府职能转变和管理重心下移，加强了政民互动，保障了公众权益，增进了社会信任。

## 四、机制层面

数字技术成为推进社会治理体系和治理能力现代化的驱动力，变革了国家和社会的生产方式、生活方式和治理方式，为数字社会治理提供了科技支撑。要激活数字技术赋能治理现代化的驱动力，需要在宏观和微观两方面发力。在宏观上，数字社会治理涉及人、地、事、物、情、组织等诸多复杂要素，会产生海量数据信息，其治理难度与公众诉求交织叠加。这就需要运用现代技术力量，实时掌握和分析数字社会运行规律与需求、政府治理举措与成效、社会矛盾与风险，并进行可量化、可观测的管理与回应。这就需要建立完善数据驱动的关键核心技术攻关规划，实现跨部门的联动协调，进行重大关键核心技术领域的研发攻关。在微观上，需要加强公共数据开放共享，推动政务信息化共建共用，提高数字化政务服务效能，并且通过提升数字素养，增强干部队伍数字治理能力，推动数字应用场景平台构建，帮助数字社会治理减负增效，提升公共服务质量，从而加快基层治理现代化进程，使之与经济社会发展总体要求相适应。这些举措将有效推动数字化技术赋能社会治理创新，促进社会治理的数字化转型和现代化发展。

# 第四节　数字社会治理的现实挑战

在数字社会治理的快速发展中，赋权、赋能和赋智的理念为实现公平、公正的社会环境带来了新的机遇。然而，我们必须认识到，随着数字技术的广泛应用，数字社会治理也面临着一系列复杂的问题和挑战，例如数据开发的过度、人机关系的模糊、算法至上的狭隘以及技术应用的冷漠。

数字社会治理的现实挑战如图 11-5 所示。

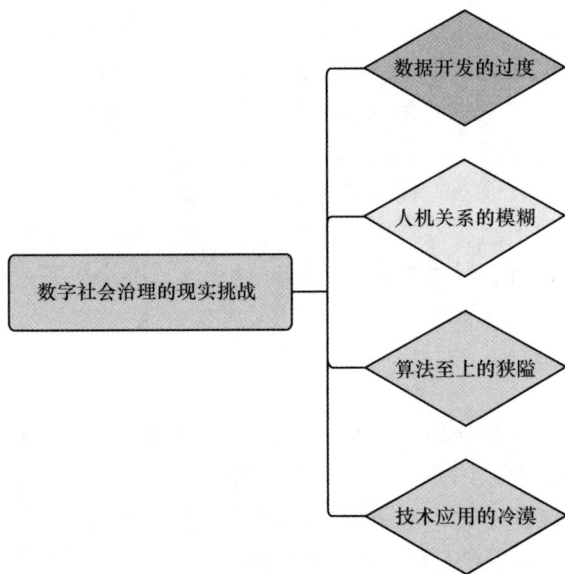

图 11-5　数字社会治理的现实挑战

## 一、数据开发的过度

在数字社会的发展中，数据已成为新的生产要素，而社会数据则成为社会治理的关键基础。实现数字化的社会治理首先需要建立起全面反映社会运行要素的大量数据，并涵盖社会治理相关数据的存储、交换和分析等环节。从数据收集的角度来看，社会个体的经济、社会和行为等各个方面都被全面数字化，可利用视频图像识别、数据挖掘、机器学习、云计算等数字技术对社会空间中各类数据进行全面的收集、存储、交换、挖掘和分析。

在海量社会数据信息开放流通的背景下，以数据为基础的社会治理数字化系统存在着失控的安全风险。大规模社会数据涵盖了个体、部门和环境等多方面的信息，这增加了数据安全保护的难度。由于缺乏数据资源保护技术，社会公共数据泄露、篡改和非法交易等行为对社会治理的安全运行构成了风险。与此同时，依赖大数据分析技术的社会治理数字化模式也给公众隐私安全带来了巨大挑战。在社会生活方式数字化普及的趋势中，个人的行为轨迹、消费习惯、社交范围和活动场所等隐私数据被实时感知和记录，这种非结构化、非线性的数据规模不断呈指数级增长。个人数据信息在大数据环境下变得透明，公民的隐私权常受到数字技术的侵犯，被非法获取个人隐私数据的行为所突破，而这些行为通常违反了权限并触碰了法律底线。随着后续数据分析运用的进行，对个体行为数据进行深层次分析挖掘实际上增加了个人隐私泄露的风险。大数据分析技术的广泛应用逐渐削弱了个体对数据管控的能力，个人的数据所有权和管理权也因此减弱，这违背了传统隐私保护制度中的"事先告知许可"和"匿名化处理"原则。同时，由于缺乏数据采集和分析技术方面的制度标准规范，社会治理数字化面临着用户隐私损害和用户数据泄露等安全风险。

## 二、人机关系的模糊

从社会治理效能的角度来看，数字化技术在社会治理中的应用整合了分散的治理资源，实现了智能化、精细化和高效化的社会治理。尽管社会治理数字化显著提升了传统社会治理模式的绩效，但在涉及人、财、物等复杂事务的社会治理领域中，过度依赖数字化技术往往会导致出现技术理性异化的问题。数字化技术所包含的技术理性逐渐占据主导地位，人与机器的关系变得模糊，人类感知所代表的价值理性作为社会治理的主导力量也会被工具理性的数字技术侵蚀，从而使社会治理数字化面临人本价值的伦理风险。社会治理实现高效政策执行和社会认同的核心在于以人为中心的内涵体现。然而，在数字治理实践中，以政府为代表的治理主导方对数字化技术效率过度推崇和依赖，可能忽视了人的主体价值和主导权利。数字技术在社会治理中的异化超出了其作为治理工具的固有地位，会带来技术权威和技术独裁。在大数据技术下，社会治理的政策规划和客体选择受到数字技术的控制，人类独特的感知和自由意志被数据算法的单一结果取代，而社会治理所依赖的人类社会文化空间却被忽视，这引发了社会治理的持续性和认可性风险。

社会治理对数字技术的过度依赖导致数字技术的工具理性价值掩盖了社会治理中的人类主体价值，使治理主体逐渐从人向机器转变。人类成为数字化算法权力下被计算和分析的对象，从而产生了数字时代中人与机器作为社会治理主体之间的矛盾冲突。社会治理数字化的刚性与人的主体空间价值之间产生了利益冲突，数据的僵硬和机械式技术加强了对人类行为的控制，影响了社会治理自主空间的民主价值。一方面，人作为治理主体的主动作用被忽视。在基层社会治理实践中，政务服务机构过于信任数据分析结果和过分关注数字化平台的建设和应用，可能会忽视人作为治理主体的协调、部署和规划能力。另一方面，人作为治理客体的表达权被削弱。社会治理的决策依赖于对社会现实的宏观数据描述，数据至上掩盖了群众的形象塑造和诉求表达，进一步拉大了群众与政府之间的距离。在考虑与治理权力相匹配的治理责任问题时，社会治理数字化在提高决策的准确性和科学性的同时，也带来了治理决策后果责任免责的问题，依赖数字化技术进行决策弱化了治理主体的治理责任，并可能导致治理责任真空的出现。

## 三、算法至上的狭隘

数字时代社会事务的智能化运作离不开算法的核心作用。数字化算法的开发设计不仅是社会治理数字化改革的前提，也决定了其有效辐射范围。在当前中国社会利益结构深刻变革的背景下，我们必须坚持公平正义的实践价值取向，这是社会治理的根本遵循和伦理导向。

社会治理改革的根本任务是打破传统社会利益垄断与失衡的格局，让社会治理成果惠及广大人民群众。南开大学陈兵教授指出，治理算法对保障和促进数字经济高质量发展至关重要，它不仅关乎数字经济效率，还涉及数字经济运行的安全。因此，我们必须迅速建立安全规范、以人为本的分类协同治理机制和方法，覆盖算法应用的全周期、全场景、全流程。在社会治理数字化的潮流中，从数据采集、数据分析、决策研判到方案实施的整个治理流程都依赖于核心算法的支持。算法本质上是指良好的计算过程，也就是将输入数据转化为输出结果的一系列计算机制。算法支持的社会治理决策基于主导者对社会数据信息的掌握，通过特定设置的指令得出有判断价值的决策结果。然而，在社会治理数字化实践中，过度依赖算法进行决策与执行可能导致治理决策和方案实施偏离复杂社会的客观事实，同时也会带来算法偏见的固有困境，从而引发社会公平失衡的风险。

算法本质上是对人类社会经验的总结与提炼，但它无法完美、全面地描绘人类社会各要素的运行轨迹。在表面上精确、科学的算法下，人的治理主体性价值成了牺牲品，算法至上导致了算法独裁和技术权威，忽视了社会结构的发展差异和基础薄弱问题，直接影响了社会治理的公平正义属性。首先，算法的透明性不足会影响治理的公平性。社会治理数字化算法通过复杂的输入数据和运算过程得出决策结果，这些结果的科学准确性完全依赖于算法。然而，算法运行的整个过程类似于一个黑箱，外部无法洞察其工作程序，也难以理解其编程原理。此外，算法透明度不足会导致责任认定和匹配模糊，进一步引发算法结果中的社会偏见问题，例如年龄、性别、区域等歧视问题，这种偏见化运算对客观社会数据产生了损害，削弱了社会治理的公平正义。其次，算法歧视加剧了社会分化的风险。由于一系列运算代码无法全面反映社会治理公平正义的价值取向，算法无法充分体现道德、法律、规范和人际关系等社会因素。这也增加了算法偏见形成的可能性。此外，算法偏见还源于数据获取的偏态性和局部性。数字基础设施、教育水平、区域文化等方面的差异加剧了社会治理数字鸿沟和社会排斥的风险。

### 视野拓展

**算法至上**

算法至上指的是强调算法在决策、创新和社会进步中的重要性，认为算法可以提供高效、准确和客观的解决方案。算法至上的支持者相信，数据驱动和智能化的算法应用，可以提高各个领域的工作效率和服务质量，甚至推动社会变革。然而，这一理念也引发了关于算法公平性、透明度和责任认定的讨论，因为算法可能受到数据偏见、隐私问题和人类价值观的影响。

### 四、技术应用的冷漠

社会治理数字化利用大数据、物联网、人工智能等数字技术整合传统社会资源，以简洁的方式扩展治理空间并提升治理效能。民生优先是社会治理的重要内容，公共服务作为面向广大群众的重要民生工程，是社会治理的重要体现。数字时代的公共服务供给也在数字化改革升级中不断实现。在数字政府建设的引领下，社会治理专注于教育、医疗、养老、抚幼、就业、文体和助残等重点领域进行数字转型，例如各地推行的"最多跑一次""数据替代群众跑腿""审批不见面"等措施。然而，从社会公众需求的角度来看，公共服务数字化改革在取得效度的同时，是否削弱了公共服务所具备的温度是需要深入思考的。完全数字化、不见面沟通的服务模式并非完美的方案，这种以技术为主导的服务模式忽略了富有情感的人的真实体验，往往导致公共服务的体验感、幸福感和人性化的缺失。事实上，社会治理伦理的价值取向的根本在于为人类提供服务与治理，保障人民利益是其根本出发点，而人民群众所感受到的幸福感和获得感则是公共服务治理的落脚点。从这个角度来看待社会治理数字化问题，尽管数字化本身并不具备人文情感的社会属性，但在向人民群众提供服务时，应该保持数字时代的人文关怀和人性温度，这也符合以人民为中心的基本价值取向。

## 第五节　数字社会治理的优化对策

数字技术的创新对社会治理模式产生了深远影响，并成为推动数字社会治理的重要力量。一些学者提出的社会治理模式，为社会治理改革提供了新的视角。本节将数字社会治理框架分解为治理目标、原则和体系三个部分，并从这三个部分提出数字社会治理的优化对策。

### 一、厘清数字社会治理的目标

在数字社会治理的征途上，我们需要明确不同层面的目标，以确保治理的有效性和前瞻性。微观层面的目标是提升公众参与度与普惠性。数字社会治理的根本目标之一是增强公众的参与能力和意识，特别是提升对弱势群体的关注与保障，确保社会服务的普及和均等。利用大数据和人工智能技术，我们致力于构建一个便民、高效、精准的数字服务体系，让每一位公民都能享受到数字社会的红利。中观层面的目标是提升政府效能与优化资源配置。数字社会治理着眼于通过数字技术提高政府的治理效能和公共服务水平，这包括实现政府信息的公开透明，优化社会资源配置，加强社会风险防控和安全保障，从而提升政府的整体治理能力和水平。宏观层面的目标是推进国家治理体系和治理能力现代化。数字社会治理的目标是通过数字技术推进国家治理体系和治理能力的现代化，促进经济的可持续发展和社会的全面进步。这将增强国家的全球竞争力和影响力，提升国家治理的整体水平。

### 二、明晰数字社会治理的原则

一是坚持政府主导与社会公众主体相结合。政府在数字社会治理中发挥引领作用，制定政策、规划和标准，为治理提供方向和框架。同时，强调社会公众的主体地位，将社会公众的利益作为治理的出发点和落脚点，充分调动社会公众参与数字社会治理的积极性、主动性和创造性，通过多种渠道和方式，加强与社会公众的互动和沟通，保障社会公众的知情权、参与权、表达权和监督权，使数字社会治理能够反映社会公众的意愿和需求，实现政府主导与社会公众主体的有机统一，共同推动数字社会治理的有序发展。

二是坚持网络主权和信息安全，维护国家安全和社会稳定。在数字社会治理过程中，要加强网络安全和信息安全的保护，完善相关法律法规，建立健全网络安全保障体系，以促进网络空间的稳定和有序发展。

三是坚持多元主体协同参与，构建数字社会治理新格局。数字社会治理需要遵循治理逻辑，即从理念到行动全方位布局和多元主体协同参与。倡导各部门、各层级、各方主体共同参与，实现多元主体的协同治理。治理主体需要具备协同治理能力，注重跨域协同，推动数字社会治理的协调、协作和共同发展。

四是坚持整合多方资源，实现数据精准调用。治理主体需要具备资源整合能力，同时注重打通数字基础设施大动脉和畅通数据资源大循环。致力于提升应用基础设施水平，完善国家的数据管理体制机制，促进各行业数据的融合与流通，实现对需求数据的精准调用。

五是坚持主动治理和智慧治理，切实解决公众诉求与矛盾。数字社会治理要求具备主动性和智慧性。一方面，通过点面结合的系统治理，推动建立主动把控的矛盾搜寻机制以及健全的数字社会治理长效机制，逐步实现主动治理。同时要积极探索解决公众诉求问题的方案，切实解决民生问题。另一方面，通过夯实社会基础设施建设，采用具有现代化特色的动态监测和治理云数据分析等技术手段，实现协同治理和智慧治理的整体提升，实现数字社会治理的创新，融合传统方式与智慧治理。

## 三、完善数字社会治理的体系

多元协同治理的数字社会治理体系包括体制机制、实现途径及未来展望三部分内容。

### （一）多元协同治理的体制机制

多元协同治理的体制机制是数字社会治理的核心，强调政府、企业、社会组织和公众等各方的参与合作，共同推进数字社会治理和数字化社会建设。通常，在这种模式下，政府负责提供数字基础设施和技术支持，企业承担数字产品和服务的角色，社会组织则提供公益服务和治理经验，而公众则参与数字化治理并监督整个过程。多元主体的数字社会治理旨在促进各个社会方面的智慧共治，实现共赢和可持续发展。其关注全体社会成员，包括政府、企业、社会组织和个人等，目标是实现社会治理现代化与数字化，提高治理效率与公正性，促进社会的稳定和发展。因此，多元协同治理模式强调全方位、多层次、多元化的策略，旨在实现全民参与、全方位覆盖、全程管理和全方位服务的目标。

### （二）多元协同治理的实现途径

数字社会治理以多元协同和赋能、赋权、赋智为核心。在技术层面上，通过运用全方位智能化技术优化基层社会治理，建立协同模式，使自上而下与自下而上相互配合。在制度层面上，努力构建共建、共治、共享的治理架构，实现人人有责、人人尽责、人人享有的治理共同体。在社会层面上，数字社会治理促进政府治理、社会调节和公众自治之间的良性互动，满足多元、弹性、复杂的社会需求。实现多元协同治理的机制包括赋权、赋能、赋智等途径，如激发社会力量、提升信息透明度、完善法律法规和倡导创新思维等。核心机制涵盖利益相关者的沟通协商、协作分工、横向与纵向协调，以及监测评估与反馈，共同推动治理效果不断提升。

具体而言，多元协同治理的实施途径包括以下内容。一是数字技术的赋能。数字技术如大数据、云计算和人工智能，为政府和社会提供了现代化治理工具，进一步增强了政策的准确制定和执行能力。在政府层面，数字技术实现了数据共享和资源整合，提高了治理效率和服务水平；在社会层面，通过开放数据平台等方式，激发多元主体参与社会治理的积极性，推动多元共同治理。二是数字社会治理中的赋权。赋权强调为多元主体提供更大的权利和自主空间，促使其更好地参与社会治理。政府层面的赋权方法包括推动部门间权责的明确和协同高效，从而提高职责履行的专注度和效率，通过建设平台、培养能力、实施激励机制以及监督和反馈鼓励公众监督和民间监察。赋权还涉及数据共享和开放，使公众和利益相关方获得更多关于社会治理的信息，提升公共决策的透明度和公众监督能力。三是数字社会治理中的赋智。提升多元主体的智慧水平和创新能力，促进政府、社会和跨界协同创新。在政府层面，依托大数据和人工智能，提高政策的科学性和合理性，同时利用智能化监控系统和信息共享，增强政策执行效果和决策能力。在社会层面，利用数字技术提供信息资源，增强民间组织、企业和个人的创新能力，推动公众参与，并通过数字平台促进跨界融合。在跨界协同和创新层面，构建数字平台实现知识互联，通过跨部门、跨行业、跨领域的协作激发创新活力，同时鼓励公共、私营和民间领域的共同参与，推动开放创新。

### （三）多元协同治理的未来展望

面向未来，多元协同治理承载着构建一个更公平、更公正的社会环境的宏伟目标。这一治理模式致力于通过精心设计和有效执行政策，实现资源在不同参与群体间的合理分配。在数字社会治理的大背景下，多元协同治理将扮演至关重要的角色。它基于赋能、赋权和赋智三大支柱，旨在激发社会各界的活力，提升民生福祉，改善人民的生活品质。这一治理模式将聚焦于解决人民群众面临的紧迫问题和困难，致力于满足人民对美好生活的向往和追求。

赋能，即利用数字技术，提升各参与主体的行动力和影响力，使其能够更有效地参与到社会治理中。赋权，即通过确保各方利益得到充分表达和尊重，多元协同治理将赋予每个群体参与社会事务的权利和能力。赋智，即通过知识共享和智能决策支持，提高社会治理的透明度和智慧水平，促进更加科学的决策过程。展望未来，多元协同治理将不断演进，以适应社会的发展和人民的需求。它将推动建立一个更加开放、包容、高效的社会治理体系，让每个个体都能在社会中找到自己的位置，共同创造和谐、繁荣的社会环境。

# 第六节　案例与实践

本节选择河北省邯郸市邱县、安徽省淮北市、浙江省金华市婺城区苏孟乡、四川省成都市双流区四个地区的数字社会治理建设案例，通过演绎归纳深入分析上述地区数字社会治理的发展路径，从中总结出系列启示。

### 一、智慧城市+数字赋能的邱县经验

近年来，邱县综合行政执法局聚焦城市公共资源紧缺、运行效率低下、动态管理困难等城市病，积极探索符合县级城市的智慧城市发展路径，充分整合技术资源，建设智慧邱县综合指挥中心，开发智慧邱县 App、一网统管、平安社区、智慧园区应用系统，实现"一网通办""一网统管"。

邱县建设了智慧邱县综合指挥中心，搭建国产化云计算大数据机房，使用全光网络，根据需求配置资源，将政务服务、生态环境等 15 个部门的基础数据进行整合，统一入驻云计算中心，利用控制反转（Inversion of Control，IOC）技术进行集成展示，实现全县政务数据互联互通。根据重点工作和应急事件处置开发重点工作督办、智能上报和跟踪处置程序，邱县所有事项办理实现系统流转、可查询溯源。

邱县开发智慧邱县 App，为群众提供民生保障、政务服务等 10 大类 72 项服务应用，居民安装应用程序可进行信息查询、事项办理等，轻松实现掌上办、指尖办。邱县建立人员基础数据库，为社区提供数据采集、管理、统计等全过程管理工具，建设社区智能安防系统，利用互联网、物联网等技术，通过人脸识别等科技手段，加强社会信息采集，增强社区治安防控效能。

## 二、互联网+网格治理的淮北经验

近年来，淮北市以"互联网+"为创新引擎，遵循"统筹规划、急用先建、分步实施、资源整合"的原则，积极推进智慧社区建设，在锦华苑等 10 个社区开展智慧社区试点。淮北市在抓好市级智慧社区平台建设的基础上，积极推进以县（区）、街道为主体开展信息化建设试点。

相山区试点打造"相山 e 治理"信息化平台，整合全区数据资源，充分发挥数字赋能优势。"相山 e 治理"信息化平台涵盖基层党建等多项服务功能，推动组织网、阵地网、智慧网"三网"融合。相山区建立"楼栋—小区（网格）—社区—街道"分级调处机制，可通过"相山 e 治理"信息化平台处理重难点问题，建立全方位、多维度、立体化的居民服务魔方，提升了社区居民的幸福感。

段园镇坚持"立足基层，整合资源，就地化解，保障民生"的原则，升级党建网格和基层治理网格的"双网"融合，通过聚焦数字赋能网格化管理，建成一套多种 AI 算法能力的综合性高空监控项目，布防 10 个监控点。AI 算法可对视频图像进行分析，结合热成像感知，实时监控烟火、违规入侵水域等违法行为，打造运转顺畅、响应迅速、积极联动的网格管理体系。段园镇各村（社区）网格员利用网格化系统上报网格事件，与各部门实现数据共享，提高信息流转效率，使治理过程可量化、可追溯、可考核、可追责。

## 三、智能+自助的苏孟乡智慧健康社区探索

2023 年 10 月，浙江省金华市婺城区苏孟乡和悦社区卫生服务站揭牌成立，这是全市首家智慧健康站点。站点配备全科诊室、治疗室、雾化处置室、中医理疗室等，此外还设有自助药柜、预检问诊一体机、智慧大屏、智能机器人等设施，可通过智慧化手段提供健康咨询、健康查体、远程就医、智能药房等 24 小时不间断的服务。

24 小时的自助药柜是该智慧健康站点的一大亮点，一台机器就是一个小药房，附近居民在家门口就能快速取药。这台自助药柜的药品，基本可覆盖居民日常的各类常见病用药。预检问诊一体机的远程会诊功能，使得居住在医疗水平较不发达地区的居民克服了因地理位置导致的就医差距，以更低的成本、更高的效率享受医疗服务。

和悦社区卫生服务站围绕居民日常看病就医需求，打造了"3+1"模式，即三种就医模式（全科+自助药柜、零售药柜、24 小时视频问诊）+健康管理服务，利用互联网+医疗健康技术，运用各类数字健康服务应用，让居民共享便捷高效、综合连续的智慧医疗和智慧健康管理。

## 四、融媒+问政的双流区网络群众路线服务平台建设

2022 年初，针对群众投诉渠道不集中、相关部门业务交叉、群众诉求事件办理进度监

督不到位等情况，成都市双流区融媒体中心探索"融媒+问政"的模式，依托"云上双流"App，充分发挥主流舆论阵地摆渡功能，打造双流区网上群众路线综合服务平台，集中收集社情民意，把问题诉求聚合在屏端，矛盾化解在基层。平台整合了12345市长热线等11个投诉反馈渠道，将民情民意"一网尽收"、民盼民忧"一网尽办"。为了提高处理群众诉求的效率，构建了全程闭环的处理体系，实现办理全程可追溯和可视化，做到"事事回应、件件落实"。

此外，积极收集群众对事件处理结果的反馈意见，建立群众评价机制，围绕诉求办理效率和办理质量，由群众在线提交诉求办理满意度评价，并建立单位积分榜、超时榜、办理榜，做到不仅办快、办好，还要办满意。双流区网上群众路线综合服务平台切实帮助市民群众解决各项办不了、不方便、办不好的问题，让群众的难处得到了倾听，群众的诉求得到了重视。

### 五、案例总结

通过对上述四个实践案例梳理发现，它们在研究数字社会治理模式时都探索出了符合自身实际的发展路径，并且取得了显著的成果。深入分析上述地区数字社会治理的发展路径，可以得到以下启示。

#### （一）数字社会治理应聚焦人民利益

数字社会治理建设要以服务人民为导向，坚持人民群众的主体地位。依靠数字化技术和平台赋能，为人民群众提供更加便利、透明、普惠的数字服务，开展更加细致入微的治理，改变传统社会治理方式。随着人民生活水平的不断提高，人民群众的利益诉求更加复杂，对社会治理者的技术适应性与数字能力要求更高。同时，随着数字化、智能化社会治理的深入发展，一系列复杂的问题也会相继出现，如隐私保护和数据安全问题，垄断、竞争与创新问题，不同地区和群体之间的平权问题，数字适应性等问题日益突出。面对数字化给社会治理带来的巨大变革，我们需要顺应数字时代的发展趋势，同时坚持为人民服务的核心理念，不断提升数字治理效能。

#### （二）数字社会治理应坚持资源整合

数字社会治理的实现必须有坚实的资源保障，不能是空中楼阁。除了技术、人员和资金外，还要对数据资源有要求。碎片化的资源无法有效支持多方主体共同参与，这就要求推动基层数据资源整合共享，推动基层政府与垂直部门的数据共享融合，促进部门数据根据需要向基层开放使用。数字社会治理必须建立"用数据说话、用数据决策、用数据管理、用数据创新"的理念，实现大数据与社会治理的深度融合。在数据资源支撑数字社会治理的过程中，还要注意隐私保护和数据安全问题，在法治轨道上推动社会治理的数字化创新。

#### （三）数字社会治理应以提质增效为基本原则

现代社会结构日益复杂，群众诉求也越来越多样化，社会治理中面临的问题和挑战也随之变得更加复杂，利用大数据、人工智能、物联网等信息化手段支持社会治理科学决策、精准施策，是提升社会治理水平以及效率的必然要求。上文四个案例中，不论是智慧邱县App、"相山e治理"信息化平台还是24小时智能健康社区，数字智能技术的引入和应用都大大提高了相关部门的办事效率和质量，提升了群众的满意度。此外，高水平的数字社会治理过程往往涉及多个主体之间的紧密协作，因此要提升该过程中多个主体的协调能力，实现部门协同、区域协同以及政府与企事业单位、社区居民的协同，避免数据采集过程的形式主义，打破数据传递共享中的层层壁垒，才能更好地提高数字社会治理效率。

### （四）数字社会治理应实现多元化覆盖

数字社会治理创新发展已经开始进入多元化创新阶段，逐渐走向围绕不同人群需求的公共服务创新，逐步涵盖家政、物业、养老、治安防控、防灾减灾、预测预警等多个领域，既要满足日常性场景需求，也要满足突发性场景需求，覆盖社会生活的方方面面。同时，数字社会治理应当不断提升共享主体的普惠性以及多元性，统筹城乡区域发展，深化区域信息化、一体化发展，减少城乡数字发展水平差异导致的数字鸿沟问题，提高数字社会治理的共建、共治、共享水平。

# 知识巩固

**一、名词解释**

信息孤岛　治理格局立体化　数据烟囱　算法至上

**二、单项选择题**

1. 下列不属于数字社会治理特征的是（　　）。
   A. 信息化　　　　B. 公众化　　　　C. 数据化　　　　D. 差异化
2. 建设现代社会治理体系的重要前提是（　　）。
   A. 公众参与　　　B. 社会信任机制　　C. 公共服务　　　D. 民生保障
3. 数字化社会中最有价值的生产资料和要素是（　　）。
   A. 大数据　　　　B. 互联网　　　　C. 平台　　　　　D. 区块链技术
4. 数字生态中的核心组成部分是（　　）。
   A. 数字技术　　　B. 平台架构　　　C. 数字政府　　　D. 制度框架
5. 下列不属于多元协同治理模式强调的策略的特征（　　）。
   A. 全方位　　　　B. 多层次　　　　C. 多元化　　　　D. 公平性
6. 下列不属于算法透明性不足导致的后果的是（　　）。
   A. 公平性　　　　　　　　　　　B. 责任认定和匹配模糊
   C. 技术独裁　　　　　　　　　　D. 社会分化
7. 社会治理伦理的根本出发点是（　　）。
   A. 为人类提供服务与治理　　　　B. 公平正义
   C. 保障人民利益　　　　　　　　D. 利益普惠
8. 数字社会治理的主体地位是（　　）。
   A. 政府　　　　　B. 企业　　　　　C. 互联网　　　　D. 人民
9. 数字社会治理的核心体制机制是（　　）。
   A. 协同治理　　　B. 政府负责　　　C. 企业承担　　　D. 社会组织
10. 下列不属于数字社会治理体系的是（　　）。
    A. 体制机制　　　B. 实现途径　　　C. 治理原则　　　D. 未来展望

## 三、多项选择题

1. 数字社会治理的主要任务有（    ）。

A. 加快实现社会治理信息化

B. 构建新型社会信任生态

C. 精准化升级治理

D. 建立健全数字技术支撑社会治理的物质基础和制度保障

2. 数字社会治理的理论逻辑有（    ）。

A. 数据驱动    B. 协同赋能    C. 整体联动    D. 技术嵌入

3. 数字社会治理的实现路径包含（    ）。

A. 制度层面    B. 主体层面    C. 价值层面    D. 机制层面

4. 数字社会治理的现实挑战有（    ）。

A. 数据开发的过度    B. 人机关系的模糊

C. 算法至上的狭隘    D. 技术应用的冷漠

5. 多元协同治理的实施途径包括（    ）。

A. 数字社会治理中的监督    B. 数字社会治理中的赋权

C. 数字社会治理中的赋智    D. 数字技术的赋能

## 四、复习思考题

1. 数字社会治理在我国大数据应用中的潜力与挑战是什么？

2. 在数字社会治理中，如何平衡数据应用的潜力和隐私权的考量？

3. 数字社会治理对我国社会信用体系的建设有何影响？

4. 随着数字化的深入，网络安全威胁日益增加，可能对社会治理造成严重影响。数字社会治理如何在保障信息安全的同时，确保系统的稳定性和可靠性？

5. 数字社会治理对教育、医疗等公共服务的影响是怎样的？

# 第十二章
# 数字环境治理

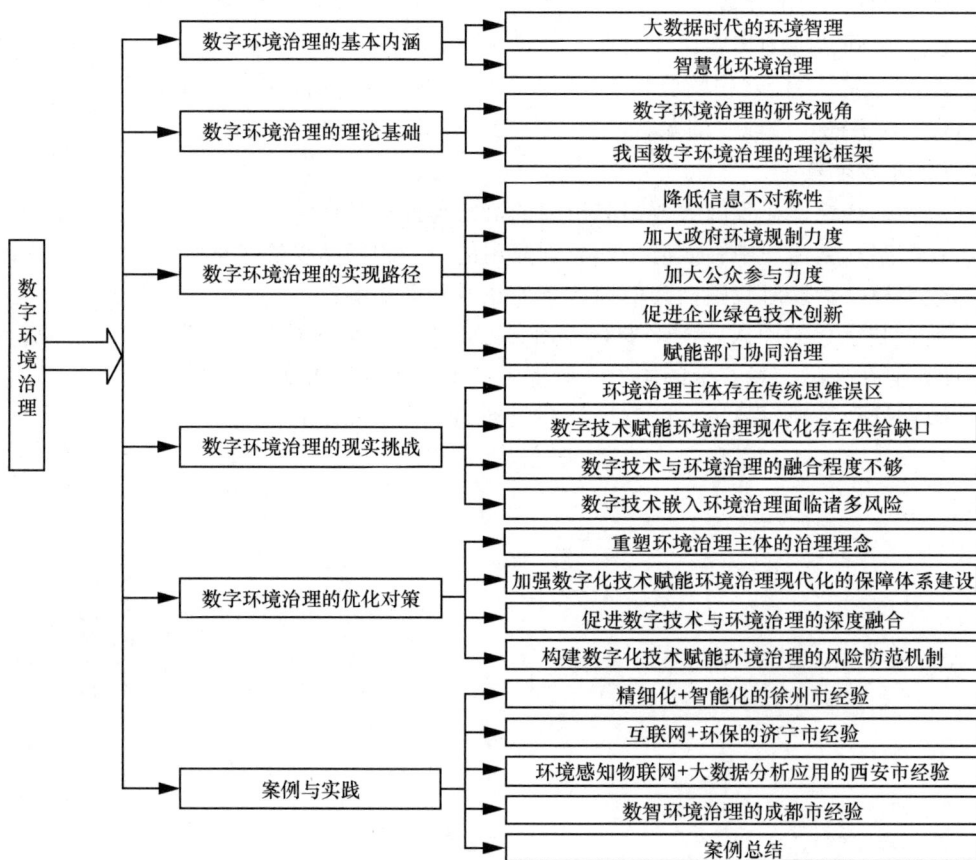

【知识框架图】

数字环境治理

- 数字环境治理的基本内涵
  - 大数据时代的环境智理
  - 智慧化环境治理
- 数字环境治理的理论基础
  - 数字环境治理的研究视角
  - 我国数字环境治理的理论框架
- 数字环境治理的实现路径
  - 降低信息不对称性
  - 加大政府环境规制力度
  - 加大公众参与力度
  - 促进企业绿色技术创新
  - 赋能部门协同治理
- 数字环境治理的现实挑战
  - 环境治理主体存在传统思维误区
  - 数字技术赋能环境治理现代化存在供给缺口
  - 数字技术与环境治理的融合程度不够
  - 数字技术嵌入环境治理面临诸多风险
- 数字环境治理的优化对策
  - 重塑环境治理主体的治理理念
  - 加强数字化技术赋能环境治理现代化的保障体系建设
  - 促进数字技术与环境治理的深度融合
  - 构建数字化技术赋能环境治理的风险防范机制
- 案例与实践
  - 精细化+智能化的徐州市经验
  - 互联网+环保的济宁市经验
  - 环境感知物联网+大数据分析应用的西安市经验
  - 数智环境治理的成都市经验
  - 案例总结

【学习目标】

1. 掌握数字环境治理的基本内涵。
2. 理解数字环境治理的理论基础及实现路径。
3. 了解数字环境治理的现实挑战及优化对策。

引例

**数字技术在环境治理中的变革与应用**

随着数字技术的不断深入发展，我国传统型环境治理模式开始从经验判断向大数据科学决策的智慧型环境治理转变。对环境治理进行数字赋能不再是简单应用数字技术，而是将数字技术与环境治理的逻辑有机融合。

近年来，地理信息系统（Geographic Information System，GIS）技术是在环境治理中被广泛运用的技术之一，它通过数据库管理、图形图像处理、地理信息处理等基础技术将数据连接到地图，将位置数据与所有类型的描述性信息集成到一起，为制图和分析提供基础，也为环境的监测、预测和预防提供依据。在整体的数字呈现中，生态系统中的山水林田湖草沙不再被盲目地单独治理，而是因地制宜地实现生命共同体的一体化管理，推动自然环境和社会环境的和谐共生。

那么数字环境治理具体指什么？它的理论基础和实现路径是什么？在实践中有哪些挑战和应对策略呢？

# 第一节 数字环境治理的基本内涵

随着大数据技术的不断深入发展，传统的环境治理领域也正面临着一场深刻的体制机制改革。数字环境治理与传统环境治理相比，更具有数据引领和智慧性的特点。本节将系统梳理已有研究中关于数字环境治理的基本概念。

## 一、大数据时代的环境智理

环境治理领域受到大数据带来的深刻影响，正在发生着根本性的变革。与传统的环境治理相比，大数据时代的环境治理更具有智慧性。大数据时代的环境智理意味着环境治理的决策思维、范式和方法的根本性变革，不再是建立在经验和直觉上的决策，而是建立在对环境海量数据的收集、整理、分析和应用基础上的顶层设计。环境智理具体指的是，利用数字技术（信息技术和虚拟现实技术等）手段，对环境治理的数据要求和业务要求进行深入挖掘和整理，实现对环境治理各项业务的整合和深度支持，最大限度地提高环境治理的信息化水平，打通各部门之间的信息障碍，实现环境信息的共享，从而提高环境监管的执法水平，提高环境治理领域的创新能力，提高环境治理能力的现代化水平，同时广泛纳入环境社会治理方式，使得环境治理工作更加科学化和规范化。由此可见，环境智理的核心，是对环境信息和数据的收集、整理、分析和应用。环境信息与数据具有分布广泛、复杂性和动态性的特征，这意味着依靠传统的信息收集方法，不足以抽象出包含所有环境问题的顶层模型，因此，大数据技术的应用便显得格外重要。

大数据时代的环境智理在实践中的具体表现如下。

### （一）环境、生态系统基础信息的收集、整合与应用

大数据时代的环境智理首先意味着所有的环境决策都是用数据说话的，因此很有必要建立以环境、生态系统等多重环境要素及各种污染源为基础的环境基础数据库。这一类数据库的应用不仅可以全面感知生态环境要素和污染源、提高监控能力，还可以提高环境决策的科

学性，及时进行环境应急判断。此外，环境基础数据库的建立也为环境信息公开搭建了一个基础平台，有利于破解公众与政府之间环境信息不对称的问题，鼓励环境决策的公众参与，促进环境民主的建设。当然，环境基础数据库的建立并不是简单依靠环保部门的力量，而应整合其他政府部门、行业协会、大型国企等有关环境资源和生态系统的所有数据信息，建立有关生态环境质量、环境污染、自然生态、核辐射的国家环境信息基础数据库。

### （二）环境应急数据的收集、整合与应用

近年来，环境突发性事件日益增加，对人民群众的人身安全、财产安全和社会的安全稳定造成不可预估的损害。因此，对环境风险的预判和对突发性事件的有效处理已成为各地政府的工作重点。大数据技术应用于环境应急领域，意味着可通过技术手段收集和处理涉及环境风险、环境举报、突发环境事件、社会舆论等海量数据，判断环境风险的存在，并构建应急策略。

### （三）环境监管和督查体系信息的收集、整合与应用

传统的环境监管手段由于部门之间的信息不通畅以及现场取证困难等因素，使得一些违法企业有可能会难以被追责。大数据技术应用于环境监管和督查体系有助于解决传统环境监管手段的监管困难问题。第一，建立全国统一的在线环境监控系统，对污染源进行实时监控，实现对生态环境质量、重大污染源、生态状况监测的全覆盖，有利于企业违法排污证据的保存，也有利于对环境监管情况的全面统筹。第二，收集和整合环境违法举报信息，通过大数据的统筹分析，实现环境的社会监管，精确打击企业偷排、漏排的情况。第三，收集、整合和分析各个部门涉及相关排污企业的信息，如工商、税务、质检等部门的相关信息，从而精确打击企业违反环境影响评价法、未批先建等环境违法行为，实现对企业的精准化和精细化管理。

### （四）环境舆情数据的收集、整合与应用

近年来，环境邻避冲突和环境群体性事件时有发生。这一方面源于人们对环境权益需求的日益提高，但更多是源于信息的不对称所引发的群众对重大环境污染事件的误解和恐慌。因此，对环境舆情的有效把握和积极引导，有利于缓解由于环境问题带来的矛盾和冲突。大数据在收集、整合和应用环境舆情数据方面的信息时，可以通过对环境保护的重大政策、建设项目环评、污染事故等热点问题信息进行有效抓取，并进行主题检索收集信息，利用大数据技术进行分析和判断，把握环境事件的发展态势，从而引导舆论，缓解社会矛盾。

### （五）生态环境公共服务信息的收集、整合与应用

生态环境公共服务是指在一定社会经济发展阶段，以保障公民健康权为价值导向的，合理分配环境利益和环境风险的公共服务。广义的环境公共服务还应包括环境监管服务、环境治理服务、环境卫生服务、环境信息服务和环境应急服务。大数据在环境公共服务领域的应用，主要体现在提升环境信息服务方面。第一，利用大数据技术支持生态环境信息公开。环境信息是信息中的一种，广泛为人们所使用。环境信息的公开有利于消除政府与公众之间环境信息不对称的问题，有利于公众参与，有效实现环境的社会治理和监督，制约政府环境权力的滥用，实现公民的环境信息权，促进环境治理民主的发展。第二，环境行政的简政放权，比如构建网上审批，实现数据资源化。通过推进网上办事服务，简化办事流程，实现所有信

息公开透明，同时有利于社会监督。第三，提供环境信息产品，比如提供环境质量健康、环境认证、环境信用等方面的信息产品。

## 二、智慧化环境治理

在"绿水青山就是金山银山""像保护自己眼睛一样保护生态环境，像对待生命一样对待生态环境""生态兴则文明兴，生态衰则文明衰"等一系列深刻的环境保护话语的引领下，我们对生态环境的重视达到了前所未有的高度。2016 年 3 月，中华人民共和国生态环境部印发《生态环境大数据建设总体方案》；2018 年 4 月，又印发《2018—2020 年生态环境信息化建设方案》；2024 年 1 月生态环境部印发《生态环境信息化标准体系指南》（HJ511—2024）。这些政策的推出，为大数据时代的环境治理提供了坚实的支持。在这些政策的推动下，大数据时代的新技术以其强大的逻辑驱动力，引领环境治理领域的新一轮变革。这场变革孕育出一种全新的治理方式——智慧化环境治理。智慧化环境治理是大数据时代对环境治理技术、制度和机制的一次深刻变革。它不仅体现了大数据时代环境治理的智慧化，也是政府环境治理水平和能力现代化的重要标志。智慧化环境治理的实现，以环境信息化建设为基础，以环境治理方式的改革创新为关键，融合了政府、市场和社会三方的力量，构建起一种新型的环境治理模式。这种模式的推广和应用，将极大地提升环境治理的效率和效果，推动生态环境保护事业迈向一个新的高度。

智慧化环境治理的内涵如图 12-1 所示。

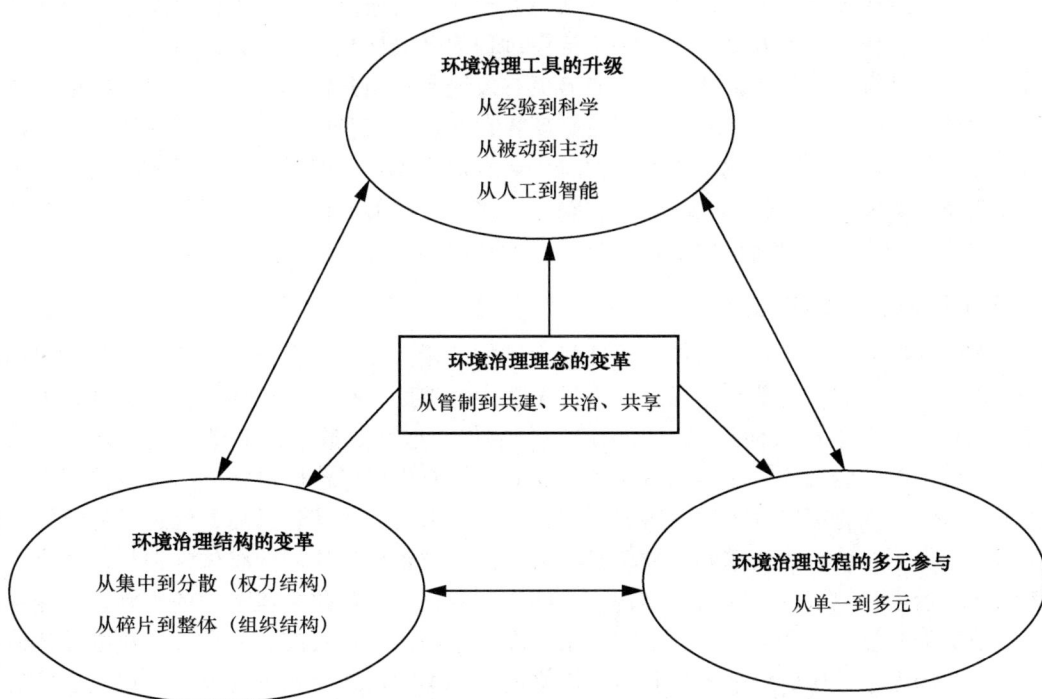

图 12-1　智慧化环境治理的内涵

资料来源：郭少青. 智慧化环境治理体系的内涵与构建路径探析[J]. 山东大学学报（哲学社会科学版），2020（1）：10-18.

### （一）环境治理工具的升级

智慧化的环境治理最根本的要素是采用了信息化的环境治理工具。第一，它可以让环境治理从经验判断走向科学决策。智慧化环境治理摈弃了以往政府凭主观判断进行环境决策的传统方式，通过"数据+模型+分析"的方式进行决策，大大提高了政府环境决策的科学化和环境治理的精准化。第二，环境信息工具的使用可以让环境治理从被动型治理转向主动预防型治理。传统的环境治理中很重要的部分如污染防治是被动式的，对未来生态环境的发展趋势进行预判非常困难。智慧化环境治理可以从海量的看似碎片化和毫无关联的环境数据中进行深度挖掘，预测环境生态的发展趋势，从而对环境污染问题进行主动预防。第三，环境信息工具的使用可以让传统的环境治理从人工执法走向智能执法，提升环境治理的效率和精准度。传统的环境治理所需要的环境执法人员的体量大，大量的环境监测数据来自现场监测。在智慧化环境治理的时代，所有的生态环境数据实现在线化和实时化，使得环境执法有据可依、有章可循，大大提高环境执法的效率。

### （二）环境治理理念的变革

智慧化环境治理代表了一种从传统的政府主导规制向共建、共治、共享的治理理念的深刻转变。在这一转型中，环境治理不再仅仅依赖于"命令-控制"式的行政手段来应对污染和违法行为，而是通过结构性的变革，促进政府治理理念的更新。智慧化环境治理模式以生态环境信息化建设为核心，在多元共治的基础之上构建。这种治理模式强调不同利益相关者的参与和协作，推动政府、市场和社会三方共同参与环境治理决策。它不仅改变了政府在环境治理中的权力和资源分配方式，还促进了治理过程的开放性和包容性，使得环境治理更加透明和民主。通过智慧化环境治理，政府能够更有效地收集和分析环境数据，提高决策的科学性和精准性。同时，智慧化环境治理还鼓励创新，支持采用多样化的政策工具和手段，以适应不断变化的环境问题和挑战。此外，智慧化环境治理还强调跨界合作和区域协同，通过打破行政壁垒，实现环境治理的区域联动和整体优化。这种治理模式有助于形成全社会共同参与的环境治理新格局，提高环境治理的整体效能和协同效应。

### （三）环境治理结构的变革

智慧化环境治理预示着我国环境治理权力结构的重大变革。在传统模式下，我国的环境治理主要遵循自上而下的管制路径，权力过于集中。然而，在智慧化环境治理的框架下，公众参与和市场机制的融入使得权力结构趋向分散化。这种分散不仅促进了民主化的决策过程，还增强了治理体系的灵活性和适应性。同时，智慧化环境治理也将推动环境治理组织结构的革新。它对现有环境行政体系形成冲击，打破了部门间的信息孤岛，促进了跨部门的信息流通与协作。这种转变从本质上推动了从孤立的分散治理向协同的整体性治理的演进，引发我国环境治理行政部门之间组织结构方式的深刻变化。智慧化环境治理的实施，意味着将构建一个更加开放、互联、互动的治理网络。在这个网络中，政府、公众、企业以及其他非政府组织共同参与，形成一个多元共治的新格局。这样的治理模式不仅提升了环境治理的透明度和公众满意度，还通过跨部门合作，提高了政策执行的效率和效果。此外，智慧化环境治理还强调利用先进的信息技术，如大数据分析、人工智能、物联网等，来优化环境监测、评估、预警和响应流程。这些技术的运用，不仅提高了环境治理的科学性和精准性，还为环境问题的预防和解决提供了新的手段和工具。总之，智慧化环境治理是一场深刻的治理革命。

它通过权力结构的分散化、组织结构的整体性优化、多元共治的实现以及先进技术的运用，为我国环境治理体系和治理能力现代化提供了新的动力和方向，为实现生态文明建设和可持续发展目标奠定了坚实的基础。

### （四）环境治理过程的多元参与

智慧化环境治理可以激发公众与市场的活力。在公众参与方面，传统的环境治理虽然强调信息公开和信息透明，但是政府和公众之间的信息鸿沟一直存在。在智慧化环境治理的框架下，环境信息不再是从政府单向地流向公众，而是变成了双向流动。公众可以通过环境信息网站，及时了解各种监测指标，同时也可以通过环境污染举报平台，投诉相关违法行为。在市场方面，智慧化环境治理将完善企业的排污信息，促进绿色信用体系、绿色金融体系建设，如通过自动归集与污染源相关的环保业务以及金融、社会等方面的数据，开展关联分析，最终评定企业环境信用等级，从而为企业构建激励和约束机制。

## 第二节 数字环境治理的理论基础

技术进步引发的社会变革往往以渐进和积累的方式呈现，而非彻底的颠覆。因此，微观层面的机制能更彻底地揭示数字化如何逐步改变具体领域的治理逻辑。在环境治理领域，尽管研究者们普遍认可大数据和互联网等数字技术在提高决策科学性、促进治理精准化和多元化改革方面的重要性，但他们往往缺乏对变革具体机制的深入分析。而环境学者则更细致地观察到，作为中间变量的环境信息是如何在微观层面影响治理行为和制度变迁的。虽然这些研究不专门聚焦于数字技术，但正是数字时代的信息丰富性和处理能力的提升，凸显了信息在推动环境治理变革中的关键作用。这些理论的探讨有助于我们理解数字技术是如何改变环境治理的行为和制度逻辑。

### 一、数字环境治理的研究视角

#### （一）态度-行为视角

态度-行为视角缘起于心理学与行为科学研究，并于 20 世纪 60 年代引入环境治理领域，具体关注环境治理信息如何影响不同个体的环境行为。该视角的基本出发点在于，环境信息在形塑个体的环境态度中发挥着关键性的作用，而态度进一步决定了个体环境行为的选择（例如能源消耗、垃圾分类处理等），从而影响最终环境治理效果。伴随着行为公共政策这一学科分支的兴起，近年来大量研究者运用调查实验、实地试验等方法讨论不同类型环境信息对微观个体环境治理行为的影响。在此基础上，研究者着重强调决策者通过策略性地发布环境信息以影响个体环境行为并提升环境治理效能。在数字环境治理的背景下，态度-行为视角可以帮助我们更好地理解在环境信息日益丰富的情境下个体对环境的态度形成与变化、个体行为意图与实际行为之间的关系、个体的环境行为受到哪些社会因素影响、个体的行为差别、激励与约束机制对个体态度和行为的影响，以及评估不同的个体态度和行为对环境治理效果的影响。总体而言，态度-行为视角提供了理解个体在数字环境治理背景下的态度和行为的框架。

#### （二）政策视角

与态度-行为视角专注于个体环境行为不同，起源于 20 世纪 70 年代的政策视角更多从环境政策的制定和改革角度出发，强调环境信息在环境政策制定、环境规制以及环境政策改革等领域的关键作用。该视角更多植根于法学以及经济学的相关理论，认为环境信息的缺乏、环境规制者与被规制者之间的信息鸿沟及其所带来的交易成本是影响环境政策执行以及环境规制有效性的核心因素。具体而言，规制者与被规制者之间的信息不对称（即污染者无法准确监控污染排放信息）使得环境规制面临道德风险，并进一步导致诸如污染排放控制、排污税以及污染减排补贴等环境政策工具的失效。此外，上级政府与下级政府之间的信息不对称也将导致环境政策执行中的执行偏差和政策扭曲。基于上述逻辑，在数字环境治理情境下，信息可获得性越强，信息质量就越高，从而减少环境规制者与企业之间、上级政府与下级政府之间的信息不对称，有助于政策制定者制定更加有效、合理的环境治理政策。

### （三）风险社会视角

相对于强调环境信息的积极作用，20 世纪 80 年代提出的风险社会理论则对信息可能带来的负面影响提出了警示。这一理论视角着重关注环境治理中信息作用的不稳定性。随着信息量的激增，信息来源的多样化以及噪声的增多，可能导致信息权威性的削弱，同时造成大量矛盾和不确定性的信息。在数字治理的背景下，信息的海量化和获取的便利性虽然为环境治理带来了前所未有的机遇，但也带来了挑战。数字环境中信息的快速流动和多元解读，可能使得环境政策问题的界定、风险评估和应对策略的选择变得更加复杂和充满争议。这种信息的过度泛滥和解读的多样性，反而可能增加决策过程中的不确定性，导致决策者和公众面临更多的困惑和迟疑。因此，在数字治理时代，我们需要更加审慎地处理和利用环境信息。一方面，要加强信息的筛选和甄别，确保决策基于准确和可靠的数据。另一方面，也需要建立更加有效的信息沟通和协调机制，减少信息的矛盾和冲突，提高信息的透明度和可理解性。此外，还需要加强对公众的信息教育和科学普及，提高公众的信息素养，帮助他们更好地理解和应对环境风险。总之，在数字治理的大背景下，我们需要对环境信息的作用有一个全面深入的认识，既要充分利用信息带来的机遇，也要警惕和应对信息可能带来的挑战，以实现更加科学、有效的环境治理。

### （四）信息化治理视角

近年来，学界对环境信息在治理工具层面的作用进行了深入探讨，而信息化治理的视角揭示了信息革命对现代环境治理过程的深远影响。曼纽尔·卡斯特提出的信息经济与信息化经济的概念区分，为理解信息在经济和治理中的作用提供了新的维度。信息经济侧重于信息在经济活动中的关键角色，而信息化经济则强调信息处理方式的变革对经济秩序、技术范式和社会组织形式带来的深远影响。在环境治理领域，研究者们区分了环境信息治理和环境信息化治理两个概念。环境信息化治理不仅将信息视作治理的赋能条件，也将信息视作治理变革的驱动力。在这一视角下，信息的作用不仅限于支持决策，而是从根本上重构了环境治理的过程、制度和实践，催生了与传统治理模式截然不同的新形态。在这种新模式中，所有要素如行动者网络、制度安排、政策设计等都围绕着信息的流动、应用和分析进行构建。

总的来说，以上这四种视角全面地阐述了环境治理中信息的重要性及其影响治理绩效的机制与过程。虽然这些视角并没有专门针对数字技术的发展，但在数字时代，它们的相关论述显得尤为重要。数字技术的发展和应用，使得信息在环境治理中的作用变得尤为关键。数字技术推动了环境信息的生产、传播和处理方式的变革，进而引发了环境治理行为和制度的演变。当我们从这些视角深入探讨数字技术如何影响环境治理绩效的机制与过程，并结合我国环境治理的特点与逻辑进行分析时，我们就能更好地理解数字技术如何推动中国环境治理的改革与创新。这种理解将有助于我们把握数字技术在环境治理中的潜力，为实现更加高效、透明和更具参与性的治理模式提供理论支持和实践指导。

## 二、我国数字环境治理的理论框架

随着"互联网+"战略的推进和"数字中国""网络强国""智慧社会"等国家战略的实施，我国数字技术应用和治理变革的研究与实践热潮兴起。然而，在具体领域的数字技术应用和治理变革中，部分领域往往过分强调技术发展逻辑，而忽视了特定领域的治理规律，环境治理亦不例外。此外，缺乏理论框架指导使得相关论述散乱不成体系。本部分在总结我国环境治理行为逻辑和制度逻辑及数字技术影响环境治理变革的机制与过程的基础上，提出了分析数字技术推动我国环境治理创新的理论框架，并形成相应的政策建议。

数字技术主要通过改变环境信息的生产、传播、处理方式，经风险、政策、业态、个体四种机制影响环境治理体系变革。我国环境治理在政策工具、央地关系、政府结构、社会参与等方面的治理逻辑（见图12-2），将基于上述机制受到数字技术发展与应用的影响，展现变革的机遇与挑战。

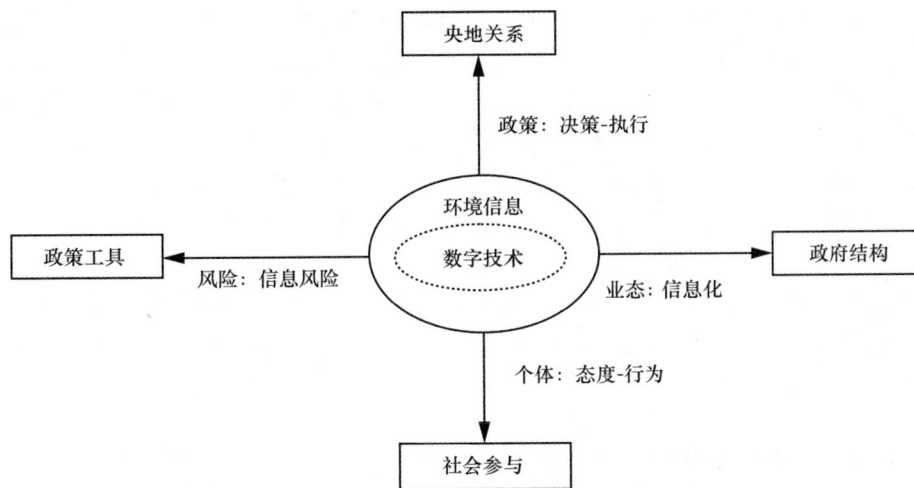

**图 12-2　数字技术推动我国环境治理创新的理论框架**

资料来源：陈少威，贾开. 数字化转型背景下中国环境治理研究：理论基础的反思与创新[J]. 电子政务，2020（10）：20-28.

（1）政策工具。分析数字技术赋能环境政策工具的同时可能潜藏的信息风险，可以完善多元化、复合式的政策工具。数字技术为环境治理带来新的活力，但信息过载可能增强不确定性，减弱政策工具的有效性。因此，应客观对待数字技术的风险，注重多元式、复合式的环境政策工具组合。

（2）央地关系。环境信息有助于提升环境政策制定和规制有效性，可以为探索调整央地关系，改变激励错配格局的新路径。此外，在不同治理主体间信息不对称的前提下，以更低成本获得更多环境信息，可以提升决策和执行效力的制度创新路径。

（3）政府结构。数字技术跨部门、跨地域搭建数据流通共享的环境治理体系，以数据融合代替部门和地域融合，可以提升环境治理整体绩效和环保部门治理能力。

（4）社会参与。利用数字技术调动社会主体参与环境治理的积极性，可以降低参与门槛，实现多方共治。数字技术通过影响公众获得或处理环境治理信息的方式与渠道，可以影响公众参与环境治理的态度和行为。

通过以上治理逻辑，本部分为理解和推动我国环境治理的改革与创新提供了新的理论框架和政策建议，有助于把握数字技术在环境治理中的潜力，为实现更加高效、透明和更具参与性的治理模式提供支持。

## 第三节　数字环境治理的实现路径

### 一、降低信息不对称性

数字技术在环境治理创新中的关键作用，在于其有效解决了环境治理中的一个核心难题——信息不对称。这种不对称普遍存在于治理主体内部以及各治理主体之间。我国的环境治理是以政府为主导、企业为主力，社会组织和公众广泛参与的多元协同模式，因此，政府的环境监管技术水平是实现环境治理体系和治理能力现代化的关键。数字技术通过整合和优化政府不同层级和部门之间分散的信息系统，构建起标准化的对接窗口，打通信息流通渠道，消除信息孤岛，推动信息系统向平台化和统一化发展。利用这些数字化技术，政府能够强化排污数据与企业规模、性质、行业特征等因素的关联分析，避免对企业的"一刀切"政策。数字技术改变了环境信息的生产、传播和处理方式，进而影响了政策工具的治理逻辑。它不仅为传统的"命令-控制"治理模式注入了新的活力，还促进了市场型环境政策，如碳排放交易和环境补偿制度的实施，通过全面记录企业生产过程中的污染排放，清晰界定了企业应承担的环境成本。由此可见，数字技术对环境治理现代化的推动作用，不仅体现在技术层面的创新，也体现在它对环境治理制度逻辑的深刻影响和改进。通过降低信息不对称性，数字技术提高了治理体系的透明度和公正性，为构建一个更加高效、协同的环境治理体系提供了坚实的技术支撑和制度保障。

### 二、加大政府环境规制力度

政府环境规制执行力度是影响环境治理绩效的重要因素，而数字技术可以通过多种途径加大政府环境规制的执行力度。一是提高地方政府的监管数字化水平。政府对污染行为的监管质量是其有效落实环境规制政策、加大规制执行力度的重要保障。地方政府实现对所辖地区的污染源头、企业环境治理状况的实时化、全程化和智能化监管，有助于消除政府与企业之间的信息不对称，提升政府监管质量。二是加强数字化平台建设。加强数字化平台尤其是跨层次的数字化平台建设，有助于实现地方政府环境治理的透明化，从而弱化地方政府与中央政府间因委托代理问题引致的负面影响，提高中央政府对地方政府环境规制行为的监管能力，促使地方政府更好地履行环境治理责任。三是赋能地方政府环境治理的智能化。数字化有助于提高政府环境政策的科学性、合理性、实时性，起到加大环境规制执行力度的作用。四是政府数字化建设能够弱化腐败带来的环境政策扭曲。腐败会扭曲环境政策，降低和减小环境政策的严格程度及其执行力度。数字化，即数字技术的应用能够消除信息不对称，推动政府、个人、企业信息的透明化，为政府获取腐败信息提供便利，同时促使公众更为积极地参与到腐败行为的揭露中，进而减少环保腐败问题，进一步加大政府环境规制的执行力度。

### 三、加大公众参与力度

环境治理现代化是追求公共性的治理活动，多中心合作治理是解决环境问题的新方案。中共中央办公厅、国务院办公厅印发的《关于构建现代环境治理体系的指导意见》指出："到2025 年，建立健全环境治理的领导责任体系、企业责任体系、全民行动体系、监管体系、市场体系、信用体系、法律法规政策体系，落实各类主体责任，提高市场主体和公众参与的积极性，形成导向清晰、决策科学、执行有力、激励有效、多元参与、良性互动的环境治理体系"。《国家人权行动计划（2021—2025 年）》将"环境权利"单独成章，承认公众享有在健康、优美、舒适的环境内生存的权利，公民环境权的实现不仅需要政府积极履行环境保护职责，也对作为生态环境最终受益者的公民自身提出了更进一步的要求，即公民需要积极行使环境事务参与权。在"互联网+"的背景支持下，数字政府建设以服务社会为基本出发点，有力推动传统的电子政务分散粗放式建设模式向共建共享的可持续互动模式转型。具体到环境治理领域来看，"互联网+"技术扩展了公众的视野，保障公众获取充分的信息以参与环境事务管理，并通过搭建公众参与系统化平台体系，构建公众的环境利益诉求表达机制和监督机制，最终实现不同环境治理主体、数据、资源和系统从简单相加走向深度融合，有效提升环境治理能力和效力。

### 四、促进企业绿色技术创新

绿色技术，作为推动资源节约、能效提升、污染防控和可持续发展的关键力量，是实现环境治理绩效提升的有效手段。数字化在促进企业绿色技术创新方面发挥着多维作用。一是推动生产要素重组。依据约瑟夫·熊彼特（Joseph Schumpeter）的创新理论，生产要素的重新组合本身就是创新。数字技术的引入，与能源等资源要素在企业中的融合，不仅优化了生产流程和污染治理阶段的要素配置，而且推动了生产与治理范式的革新，激发了企业在绿色技术领域的创新动力。二是实现动态监管与知识获取。数字化使企业能够实现对内部生产、销售、管理等环节的实时监控，同时降低了外部知识搜索的成本。这一过程加速了内外部知识信息的整合，尤其是节能减排和环境治理领域的最新动态，为企业开展有针对性的绿色技术创新提供了信息支持。三是促进研发资源优化与虚拟化。数字化不仅促进了研发部门内部资源的优化配置，还为研发创新过程的虚拟化提供了可能，降低了试错成本，提高了研发效率，从而加快了企业绿色技术的创新步伐。四是助推人力资本积累与跨界合作。数字化推动了人力资本的积累和提升，为企业提供与企业、政府部门和高校等机构在技术难题上的科研合作机会。这种跨界合作有助于突破技术瓶颈，加速绿色技术创新的进程。通过这些途径，数字化成为企业绿色技术创新的重要催化剂，为构建高效、可持续的环境治理体系提供了坚实的技术支撑和创新动力。

### 五、赋能部门协同治理

部门协同治理是指相关治理主体携手合作，通过建立伙伴关系，共同解决跨区域、跨层级、跨部门的复合性公共事务，实现公共利益所展开的合作与管理活动。环境治理现代化要采取整体性、系统性、宏观性的思维，数字化技术是环境治理整体化的重要保障。受制于环境事务分割管理、服务裂解等原因，环境治理存在碎片化、组织凝聚力不足、资源内耗等弊端，使得生态环境监管预期效果难以达成，环境治理低效化、无效化现象层出不穷。要解决上述问题，关键在于塑造生态环境的系统性治理格局，通过大数据、人工智能等技术搭建的综合协同信息系统为环境治理多部门主体之间提供了沟通平台，以多方联合提高治理效率，实现环境公共服务最大化。数字化技术的运用有助于重塑环境治理体系，助推生态环境治理的系统化、协同化、智能化。同时，环境问题的广域性和山水林田湖草沙统筹治理的内在需求凸显了生态环境治理的难度。而大数据驱动背景下，数字政府建设能够有效突破传统的区域行政约束，信息技术支持下的业务协同和资源共享可以在一定程度上打破各部门分头管理、各自为政的历史桎梏，有效提升生态环境治理绩效。

# 第四节　数字环境治理的现实挑战

## 一、环境治理主体存在传统思维误区

在数字技术日益深入环境治理领域的同时，环境治理常常面临着一种潜在的全能主义倾向，即过分信赖技术的能力。确实，数据思维的确立为环境决策和管理工作带来了专业化、科学化和智能化的提升。然而，对数据的过度依赖可能会使治理主体忽视技术治理的风险，一旦大数据出现偏差，就可能导致环境治理的重大失误。在现实中，政治锦标赛模式可能导致环境数据收集过程中的瞒报、少报、漏报、虚报等问题。这些失真和错误的数据一旦混入庞大的数据库，可能会产生误导性的规律，使环境决策偏离实际，甚至引发灾难性的后果。此外，政府对数字化技术存在过度依赖，一旦技术出现故障或中断，将使常规环境治理系统面临严重风险，增加了环境治理的不确定性和不安全性。数据万能的观念还可能导致环境治理过程变得过于刚性，缺乏必要的弹性，从而使治理过程趋向于数字化、形式化，降低人在环境治理中的主观能动性，这与环境治理现代化改革的初衷背道而驰。因而，虽然数字技术是一个强大的工具，但它并非万能的。环境治理需要在数据驱动与专业判断、技术应用与人文关怀之间找到平衡，需要建立一个更加稳健的治理体系，既能充分利用数字技术的优势，又能防范其潜在风险，确保环境治理的科学性、有效性和人性化。政府应培养治理主体的数据素养，加强数据质量管理，鼓励创新与灵活性，以确保数字技术成为推动环境治理现代化的积极力量，而不是潜在的威胁。

## 二、数字技术赋能环境治理现代化存在供给缺口

### （一）制度供给不足

目前我国有关生态环境数据安全的法律规定尚处于探索阶段，环境大数据从采集、存储、开放共享等环节都存在安全隐患，但当前相关法律却缺少对上述各环节关键问题的有效规范，尤其是治理主体权责边界、数据产权归属等与生态环境数字化治理相配套的政策法规都未出台。立法的缺失客观上制约了生态环境大数据的生成与利用，也导致数字化技术赋能环境治理中许多的数据权利冲突得不到有效解决。同时，数字技术赋能环境治理现代化过程中还存在网络平台监管力度不足、数据安全隐私保护责任认定不健全等问题，降低了数字化技术赋能环境治理整体效能，不利于环

数字技术赋能环境治理现代化存在哪些供给缺口？

境治理现代化的转型发展。

### （二）技术供给不足

在数据采集方面，环境大数据包含文本、图片、音频、视频等多源异构数据，必须借助一定的数据设备和智能技术将其转换成便于识别的格式。在数据存储方面，传统的关系型数据库无法适应海量的结构化、半结构化及非结构化数据的混合处理要求，需要研发大数据的并行处理器技术予以应对。在数据分析方面，需要利用云计算、数据挖掘、模糊计算等人工智能技术对海量的环境数据进行分析和处理。然而，从实践来看，尽管我国近年来数字化技术的发展取得了长足进步，但在环境治理领域依然缺乏配备齐全的数据处理设备、信息系统控制平台、管理终端装置等，而且数据类型单一、范围狭窄，没有形成完全覆盖生态环境领域涉及各种环境要素的数据库，尤其是支撑环境数据收集、存储和分析的传感器技术、网络通信技术、隐私保护技术等核心技术还有待完善，难以适应环境智慧化治理的目标需求。

### （三）资金供给不足

技术赋能环境治理是一项庞大而复杂的系统工程，它对资金的需求巨大。然而，当前一系列减税降费政策的实施可能影响财政支出的可持续性。地方政府在财政资金紧张的同时，还面临着环保投入需求的不断增长，这两者之间的矛盾较为突出，一些地方政府还需要通过举债来筹措环境治理所需的资金。因此，能够投入数字技术开发中的公共资金相对有限，数字技术在环境治理中的应用常常会遇到资金短缺困难。数字技术赋能环境治理的过程通常需要较大投资，且短期回报率相对较低，这一特性降低了社会资本对数字环境治理产业的投资兴趣，进一步减少了数字环境治理的社会资金来源。为了解决这一问题，需要采取创新的资金筹集机制，比如公共私营合作制（Public-Private-Partnership，PPP）、绿色债券、环境基金等，以吸引更多的社会资本投入环境治理领域。同时，政府可以通过政策引导和激励措施，比如税收优惠、财政补贴、绿色信贷等，来提高社会资本的投资意愿，共同推动环境治理的数字化转型。这些措施可以逐步缓解资金供给不足的问题，为数字技术赋能环境治理提供更加坚实的资金支持，推动环境治理体系和治理能力的现代化。

## 三、数字技术与环境治理的融合程度不够

### （一）数据整合共享难度较大

数字技术赋能环境治理的前提是环境大数据在各主体间的流动和共享，但当前环境治理的区域性、复合型特征使得环境数据共享面临较大的挑战。客观而言，环境数据来源广泛，数据构成复杂、兼容性较低，并且不同环境数据的划分方式、尺度、编码等不统一，加大了数字化治理平台的检索、整合与共享的难度。从主观上看，部分环境主管部门心理上存在数据共享后会不利于本部门、本区域的利益和声誉的顾虑，不敢或不愿意共享有关数据，致使其行为上出现数据保护主义倾向。总的来说，数据低质复杂、标准规范不统一以及各部门的数据割据等因素致使环境大数据背后的价值资源无法被充分挖掘和利用，从而造成数据烟囱和信息孤岛等环境治理困境，不利于环境领域的数字化治理转型。

### （二）公众参与数字治理的程度较低

公众在数字环境治理中，往往扮演着数据提供者和决策接受者的角色，但其整体参与度尚

显不足。这种局限主要源于两个方面。一是参与渠道不畅。尽管一些大中城市的环保部门已经建立了环境数字化平台，但这些平台多数仅实现了单向的数据传递，缺乏平等的参与地位和相互的信任与尊重。这导致公众与政府间的互动沟通仍然停留在较为初级的阶段，政府在真正听取民意、与公众互动、处理意见投诉和反馈等方面的工作尚未深入，阻碍了自上而下的管理和自下而上的民主参与之间的有效融合。二是参与能力不足。随着我国教育水平的整体提升，公民素质有了显著提高。但在大数据时代背景下，年龄和城乡差异造成的数字鸿沟使得部分群体缺乏必要的数字环境治理能力。这些群体在获取、传递和利用信息方面处于不利地位，难以有效参与数字化治理过程，这对数字环境治理的全面推进构成了不小的挑战。

## 四、数字技术嵌入环境治理面临诸多风险

### （一）个人隐私泄露和国家安全风险

大数据时代，利用数据挖掘技术对海量环境数据进行分析，能够突破匿名化技术的屏障，进而恢复环境数据的可识别性，获得有关用户的身份、

数字技术嵌入环境治理面临哪些风险

个人属性、行为轨迹等涉及公民隐私的重要信息，特别是大数据本身的数据量庞大且分布广泛，而且多个数据集之间存在着较强的关联性，使得数据融合之后的隐私泄露风险大大增加。既有的数据脱敏、差分隐私和同态加密等隐私保护技术尚不能有效应对这种情况，导致数字环境治理中的个人隐私难以获得有效保护。此外，数字化技术在各领域的广泛运用使传统安全与非传统安全威胁相互交织，环境治理中环境大数据的运用还会带来国家安全问题，如环境大数据中包含着国土、人口、经济、交通、舆情等国家层面的关键信息，如发生泄露事件，将很可能带来各种安全风险。

### （二）环境决策失误风险

以环境大数据优化政府环境决策，不仅需要建设完整的环境数据库，也需要完善环境数据分析的技术，而环境数据库的建设和数字化技术的完善又需要一个过程，因而以二者为基础的环境决策也存在一定风险。一方面，从环境数据库的建设层面看，数据收集、存储和传输各个阶段都存在技术风险。在数据收集阶段，会出现机器错误或人为错误导致的不良数据，而数据壁垒和数据孤岛的存在还会使所收集到的大数据缺乏代表性；在数据存储阶段，由于外部系统的恶意攻击、系统本身的安全缺陷或安全漏洞问题，环境数据有被窃听、泄露和篡改的风险；在数据传输阶段，数据传输设备故障或软件兼容性问题会导致数据丢失和错误，导致数据分析的结果与真实的情况不一致。另一方面，从环境数据的分析层面看，算法和测量技术也影响着数据品质。毋庸置疑，科学的环境数据分析是确保环境决策准确的根本性前提，但数据分析中经常会出现选择偏见、混杂偏见和测量偏见以及算法黑箱、算法歧视等行为，会破坏环境数据的真实性和准确性，使得数据分析的结果偏斜，进而加剧政府环境决策失误的风险。

### （三）环境不公平风险

大数据作为一种技术和资源，在不同社会群体间的分配并不均衡，这种不平等的分配状况对各群体的财富积累和社会地位产生了深远的影响，导致了新的社会分化现象。众所周知，数据供给是数据分析和决策不可或缺的基础。不同的环境数据供给能力，对环境决策的影响力也各不相同。在这一过程中，经济基础较强和受教育水平较高的群体能够更加便捷地收集

环境数据，并迅速将其发布于环境大数据平台。作为数据的主要供给者，他们在环境决策过程中往往拥有更大的话语权和影响力。然而，对那些数据基础薄弱的弱势群体来说，由于无法承担使用环境大数据技术的相关成本，他们在环境信息的获取、处理、分析和应用方面普遍处于不利地位。这导致他们在环境治理中的合理诉求常常被忽视，难以在政府的环境决策中得到充分的体现。大数据技术在环境治理中的应用，如同一把双刃剑。它既为拥有资本和技术的群体带来了持续的利益，同时也压缩了一些群体的环境利益空间和意见表达渠道，限制了他们的发展机遇。这种技术的应用在推动环境治理变革的同时，也加剧了社会的利益鸿沟，扩大了社会差距，增加了环境治理不公平的风险。为实现更加公平和包容的环境治理，需要采取措施确保大数据技术的应用能够惠及更广泛的群体。

# 第五节　数字环境治理的优化对策

## 一、重塑环境治理主体的治理理念

### （一）打破部门间数据壁垒，树立数据开放共享理念

从理念层面来看，环境现代化治理转型的过程也是环境治理的观念更新和思维变革的过程。这就要求：一方面，政府在环境治理中应树立数字思维，政府既要从随机抽样走向全样本分析，利用大数据所形成的庞大丰富的数据资源系统地把握环境治理整体状况，又要从因果分析转向相关分析，从而对环境事件的未来走向做出预判；另一方面，环境治理主体应确立智慧思维，即要求环境治理主体树立与数字环境治理要求相适应的平等合作、开放共享、跨界融合、协同发展的互联网思维，以消弭不同主体间的数字鸿沟和数字排斥，实现环境治理数据的监测、采集、整合、发布的共享，提高环境决策和管理的科学化水平。

### （二）走出技术万能的思维误区，树立以人为本的现代化环境治理理念

技术作为人类活动的产物，其核心价值在于赋能增权，推动经济发展和谋取社会福祉。环境治理中的数字化技术应用，旨在推动可持续发展目标的实现。因此，数字技术在环境治理中的运用必须始终坚持以人为本，避免成为控制或束缚的工具，确保环境治理中人类保持独立思考和判断的能力。环境治理过程是政府利用数字化技术满足多元主体需求、实施以人为本治理的过程。政府应通过大数据技术整合政府、社会组织、企业和公众等多元主体的环境信息与资源，促进各利益相关者目标的兼容和协调发展，增强环境治理的公平性，推动互信互惠，有效解决现实问题。确立以人为本的理念，要求各治理主体认识到技术治理的最终目的是实现人的发展。在积极发挥数字化技术的正面作用的同时，应全面预防和避免技术滥用，保护公众权益，以最大化环境治理的现代化效能。通过这样的方式，技术才能真正成为促进环境治理和人类社会可持续发展的重要力量。

## 二、加强数字化技术赋能环境治理现代化的保障体系建设

### （一）完善相关政策法规，为数字技术赋能环境治理提供制度保障

制度是环境治理的基础，是环境治理综合体系的重要组成部分。新时代为了将数字化技术在环境治理中的应用纳入法治化轨道，应建立健全与数字化技术赋能环境治理现代化实践相契合的制度体系。如在顶层设计上瞄准关键领域，明确数字环境治理的目标、原则、组织

机构、流程和技术支持要求，为国家推进数字环境治理试点工作提供政策支持。加强地方立法，围绕环境数字治理的重点领域和重要环节出台实施细则，在环境数据确权，共享环境数据的范围、方式、程序，数据隐私权保护和国家安全，以及数据从采集到利用全过程的标准规范、数据资源管理责任等方面，做出更加明确的规定。

### （二）构建科技创新体系，为数字技术赋能环境治理提供技术保障

一方面，顺应数字时代要求，加强生态环境基础设施智能化建设和传统基础设施的数字化、绿色化改造，加快 5G 基站、光纤光缆、芯片等数字产业设备的前端建设和生态环境数据管理的后端开发，促进生态数字产业落地和生态环保新产业的提质增效。另一方面，为发挥数字化技术对环境智慧化治理的推动作用，应在环境治理现代化语境下加强数据收集阶段、数据处理阶段、数据变现阶段中的数字化安全技术的研发投入。在数据收集阶段，应在感知层、服务支持层与应用层建立统一环境信息收集标准化体系；在数据处理阶段，运用访问控制技术、入侵检测技术、漏洞扫描技术、防火墙技术等主要技术措施对来源多元化的环境数据进行安全维护，保证环境数据的完整性、保密性和可用性；在数据变现阶段，加强数据加密、防病毒、流动追溯等有关数据安全核心技术的开发和应用，防止环境数据泄露、数据窃听和数据滥用。

### （三）加大资金投入力度，为数字技术赋能环境治理提供经济支持

经济投入与数字技术治理能力之间存在着相互构建的紧密联系。鉴于此，各地应不断加强对数字环境治理的经济支持和资源配置。为了有效减轻政府的财政负担，政府需要积极拓展与科技界、产业界和金融界的合作伙伴关系。通过探索政府购买服务、PPP 等多元化合作模式，政府可以采用贷款贴息、税费减免、融资担保和风险补偿等多种激励措施。这些措施旨在吸引企业参与数字基础设施的建设和生态环境数据要素市场的开发，激发不同类型社会资本积极参与到数字技术与环境治理的深度融合之中。同时，为了促进环境治理和数字技术的创新发展，应当遵循两者的内在规律，构建一个环境治理技术创新的专项经费支持体系。这一体系将为治理主体提供差异化的财政支持，确保各种规模和类型的参与者都能获得适宜的资源，以推动环境治理技术的进步和应用。

## 三、促进数字技术与环境治理的深度融合

### （一）促进数据共享，持续推进数字环境治理

数字环境治理的前提是环境治理数据的共建共享，但是目前很多部门之间尚存在数据开放量有限、数据整合和信息交互存在障碍等问题，致使数据应用效果不理想。为系统性地优化环境数据的开放共享，可从两方面予以突破。一方面，发挥环境数据利益相关主体的整体效能。具体包括：加强跨部门的数据联通，签订环境数据共享协议，明确环境数据的无条件共享范围与有条件共享的申请流程，形成分工合理、运转良好的多部门环境数据合作共享体系；通过政府购买或政策扶持的方式鼓励社会组织依法开放自有数据，拓展环境数据流通领域，提升数据开放共享的广度与应用深度。另一方面，完善环境数据共享的平台建设。具体包括：加快建立国家级环境数据开放平台，并提供批量数据整合的技术工具，为各级环保部门提供丰富的数据资源；加强现有环境数据开放共享平台建设和管理，依据平台使用体验适时更新环境数据预览、数据接口、数据可视化、互动交流等功能，并开发移动终端，不断优

化环境数据平台服务，加强高质量环境数据要素供给和环境数据要素市场流通，充分释放环境数据在环境现代化治理中的活力。

### （二）发展多元化的环境治理主体，形成环境多元共治的局面

真正的现代化环境治理，其实质在于利用数字化技术汇聚各方力量，构建一个互动合作、包容共享的协同共治体系。大数据的开放性和包容性，能够有效打破政府、企业、社会组织、公众等治理主体之间的界限，形成明确的分工体系，促进多元共治的复合型环境治理格局的建立。首先，作为大数据资源的主要持有者和环境智慧治理政策的制定者，政府必须树立服务意识和大数据共享意识。在数字技术赋能环境治理的过程中，政府应积极履行服务者和引导者的角色，充分发挥统筹、协调与引领的作用。其次，在数字化技术的推动下，企业应从传统的受管制者转变为积极参与者。企业应利用自身的资金、信息、技术等资源优势，与政府共同推动环境治理项目的建设和运营，以此为契机，全面提升企业在环境协同共治中的管理、业务、技术能力。再次，社会组织作为环境智慧治理的重要行动者，应利用大数据信息共享平台，在政府与公众之间建立沟通合作的桥梁。社会组织以理性方式对政府和企业进行有效的监督与制约，并利用自身优势为环境治理提供高质量的对策方案。最后，公众应提高自身的环境参与意识，善于利用互联网和新媒体参与环境保护的宣传教育活动，获取环保知识，增强自身的环境参与能力。通过这种方式，公众可以为推动环境保护社会共治格局的形成贡献力量。

## 四、构建数字化技术赋能环境治理的风险防范机制

### （一）完善环境数据安全保护机制

在技术层面，环境主管部门可以运用数据加密与封装技术、密钥管理技术、访问控制技术等数据安全与防泄密保护技术，防止环境数据被窃取或篡改，保障环境数据的安全。在规范层面，对于在技术赋能环境治理过程中所掌握的环境数据，环境主管部门应根据环境要素的区别制定相应的环境数据指引、指南及标准等规范性文件，明确数据安全边界，根据不同环境要素明确可操作的风险等级保护标准和信息安全管理标准。除此之外，环境主管部门还应明晰环境数据权属，建立环境数据产权制度，避免数据产业链条中的过度采集用户隐私数据、泄露和倒卖用户数据等数据安全事件的发生。在具体措施上，环境主管部门应建立数据资源目录管理系统，区分公共数据和个人数据，辨识敏感信息和非敏感信息，以便对环境大数据进行有效控制和分类管理，同时在存储过程中采取用户标识鉴别、存取控制、自动审计等手段对环境数据的使用进行监控。此外，企业涉及环境数据采集、处理、分享及应用方面，应通过创建员工安全培训手册、数据安全承诺书以及数据泄露的报告、处理、赔偿机制等方式加强内部数据安全管理。

### （二）建立算法偏见的动态监管机制

数字化技术应用过程中的算法偏见和歧视会造成环境治理过程中机制的不公和对个体的损害。因此，技术赋能环境治理实践需要根据算法决策风险的现实情况建立动态监管机制，实现环境公平。首先，设立专门的算法监管机构。当前我国缺乏专门的机构对算法进行监管，政府有关部门可以设立专门的算法监管机构，负责算法道德和算法伦理建设，全程监控算法系统的设计、测试、运行表现，对不公平算法及时开展调查、处理，以及在发生争议时向有关机构做相关解释和验证，并提供相关数据和资料。其次，建立算法备案审查制度。为从源

头上预防算法技术歧视，有必要在算法研发结束投入应用前按照一定程序将算法有关材料向算法监管机构报送备案，统一剔除不符合统一技术标准和有明显风险可能的算法，经过审查符合技术标准的算法准予投入使用。再次，建立算法定期审核机制。环境治理中算法使用者需要定期就自己使用的算法进行检查，定期公布检查报告，算法监管机构根据数据处理透明原则、可解释性原则、安全性原则等定期对算法使用情况进行监测和审核，对已经发生的不公平算法停止平台相关业务运营，要求行为人改正或整改，并要求其对造成的损失予以赔偿。

### （三）完善技术赋能的法律责任机制

就技术赋能环境治理而言，法律责任的配置应在环境技术创新和环境权利救济之间寻找平衡点，其目的在于通过对不同违法主体法律责任的追究以实现对环境治理风险的末端防控。对于公权力行使者的监管者，对其责任认定应以行政法的依法行政、信赖保护及比例原则为基础进行行政和司法惩戒。一方面，要强化数字环境治理风险的行政责任追究，对监管中的失职行为予以通报批评，必要时可采取降级等行政处分；另一方面，对监管过程中的严重违法甚至涉嫌犯罪的行为，应构建行政、刑事、民事的全方位立体式追责体系。对作为环境治理主体的企业而言，由于企业在参与技术赋能环境治理中掌握了技术和信息数据，相对普通公众更具有优势地位，也更具有侵犯其他主体合法权益的可能，如企业的隐私数据泄露、伪造数据等违法行为，因而要针对企业的违法行为专门设计法律责任规则，提高其违法成本。对公众而言，其法律责任主要针对环境数据安全事件中的数据窃取、在线传播计算机病毒、破坏计算机信息系统等网络违法行为，应根据其违法情节及社会危害后果的轻重追究行为主体的民事或刑事责任。

# 第六节　案例与实践

近年来，我国许多省市纷纷运用数字化技术治理生态环境，体现出各具特色的实践样态。为更有效地分析数字化技术如何驱动环境治理现代化，有必要选取实践中的典型案例进行梳理，包括精细化+智能化的徐州市经验、互联网+环保的济宁市经验、环境感知物联网+大数据分析应用的西安市经验、数智环境治理的成都市经验等，通过对实践面貌的回溯，挖掘数字化技术赋能环境治理现代化的运作机理。

## 一、精细化+智能化的徐州市经验

2019 年，江苏省徐州市入选全国"无废城市"试点，为了有效遏制危险废物非法收集、运输、处置造成的环境污染，徐州市政府决定通过信息化手段，加强精细化管理，着手建设危险废物智慧监管平台。从实际运行来看，该平台通过对全市所有产废单位和经营单位实行现场设施设备安装和视频接入，同时开展数据信息采集、联网至平台等工作，使环境主管部门对区域内的危废信息概况做到摸清底数，对每家产废企业进行可视化监控，对企业储存和转移的危废物进行全过程预警以及在基础数据上科学预测企业三年内的废弃物储存趋势，从而实现全市危险废物智慧化管理目标。此外，该平台的建成，还有利于企业的规范化管理，使企业在对废弃物管理流程中实现智能称重、射频识别入库、电子台账、移动提醒、创建联单、视频监控、在线审批，简化的程序和规范化的操作减小了企业的环境责任风险。从总体上看，徐州市危险废物智慧监管平台的突出优势，是利用信息化技术对危废物的全过程进行精细化监管，完成数据智慧化分析和应用，为政府部门对危废物的科学决策和动态监管提供支撑。总之，徐州市危险废物智慧监管平台的创建，全面提升了全市危险废物环境监管能力和水平，维护了地区生态环境安全。

## 二、互联网+环保的济宁市经验

近年来，山东省济宁市依托大数据、"互联网+"等信息技术手段，通过政府、企业、社会的多方协力，探索出一套"网格化+"的工作模式，形成了"互联网+环保"的新型环境监管体系。具体而言，济宁市值得借鉴的经验主要体现在两个方面。一是筑牢智慧监测网络。济宁市所搭建的智慧环保综合监管平台依托智慧城市数据中心的硬件设备，将各个政府职能部门的环境监管数据进行统一整合，建立了"空天地"一体化的环境智能监测体系。该智能监测系统对废气、废水、空气质量等环境数据进行全覆盖、全过程和全景式的监测，由此汇集的环境监测大数据对环境质量变化进行智能化追因溯源，可以为环境管理提供决策和行动依据。二是探索高效监管模式。为构建一体化的全面监管体系，济宁市除搭建在线监测、在线监督、在线指挥等环境线上监管系统外，还对环境监管实行线下网格化管理，划分若干单元网格，确定每个环境监管网格单元的监管区域，并为每个子网格配备一名专职网格员，为线下监管打造精兵。通过建立健全线上线下环境监管体系，济宁市实现环境监管的线上线下联动，形成了具有济宁特色的环境全方位、多层次的高效监管模式。

## 三、环境感知物联网+大数据分析应用的西安市经验

借助物联网和大数据技术，西安的环境保护和管理方式发生了根本性的变革。西安市的智慧环境建设主要从三个方面入手。一是物联网环境感知网络建设。为加强物联网环境感知网络建设，西安市在每个街镇布设若干有关空气质量、地表水水质、噪声、土壤、固体废弃物等自动监测站，同时设立智慧环保的指挥中心连接系统数据整合平台、业务应用平台、智慧应用平台。西安市还采用了高效、稳定、可靠的网络传输系统和科学的标准规范，并注重对应用系统的扩展和升级改造，为环境质量管控提供了坚实的基础。二是生态环境大数据平台建设。西安市的生态环境大数据平台主要包括环境资源目录、元数据和中心数据库，其功能在于数据整合、资源共享、预警预测、溯源分析。三是生态环境管控应用体系建设。该系统包括空气质量和水环境质量预测预报系统、环保风险防范与应急管理系统、环境舆情监测系统三大部分，以实现空气与水质量管理的精准化与实时化、环保风险防控与应急管理的智能化以及环境舆情监测的及时性与准确性。总之，西安市的智慧环境建设开创了"人防技防相结合、处置流程全闭环"的环境监管新模式，推动了该地区的环境保护工作向管理现代化和决策科学化发展，为我国智慧环保的发展提供了新的思路。

## 四、数智环境治理的成都市经验

为提高生态环境科学监管水平，四川省成都市运用互联网、大数据、云计算等手段，建成了成都市数智环境治理体系，并创造性地探索出五步闭环工作法。成都市的数智环境治理体系由数据资源中心、调度指挥平台和场景应用门户构成，它们分别是成都市环境治理能力的中枢、心脏和大脑，分别发挥着对全市环境治理能力的基础性支撑作用、对全市环境治理工作的强力驱动作用和坚定的引领作用。五步闭环工作法是将传统环境保护中分散的权力、

职责、人员、数据整合为"现状、科研、决策、执行、评估"五步闭环管理流程，形成"信息感知—基本处理—深度分析—处置整改—总结评估"的五步调度工作程序。五步闭环工作法依托数据这一无形的纽带，对环境治理资源中的各个单一要素和资源进行有序组织和闭环运行后，能够发挥"1+1＞2"的效果，并且在顶层设计上克服了现有的科层制管理体系弊端，推动了成都市环境治理体系的现代化转型。从现实作用来看，成都市的数智环境治理模式自实施以来就构建了一个从发现问题到解决问题的生态操作圈，使得环境管理从粗放型向精细化、精准化、科学化转变。

## 五、案例总结

通过对上述四个实践案例梳理发现，徐州、济宁、西安和成都在探索数字技术赋能环境治理的过程中形成了各自的特色，并且取得了积极成效。尽管以上四市所处区域、政策及经济状况有所不同，所采取的策略和手段各异，但它们在数字化技术赋能环境治理现代化的目标上具有一致性，其所蕴含的内在运行机理具有契合性。深入分析上述案例，其运行机理涉及以下四个方面。

### （一）治理理念现代化

数字技术赋能环境治理本质上是对传统环境管理方式的变革，即数字化技术嵌入环境治理的决策、执行和监督的全过程，推动环境治理能力的现代化。在这个过程中，以数字化技术驱动为中心的平台思维和大数据治理理念占据主导地位，带动了环境治理模式的转型和环境治理质量与水平的提升。在以上案例中，徐州的危险废物智慧监管平台、济宁的"空天地"一体化的环境智能监测体系、西安的生态环境大数据平台都是在平台思维和大数据理念的指导下设立的。在该思维和理念的引导下，上述地区实现了数字化技术与环境治理的高度融合，促进了对环境的长效治理。

### （二）治理决策科学化

在传统的环境治理中，由于环境信息存在滞后、阻塞与不完备等问题，致使政府的环境认知错误、环境决策存在偏差和效率低下。毋庸置疑，信息和数据是决策的基础，完备充分的数据是政府环境决策科学化的前提。因此，为提高政府环境决策的科学性和准确性，必须运用现代数字化技术加强对环境数据的挖掘、开发和利用。在上述案例中，济宁建成的智慧城市数据中心、成都建立的数据资源中心就是利用数字化技术广泛采集生态环境数据，保证了环境数据来源的广泛性和全面性，在此基础上对收集到的海量环境数据的多维度、多层次、多时态进行关联分析，实现大数据对环境决策的有效支撑作用，提高和促进政府环境决策的前瞻性与科学化。

### （三）治理方式智能化

数字化技术在环境治理中的应用，其实质就是以智能化的方式重塑环境治理模式的过程。人工智能系统将采集到的各类环境监测数据、实时照片、视频等集中传输到大数据平台，通过模型、算力和算法对环境大数据进行分析后，环境监管者就可以实时掌握环境要素的最新变化情况，动态监测引起环境变化的复合因素及其作用规律，并及时采取有效的应对措施。比如，在大气污染防治领域，西安在全市安装的扬尘实时监测系统具有自动控制以及声光报警功能，当 PM（颗粒物）值达到设定上限时，系统会自动启动一处或者多处喷淋系统，当

PM 值达到设定下限时，系统会自动感知和识别，及时关闭喷淋系统，实现治理方式的全智能化操作。

### （四）治理结果高效化

数字化技术对环境治理的数据进行深度挖掘和分析，能够有效识别信息之间的关联及现象背后的规律，科学预测事态趋向，使得环境治理更为规范化、精准化和高效化。比如，西安创建的物联网环境感知网络是一个包括大气、水质、土壤等要素在内的环境智能管理体系，能够有效整合现有各自独立的环境信息，实现环境的智能决策、科学管理、有效实施的目标；成都设立的数智环境治理体系，完成了监测全覆盖，人员、技术、数据、系统等资源全整合，实现了数据一致化、执行扁平化、科研成果实用化、大数据技术应用化，促进了成都环境治理现代化的发展。

# 知识巩固

**一、名词解释**

态度—行为视角　　部门协同治理

**二、单项选择题**

1. 大数据时代催生出的新型环境治理方式是（　　　）。

　　A. 数字治理　　　　B. 环境智理　　　　C. 数字环境　　　　D. 数字智理

2. 态度-行为视角的基本出发点在于（　　　）。

　　A. 公众环境态度决定公众环保行为

　　B. 政府环境态度决定政府环保行为

　　C. 环境信息形塑个体环境态度，态度决定个体环境行为的选择

　　D. 环境信息形塑个体环境态度

3. 下列不属于数字环境治理理论基础的是（　　　）。

　　A. 态度—行为视角　B. 治理结构视角　　C. 政策视角　　　　D. 风险社会视角

4. 绿色技术不是推动（　　）的关键力量。

　　A. 资源节约　　　　B. 能效提升　　　　C. 污染防控　　　　D. 气候监测

5. （　　）复合性公共事务不属于协同治理的范畴。

　　A. 跨主体　　　　　B. 跨部门　　　　　C. 跨层级　　　　　D. 跨区域

6. "政府提供的数字技术和信息被广泛应用，因此在环境治理中占主导地位"，其存在的传统思维误区是（　　　）。

　　A. 数据全能理念　　B. 数字全方位理念　C. 政府中心理念　　D. 一元主导理念

7. （　　）是环境治理的基础，是环境治理综合体系的重要组成部分。

　　A. 制度　　　　　　B. 技术　　　　　　C. 主体　　　　　　D. 观念

8. 保障环境数据的安全的技术不包括（　　　　）。

　　A. 数据加密与封装技术　　　　　　　　B. 密钥管理技术

　　C. 访问控制技术　　　　　　　　　　　D. 风险规避技术

9. 环境感知物联网+大数据分析应用是（　　　）的实践经验。

　　A. 成都市　　　　　B. 徐州市　　　　　C. 西安市　　　　　D. 济宁市

10. 成都市的五步闭环工作法工作程序是（　　　　）。

    A. 基本处理—信息感知—深度分析—处置整改—总结评估

    B. 信息感知—基本处理—深度分析—处置整改—总结评估

    C. 信息感知—基本处理—深度分析—总结评估—处置整改

    D. 信息感知—深度分析—基本处理—处置整改—总结评估

### 三、多项选择题

1. 下列属于环境智理的手段有（　　　　）。

    A. 数字技术      B. 信息技术      C. 分析技术      D. 虚拟现实技术

2. 智慧环境治理在（　　　　）方面进行变革。

    A. 环境治理技术    B. 环境治理制度    C. 环境治理机制    D. 环境治理结构

3. 数字化可以在（　　　　）等方面加大政府环境规制的执行力度。

    A. 监管数字化    B. 平台数字化    C. 治理智能化    D. 政府数字化

4. 数字环境治理的实现路径包括（　　　　）等。

    A. 降低信息不对称性          B. 加大政府环境规制力度

    C. 促进企业绿色技术创新      D. 加大公众参与力度

5. 数字化可以通过（　　　　）渠道促进企业绿色技术创新。

    A. 创新要素重组          B. 动态监管与知识获取

    C. 研发资源优化与虚拟化     D. 人力资本与跨界合作

### 四、复习思考题

1. 请简述环境智理。

2. 智慧化环境治理的内涵是什么？

3. 数字环境治理的理论基础有哪些？从中可以获得哪些反思？

4. 当前数字环境治理存在哪些挑战？

5. 你认为数字环境治理还需要什么样的优化对策？